Harro Schulze-Boysen — Wege in den Widerstand

Hans Coppi

Harro Schulze-Boysen –
Wege in den Widerstand
Eine biographische Studie

Vorwort von Robert Jungk

Verlag Dietmar Fölbach

Die Deutsche Bibliothek – CIP-Einheitsaufnahme
Coppi, Hans:
Harro Schulze-Boysen – Wege in den Widerstand : eine
biographische Studie / Hans Coppi. Vorw. von Robert Jungk. –
Koblenz : Fölbach, 1993
  Zugl.: Berlin, Techn. Univ., Diss., 1992
  ISBN 3-923532-20-2

Hans Coppi wurde im November 1942 in einem Berliner Frauengefängnis geboren. Der Vater Hans Coppi wurde am 22. Dezember 1942 und die Mutter Hilde Coppi am 5. August 1943 wegen ihres Widerstandes gegen das Naziregime hingerichtet.
1950 zog Hans Coppi mit seinen Großeltern, bei denen er aufwuchs, von West- nach Ostberlin. Er lebt und arbeitet in Berlin.

Copyright by Verlag Dietmar Fölbach, Koblenz 1993
Printed in Germany
ISBN 3-923532-20-2

Vorwort Robert Jungk	7
Einleitung	9

Herkünfte und Prägung
- Kindheit in Kiel und Berlin, 1909 bis 1922 — 19
- Jugend in Duisburg, 1922 bis 1928 — 26
- Das Studium in Freiburg, 1928 bis 1929 — 36

Abschied von Traditionen - die Jahre 1929 bis 1931
- Studium und Jungdeutscher Orden in Berlin — 40
- Auseinandersetzungen mit den Nationalsozialisten — 46
- Neue Kontakte und Ideen — 49

Die eigene Position 1931 bis 1933:
„Gegner von heute - Kampfgenossen von morgen"
- Über „Plans" zum „Gegner" — 60
- Schriftleiter des „Gegner" — 68
- Herausgeber des „Gegner" — 78
- Der „Gegner"-Kreis — 88
- Die „Gegner"-Schriften — 102
- Der „Gegner" unter Hitler - Nun erst recht! — 113

Zwischen Anpassung und Resistenz
- die Jahre 1933 bis 1937/38 - Vorgeschichte des Widerstands
- „Allen Gewalten zum Trotz sich erhalten" Die Deutsche Verkehrsfliegerschule in Warnemünde — 131
- Die Arbeit im Reichsluftfahrtministerium - eine schwierige Karriere — 142
- Die Ehe: Libertas — 150
- Mitarbeit an der Zeitschrift „Wille zum Reich" — 161
- Von Freundes- zum Widerstandskreis — 177

Literatur- und Quellenverzeichnis	193
Anhang	231
Personenregister	251

"Gegner" - ein historischer Anstoß, der weiterwirkt

Im Sommer 1932 habe ich in der Staatsbibliothek eine ungewöhnliche Zeitschrift entdeckt. Sie hieß der "Gegner". In ihren Artikeln versuchte sie, zwischen der radikalen Linken und der radikalen Rechten zu vermitteln. Sie hatten etwas Gemeinsames, waren sie doch mit ganz verschiedenen Argumenten gegen die bürgerliche Gesellschaft. Die radikale Linke kritisierte entschieden den kommunistischen Konformismus und die radikale Rechte stand in Gegnerschaft zur NSDAP. Diese Leute haben mich sofort interessiert. Deshalb habe ich eine angekündigte Veranstaltung im Cafè "Adler" am Dönhoffplatz besucht. Dort erlebte ich, daß man über Politik ganz anders reden kann als in den üblichen Routinephrasen und dem monotonen abgebrauchten Politdeutsch.

Es sprach dort ein junger, hoch aufgeschossener Mann davon, eine echt revolutionäre Position gegenüber den Parteien zu entwickeln. Das war Harro Schulze-Boysen. Interessiert hat mich nicht nur, was er sagte, mich zog auch seine persönliche Ausstrahlung an. Wie er da mit seinem dunklen Rollkragenpullover stand und voller Begeisterung redete, hatte seine Erscheinung etwas von einem idealen deutschen Jüngling, der aber nicht nur blond, sondern auch klug war. Von ihm ging eine selbstverständliche Autorität aus. Sein Bestreben war es, verschiedene Menschen zusammenzubringen und einen revolutionären Geist bei der Jugend zu entfachen und in und auf neue Weise in der Politik zur Wirkung zu bringen.

Was mich am "Gegner" angezogen hat, war ein umfassender Denkstil. Dazu gehörte vor allem die Erweiterung des Sozialismusbegriffs über das Ökonomische hinaus. Mich hat vor allem der "subjektive Faktor" interessiert: wie werden die Menschen seelisch angeregt, inwieweit sind sie eigenständige facettenreiche Persönlichkeiten und nicht nur wirtschaftliche Objekte, nicht nur Rädchen in einer politischen Apparatur. Darüber haben wir damals viel diskutiert. Unsere Gedanken befanden sich im Gegensatz zur erstarrten offiziellen marxistischen Denkweise. Wir lehnten aber nicht den Marxismus ab, sondern dachten an seine kreative Belebung, an eine Ausdehnung seines Rahmens. Ich habe damals angefangen, mich eingehend mit Freud, mit Adler, mit Wilhelm Reich und mit Kafka zu beschäftigen. Es waren besonders die seelischen Schäden und Verkrüppelungen, die der Kapitalismus verursacht hatte und gegen die wir angehen wollten, ohne darüber die sozialen Ungerechtigkeiten des Systems zu vergessen.

Wir hatten uns für den Sozialismus entschieden. Für uns stellte sich die Frage, wie machen wir aus der sozialistischen eine wirklich humane Gesellschaft, die vom ganzen Menschen ausgeht und es ihm gestattet, sich voll zu entfalten.

Die "Gegner" waren keine Nationalbolschewisten. Harro Schulze-Boysen hatte vielfach geistige Verbindungen. Darunter auch zu progressiven Katholiken nach Frankreich, die mir nach meiner Emigration weiterhalfen. Ich erlebte in dieser "Gegner"-Gruppe eine revolutionäre Bewegung ganz eigener essentieller Art. Es waren Künstler dabei,

Literaten, Philosophen, die keinem parteipolitischem Dogma anhingen. Das hat mich angezogen. Ich wollte wie sie nicht mit Scheuklappen denken, wollte nicht, daß das Fließende zu früh erstarrt.

Für mich war der eigentliche Hauptanziehungspunkt des "Gegner"-Kreises Adrien Turel, der Querdenker aus der Schweiz und enge Freund von Schulze-Boysen. Turel war einer der ersten, die versucht haben, ganz separate Gebiete, wie Soziologie, Physik, Psychoanalyse, Politik zusammenzubringen. Er war wirklich ein universeller Geist, und hat versucht, die wissenschaftliche Trennung der Wissenschaften in einzelne Spezialgebiete und Fakultäten zu überwinden. Das war faszinierend und äußerst fruchtbar.

Dem "Gegner"-Kreis verdanke ich mein Überleben. Ich bin am Tage des Reichstagsbrandes in der Berliner Universität verhaftet worden und kam in das Polizeipräsidium am Alexanderplatz. Dort konnte ich meine Mutter anrufen, die ich bat, sofort Sven Schacht zu benachrichtigen. Er, der Neffe des Finanzgewaltigen Hilmar Schacht, kam in SA-Uniform zum Polizeipräsidium. Er schrie diese noch sozialdemokratischen Polizeibeamten an: "Der gehört doch zu uns!" und nahm mich einfach mit.

Als ich 1936 für ein Jahr nach Deutschland zurückkehrte, habe ich Harro Schulze-Boysen noch einmal getroffen und dann mit einigen seiner anonymen Helfern zusammengearbeitet. Später in Prag habe ich mit Peter Weiss oft über Deutschland gesprochen. Er war damals noch ausschließlich künstlerisch orientiert. Ich habe ihm von Harro Schulze-Boysen und seinem Kreis erzählt. Er hat ihm und der "Roten Kapelle" dann später in seinem großen Romanwerk "Die Ästhetik des Widerstands" ein Denkmal gesetzt.

Das Schicksalsjahr 1932 war eine Zeit der Wende. Die Sehnsucht der Menschen nach einer gerechten und humanen Gesellschaft wurde von den Nationalsozialisten auf schmähliche Weise getäuscht und mißbraucht. Aber die Chance einer tiefen Veränderung ist nicht auf immer verspielt. Sechs Jahrzehnte danach können die Gedanken Schulze-Boysens und seiner Freunde abermals anregen und faszinieren. Aus ihnen sprach die Hoffnung auf ein Bündnis aller schöpferischen gesellschaftsgestaltenden Kräfte, die eine neue Zivilisation schaffen müssen. Nach der Agrarrevolution, die das Nomadentum ablöste und der wissenschaftlich-technischen Revolution, die uns nicht nur Fortschritte, sondern auch zukunftsbedrohende möglicherweise finale Risiken gebracht hat, steht nun eine neue historische Epoche bevor, die wir entwerfen und mit Hilfe vieler Lebensretter herbeiführen sollten. Bei dieser großen historischen Aufgabe kann uns die Beschäftigung mit dem "Gegner"-Kreis wertvolle Anstöße geben. Deshalb erscheint mir die Arbeit von Zeitgeschichtlern wie Hans Coppi so enorm wichtig!

Prof. Dr. Robert Jungk

Einleitung

Zahlreiche Veröffentlichungen über den Zweiten Weltkrieg und über den deutschen Widerstand in den Kriegsjahren bis zum Jahre 1942 erwähnen den Oberleutnant im Reichsluftfahrtministerium Harro Schulze-Boysen.[1] Seine Auflehnung gegen das NS-Regime und insbesondere die darin eingeschlossenen Kontakte zur sowjetischen Seite haben in Zeiten deutscher Zweistaatlichkeit eine recht unterschiedliche Wertung erfahren.

Für die Schriftstellerin Ricarda Huch gehörte er unmittelbar nach Kriegsende zu den Märtyrern und Heldenmütigen, die den Versuch unternommen hatten, das Schreckensregime Hitlers zu stürzen.[2] Die Entschiedenheit und Konsequenz seines Widerstandes war jedoch im geteilten Nachkriegsdeutschland bald umstritten. Während Schulze-Boysen im Osten wegen seiner radikalen Gegnerschaft zum deutschen Faschismus als Held geehrt wurde,[3] Verwandte und Freunde ihn im Westen als Freiheitskämpfer verteidigten,[4] wurde er dort zunehmend mit dem Vorwurf belastet, im Auftrage einer auswärtigen Macht gearbeitet und Landesverrat begangen zu haben. In dieser verengenden Unrichtigkeit reduzierte sich sein Beitrag zur Überwindung des Nationalsozialismus im wesentlichen auf die Beschaffung und Übermittlung von Nachrichten für die Sowjetunion in den Jahren 1941/42.[5]

Vor dem Hintergrund des eskalierenden kalten Krieges und der neuen politischen Frontstellung konnten die ehemaligen Verfolger und Mitarbeiter der Abwehr, der

---

[1] Siehe auch Abschnitt 5.2 Bibliographie: Harro Schulze-Boysen in Büchern, Aufsätzen, Artikeln, Filmen, Rundfunk- und Fernsehsendungen.

[2] Ricarda Huch wollte "Lebensbilder dieser für uns Gestorbenen" aufzeichnen. Sie bat um Material von Angehörigen und Freunden. Sie nannte Harro Schulze-Boysen in einer Reihe mit den Geschwistern Scholl, Professor Huber, Generaloberst Beck, Dietrich Bonhoeffer, Jesuitenpater Delp, Wilhelm Leuschner, Graf Moltke, Prof. Reichwein, Rüdiger Schleicher, Graf Stauffenberg und Karl Gördeler. Siehe auch: Bilder von Märtyrern. Ein Aufruf von Ricarda Huch, - In: Stuttgarter Zeitung vom 28.5.1946. Nach ihrem Tod diente das Material als Grundlage für eine Dokumentation über den deutschen Widerstand. Siehe auch Weisenborn, Günther: Der lautlose Aufstand. - Hamburg 1954.

[3] Siehe auch Schirdewahn, Karl: In der Reihe der Unsterblichen. - In: Berliner Zeitung vom 23.12.1947; Lehmann, Klaus: Widerstandsgruppe Schulze-Boysen/Harnack. Männer und Frauen des illegalen antifaschistischen Kampfes. - Berlin 1948; Harro Schulze-Boysen. - In: Helden des Widerstandskampfes gegen Faschismus und Krieg.- Zentralvorstand der Vereinigung der Verfolgten des Naziregimes (Hrsg.). - Berlin 1951.

[4] Boysen, Elsa: Harro Schulze-Boysen. Das Bild eines Freiheitskämpfers. Zusammengestellt nach seinen Briefen, nach Berichten der Eltern und anderen Aufzeichnungen. - Düsseldorf 1947, (dass. Koblenz 1983); Weisenborn, Günther: Über ein Gesicht und eine Gruppe. Schulze-Boysen/Harnack. - In: Weltspiegel (1948) Nr. 8.

[5] Für den amerikanischen Geheimdienstchef Allen Dulles hatten die "Russen" in "Harold Schulze-Boysen ... one of their important agents in Germany". Siehe Dulles, Allen Welsh: Germany's underground. - New York 1947. - S. 101. Schlabrendorff, selbst Teilnehmer an der Verschwörung des "20. Juli" hob die Abhängigkeit der Schulze-Boysen/Harnack - Gruppe von einer "auswärtigen Macht" hervor. Siehe auch Schlabrendorff, Fabian von: Offiziere gegen Hitler. - Bearb. und hrsg. v. Gero von S. Gaevemitz. - Zürich 1951. - S. 96ff.

Gestapo und des Reichkriegsgerichts zur eigenen Rechtfertigung und Entschuldung mit ihren verfälschenden Überlieferungen[6] das Bild von der "Roten Kapelle"[7] als der größten sowjetischen Spionageorganisation in Deutschland während des zweiten Weltkrieges revitalisieren. Die Versuche der NS-Organe, ihre Gegner moralisch zu diskreditieren fanden ihre Entsprechung in einer ganzen Reihe von Sensations- und Kolportagegeschichten in bundesdeutschen Illustrierten und Zeitungen.[8] Die als Tatsachenberichte ausgegebenen Artikel verschwiegen in der Regel die ihnen zugrundeliegenden Quellen, doch allzu oft war die Herkunft der verwandten Informationen aus dem Kreis ehemaliger Gestapo-, Abwehr- und Justizbeamten nur zu offensichtlich. Die einstigen Verfolger vermarkteten ihr Insiderwissen und versuchten, den Männern und Frauen der Widerstandsgruppe auch die ethischen Motive ihres Handelns zu nehmen. Die Überlebenden hatten es schwer, sich gegen solcherart Entstellungen zur Wehr zu setzen.[9]

---

[6] Die Protokolle der Befragungen der ehemaligen Gestapobeamten, Mitarbeiter der Abwehr und des Reichkriegsgerichtes in dem Ermittlungsverfahren gegen den ehemaligen Generalrichter der Luftwaffe, Dr. Manfred Roeder, wegen Aussageerpressung und Verbrechen gegen die Menschlichkeit aus den Jahren 1946 bis 1950 vermittelten einen Eindruck, wie die "Zeugen" ihre Aussagen den Entwicklungen des kalten Krieges anpaßten. Siehe Akten der Staatsanwaltschaft Lüneburg (1 Js 16/49), Ermittlungsverfahren gegen den ehemaligen Generalrichter der Luftwaffe, Dr. Manfred Roeder, wegen Aussageerpressung (im weiteren Akten Roeder) genannt, Niedersächsisches Staatsarchiv Hannover. Siehe auch Coppi, Hans; Danyel, Jürgen: Abschied von Feindbildern : Zum Umgang mit der Geschichte der "Roten Kapelle". - In: Schilde, Kurt (Hrsg.): Eva Maria Buch und die "Rote Kapelle". - Berlin ca. Jan. 1992.

[7] Die Verfolgungsgeschichte der Widerstandsgruppe Schulze-Boysen/Harnack nahm ihren Ausgang in der Überwachungs- und Fahndungstätigkeit des Oberkommandos der Wehrmacht, Amt Ausland/Abwehr und der Geheimen Staatspolizei gegen diese Stützpunkte des sowjetischen militärischen Nachrichtendienstes in Frankreich, Belgien und den Niederlanden. Im Verlauf der Ermittlungen wurden Beamte des SD und ein Sonderkommando des Reichssicherheitshauptamtes eingeschaltet. Bei der deutschen Abwehr im besetzten Belgien entstand auch die später von der Gestapo übernommene und auf die Gruppen des deutschen Widerstandes übertragene, aber nur bedingt zutreffende Bezeichnung "Rote Kapelle". In der Phraseologie der Funkabwehr spielte diese auf das "Konzert" der von Moskau dirigierten Funkstellen im besetzten Westeuropa an.

[8] Siehe auch: Das Geheimnis der Roten Kapelle. - In: Fortschritt (1950) Nr. 45-51; Die Katze im Kreml. - In: Kristall (1950) Nr. 1-4; Ein Bericht über das sowjetische Spionagenetz von der "Roten Kapelle" bis zur Agentenschule Potsdam. - In: Der Stern (1951) Nr. 18-26; W. K.: Geheimnisse der Kampfspionage. Mitwisser und Mittäter unter uns. Schweigsame Legion "Rote Kapelle" - Musik für Moskau. - In: Die Reichszeitung (1951) Nr. 4; "Rote Kapelle" für Stalin. Charakterbild "nationaler Heroen". Kriegsgeheimnisse nach Moskau gefunkt - "Fest der 15 Punkte" - Intime Beziehungen. - Die Reichszeitung (1951) Nr. 7; ders.: Auch heute noch: Spione mitten unter uns. Das deutsche Volk will Klarheit - Westmächte ungewollt Erben Hitlers. - In: Die Reichszeitung (1951) Nr. 9.

[9] Günther Weisenborn schrieb in einem Leserbrief zu der Artikelserie im "Stern", der am 10.6.1951 veröffentlicht wurde: "Es ist Brauch geworden, Gestapoakten als Unterlage für derartige Artikelserien zu benutzen, und das ist ein schmutziger Brauch. Heute sollte jedermann wissen, wie Gestapoverhöre ausgesehen haben, daß Aussagen erpreßt und erprügelt wurden, daß die Verhafteten völlig wehrlos waren. Wer dieses Material als authentisch ansieht und benützt, ergreift die Partei der Gestapo, falls er nicht die Partei der Opfer zu Worte kommen läßt. Selbstverständlich wurde in diesen Protokollen nicht immer die Wahrheit gesagt, abgesprochene Aussagen wurden protokolliert, selbstverständlich wurden Tatbestände verwirrt, selbstverständlich wollten die Kommissare ihrerseits belastende Dinge hören und entstellten ihrerseits, und ebenso selbstverständlich bietet der Abschlußbericht der Gestapo ein verzerrtes Tableau der Dinge, den das einseitige und billig-romanhaft geschriebene Buch eines Abwehrmannes (gemeint ist hier das Buch Wilhelm Flickes über die "Rote Kapelle" - H. C.) entsprechend ergänzt, sodaß die Öffentlichkeit, deren Orientierung meist auf die beiden Quellen zurückgeht, höchst unvollkommen unterrichtet wird. Ich persönlich bezweifle die geschilderten Vorgänge. Solange die Hingerichteten ihre Aussagen nicht richtigstellen konnten, nicht erklären und begründen konnten, solange nicht das Material der Überlebenden

Der konservative Historiker Gerhard Ritter stützte sich in seinem Buch "Carl Goerdeler und die deutsche Widerstandsbewegung", eine der ersten umfangreichen Untersuchungen zum deutschen Widerstand, auf die Aussagen von Dr. Manfred Roeder, dem ehemaligen Ankläger im Reichkriegsgericht gegen die "Rote Kapelle".[10] So hatte für G. Ritter denn auch die Schulze-Boysen/Harnack-Gruppe nichts mit dem Widerstand zu tun: "Sie stand ganz eindeutig im Dienst des feindlichen Auslandes. Sie ... verriet wichtige militärische Geheimnisse zum Verderben deutscher Truppen. Wer dazu als Deutscher imstande war, mitten im Kampf um Leben und Tod, hat sich von der Sache seines Vaterlandes losgelöst, er ist Landesverräter - nicht nur nach dem Buchstaben des Gesetzes".[11] In dem Maße, wie im Westen Deutschlands der Widerstand insbesondere aus den Reihen des "20. Juli" als legitimatorisches Erbe der neuen Demokratie angesehen wurde, vollzog sich auch die Ausgrenzung der Frauen und Männer der "Roten Kapelle" aus dem deutschen Widerstand gegen den Nationalsozialismus.[12] Darstellungen, die eine differenziertere Sicht vermittelten, fanden in diesem Klima nur wenig Resonanz.[13] Die

---

in der deutschen Presse benutzt wird - und das ist höchst selten, zum Beispiel von Ihnen wie ich anerkennen muß, geschehen - solange bleiben solche Enthüllungen einseitig, also gefährlich. Kein ehrliebender Mensch darf das Gestapomaterial als authentisch ansehen."

[10] Roeder, von Göring Anfang November 1942 als Ankläger im Reichskriegsgericht eingesetzt, rechtfertigte die in ihn gesetzten Erwartungen der NS-Führung. In den Prozessen vor dem I. und II. Senat des Reichskriegsgerichts wurden von 84 Angeklagten 47 zum Tode verurteilt, 32 erhielten Freiheitsstrafen und 5 der Verhafteten werden wegen mangelnder Beweise freigesprochen. Roeder wurde schon 1951 durch das Amtsgericht Lüneburg bescheinigt, daß er die Prozesse im Jahre 1942/43 korrekt geführt habe. Siehe: Bericht über das Ermittlungsverfahren gegen Dr. Manfred Roeder vom 17.7.1951. Ablichtung in: Bundesarchiv Koblenz, NL Rheindorf, Bd. 303, Bl. 16.

[11] Vgl. Ritter, Gerhard: Carl Gördeler und die deutsche Widerstandsbewegung. - Stuttgart 1954. - Zitiert nach Ausgabe München 1964. - S. 109. G. Ritter erhebt Roeders Schmähschrift "Die Rote Kapelle. Europäische Spionage", die gegen die Frauen und Männer aus der Widerstandsgruppe um Harro Schulze-Boysen und Arvid Harnack gerichtet war, in den Rang einer Quelle: "das bisher vollständigste Bild der aktenmäßig ermittelten Tatsachen". Vgl. Ritter, a.a.O. - S. 481. Die immer wieder gegenüber den Männern des "20. Juli" erhobenen Vorwürfe des Verrats wurden in den fünfziger Jahren in einem Prozeß gegen Remer, der im Sommer 1944 maßgeblich an der Niederschlagung der Verschwörung beteiligt war, zurückgewiesen: "Am 20. Juli 1944 war das deutsche Volk total verraten von einer Regierung, und ein total verratenes Volk kann nicht mehr Gegenstand eines Landesverrates sein." Vgl. Royce, Hans (bearb.): 20. Juli 1944. - Bonn 1953. - S. 147ff.

[12] Der streitbare Theologe Karl Barth bezog in seiner Rede anläßlich des Volkstrauertages im Jahre 1954 ausdrücklich die Frauen und Männer um Arvid Harnack und Harro Schulze-Boysen in den deutschen Widerstand ein. Anwesende Politiker der CDU reagieren darauf mit scharfen Protesten und auch der damalige sozialdemokratische Ministerpräsident des Landes Hessen distanzierte sich von den Äusserungen Karl Barths. Siehe auch Steiner, Elke: Karl Barth und die "Rote Kapelle". - In: Standpunkt, (1983) H. 8. - S. 73ff.

[13] Das gilt insbesondere für die Dokumentation von Günther Weisenborn: Der lautlose Aufstand: Bericht über die Widerstandsbewegung des deutschen Volkes 1933-1945.- Hamburg 1954. Margret Boveri versucht, den eng gezogenen Zusammenhang zwischen Spionage und Widerstand aufzubrechen. Siehe Boveri, Margret: Der Verrat im 20. Jahrhundert. - Bd. 2. - Hamburg 1956. Der Gefängnispfarrer Harald Poelchau, selbst dem "Kreisauer Kreis" angehörend, äußerte wiederholt die Überzeugung, daß "diese Gruppe sich mit den Männern des '20. Juli' zusammengefunden hätte, trotz ihrer östlichen Orientierung, wenn sie nicht im Entstehen schon vernichtet worden wäre". Siehe: Die Ordnung der Bedrängten. Autobiographisches und Zeitgeschichtliches seit den zwanziger Jahren. - Berlin 1963. - S. 65; ders., Bei den Verurteilten. - In: Frankfurter Allgemeine Zeitung vom 26.7.1962.

Deutungsmuster der Gestapo konnten noch lange das Bild einer kommunistischen Spionage- und Widerstandsgruppe um Arvid Harnack und Harro Schulze-Boysen in der Bundesrepublik formen.[14]

Bereits im Jahre 1946 setzten die Bemühungen einer Gruppe Überlebender aus der Widerstandsgruppe um Harro Schulze-Boysen und Arvid Harnack ein, einen authentischen Bericht über die illegale Arbeit, die Verhaftungen, Vernehmungen und die Prozesse zu erstellen.[15] Eine darauf fußende historiographische Aufarbeitung betrachtete den heterogenen Verbund noch in seiner weltanschaulichen Differenzierung und war noch relativ ungetrübt von späteren Einengungen der DDR-Historiographie.[16] Die Zusammenarbeit mit der Sowjetunion wurde jedoch weitgehend ausgespart oder umschrieben. Die sowjetische Seite war zu diesem Thema nicht gesprächsbereit.[17]

Die Geschichtsschreibung der SED nahm sich erst Mitte der sechziger Jahre dieser Widerstandsgruppe an. Sie entwickelte - nunmehr unter der Bezeichnung "Schulze-Boysen/Harnack-Organisation" - das Bild einer von Kommunisten dominierten großen Widerstandsorganisation, in der die Volksfrontpolitik der KPD eine nachhaltige Ausformung erhielt.[18] Nach der postumen Ehrung von 12 Frauen und 18 Männern mit

---

[14] Aus der umfangreichen Literatur: Flicke, Wilhelm F.: Die Rote Kapelle.- Kreuzlingen 1948; Roeder, Manfred: a.a.O.; Höhne, Heinz: Kennwort Direktor. Die Geschichte der Roten Kapelle, Frankfurt (Main) 1970; Schroeder, Heinz: Geheime Reichssache. - Klagenfurt 1970; Sudholt, Gert (Hrsg): Das Geheimnis der Roten Kapelle. Das US-Dokument 0/7708. Verrat und Verräter gegen Deutschland. - Leoni 1978; The Rote Kapelle. The CIA's History of Soviet Intelligence and Espionage Networks in Western Europe, 1936-1945. - Washington D.C. 1979. Karl Otmar von Arentin schrieb noch 1984 vom "kommunistischen Widerstand", der die "berühmte 'Rote Kapelle', eine Spionage- und Widerstandsorganisation" hervorbrachte. Siehe Cartarius, Ulrich: Deutscher Widerstand 1939-1945. Opposition gegen Hitler. Ein erzählender Bildband. Mit einem Essay von Karl Otmar von Arentin. - Berlin 1984. Noch Ende 1987 gab es eine öffentliche Auseinandersetzung, ob die Harnack/Schulze-Boysen-Gruppe in die Ausstellung der Gedenkstätte Deutscher Widerstand wegen der ihr angelasteten kommunistischen Ausrichtung und des unterstellten Landesverrats überhaupt hineingehöre. Siehe auch Steinbach, Peter: Wem gehört der Widerstand gegen Hitler? - In: Dachauer Hefte. Studien und Dokumente zur Geschichte der nationalsozialistischen Konzentrationslager (1990) H. 6.

[15] Im Tagesspiegel vom 8.6.1946 wurden Beteiligte und Angehörige der Verurteilten gebeten, Tatsachenberichte, Charakteristiken, Fotos und Originalmaterial an den Hauptausschuß "Opfer des Faschismus" zu schicken. Mit der Auflösung der VVN im Jahre 1953 wurde auch die ihr angegliederte Forschungsstelle geschlossen. Die Sammlung über die Schulze-Boysen/Harnack-Gruppe befindet sich jetzt im Institut für die Geschichte der Arbeiterbewegung/Zentrales Parteiarchiv (im weiteren IfGA/ZPA genannt) Berlin, V 241.

[16] Siehe Lehmann, Klaus: Widerstandsgruppe Schulze-Boysen/Harnack. Männer und Frauen des illegalen antifaschistischen Kampfes. - Berlin 1948. W. Bartel behauptete später, daß die Schulze-Boysen-Gruppe vom ZK der KPD "angeleitet" worden sei. Vgl. auch Bartel, Walter: Die deutsche Widerstandsbewegung und die Alliierten. In: Zeitschrift für Geschichtswissenschaften. (1961) H. 9. - S. 1003.

[17] Greta Kuckhoff beklagte im Oktober 1945 in einer Notiz an Franz Dahlem, damals Organisationssekretär der KPD, den sträflichen Leichtsinn der sowjetischen Seite, der schließlich zur Aufdeckung der Widerstandsgruppe führte. Ein von ihr gewünschtes Gespräch mit Verantwortlichen der sowjetischen Seite kam nicht zu Stande. Siehe auch Kuckhoff, Greta, Rote Kapelle 1942/43. - In: IfGA/ZPA, V 241/3/17.

[18] K. H. Biernat schrieb von einer durch die KPD angeleiteten "Volksfrontorganisation". Siehe Biernat, Karl-Heinz: Sie setzten Sein und Leben für uns ein. - In: Neues Deutschland vom 8.5.1970. Die führenden Kommunisten wurden als der politische Kern der Schulze-Boysen/Harnack-Organisation hingestellt und der im Auftrag der sowjetischen Militäraufklärung im August 1942 mit dem Fallschirm abgesprungene Albert Hößler zum Beauftragten des Moskauer ZK der KPD umfunktioniert. Siehe Geschichte der Deutschen Arbeiterbewegung. - Bd. 5: Von Januar 1933 bis Mai 1945. - Berlin 1966. - S. 311; Ausführlicher,

Orden des Großen Vaterländischen Krieges durch die sowjetische Regierung im Herbst 1969 wurde die Legende von der Spionageorganisation unter umgekehrten Vorzeichen als sogenannte "Kundschaftergruppe" bedient.[19]

Unter Ausdünnung des Reichtums an Motivationen und der Variationsbreite der Vorstellungen für eine Neuordnung Deutschlands nach Hitler, wie sie das Handeln der Gruppe prägten, wurde nun Widerstand zum "patriotischen Kampf in Liebe und Treue zur Heimat des Sozialismus" stilisiert, begleitet von der stereotypen Formel, daß das Vermächtnis auch dieser Widerstandsgruppe in der DDR seine wahre Erfüllung gefunden habe.[20] Im Rahmen der "antifaschistischen Traditionspflege" erfuhren ehemalige Mitglieder des Widerstandsverbundes in Gestalt öffentlicher Ehrungen und Namensverleihungen nun eine verstärkte Aufmerksamkeit. Zugleich spiegelten die Formen, in denen sich die offizielle Wertschätzung dabei ausdrückt, die wachsende Ritualisierung des Antifaschismus sowie seine Verbiegung zur Legitimation politischer Macht und zum Mittel politischer Aus- und Abgrenzung. Die moralische Überhöhung der Akteure des Widerstands im Sinne staatstragender politischer Leitbilder, ihre Stilisierung zu makellosen Helden verhinderte eine an der historischen Wirklichkeit orientierte Bilanzierung der Leistungen und Defizite des Widerstands sowie eine echte Analyse für sein letztliches Scheitern.[21]

---

differenzierter, aber in der gleichen Diktion: Geschichte der revolutionären Berliner Arbeiterbewegung. - Bd. 2: Von 1917 bis 1945. - Berlin 1987. Ferner: Kraushaar, Luise: Berliner Kommunisten im Kampf gegen den Faschismus. Robert Uhrig und Genossen. - Berlin 1981

[19] Oehme, Wulf-Ekkehard: Als Kundschafter für den Frieden. Über die höchste Form des Kampfes der Widerstandsorganisation Schulze-Boysen/Harnack. - In: Der Morgen vom 14.11.1969; Biernat, Karl-Heinz: Bewußte Menschen mit heißem Herzen und mutigem Handeln - Die Schulze-Boysen/Harnack-Organisation und ihr Kampf. Kundschaftertätigkeit half großes Leid abwenden. - In: Berliner Zeitung vom 21.12.1972. - In: Berliner Zeitung v. 21.12.1972; Deutschland im 2. Weltkrieg. Autorenkollektiv unter Wolfgang Schumann und Karl Drechsler. - Berlin 1975. - S. 553; Blank, Alexander/Mader, Julius: Rote Kapelle gegen Hitler, Berlin 1979; Kühnrich, Heinz: Als Antifaschisten an der unsichtbaren Front bewährt. - In: Neues Deutschland vom 21.12.1982; Harro Schulze-Boysen: "Doch es war die rechte Front". Die Schulze-Boysen/Harnack-Organisation im antifaschistischen Widerstandskampf, Dokumentation der Presseabteilung Ministerium für Staatssicherheit. - Berlin 1986.

[20] Vgl. dazu K. Biernat, Patriotischer Kampf in Liebe und Treue zur Heimat des Sozialismus. - In: Neues Deutschland vom 28.10.1969; Im patriotischen Einsatz für ein demokratisches Deutschland. Oehme, Wulf-Ekkehard: Vom antifaschistischen Kampf der Widerstandsorganisation Schulze-Boysen/Harnack im Sinne der Volksfront. - In: Der Morgen vom 5.11.1969; Sie sind die Sieger der Geschichte. Vor der Uraufführung des DEFA-Films "KLK an PTX - Die Rote Kapelle". - In: Neues Deutschland vom 24.3.1971.

[21] Zur inneren Widersprüchlichkeit des antifaschistischen Selbstverständnisses und dem letztendlichen Scheitern des offiziellen Antifaschismus siehe u.a. Groehler, Olav: Zelebrierter Antifaschismus. - In: Journal Geschichte (1990) H. 5; Jarausch, Karl-Heinz: The Failure of East German Antifascism: Some Ironies of History as Politics. - In: German Studies Review, Vol. XIV (1990) Nr. 1.; Schubarth, Wolfgang; Pschierer, Rainer; T. Schmidt: Verordneter Antifaschismus und die Folgen. Das Dilemma antifaschistischer Erziehung in der DDR. - In: Aus Politik und Zeitgeschehen (1991) H. 9; Richter, Rolf: Antifaschismus vor neuen Anforderungen. - In: BZG (1990) H. 6; Weißbecker, Manfred: Gedanken zum Antifaschismus-Verlust in der Geschichte der DDR. - In: BZG (1991) H. 2; Coppi, Hans: Abschied und Neubeginn, Schwierigkeiten mit dem Antifaschismus in der DDR. - In: Studien für Zeitfragen (1990) H. 3.

Die eng mit der politischen Entwicklung der Nachkriegsgeschichte verwobenen Deutungsmuster von Spionage und Landesverrat auf der westlichen Seite und von der sich an den Beschlüssen der Führung der KPD orientierenden Widerstandsorganisation oder der mit der Sowjetunion verbundenen "Kundschaftergruppe" auf der östlichen Seite Deutschlands dominierten als komplementäre Fehleinschätzungen bis hinein in die achtziger Jahre die Widerstandsforschung und historische Publizistik. Die unzureichende Quellenlage - nur wenige Akten aus der Voruntersuchung der Gestapo und den als Geheime Kommandosache eingestuften Prozessen im Reichkriegsgericht sind erhalten geblieben - begünstigte die Entstehung zahlreicher Legenden und Zerrbilder.[22]

Seit Mitte der achtziger Jahre vollzog sich in der Bundesrepublik und auch in der DDR eine erkennbare Neubewertung der Widerstandsorganisation Schulze-Boysen/Harnack. Die Einbeziehung der Widerstandsgruppe in die Gedenkstätte Deutscher Widerstand in Berlin beendete nunmehr öffentlich die vormalige Ausgrenzung der Frauen und Männer um Harnack und Schulze-Boysen aus dem deutschen Widerstand gegen den Nationalsozialismus.[23] Die im Zusammenhang mit der auf dem Gelände des ehemaligen Reichssicherheitshauptamtes errichteten Ausstellung "Topographie des Terrors" realisierten Forschungs- und Dokumentationsarbeiten zur Verfolgungsgeschichte des Widerstandes bezog die Mitglieder der Schulze-Boysen/Harnack-Organisation ausdrücklich ein.[24] Die Arbeiten von Heinrich Scheel leiteten für die DDR-Historiographie eine an den Überlieferungen orientierte Sicht auf die Widerstandsgruppe ein.[25] Die sich somit durchsetzende differenziertere und vorurteilsfreie Rezeption ermunterte die Überlebenden aus dem Widerstandsverbund, Familienangehörige und einstige Freunde, ihr vormaliges durch die Verleumdungen, Ausgrenzungen und die parteipolitische Einvernahme der fünfziger und sechziger Jahre erzwungenes Schweigen zu brechen und über das Selbstverständnis der seinerzeit am Widerstand Beteiligten zu berichten. Im Rahmen eines Forschungsprojektes zur Geschichte der Widerstandsorganisation Schulze-Boysen/Harnack an der Akademie der Wissenschaften der DDR

---

[22] Erst im Jahre 1990 wurden verschiedene Unterlagen des Reichkriegsgerichtes in einem Archiv in der Nähe von Prag entdeckt. Siehe Haase, Norbert: Aus der Praxis des Reichkriegsgerichts. Neue Dokumente zur Militärgerichtsbarkeit im Zweiten Weltkrieg. - In: Vierteljahreshefte für Zeitgeschichte (1991) H. 3.

[23] Siehe auch Steinbach, Peter: Ein Kämpfer, bereit die Folgen auf sich zu nehmen. - In: Deutsches Allgemeines Sonntagsblatt (1989) Nr. 35; ders.: Widerstandsorganisation Harnack/Schulze-Boysen. Die "Rote Kapelle" - ein Vergleichsfall für die Widerstandsgeschichte. - In: Geschichte, Wissenschaft und Unterricht (1991) H. 3; Tuchel, Johannes: Weltanschauliche Motivationen in der Harnack/Schulze-Boysen-Organisation. - In: Kirchliche Zeitgeschichte (1988) H. 2.

[24] Rürup, Reinhard (Hrsg.): Topographie des Terrors. Gestapo, SS und Reichssicherheitshauptamt auf dem "Prinz-Albrecht-Gelände, eine Dokumentation. - Berlin 1987.

[25] Scheel, Heinrich: Ein Schulungsmaterial aus dem illegalen antifaschistischen Widerstand der Roten Kapelle. - In: Zeitschrift für Geschichtswissenschaften (1984) H. 1; ders.: Die Rote Kapelle und der 20. Juli 1944. - In: Zeitschrift für Geschichtswissenschaften (1985) H. 4; ders.: Walter Dietze und ein Gedicht von Harro Schulze-Boysen. - In: Germanistische Forschungsprobleme. - In: memoriam Walter Dietze, Sitzungsberichte der Akademie der Wissenschaften der DDR, Gesellschaftswissenschaften (1989) Nr. 2.

wurde 1987 mit der Sammlung und Dokumentation von Überlieferungen sowie der Erarbeitung von Einzeldarstellungen begonnen.[26] Ergebnisse dieser Arbeit konnten 1992 in einer Sonderausstellung,[27] in dem erstmals veröffentlichten Gestapo-Album zur Roten Kapelle[28] und auf einer erstmals zu dieser Widerstandsgruppierung durchgeführten wissenschaftlichen Konferenz[29] über die "Rote Kapelle" vorgestellt werden. Sie vermittelten der interessierten Öffentlichkeit eine neue Sicht auf diese umstrittene Widerstandsorganisation.[30] Ermöglicht wurde dieses Herangehen durch eine produktive Zusammenarbeit von Wissenschaftlern aus der früheren Forschungsgruppe der Akademie der Wissenschaften der DDR und der Gedenkstätte Deutscher Widerstand. Die Geschichte der "Roten Kapelle" wurde nicht mehr vom Ende, sondern vom Anfang an in das Bewußtsein unserer Zeit gerückt.[31] Im heutigen Gebäude der Treuhandanstalt - von 1933 bis 1945 Sitz des Reichsluftfahrtministeriums - wurde am 10. Februar 1993 eine Austellung über Erwin Gehrts und Harro Schulze-Boysen eröffnet. Die Widerstandsgruppen um Arvid Harnack und Harro Schulze-Boysen gehören nunmehr zum integralen Bestandteil des deutschen Widerstands. Vorliegende Lebensbilder[32] über Harro Schulze-Boysen verdeutlichen die Schwierigkeit im Umgang mit diesem eigenwilligen Kopf des Widerstandsverbundes. Freunde und Verwandte hatten es schwer, gegen das in den fünfziger Jahren geprägte

---

[26] Die in der Gedenkstätte Deutscher Widerstand Berlin vorliegende Sammlung zur Geschichte des Widerstandsverbundes enthält neben Kopien der wichtigsten Archivbestände zum Komplex "Rote Kapelle" die umfangreiche Privatsammlung Heinrich Scheels, zahlreiche von Familienmitgliedern und Freunden als Kopie zur Verfügung gestellte Materialien aus privater Hand, eine Sammlung mit Protokollen von Zeitzeugeninterviews und über 3000 photographische Dokumente zu einzelnen Frauen und Männern der Widerstandsgruppe. Bestandteil des Forschungsprojektes sind darüber hinaus wissenschaftliche Biographien von Arvid Harnack und Harro Schulze-Boysen, eine biographische Dokumentation zu Cato Bontjes van Beek, Forschungen zur Rezeptionsgeschichte und die Erstellung einer biographischen Datenbank zur Widerstandsorganisation.

[27] Rote Kapelle - Ein Portrait einer Widerstandsgruppe in Fotografien und Selbsterzeugnissen. Ein Ausstellung der Gedenkstätte Deutscher Widerstand vom 31.8.1992 bis 30.4.93. Konzeption und Redaktion: Dr. Hans Coppi, Dr. Jürgen Danyel, Wolfgang Oleschinski M.A., Michael Schroedter, Dr. Johannes Tuchel. Im Juni 1993 wurde die Ausstellung in der Frankfurter Paulskirche gezeigt.

[28] Giebel, Regina/ Coburger, Marlies/ Scheel, Heinrich: Erfasst? Das Gestapo - Album zur Roten Kapelle. Eine Fotodokumentation. -Halle 1992. Dieses Buch wurde durch die Friedrich-Ebert-Stiftung als bestes politisches Sachbuch des Jahres 1992 ausgezeichnet.

[29] Tagung "50 Jahre danach - 'die Rote Kapelle' in neuer Sicht" 5. bis 7. November 1992 in der Gedenkstätte Deutscher Widerstand. Ein Tagungsband ist in Vorbereitung.

[30] Siehe auch Winters, Peter-Joachim: Als Vaterlandveräter diffamiert. Die Widerstandsgruppe "Rote Kapelle"/ Berliner Ausstellung - In: Frankfurter Allgemeine Zeitung vom 2.9.1992, Frings, Ute: Nachhilfe in Sachen Zivilcourage. Eine gelungene Ausstellung zur Rehabilitation der "Rote Kapelle". - In: Frankfurter Rundschau vom 10.12.1992; Wirsing, Sybille: Das alternative Widerstandsmodell. Die Rote Kapelle aus neuer Sicht, ihre Rehabilitierung in der Forschung und in der Öffentlichkeit. -In: Tagesspiegel vom 11.2.1993.

[31] Siehe auch Steinbach, Peter: Die Rote Kapelle - 50 Jahre danach. - In: Freiheit und Recht. Die Stimme der Widerstandskämpfer für ein freies Europa (1992) Nr. 3/4.

[32] Siehe auch Boysen, Elsa: a.a.O. Der Vater, Erich Edgar Schulze, schrieb diesen Lebensbericht nach 1945 auf, der dann unter dem Namen seiner Schwägerin erschien.

Stigma eines Spions in sowjetischen Diensten in der Bundesrepublik anzugehen. Dabei war diese Verteidigung nicht frei von Verklärungen.[33] Die Märtyrer- und Heldendarstellungen in der DDR waren wenig geeignet, eine differenzierte Annäherung an das wechselvolle Leben von Harro Schulze-Boysen zu ermöglichen.[34] Herkunft und familiäre Traditionen, Kindheit und Jugend wurden in der Mehrzahl der bisher vorliegenden Publikationen kaum befragt, dem widerspruchsvollen Weg in den Widerstand selten nachgegangen. Das Leben von Harro Schulze-Boysen wurde oftmals aus den Umständen, die zu seinem gewaltsamen Tod führten, aber nicht aus den Prägungen und eigenen Antriebskräften heraus zu erklären versucht. Dabei wurde oftmals der tatsächliche Lebensverlauf entstellt. Die Verunglimpfung im Westen ging einher mit einer Heroisierung im Osten. Ausgrenzung, Verklärung wie auch Einvernahme versperrten den Zugang zu dieser vielschichtigen Persönlichkeit.

Es liegt bisher keine Biographie zu Harro Schulze-Boysen vor. Vielleicht besteht eine Ursache darin, daß sich seine Art zu leben, seine vielschichtige Persönlichkeit einer Einordnung in die üblichen Klischees versperrt. Sein Leben verlief im wesentlichen zwischen den Kriegen und den ersten Jahren des zweiten Weltkrieges, in Kontinuitäten und Brüchen zu seinem sozialem Umfeld und wurde von den dramatischen Umständen der Geschichte der ersten Hälfte dieses Jahrhunderts geprägt und bedroht. Außergewöhnlich war seine Art, auf diese Ereignisse zu reagieren. In Haltung und Konsequenz, wie er sich dem herrschenden NS-Regime verweigerte und in einen tiefen Konflikt mit den verbrecherischen Kriegszielen geriet, stellte er in seiner Generation eine Ausnahme dar. Über all die widersprüchlichen Entwicklungen und auch über sein Selbstverständnis ist wenig in den überwiegend fragmentarischen und tendenziellen Berichten[35] zu finden, die oftmals sehr frei oder unrichtig mit der historischen Wahrheit umgehen.

Die bisherige Quellenlage erwies sich für eine biographische Studie dieses Außenseiters im deutschen Geschichtsverlauf als unzureichend. Deshalb bildeten um-

---

[33] Vgl. Weisenborn, Günther: Über ein Gesicht und eine Gruppe. a.a.O.; Paetel, Karl Otto: Vergebens auf eine Revolution gehofft. Der Widerstandskreis um Harro Schulze-Boysen und seine Frau. - In: Nürnberger Nachrichten vom 19.7.1952; Buschmann, Hugo: Mein Freund Harro Schulze-Boysen. - In: Frankfurter Rundschau vom 6. Juli 1968.

[34] Siehe auch Blank, Alexander; Mader, Julius: a.a.O.; Biernat, Karl-Heinz; Kraushaar, Luise: a.a.O.; Reichert, Günther: Harro Schulze-Boysen. - In: Lebendige Traditionen. Lebensbilder deutscher Kommunisten und Antifaschisten. - Paul Heider (Hrsg.). - Bd. 2 - Berlin 1971. Hierin werden z.B. Zitate aus Briefen von Harro Schulze-Boysen in einer Art gewendet, sodaß sie einen ganz anderen Sinn erhalten. ; Ferner Stark noch in der Todeszelle. - In: Nationalzeitung vom 22.12.1962; Schmandt, Fredy: Die Bedeutung des Kampfes von Harro Schulze-Boysen für die sozialistische Wehrerziehung in der DDR und seine Verfälschung in der westdeutschen Geschichtsschreibung, Diplomarbeit an der Sektion Philosophie/ Wissenschaftlicher Sozialismus an der Karl-Marx-Universität Leipzig 1969; Hohe sowjetische Orden für antifaschistische Widerstandskämpfer. Auszeichnungen für Mitglieder der Die Schulze-Boysen/Harnack-Organisation. - In: Neues Deutschland vom 23.12.1969; Deutsche Widerstandskämpfer 1933-1945. Biographien und Briefe. - Bd. 2. - Berlin 1970. - S. 224-224; Auerswald, Leopoldine: Mutiger Kämpfer gegen den Faschismus und Völkermord. - In: Neues Deutschland vom 1./2.9.1979.

[35] Siehe auch Abschnitt 5.2 Bibliographie: Harro Schulze-Boysen in Bücher, Aufsätzen, Artikeln, Filmen, Rundfunk- und Fernsehsendungen der biographischen Studie.

fangreiche Recherchen zur Erschließung von archivalischen Quellen, von biographischen sowie widerstandsgeschichtlichen Überlieferungen aus privater Hand und zahlreiche Gespräche mit Zeitzeugen einen wesentlichen Teil der Vorarbeiten zu der biographischen Studie. Über 400 Briefe von Harro Schulze-Boysen an die Eltern, Verwandten und Freunde aus den Jahren 1917 bis 1942,[36] bisher kaum beachtete Artikel aus Zeitungen und Zeitschriften wie "Der Jungdeutsche" aus den Jahren 1926 bis 1930, dem "Vormarsch" aus dem Jahre 1931, dem "Gegner" und "Esprit" aus den Jahren 1932/33, "Die Kommenden" aus dem Jahre 1933, "Wille zum Reich" aus den Jahren 1934 bis 1936 und der "Luftwehr" aus den Jahren 1937/38 konnten für die Forschung erschlossen werden.[37] Neue Aufschlüsse und Zusammenhänge ergaben Archivstudien im Bundesarchiv Koblenz, in der Abteilung Potsdam und in der Dokumentationszentrale des Bundesarchives in Berlin, dem Politischen Archiv des Auswärtigen Amtes in Bonn, dem früheren Zentralen Parteiarchiv im Institut für Geschichte der Arbeiterbewegung, dem Militärwissenschaftlichen Archiv Freiburg, dem Institut für Zeitgeschichte München, dem Archiv der Deutschen Jugendbewegung Ludwigstein, der German Intellectual Emigrè Collection an der State University of New York at Albany und in anderen Archiven. Wichtige Erkenntnisse vermittelten eingehende Gespräche und der Briefwechsel mit Verwandten und Freunden in der Bundesrepublik Deutschland, in Frankreich, Italien, Venezuela, den USA und in der Schweiz. All diese Vorarbeiten verbreitern die Quellenlage und ermöglichen ein differenzierteres Bild der Genese von Widerstandsverhalten, verdeutlichen Motive, Herkunftstraditionen und politische Sozialisation dieses umstrittenen Deutschen.

Die vorliegende biographische Studie verlegt den Weg dieses Mannes in den Widerstand jenseits moralischer Erhöhung oder Verdammung in den zeitgeschichtlichen Kontext individueller, sozialer und politischer Vorgänge zurück und leistet somit auch einen Beitrag zur Entmytholigisierung deutscher Widerstandsgeschichte.[38] Diese vorliegende biographische Studie endet im Jahre 1938. Die weitere Entwicklung von Harro Schulze-Boysen wird nur im Ausblick berührt. Die Tätigkeit in der Widerstandsorganisation, die später von der Gestapo "Rote Kapelle" genannt wurde, bedarf einer gründlichen Aufarbeitung, um die zahlreichen Fälschungen und Legenden abzutragen. Hierzu sind noch weitergehende Recherchen in bisher geschlossenen

---

[36] Hierbei handelt es sich um den im Institut für Zeitgeschichte München lagernden Briefwechsel mit den Eltern. Hinzu kamen Leihgaben von der Schwester, Helga Mulachiè, dem Bruder, Hartmut Schulze-Boysen, dem Bruder von Libertas Schulze-Boysen, Johannes Haas-Heye, aus dem Turel-Nachlaß der Zentralbibliothek Zürich, dem Alfred von Tirpitz-Nachlaß des militärwissenschaftlichen Archivs Freiburg, der Sammlung von Heinz Gollong München, von Christian Roy aus Montreal, der Ablichtungen der Briefe an die Freunde der französischen Gruppe Ordre Nouveau zur Verfügung stellte.

[37] Siehe auch Abschnitt 5.1 Veröffentlichungen von Harro Schulze-Boysen der vorliegenden Dissertation.

[38] Die Perspektive der Gesellschaftsgeschichte des Widerstandes war für Martin Broszat eine Perspektive der Entmythologisierung. Siehe Broszat, Martin; Fröhlich, Elke: Alltag und Widerstand. Bayern im Nationalsozialismus. - München 1987. - S. 53.

Archiven in Moskau, Pullach, Köln und anderswo notwendig.

Der Verfasser dankt allen Verwandten und Freunden von Harro Schulze-Boysen, aber auch Wissenschaftlern, Publizisten und anderen Interessierten für die ihm gewährte geduldige und freundliche Unterstützung und kritische Begleitung bei der Entstehung dieser Arbeit.

1. Herkünfte und Prägungen

1.1 Kindheit in Kiel und Berlin, 1909 bis 1922

Am Sedantag[39] des Jahres 1909 kam Harro Schulze-Boysen als Sohn des Kapitänleutnants Erich Edgar Schulze[40] und seiner Frau Marie Luise, einer geborenen Boysen,[41] in der Hafen- und Marinestadt Kiel zur Welt. Im Wilhelminischen Deutschland wurde nach dem Sieg über die Franzosen im Jahre 1871 jedes Jahr der 2. September feierlich als Beweis militärischer und politischer Überlegenheit der Deutschen begangen. Unübersehbares Zeichen dieses Triumphes ist die 1874 eingeweihte Siegessäule im Berliner Tiergarten. In der Familie Schulze erinnerte man sich mit Stolz der "deutschen Einheitskriege".[42]

Der Vater entstammte traditionellen preußischen Eliten. Fast alle Vorfahren väterlicherseits waren in den letzen beiden Jahrhunderten Richter, Universitätsprofessoren, Pfarrer, Offiziere und Baumeister, königliche preußische Beamte oder Militärs gewesen.[43] Im Wohnzimmer der Großeltern war auf einem Gemälde einer der ältesten nachweisbaren Vorfahren, der Stallmeister von Friedrich Wilhelm I. und Reitlehrer Friedrichs II., Chevalier Saimson, zu sehen.[44] Dieser Mann war einst als Hugenotte aus Frankreich nach Preußen geflohen.

Der Großvater Dr. Georg Schulze, Philologe, Germanist und Sanskritforscher, leitete von 1887 bis 1912 das angesehene Königliche Französische Gymnasium in Berlin. Seine Schüler nannten ihn respektvoll "Zeus".[45] Die traditionsreiche Lehranstalt gehörte zu den Eliteschulen und genoß einen ausgezeichneten Ruf im Berliner Bildungsbürgertum. Sie galt politisch wie pädagogisch als verhältnismäßig liberal. Sie war die einzige Schule in Berlin, an der Ende des vergangenen Jahrhunderts Kinder von Diplomaten und Kaufleuten aus anderen Ländern lernen konnten. Auch jüdische Mitschüler wurden ak-

---

[39] Der Sedantag war im Wilhelminischen Deutschland ein nationaler Feiertag aus Anlaß des deutschen Sieges über eine von Mac Mahon geführte französische Armee bei Sedan am 2.9.1870. Dort geriet auch Napoleon III. in deutsche Gefangenschaft.

[40] 3.10.1880 in Berlin geboren, 1974 in Duisburg verstorben.

[41] 27.7.1884 als Tochter des Rechtsanwaltes Dr. Wilhelm Boysen und seiner Frau Luise, geb. Tönnies, in Flensburg geboren, 1972 in Duisburg verstorben.

[42] Großvater Georg Schulze (1846-1932) hatte mit den Garde-Füsilieren bei St. Privat, Sedan und vor Paris gefochten. Zwei Brüder der Großmutter Olga (1844-1923) hatten als aktive Offiziere gedient. Siehe auch Schulze, Erich Edgar, Jugenderinnerungen, Ablichtung in der Gedenkstätte Deutschen Widerstand, Sammlung Rote Kapelle (im weiteren Sammlung RK genannt).

[43] Ebenda.

[44] Siehe auch Schulze-Boysen, Hartmut: Gespräche 1987 bis 1989.

[45] Mulachiè, Helga: Gespräche im September 1988 und Juni 1989. Kurt Tucholski besuchte das Französische Gymnasium von 1899 bis 1903. Er beklagte den schlechten Unterricht und den von ihm erlebten Durchschnitt. Georg Schulze als Schwager des Großadmirals von Tirpitz taufte er Monsieur "Skülz". Siehe auch Velder, Christian: 300 Jahre Französisches Gymnasium Berlin, Berlin 1989. - S. 440.

zeptiert. Der stärker werdende Nationalismus fand am Collège wenig Widerhall. Die Schule wurde wegen ihrer philosemitischen und frankophilen Einstellung von deutschtümelnden Eiferern beargwöhnt. Direktor Georg Schulze hat diese Tradition freundschaftlicher Verbundenheit mit dem französischen Nachbarn gegen alle Angriffe erfolgreich verteidigen und fortsetzen können.[46]

Der Zwiespalt zwischen dem hohen humanistischen Anspruch des Französischen Gymnasiums und dem sich ausbreitenden Nationalismus, dem Untertanengeist und imperialen Machtgehabe im wilhelminischen Kaiserreich wurde in der Familie Schulze offensichtlich nicht als Widerspruch empfunden. Beide Linien waren in der Familie miteinander verflochten.

Die Enkelkinder waren der Großmutter mehr zugetan. Olga Schulze war eine gebürtige Tirpitz,[47] die ältere Schwester des vom Kaiser Wilhelm II. sehr geschätzten und 1897 zum Staatssekretär im Reichsmarineamt ernannten Admirals Alfred von Tirpitz[48]. Der Kaiser nutzte dessen Organisations- und Propagandatalent für seine Flottenpläne, mit denen er seine weltpolitischen Ambitionen durchzusetzen gedachte. Erich Edgar Schulze stand seinem 1911 zum Großadmiral beförderten Onkel sehr nahe.[49] Nach dem Schulabschluß 1898 am Französischen Gymnasium in Berlin entschied sich der humanistisch gebildete E. E. Schulze für eine Marinelaufbahn. Diesen Entschluß hatte Tirpitz durch seine Erzählungen vom Leben auf See und in fernen Ländern mit beeinflußt. 1899 wurde E. E. Schulze in Kiel als Seekadett eingestellt und avancierte auf Grund seiner glänzenden Leistungen zum "Crewältesten der Crew 99", mit der er 1899 auf einem Segelschiff eine Weltreise antrat, die ihn nach Ostafrika, Süd- und Nordamerika führte. Zwischen den Marinekameraden bestand ein sehr enger Zusammenhalt, auch über die aktive Dienstzeit hinaus. Als Stabsoffizier wegen seiner intellektuellen Fähigkeiten in der kaiserlichen Marine geschätzt und umfassend gebildet - er sprach fließend englisch und französisch - verband er Pflichterfüllung mit einem hohen geistigen Anspruch.

Marie Luise Boysen und Erich Edgar Schulze hatten 1908 in Kiel geheiratet. Die Mutter stammte aus Schleswig-Holstein. Als Tochter eines Rechtsanwaltes, (der 1900 an Tuberculose verstarb), wuchs sie in Flensburg auf. Der familiäre Hintergrund der Familie Schulze umfaßte ein auseinandergehendes Spektrum politischer Meinungen. Dem

---

[46] Vgl. auch Velder, Christian: a.a.O.; ders.: Respekt, Toleranz und Kooperation. Die 300jährige Geschichte des Französischen Gymnasiums, Berlin 1989.

[47] Die Tirpitz sollen früher in Schlesien gelebt und Czern von Terpitz geheißen haben. Während des 7-jährigen Krieges waren ihre größeren Besitzungen zerstört worden, verarmt hatten sie ihren Adel abgelegt. Einer ihrer Nachfahren, der Gerichtsassessor Rudolf Friedrich Tirpitz, zog mit seiner Frau Malwine und den Kindern Olga, Max und Alfred nach Frankfurt/Oder, als er im Jahre 1850 zum Kreisrichter berufen wurde.

[48] Alfred von Tirpitz (1849-1930), vgl. auch Bundesarchiv-Militärarchiv Freiburg (im weiteren BA-MA Freiburg genannt), Nachlaß Tirpitz N 253; Kaulisch, Baldur: Alfred von Tirpitz und die imperialistische deutsche Flottenrüstung. - Berlin 1988 mit einer ausführlichen Literaturliste zu Tirpitz.

[49] Brief Alfred von Tirpitz an Harro Schulze vom 12.8.1929: "Deinen Vater, den ich sehr hoch stelle und der ein Leben hoher Leistung hinter sich hat, das nur der Krieg leider in mindere Bahnen lenkte.". - In: BA-MA Freiburg, N 253, Briefwechsel mit E. E. Schulze, Bd. 163; Bl. 299.

mit den Intentionen des Kaisers eng verbundenen Großonkel Alfred von Tirpitz stand der zum entgegengesetzten politischen Lager der Sozialdemokratie tendierende Großonkel mütterlicherseits, Ferdinand Tönnies, gegenüber. Beide Männer waren Exponenten sehr unterschiedlichen Denkens und Handelns im Wilhelminischen Deutschland. Der an Hobbes, Marx und anderen geschulte Philosoph Professor Dr. Ferdinand Tönnies[50] gehörte zu den Begründern der Soziologie in Deutschland und zu den ersten Kritikern von Nietzsche. Er unterstützte die Ende des vergangenen Jahrhunderts sich in Deutschland herausbildende Genossenschaftsbewegung. Die Familie Schulze hatten keine engen Kontakte mit Ferdinand Tönnies. Harro Schulze-Boysen lernte seinen Großonkel erst im Sommer 1931 bei einem Ferienaufenthalt am Timmendorfer Strand kennen.[51]

Marie-Luise Schulze war durch ihre Erziehung, ihren Verwandten- und Bekanntenkreis und ihr Mann darüberhinaus durch den Dienst in der kaiserlichen Marine in die Werte und Strukturen des Wilhelminischen Deutschland eingebunden. Nachdem E. E. Schulze auf verschiedenen Kriegsschiffen Dienst getan hatte, besuchte er in den Jahren 1910/1911 die Militärakademie, kam dann zum Admiralstab der Marine und wurde im November 1913 in die 1. Zentralabteilung des von Tirpitz geleiteten Marineamtes am Leipziger Platz in Berlin versetzt.[52] Die Familie zog nach Wilmersdorf, an den Hohenzollerndamm 62.

So wuchs Harro Schulze behütet und geborgen in einer bürgerlichen Familie auf, zu der auch ab 1910 die Schwester Helga und ab 1922 der Bruder Hartmut gehörten. Die Geschwister haben den Vater als einen gütigen, geistig vielseitig interessierten und zugleich disziplinierten Menschen in Erinnerung, der kenntnisreich und verhalten zu argumentieren verstand. Die politische Einstellung in der Familie kann in der Zeit bis zur Novemberrevolution mit konservativ-liberal, kaisertreu und patriotisch umschrieben werden. Schulzes waren Protestanten, hatten aber eher ein distanziertes Verhältnis zur Kirche. Ein elitäres Denken war ihnen fremd. Die preussisch geprägten bürgerlichen Werte in der Familie empfanden die Kinder als Verpflichtung. Das Bekenntnis zum Preußentum wurde als Dienen für das Staatswesen, auch als Bereitschaft, durchaus Opfer zu bringen und als eine gewisse Bescheidenheit in den Lebensansprüchen aufgefaßt. Die Mutter erschien eher standesbewußt. Diese Haltung soll sie noch von ihrer Mutter übernommen haben. Das Klima in der Familie wurde auch von dem unterschiedlichen Temperament und Charakter der Eltern geprägt. Dabei blieben Spannungen und Streit nicht aus. Wirkte der Vater auf die Kinder überlegt, in sich ruhend und gelassen, war die

---

[50] Ferdinand Tönnies (1855-1934). Seit 1881 Privatdozent an der Universität Kiel. 1920 Lehrauftrag für Soziologie. Zu seinem Hauptwerk zählt das Buch "Gemeinschaft und Gesellschaft", 1922-1933 Vorsitzender der deutschen Gesellschaft für Soziologie. Gedanken aus Tönnies Werken finden sich auch in späteren Schriften von Harro Schulze-Boysen wieder. Siehe auch Abschnitt 3.5.
[51] Vgl. Brief Harro Schulze-Boysen an Ferdinand Tönnies vom 7.9.1930, Institut für Zeitgeschichte München (im weiteren IfZ München genannt) ED 335/1.
[52] Vgl. Ehrenrangliste der Kaiserlichen Deutschen Marine 1914-1918, Berlin 1914. - S. 7. Siehe auch Auskunft Deutsche Dienststelle (WAST) Berlin vom Juni 1991. - In: Sammlung RK.

Mutter sehr lebhaft, temperamentvoll, ruhelos und fast leidenschaftlich um die Familie bemüht, eine tatkräftige Frau mit einer zupackenden Intelligenz.[53]

Im September 1914 wurde E. E. Schulze in das Generalkommando des Marinekorps II kommandiert. Er diente ab 1916 bis zum Kriegsschluß als erster Admiralstabsoffizier unter Admiral Schröder, dem "Löwen von Flandern", im flämischen Brügge und genoß dort einen ausgezeichneten Ruf.[54] Harro Schulze wurde im Jahre 1916 in die Vorschulklasse des "Heinrich von Kleist-Realgymnasiums" Schmargendorf eingeschult. Aus den ersten Briefen spricht die Hoffnung des 7jährigen Sohnes, daß der Vater die Engländer hoffentlich endgültig verjagen und bald wieder Frieden einziehen werde. Der Sohn verehrte und liebte seinen Vater. Er war stolz auf dessen Dienst bei der kaiserlichen Marine. Obwohl die ursprünglichen Kriegsziele - eine schnelle Niederwerfung Frankreichs und Englands - nicht erreicht wurden, der Krieg im Westen stagnierte, verharrte E. E. Schulze in der Illusion, daß der Krieg doch noch gewinnbar sei. Er hoffte noch im Februar 1918 auf bessere Ausrüstung, Verpflegung und darauf, daß einige der älteren Kommandeure zurücktreten und jüngere ihren Platz einnehmen könnten.[55] Während seiner Besuche vermittelte der Vater offensichtlich noch Siegeszuversicht. Zwei Jahrzehnte später erinnerte sich Harro Schulze-Boysen an den erlebten inneren Gleichklang mit dem Vater, als sie im Sommer 1917 gemeinsam das nationalistische Lied "Denn wir fahren gegen Engelland" gesungen hatten. Die weißen Hände der Mutter erschienen dem Knaben damals als Sinnbild der weißen Hände aller Marinefrauen, deren Männer "gegen Engelland" fahren sollten.[56]

Zugleich spürte der Heranwachsende mehr und mehr den "Heimatkrieg". Er erlebte die Kohlenferien in der Schule, den Kohlrübenwinter und die Sorgen der Mutter, die Familie mit den geringer werdenden Rationen zu ernähren. Volk, Vaterland, Volksgemeinschaft, Nation, Opfer waren Begriffe und Werte, die zunehmend Eingang in seine Kinderwelt fanden und mit denen der andauernde Krieg, das Durchhalten und die wachsenden Entbehrungen erklärt wurden. Diese Art von vaterländischer Gesinnung verfehlte ihre Wirkungen auf den Heranwachsenden nicht.

---

[53] Vgl. Gespräche mit Helga Mulachiè und Hartmut Schulze-Boysen in den Jahren 1987 bis 1989.

[54] Siehe auch Hill, Leonidas E. (Hrsg.): Die Weizsäcker-Papiere 1900-1932. Berlin/Frankfurt a.M./Wien.- S. 206. Eintragung vom 20.VII.16: "Admiral Schröder in Brügge steht unter dem Einfluß seines tüchtigen Admiralstabsoffizier E. E. Schulze, des Neffen von Tirpitz." E. E. Schulze wurde mit zahlreichen Orden und Ehrenzeichen geehrt: Eisernes Kreuz 1. und 2. Klasse, Roter Adler-Orden 4. Klasse, Ehrenkreuz für Frontkämpfer, Großherzoglich Hessisches Allgemeines Ehrenzeichen für Tapferkeit, Ritterkreuz 1. Klasse des Königlich Sächsischen Albrechts-Ordens mit Schwertern, Ritterkreuz mit Schwertern des Königlichen Haus-Ordens am Hohenzollern, Bremisches Hanseatenkreuz, Großherzoglich Oldenburgisches Friedrich-August-Kreuz 1. Klasse, Kriegsverdienstkreuz 1. Klasse mit Schwertern, Deutsches Kreuz mit Silber. Siehe Auskunft WAST, a.a.O.

[55] Brief des 1. Admiralstabsoffiziers beim Generalkommando des Marinekorps vom 12.2.1918. BA-MA Freiburg, Nachlass von Levetzow, N 239, Bd. 24.

[56] Vgl. Brief Harro Schulze-Boysen an die Eltern vom 28.10.1939, IfZ München ED 335/3.

Zu den Freunden aus der Kinderzeit gehörten auch Werner und Hans Bernd von Haeften, die Söhne des Generalstabsoffiziers und späteren Präsidenten des Reichsarchives Hans von Haeften. Sie wohnten auf der anderen Seite des Hohenzollerndamms.[57]

Die Familie Schulze war von den revolutionären Ereignissen im November 1918 zunächst einmal "geschockt".[58] Die Auswirkungen blieben in dem bürgerlichen Berliner Vorort Wilmersdorf eher gedämpft. Harro Schulze erlebte jedoch im März 1919 die Kämpfe zwischen Roten Soldaten und Regierungstruppen am Schlesischen Bahnhof. Der jähe Zusammenbruch des Wilhelminischen Obrigkeitsstaates mit seinen Machtstrukturen und Wertvorstellungen hinterließ "auf sein Knabengemüt bedeutsamen Eindruck, erschütterte den an sich schwachen Hang zur Autoritätsgläubigkeit," erinnerte sich später der Vater.[59] Eine "Umwertung der Werte" setzte ein. Zunächst nahm der wache Junge wahr, daß bestimmte Ideale und Rituale aus der Kaiserzeit nicht mehr galten. Die Sedanfeiern an seinem Geburtstag wurden offiziell nicht mehr begangen. Statt dessen galt ab 1920 der 11. August 1919, der Tag, an dem die neue Verfassung angenommen wurde, als Nationalfeiertag.

In der Familie wurde der Bankrott jener alten Welt noch nicht so sichtbar. Der Vater vertrat nach seinem Ausscheiden aus der Marine weiter seine im Kaiserreich geprägten Auffassungen, die auch in der einsetzenden gegenrevolutionären Bewegung ihre Bestätigung zu finden schienen. Ehrenamtlich arbeitete er eine kurze Zeit als Geschäftsführer der Deutschnationalen Volkspartei im Kreis Teltow. Diese Partei auf der rechten Seite des sich herausbildenden politischen Spektrums der Weimarer Republik verstand sich als Erbin der alten konservativen Parteien des kaiserlichen Deutschlands. Eine Anfang 1919 in Aussicht gestellte Tätigkeit in der "Kriegswissenschaftlichen Abteilung" des Generalstabs konnte der Korvettenkapitän a.D. Erich Edgar Schulze nicht antreten. Er begann noch im Laufe des Jahres 1919 eine Tätigkeit beim Reichsbürgerrat in Berlin - einer überparteilichen bürgerlichen Sammlungsbewegung und zugleich einer Gegenbewegung zu den Arbeiter- und Soldatenräten - , wo er ab September 1919 als geschäftsführender Direktor eingesetzt wurden war.[60]

Als die Brigade Ehrhardt in Berlin am 13. März 1920 in Berlin einzog und den Kapp-Putsch in die Reichshauptstadt trug, um die sozialdemokratische Regierung zu stür-

---

[57] Hans-Bernd Haeften (1905-1944) und Werner Haeften (1909-1944) gehörten zu den Männern des "20. Juli". Siehe auch Winterhagen, Ernst Wilhelm: Der Kreisauer Kreis - Porträt einer Widerstandsgruppe, Begleitband zur Ausstellung. - Berlin 1985.

[58] Mulachiè, Helga: a.a.O.

[59] Boysen, Elsa: a.a.O.. - S. 6.

[60] BA-MA Freiburg, a.a.O., Bd. 170, Bl. 58; In dem Programm wurde auf einen "Kampf gegen jede einseitige Klassenherrschaft" und eine "Erziehung der Volksgenossen zum Deutschtum" orientiert. Der erste Präsident des Reichsbürgerrates war Pfarrer D.Wessel, der Vater von Horst Wessel, dem späteren Märtyrer der Nationalsozialisten. Zum Reichsbürgerrat: Schmidt, Sigurd-Herbert: Der Bürgerrat von Groß-Berlin und die Entstehung der Bürgerrechtsbewegung in der Novemberrevolution, Dissertation, Humboldt-Universität. - Berlin 1984; Lexikon zur Parteiengeschichte. Die bürgerlichen und kleinbürgerlichen Parteien und Verbände in Deutschland (1789-1945). In vier Bänden (D. Fricke, Leiter des Herausgeberkollektivs). - Leipzig 1986. - Bd 3. - S. 652ff.

zen, wehten in den vom Bürgertum bewohnten Vierteln, so auch in Charlottenburg und Wilmersdorf überall schwarz-weiß-rote Fahnen. Kapitän Ehrhardt war ein Marinekamerad des Vaters. All diese Ereignisse und das Engagement des Vaters weckten früh das politische Interesse des Jungen. Als 11jähriger verteilte er mit Begeisterung Wahlzettel für die Deutschnationale Volkspartei,[61] deren Ehrenvorsitzender später Alfred von Tirpitz wurde. Dieser hatte mit Wolfgang Kapp im September 1917 die Deutsche Vaterlandspartei gegründet, eine nationalistische Sammlungsaktion reaktionärster Kreise. Sie versuchten, die kriegsmüde Bevölkerung zum Durchhalten zu bewegen und Einfluß auf das Parlament zu nehmen, kriegswichtige Ziele nicht aufzugeben. Gelegentlich besuchte "Onkel Alfred" die Familie. Mit dem Doppelbart war er eine imposante Erscheinung und häufig gegenüber den Kindern zu Späßen aufgelegt. Harro Schulze wurde sich wohl schon früh bewußt, daß er Großneffe des eigenwilligen Großadmirals[62] war. Der Großonkel und der Vater spielten in seinen Kindertagen gewiß eine große Vorbildrolle. Ihnen gedachte er nachzueifern. Der Knabe erlebte aus unmittelbarer Nähe und aus den Erzählungen des Vaters in Tirpitz eine wichtige Schlüsselfigur des Wilhelminischen Deutschlands, zugleich einen wegen seiner Flottenpolitik nach 1918 umstrittenen Mann, der deutsche Geschichte beeinflußt, der Siege und Niederlagen erlitten hatte und sich immer selbst treu geblieben zu sein schien. Erich Edgar Schulze stand auch nach dem Krieg in engem Kontakt mit seinem Onkel. Er bereitete eine Volksausgabe der Erinnerungen Alfred von Tirpitz' vor und verhandelte 1921 mit dem Korrespondenten der amerikanischen Presseagentur United Press, John Graudenz (1884-1942), wegen eines vorgesehenen Interviews mit Alfred von Tirpitz für eine amerikanischen Zeitung.[63]

Verwandtschaftliche Beziehungen bestanden auch zu Ilse und Ulrich von Hassell. Ilse war die Tochter Alfred von Tirpitz. Marie Luise Schulze war mit ihr schon als junges Mädchen befreundet. Diese Freundschaft war dann auseinandergegangen, weil ihr Ilse zu konservativ, kirchlich und national eingestellt war. Hassells und Schulzes besuchten sich gelegentlich, aber engere Beziehungen entstanden daraus nicht.[64]

Wegen seines mageren Aussehens wurde Harro Schulze auf Vorschlag des Schularztes im Sommer 1920 über das Rote Kreuz nach Schweden verschickt. Schwedische Familien erklärten sich bereit, deutsche Kinder aufzunehmen. So kam der schmale Junge in das Haus der gastfreundlichen Familie Hasselrot in Gripsnäs. Die Villa des Sozialdemokraten und zeitweiligen schwedischen Justizministers B. Hasselrot befand sich in sehr schöner Lage am Mälersee gegenüber dem Schloß Gripsholm. Bengt Hasselrot, der Sohn, war

---

[61] Brief vom 20.2.1920, Ebenda, Bd. 170, Bl. 112.

[62] Tirpitz Rücktritt am 12. März 1916, weil der Kaiser seinem Rat, den totalen U-Boot-Krieg zu beginnen, nicht folgen wollte, erregte großes Aufsehen.

[63] Brief vom 3.2.1920, BA-MA Freiburg, a.a.O., Bd. 170, Bl. 79, Ebenda Brief vom 5.2.1921, Bl. 108; Harro Schulze-Boysen arbeitete ab 1941 eng mit John Graudenz im Widerstand zusammen. Siehe auch Kerbs, Diethart: John Graudenz. -In: Kerbs, Diethart; Uka, Walter; Walz-Richter, Brigitte (Hrsg.): Die Gleichschaltung der Bilder. Zur Geschichte der Pressefotografie 1930-36. - Berlin 1983.

[64] Mulachiè, Helga: a.a.O.

wegen einer spinalen Kinderlähmung an den Rollstuhl gefesselt. Harro Schulze spielte und unterhielt sich mit ihm. Als Dank für die Gastfreundschaft schickte der Vater den schwedischen Gastgebern die Erinnerungen des Großadmirals von Tirpitz. 1921 begleitete die Mutter ihren Sohn. Auch in den nächsten Jahren verbrachte der schmale, blasse Junge aus Duisburg seine Sommerferien in Schweden. Er lernte in dieser Zeit schwedisch. Im Sommer 1922 konnte er sich schon gut in schwedisch verständigen, setzte in Gripsnäs seine russischen Sprachübungen fort, die er im Frühjahr 1922 in Berlin begonnen hatte. Mit 12 Jahren gestaltete er in den Sommerferien in Schweden seine erste Zeitung. Darin teilte er den acht sicherlich erstaunten Abonnenten mit, "daß Lenin von den Läusen aufgefressen sei. Tschitscherin, ein Russe, in seinem Bett eine Ratte getötet hat ... daß Loyd George sich hat die Hühneraugen schneiden lassen und Poincarè zur Trauer von ganz Frankreich gestern Abend seine Mütze verlor usw."[65] Buchbinden, Dichten, Lesen, Schreiben, Briefmarkensammeln, Kreuzworträtsel anfertigen gehörten zu den Lieblingsbeschäftigungen des Jungen.

Krieg, Novemberrevolution, Versailler Vertrag, Kapp-Putsch und die Besetzung des Ruhrgebietes durch französische Truppen begleiteten die Kindheit des Bürgersohnes.

Die Anteilnahme des heranwachsenden Harro Schulze an politischen Fragen wurde durch diese Ereignisse, aber auch durch das Klima in der Familie, dem Vorbild solcher Männer wie Alfred von Tirpitz und Erich E. Schulzes und ihren Traditionslinien beeinflußt. In sie fühlte sich der schon frühzeitig politisch interessierte Knabe eingebunden, sie verpflichteten und vermittelten auch eine gewisse innere Sicherheit im Auftreten. Trotz später auseinandergehender Auffassungen und fremd anmutender Wege des ältesten Sohnes ging der Zusammenhalt innerhalb der Familie nie verloren. An Differenzen und Spannungen mangelte es nicht, aber es kam zu keinem "Abschied von den Eltern".

Der Knabe wuchs in eine Zeit des Umbruchs hinein. Bisherige Orientierungen und Leitbilder verloren ihre Grundlagen und Wirksamkeit. Jedoch hielt die von seinem Großonkel und seinem Vater ausgehende Vorbildwirkung an. Mit ihnen verehrte er die Frontkämpfer des Weltkrieges schlechthin und identifizierte sich mit ihren Kämpfen.

Revolution und gegenrevolutionäre Ereignisse beflügelten Fantasie und politisches Interesse des Heranwachsenden, das wesentlich von den konservativen Wertorientierungen des Vaters und des Großonkels, Alfred von Tirpitz, bestimmt wurde. Der den verloren gegangenen Krieg durch die Siegermächte besiegelnde Versailler Vertrag erschien dem Jungen als eine Demütigung für Deutschland, die er später einmal tilgen wollte. Schwester Helga erinnert sich an die "große Vaterlandsliebe" ihres älteren Bruders und daß er als Kind und Jugendlicher "sehr für Deutschland" und "rechts" eingestellt war.[66] Die Überwindung des Vertrages und die Verhinderung eines neuen "Versailles" blieb ein wesentliches Motiv für sein späteres politisches Wirken, auch im Widerstand gegen den Nationalsozialismus.

---

[65] Brief an die Geschwister Helga und Hartmut vom Sommer 1922, IfZ München ED 335/1.
[66] Mulachiè, Helga, a.a.O.

1.2 Jugend in Duisburg, 1922 bis 1928

Im Spätherbst 1922 folgte der Sohn dem Vater nach Duisburg. Dort hatte E. E. Schulze offensichtlich unter Nutzung seiner alten Marineverbindungen seit Frühjahr 1922 eine Anstellung im kaufmännischen Bereich des großen Maschinenbauunternehmens DEMAG gefunden. Admiral a.D. Hans Reuter, der Bruder des Generaldirektors der DEMAG, Wolfgang Reuter, war E. E. Schulze bei dem Wechsel behilflich. Dem 42jährigen Korvettenkapitän a.D. fiel die Umstellung in ein völlig neues Arbeitsgebiet nicht leicht. Noch Mitte 1926 klagte er gegenüber Alfred von Tirpitz darüber, daß er sich damit abfinden müsse, "daß ich anscheinend für nichts Besseres mehr im Leben zu brauchen bin ... Ich habe so sehr das Gefühl, daß ich gar nicht ausgenutzt werde".[67]

Vater und Sohn wohnten Ende 1922 einige Wochen gemeinsam und führten ein angenehmes Junggesellenleben. H. Schulze behielt diese Zeit in "besonders netter" Erinnerung. Er empfand es "familiärer als sonst".[68] Die Mutter kam mit den Geschwistern Anfang 1923 nach. Die Familie bezog die inzwischen fertiggestellte Werkswohnung in der ersten Etage der Karl-Lehr-Straße 9, in der DEMAG-Siedlung für Angestellte. Harro Schulze war sehr froh über sein eigenes Zimmer, das er nicht mehr mit der Schwester teilen mußte. Dieser Umzug bedeutete für die Familie eine große Umstellung. Vieles war fremd, und die Rheinländer so anders als die Berliner. Am meisten störten die allgegenwärtigen grauschwarzen Schlote und der lästige Gasgeruch aus dem naheliegenden Industrierevier. Es war eine im Vergleich zum Berliner Westen umweltbelastete, "häßliche" Gegend.[69]

Im März 1923 feierte die Familie Schulze "nach einem sehr würdigen und schönen Gottesdienst"[70] gemeinsam mit einer befreundeten Familie die Einsegnung ihres ältesten Sohnes. Alfred von Tirpitz schickte dem Großneffen aus diesem Anlaß seine "Erinnerungen"[71] mit der Widmung "Möge Harro im Kampfe dem Vater gleichen". Die schulischen Leistungen blieben hinter denen des Vaters erst einmal zurück. Er war überrascht, daß der Sohn "wider Erwarten" in die Sekunda versetzt war und schrieb Alfred von Tirpitz: "Er hat nun für ein andermal das Sitzenbleiben zugute".[72] Wahrscheinlich

---

[67] Brief Erich Edgar Schulze an Alfred von Tirpitz vom 2.6.1924, BA-MA, Freiburg, a.a.O., Bd. 170, Bl. 140/141.

[68] Brief an den Vater Ende Juni 1932, IfZ München ED 335/1.

[69] Mulachiè, Helga: a.a.O. Ferner Brief an die Eltern vom 24.7.1925 aus Schweden: "In der schönen Natur fühle ich mich äußerst wohl, mit jedem Atemzug und Blick hamstere ich für den häßlichen Duisburger Winter.", IfZ München ED 335/1.

[70] Brief Erich Edgar Schulze an Alfred von Tirpitz vom 12.3.1923, BA-MA Freiburg, N 253, Bd. 170, Bl. 130.

[71] Tirpitz, Alfred von: Erinnerungen. - Leipzig 1919.

[72] Brief Erich Edgar Schulze an Alfred von Tirpitz vom 5.4.1923, BA-MA Freiburg, N 253, Bd. 170, Bl. 132. Diese Bemerkung bezog sich auf die Schulzeit Alfred von Tirpitz, der einmal sitzengeblieben war.

hing dieser Leistungsabfall neben den mit dem Ortswechsel verbundenen Umstellungen, auch mit den sich überstürzenden politischen Ereignissen zusammen, an denen der 13jährige regen Anteil nahm. Einen tiefen Einschnitt im Leben von H. Schulze stellte die im Januar 1923 einsetzende Okkupation des Ruhrgebiets durch französische und belgische Truppen dar. Es rückten schwere französische Panzer in die Städte des Ruhrgebietes ein. Ihnen folgten Infanterie, Artillerie, Kavallerie. Unter dem Besatzungsregime bestimmten Ausgangssperren und andere Schikanen den Alltag. Alle Arten von Kundgebungen verfielen dem Verbot. Viele Bürgersöhne begeisterten sich an dem Kampf gegen die französische Besatzung.[73] Eine nationalistische Welle durchzog das Land.

In der Industriestadt an der Ruhr spitzten sich unter diesen Bedingungen soziale und nationale Probleme in besonderer Schärfe zu. Die Bergleute und die Arbeiter der großen Stahl-, Hütten- und Maschinenbaubetriebe kämpften für Lohnerhöhungen und damit gegen die Interessen der Besitzenden. Zugleich standen sie zusammen mit den Unternehmern im Kampf gegen die französische Besatzungsmacht. Einige Arbeiter und Bergleute wurden erschossen, Direktoren großer Betriebe wurden von französischen Sondergerichten zu Geld- und Freiheitsstrafen verurteilt. Die Bevölkerung feierte die Verurteilten als nationale Märtyrer. Im März 1923 wurde die Brücke nach Hamborn gesprengt. Der an dieser Aktion beteiligte Leo Schlageter, ein früherer Freicorpskämpfer aus dem Baltikum, wurde am 8. Mai 1923 von einem französischen Militärgericht zum Tode verurteilt und am 9. Mai hingerichtet. Der Jungdeutsche Orden (Jungdo) wie auch die Nazipartei betrachteten Schlageter als einen Märtyrer aus ihren Reihen.

Die Auseinandersetzung mit Frankreich wurde zu einem "deutschen Schicksalskampf" erhoben. Die sozialen Konflikte und die Parteieninteressen schienen für kurze Zeit der übergreifenden nationalen Frage untergeordnet zu sein. So kamen auch viele Schüler des Duisburger Realgymnasiums "mit der Politik in Berührung".[74] Der 13jährige Schulze wurde von den Franzosen kurzzeitig verhaftet.[75] All dies bestärkte seine ablehnende Haltung gegenüber dem Versailler Vertrag und sein nationalistisches Engagement. Das spätere Eintreten für eine die Parteigrenzen überwindende einheitliche Front der Jungen gründete sich auf die im "Ruhrkampf" gesammelten Erfahrungen. Der erlebte "passive Widerstand der einigen Ruhrbevölkerung" blieb ein Schlüsselerlebnis.[76] Eine Einigung

---

[73] vgl. auch Scheringer, Richard, Das große Los. - Hamburg 1959. - S. 103ff.

[74] Joachim Renck, ein Mitschüler, in einem Brief an Manfred Tietz vom 2.11.1988, Sammlung RK.

[75] Lebenslauf von Harro Schulze-Boysen, a.a.O. Er gibt darin als Grund an: "wegen aktiver Arbeit im Ruhrkampf".

[76] vgl. H. Schulze-Boysen, Die Machtergreifung. - In: Gegner 4. Jg. (1933) Nr. 2. - S. 3: "Wir können nur prophezeien, daß die Hitler-Hugenberg-Papen ebenso über den p a s s i v e n W i d e r s t a n d der Sozialisten in Deutschland straucheln werden, wie vor 10 Jahren Poincarè am passiven Widerstand der einigen Ruhrbevölkerung gescheitert ist." In der Flugschrift "Die Sorge um Deutschlands Zukunft geht durch das Volk" von Februar 1942 findet sich dieser Gedanke ebenfalls wieder: "Jeder muß Sorge tragen, daß er - wo immer er kann - das Gegenteil von dem tut, was der heutige Staat von ihm fordert." Als Faksimile In: Der antifaschistische Widerstandskampf der KPD im Spiegel des Flugblatts 1933-1945. - Berlin 1978. Ferner in: Scheel, Heinrich, Rote Kapelle und 20. Juli 1944. - In: Zeitschrift für Geschichtswissenschaften (1985) H. 4

der zerstrittenen Deutschen für ein Ziel außerhalb der Parteien schien ihm nach diesen Erlebnissen möglich.

H. Schulze interessierte sich schon als 14/15jähriger für Politik, was recht ungewöhnlich war. Politische Meinungsäußerungen im Sommer 1925 zeugen von einer eindeutig rechtskonservativ geprägten Einstellung, wenn er den Eltern aus Schweden schrieb: "Ist es wahr, daß die DAZ (Deutsche Allgemeine Zeitung, H.C.) demokratisch geworden ist? ... Wenn das so ist, müssen wir wohl wieder mal die Zeitung tauschen. Es gibt ja auch noch andere gute, wie Deutsche Zeitung, Deutsches Tageblatt, der Jungdeutsche usw." Im nationalen "Südschwedischen Tageblatt" fand der 15jährige einen Aufsatz von Professor Delbrück über Ludendorffs Mitschuld am Ausgang des Krieges. Er war entsetzt: "Sowas ist ja geradezu vergiftend für die öffentliche Meinung hier in Schweden. Was ist dieser Delbrück für ein Mensch? Ich hatte immer gedacht, das wäre ein einigermaßen vernünftiger bzw. rechtsgerichteter Historiker!"[77] Zu seinem 16. Geburtstag ließ sich der Jüngling eine schwedische Besprechung von Oswald Spenglers "Untergang des Abendlandes"[78] schenken. Bestimmte Gedankengänge dieser universalgeschichtlichen Lebensphilosophie, die in ihrer scheinbaren radikalen Antibürgerlichkeit Nietzsches Gedanken weiterführte, verfehlten ihre Wirkung auf heranwachsende Bürgersöhne nicht.

An der Formung dieses konservativ-nationalen Weltbildes hatte neben dem Einfluß des Elternhauses ebenfalls das Gymnasium einen gewichtigen Anteil. Die höheren Schulen blieben in der Weimarer Republik weitgehend von sozialem Dünkel und antidemokratischer Weltanschauung beherrscht. Viele Gymnasiallehrer erzogen ihre Schüler in deutschnationalem und militaristischem Geist. Die Lehrer des Realgymnasiums in Duisburg erscheinen in den Erinnerungen ehemaliger Schüler als "unpolitisch", doch waren sie "vaterländisch gesinnt", brachten die Gymnasiasten "national auf Vordermann". Einige ehemalige Reserveoffiziere fielen im Unterricht durch "straff militärisches Auftreten" auf.[79] Im Fach Geschichte wurde sehr intensiv der "Versailler Schandfrieden" und die Weimarer Verfassung behandelt. Das Steinbart-Gymnasium galt als eine Leistungs- und Spitzenschule in Duisburg. Die Schüler aus Harros Klasse entstammten - mit wenigen Ausnahmen - der "Duisbourgoisie", sie waren leistungs- und aufstiegsorientiert.[80]

---

[77] Brief an die Eltern vom 24.7.1925, IfZ München ED 335/1.

[78] Spengler, Oswald: Der Untergang des Abendlandes. Umrisse einer Morphologie der Weltgeschichte. - München 1922; Die im Herbst 1919 erschienene Schrift "Preußentum und Sozialismus" hatte ebenfalls eine große Verbreitung erfahren.

[79] Manfred Tietz, Lehrer am Steinbart-Gymnasium Duisburg, Brief vom 7.9.1988 an den Verfasser.

[80] Ebenda, M. Tietz nennt: Hilger (bekannte Bankiersfamilie, Wossidlo (bekannter Arzt), Engling (Weingroßhändler), Klönne (Unternehmer), Gatermann (führendes Möbelhaus), Amlong (Dozent an der Hüttenschule), Bergh (besaßen große Bürohäuser in Duisburg), Gille (bedeutende Brennstoffhandlung), Weinbrenner (Oberregierungsrat, Zentrumsabgeordneter, christlicher Gewerkschaftsfunktionär), Hergershausen (Besitzer mehrerer Fleischereien).

Zeitweilig unterlag der Heranwachsende auch antisemitischen Stimmungen. Als 13jähriger empörte er sich, daß sein Freund Helmut Kessner mit einem jüdischen Klassenkameraden die Ferien verbrachte. Der Sohn versicherte den Eltern, daß er "Schwer-Antisemit" bleibe, relativierte dann aber seine Haltung: "Aber Helmuts Sache geht mich ja nichts an. Vielleicht ist er auch ein anständiger Jude - wahrscheinlich sogar; wir beiden sind auf alle Fälle ebenso gute Freunde wie vorher".[81] Der Brief verdeutlicht den latent vorhandenen Antisemitismus unter Bürgersöhnen, dem sich der junge Schulze offensichtlich nur schwer entziehen konnte. Die meisten wohlhabenden jüdischen Familien in Duisburg schickten ihre Söhne auf das Steinbart-Gymnasium. Die oftmals in Bürgerhäusern anzutreffende antijüdische Haltung erlebte Harro in seinem Elternhaus nicht. Das vom Vater vertretene Preußentum schloß auch eine Toleranz gegenüber Juden mit ein. Zu seinen engsten Freunden zählte der Völkerrechtler Erich Kaufmann, der mit ihm das Französische Gymnasium besucht hatte.[82] Vorfahren des Vaters - so der Hofapotheker Simon aus Berlin - hatten eine jüdische Abstammung. Die 1923 geäußerten antisemitischen Äußerungen traten später nicht wieder auf.

Eine Ausnahmeerscheinung unter den Lehrern war Professor Dr. Wilhelm Boß, der Deutschlehrer, "klein, rundlich mit einem Stiftekopf, genannt der 'Krumme'. Er war überzeugter Republikaner. Er erzog zu selbstkritischem Denken, zu kritischer Distanz gegenüber Lehrstoff und Lehrbüchern.[83] Boß nahm eine führende Stellung im Kulturleben der Stadt ein. Von besonderer Bedeutung waren die Dichterlesungen des Vereins für Literatur und Kunst. Anerkannte Dichter oder Schriftsteller holte Prof. Boß nach Duisburg. Leidenschaftlich setzte er sich für die Weimarer Republik ein. Er bekleidete mehrere Ämter in der Deutschen Demokratischen Partei, war Mitglied der Deutschen Friedensgesellschaft und der Deutschen Liga für Menschenrechte.[84] Harro Schulze-Boysen behielt diesen außergewöhnlichen Pädagogen als seinen "nettsten Lehrer" und "einen der besten Leute in Duisburg" in Erinnerung.[85] Im Deutschunterricht der Prima wurden Klassiker und Romantiker behandelt. Lessing, Kleist, Körner, Grillparzer, auch einen Epigonen wie Wildenbruch und andere las der junge Schulze mit viel Interesse.[86] Seine Leistungen in seinem Lieblingsfach Deutsch wurden durchgängig mit "gut" bewertet. In der Abiturarbeit beschäftigte sich der Oberprimaner mit den Dramatikern Carl Sternheim und Georg Kaiser.[87]

---

[81] Brief an die Eltern vom 26.8.1923, IfZ München ED 335/1.
[82] Erich Kaufmann (1880-1972) Vgl. auch Velder, Christian, a.a.O. - S. 406ff.
[83] Tietz, Manfred, a.a.O.
[84] vgl. Hartwig, Wolfgang /Raffauf, Aloys (Hrsg): Das Steinbart-Gymnasium zu Duisburg 1831-1981, Köln und Duisburg 1981. - S. 74.
[85] Brief an die Eltern vom 6.2.1930, IfZ München ED 335/1 und vom 27.3.1938, IfZ München ED 335/2.
[86] Brief von Anfang September 1938 an die Mutter, IfZ München ED 335/1.
[87] Brief an die Eltern vom 3.11.1928, IfZ München ED 335/1.

Erste Zeitungsartikel im "Jungdeutschen" aus den Jahren 1926/1927 zeugen von den sich entwickelnden journalistischen Fähigkeiten.[88] Im Jahre 1927 geriet die im Duisburger Zentrum aufgestellte "Knieende" von dem 1919 verstorbenen Wilhelm Lehmbruck nicht nur in die örtlichen Schlagzeilen. Das "gesunde Volksempfinden" der deutschen Spießer empörte sich gegen die ungewöhnlich gestaltete und darüber hinaus nackte Skulptur.

Der Autor "Harro" kommentierte in verhaltener Sympathie für die "Knieende", aber auch in ironischer Distanz den Kampf der Gegner und Befürworter dieser umstrittenen Skulptur: "Ein Entrüstungsschrei der gepeinigten Bevölkerung war die Antwort auf diesen gräßlichen Willkürakt ... da stand sie nun einsam, hilflos, unbekleidet inmitten des Lärms der Großstadt." Der junge Autor schlug vor: "Mindestens fünf neue Parteien zu gründen, etwa: Anti-Lehmbruckbund, Partei der Knieenden (PdK), Ästhetengruppe, Antivandalenliga und Duisburger Volkspartei zur Bekämpfung der Straßenverunzierungen (D.V.B.S.)".[89]

Die Entscheidung, der Ordensjugend des Jungdeutschen Ordens beizutreten, hatte wahrscheinlich der Vater befördert, der eine kurze Zeit diesem Frontkämpferverband angehört hatte. Das Leben in dieser Jugendorganisation war durch eine Art Pfadfinderdienst bestimmt. Wanderungen, Zelten, Abenteuer und Heimabende wurden zu Gemeinschaftserlebnissen, aus denen Kameradschaft und Zusammengehörigkeitsgefühl erwuchsen.[90] Der Jungdeutsche Orden orientierte sich in seinem Organisationsaufbau am Deutschen Orden.[91] So unterstanden dem "Hochmeister" (Mahraun) "Komture" als Führer der in "Balleien" zusammengefaßten "Brüder". Man vermied jedoch den wilhelminisch-militärischen Prunk des "Stahlhelms" oder das martialische Auftreten der Nationalsozialisten. Die "Bruderschaft" sollte das Gefühl einer Gemeinschaft vermitteln, in der keine Standes- und Klassenunterschiede mehr existierten. Die Ordensbrüder versammelten sich zu ihren Treffen und Aufmärschen in grauer Windjacke ohne Rangabzeichen hinter einer weißen Fahne, auf der ein schwarzer achteckiger Stern als

---

[88] Schulze, Harro: Gästeabend der Junggefolgschaft. - In: Der Jungdeutsche vom 26.2.1926; ders., Der deutsche unbekannte Soldat. - In: a.a.O. vom 25.12.1926.

[89] Schulze, Harro: Die Knieende. - In: Der Jungdeutsche vom 7.8.1927 (Anlage 1). 1937 wurde die wieder restaurierte Plastik in die Ausstellung "Entartete Kunst" nach München verbracht und an den Pranger gestellt.

[90] Wesentliche Veröffentlichungen zum Jungdeutschen Orden: Hornung, Klaus: Der Jungdeutsche Orden. - Düsseldorf 1958, Wolf, Heinrich: Der Jungdeutsche Orden in seinen mittleren Jahren 1922-1925. - München 1972; Ders., Der Jungdeutsche Orden in seinen mittleren Jahren (II) 1925-1928 (Bd. 3). - München 1978; Kessler, Alexander: Der Jungdeutsche Orden in den Jahren der Entscheidung (I) 1928-1930 (Bd. 4). - München 1974; Ders. Der Jungdeutsche Orden in den Jahren der Entscheidung (II) 1931-1933 (Bd. 5). - München 1976; Werner, Robert: Der Jungdeutsche Orden im Widerstand 1933-1945. - München 1980; Tiemann, Dieter, Der Jungdeutsche Orden und Frankreich. - In: Francia - Forschungen zur westeuropäischen Geschichte. - Sigmaringen 1985; Lexikon zur Parteiengeschichte. Die bürgerlichen und kleinbürgerlichen Parteien und Verbände in Deutschland (1789-1945). In vier Bänden (D. Fricke, Leiter des Herausgeberkollektivs). - Leipzig 1986, Bd 3. - S. 139ff.

[91] Vgl. auch Wippermann, Wolfgang: Der Deutsche Orden als Vorbild der Bünde und Orden der Weimarer Republik. - In: Der Ordensstaat als Ideologie. - Berlin 1979. - S. 242ff.

Symbol der Einheit auf weißem Grund zu sehen war. Die Bezeichnung "Orden" enthielt schon ein politisches Programm: das Bekenntnis zum preußischen Geist, zur deutschen Geschichte und Tradition.[92] Romantische Bilder und Werte der Vergangenheit wurden zu Kampfbegriffen für eine verklärte Erneuerung der Gesellschaft.

In der Ordensjugend bewies unterdes Harro Schulze seine große Begeisterungsfähigkeit. Von Anfang an standen für den "eifrigsten Jungbruder in Duisburg"[93] Fragen der politischen Meinungs- und Willensbildung im Vordergrund. "Deutsche Erde, deutsche Vergangenheit, deutsche Dichtung" schlug er vor, auf den Heimabenden zu behandeln.[94] 1926 stellte er anläßlich einer Englandreise mit Befriedigung fest, daß die "jungdeutsche Bewegung im Ausland scheinbar die einzige deutsche Bewegung ist, die ernst genommen wird".[95] Die Briefe aus England vom August 1926 enthalten erste sozialkritische Überlegungen. Er fand, daß der englische Arbeiter es in dieser grauen Gegend nicht besser habe als in Deutschland: "Hier geht es noch an. Hier sind Berge, hier sind Seen. Hier gibt es auch andere Farben als das Grau. Die Häuser sind klein - aber weiß. Ich mag die "Industrie" nicht. Sie knechtet. Zurück ins Grüne!".[96]

Der Jungdeutsche Orden verstand sich nicht nur als Frontkämpferverband, befand sich jedoch in Konkurrenz zum "Stahlhelm" und in Gegnerschaft zu Hugenbergs Deutschnationalen. Harro Schulze identifizierte sich mit ihm "in festem Glauben darauf, daß diese Sache die deutsche Sache ist".[97] Er orientierte sich an der Frontkämpfergeneration des Vaters[98] und verehrte Hindenburg. Mit dem greisen Präsidenten verbanden viele junge Leute aus bürgerlichen Kreisen die Illusion, daß er das zerrissene deutsche Volk wieder zusammenführen könnte. Der Großneffe des Großadmirals Alfred von Tirpitz huldigte dem greisen Feldmarschall zu dessen 80. Geburtstag in einer begeisterten Festrede:[99] "Gerade wir Jungen stehen zu ihm. Wir, die wir groß geworden sind, in einer Zeit tiefster Schande, die wir gesehen haben, wohin Hader und Parteiengezänk im eigenen Volke führen können. Wir Jungen fühlen wie er, weil er zur Einheit mahnt ... Unsere Ehre wollen wir daransetzen, ihm gleichzusein und gleich-

---

[92] Vgl. Hornung, Klaus: a.a.O. - S. 24.

[93] Auf der Wunschliste zum 16. Geburtstag stand ein Abbonnement des Jungdo, "Der Jungdeutsche". Siehe Brief an die Eltern vom 28.8.1925, IfZ München a.a.O. Siehe auch Werner, Robert, a.a.O. - S. 161.

[94] Schulze, Harro: Gästeabend der Junggefolgschaft, a.a.O.

[95] Boysen, Elsa: a.a.O. - S. 7.

[96] Brief an die Eltern vom 6.8.1926, IfZ München ED 335/1.

[97] Brief H.Schulze-Boysens an Alfred Tirpitz vom 12.8.1929, BA-MA Freiburg, N 253, Bd. 163, Bl. 194.

[98] Schulze, Harro: Der deutsche unbekannte Soldat, a.a.O.

[99] Zitiert in: Das Steinbart-Gymnasium zu Duisburg 1831-1981, a.a.O. - S. 80; Schulzeitung (1927) Dezember Nr. 1. Als bei den Wahlen für den Reichspräsidenten im März 1925 keiner der Kandidaten die Mehrheit der abgegebenen Stimmen erreichte, drängte Alfred von Tirpitz den hochbetagten Hindenburg zu einer Kandidatur als Reichspräsident. Siehe auch Michaelis, Herbert; Schraepler, Ernst; Scheel, Günter (Hrsg.): Ursachen und Folgen vom deutschen Zusammenbruch 1918 und 1945 bis zur staatlichen Neuordnung Deutschlands in die Gegenwart. - Berlin o.J. Bd. 6. - S. 265

zutun." Die Ausführungen endeten mit einem Ausspruch von Hindenburg: "Für Parteien werde ich alter Mann nichts mehr tun .. Für das Vaterland beide Hände, aber nichts für Parteien ... "[100]

Dennoch wurde der Heranwachsende kein deutschtümelnder Nationalist. Die Ferienaufenthalte in Schweden und in England beeinflußten seine Haltung ebenfalls.[101] Harro Schulze vervollständigte seine schwedischen, englischen, und französischen Sprachkenntnisse, führte interessante Gespräche und sah die Probleme seines Vaterlandes von außen. Diese Erfahrungen halfen sicherlich, ihn vor einem übersteigerten deutschen Nationalismus zu bewahren.

Die Hauptlosungen des Jungdeutschen Ordens richteten sich gegen "Parlamentarismus", "Pazifismus", "Bolschewismus" und "Plutokratie". Sie zielten auf einen romantisch verklärten "Volksstaat", in dem in einer "Volksgemeinschaft" Klassengegensätze überbrückt und alle Schichten des Volkes versöhnt werden sollten.[102] Damit wollte man eine Art christlichen Ständestaat schaffen, bei dessen Konzept völkisches und sozialreformerisches Denken, rückwärtsgewandte Geschichtsmythen und eine gewisse Bereitschaft zum gesellschaftlichen Wandel sich mischten. All dies spiegelte sich in gewissem Maße im Denken und Handeln des heranwachsenden Harro Schulze wider.

In der weitgehend bürgerlichen Jugendbewegung[103] sah er "das erste Mal in der Geschichte" die Möglichkeit, jungdeutsches Gedankengut in der politischen Praxis auszuprobieren und abseits von den verschmähten Parteien alle Klassen- und Standesunterschiede in den Hintergrund treten zu lassen. Für die Austragung von Generationskonflikten war in dieser harmonisierten und romantischen "Volksgemeinschaft" nicht der Ort: "Jugend Seite an Seite mit den Frontkämpfern. Der eine denkt an Graben und Stacheldraht, der andere an flackernde Lagerfeuer und Jugendherberge, beide an treues Zusammenhalten in der Notzeit des Landes".[104]

Die bündische Realität war allerdings weit von solchen schwärmerischen Vorstellungen entfernt. In Duisburg existierten damals über 40 verschiedene Jugendbünde mit sehr unterschiedlichen Auffassungen. Ungeachtet aller Schwierigkeiten setzte

---

[100] Schulze-Boysen, Harro: Jugend und Führer. Zu Hindenburgs 81.Geburtstag. - In: Der Jungdeutsche vom 2.10.1928.

[101] vgl. Briefwechsel Harro Schulze-Boysen mit den Eltern aus den Jahren 1921 bis 1928, IfZ München ED 335/1 und Sammlung RK.

[102] vgl. Mahraun, Arthur: Das jungdeutsche Manifest. - Berlin 1928. - S. 197ff., Was will der Jungdeutsche Orden?. - In: Der Jungdeutsche Orden, Zeitschrift des Jungdeutschen Ordens, 1921, vom 15.3.1921.

[103] Aus der umfangreichen Literatur zur deutschen Jugendbewegung: Laqueur, Walter Z.: Die deutsche Jugendbewegung. Eine historische Studie: Köln 1962; Knoll, Joachim H.: Jugendbewegung. Phänomene, Eindrücke, Prägungen. - Opladen 1988; Paetel, Karl O.: Das Bild des Menschen in der deutschen Jugendbewegung. - Bad Godesberg 1954; Kindt, Werner (Hrsg.): Die deutsche Jugendbewegung 1920 bis 1933. Die bündische Zeit. - Düsseldorf; Köln 1974.

[104] Schulze-Boysen, Harro: Jugend und Führer, a.a.O.

sich "Jungbruder" Schulze-Boysen[105] im Frühjahr 1928 dafür ein, die bestehenden Gegensätze zwischen den Jugendbewegten und den Jungdeutschen zu überwinden. Er schlug vor, in der Ordensjugend, die weitgehend außerhalb der bündischen Jugend stand,[106] "das Erbe der Jugendbewegung anzutreten ... das Wandern, das Singen, die fröhlichen Heimabende und Lebensgewohnheiten gut entwickelter Wandervögel" zu übernehmen. Zugleich wollte er von der "Manneszucht" der Jungdeutschen nicht lassen, "die nichts mit Kadavergehorsam zu tun hat, sondern auf freiwilliger, freudiger Unterordnung beruht".[107]

Hier schwang das Gefühl mit, gegenüber der zerrissenen Jugendbewegung eine "Sendung" zu haben, ihr den jungdeutschen Volksstaat-Gedanken zu vermitteln und "einst die opferwillige Jugend Deutschlands unter dem schwarzen Ordenskreuz in Gemeinschaftsgeist sammeln zu können".[108] Der eifrige Jungbruder aus Duisburg strebte ein übergreifendes Zusammengehen zwischen den amorphen Gruppen der bündischen Jugend und der Ordensjugend an, was die zielstrebige Führung durch den Jungdeutschen Orden offensichtlich mit einschloß. Mit Aktionen und "durch Betonung der einigenden Ideen" wollte er "die Einigkeit"[109] unter der Jugend wieder herstellen helfen. In einer offenen Aussprache sollte sachlich untersucht werden, ob innerhalb der Jugendbewegung die "einigenden Gedanken nicht stärker sind als die rein materiellen Interessen der verschiedenen Parteien, die heute den Staat regieren".[110] In einer von der Junggefolgschaft des Jungdeutschen Ordens organisierten öffentlichen Veranstaltung am 1. April 1928 für die "Einigung der Jugendverbände" trat Harro Schulze-Boysen als Hauptredner auf. Radikal setzte sich der Primaner dafür ein, "die Schranken der Parteien zu zertrümmern". Für ihn standen Jugendbewegung und "Parteiismus" gegeneinander wie Feuer und Wasser, waren die alten Parteifronten sinnlos geworden, denn sie spiegelten in nichts mehr das Gesicht des Volkes wider. "Die neue Front, das sind wir!"[111] schloß er. Diese

---

[105] Erstmalig wird der Doppelname Schulze-Boysen in den Berichten der Zeitungen über die Veranstaltung des Jungdo am 1.4.1928 genannt. Dem Wunsch der Eltern, diesen Doppelnamen mit der Eheschließung zu führen, war 1908 nicht stattgegeben worden. Vgl. Gespräch mit Helga Mulachiè a.a.0.

[106] vgl. Laqueur, Walter: Die deutsche Jugendbewegung, Köln 1962. - S. 181. Die paramilitärischen Verbände waren für Laqueur "im Geist und ihrer Struktur soldatisch und verdankten der Jugendbewegung sehr wenig, wenn überhaupt etwas."

[107] Schulze-Boysen, Harro: Im Kampf für den Volksstaat. - In: Der Jungdeutsche vom 21.3.1928; Wolf, Heinrich, Der Jungdeutsche Orden in seinen mittleren Jahren (II), a.a.O. - S. 172.

[108] Schulze-Boysen, Harro: Im Kampf für den Volksstaat, a.a.O.

[109] Brief Harro Schulze-Boysens an Alfred Tirpitz vom 27.3.1928, BA-MA Freiburg, N 253, Bd. 163, Bl. 292.

[110] Siehe auch Duisburger Generalanzeiger vom 29.3.1928.

[111] Im Kampf für Deutschlands Erneuerung - Junggefolgschaft Duisburg. - In: Der Jungdeutsche vom 8.4.1928; Die Jugend nahm das Wort, Jungdo-Aussprache vom Sonntag. - In: Duisburger Generalanzeiger vom 3.4.1928. Werner Laß schrieb 1927 in der bündischen Zeitschrift "Die Kommenden": "Es wird sich eine neue Front im Laufe der Zeit bilden, die durch alle Verbände, Parteien und Bünde durchgehen wird. In ihr werden Kämpfer jeden Alters stehen, welche den Mut haben, alte Begriffe und Erstarrungen über den Haufen zu werfen, um diese Front zu stande zu bringen." Siehe Laß, Werner: Die neue Front. - In: Die Kommenden, 1927, Folge 38.

emphatische Rede für ein von den Jungen getragenes starkes und einheitlich handelndes Deutschland reflektierte das in der bürgerlichen Jugend weit verbreitete Mißtrauen gegenüber den Parteien der Weimarer Republik von links bis rechts, die die drückenden nationalen und sozialen Probleme nicht zu lösen vermochten. Hier schwangen bei Harro Schulze-Boysen eigenes Sendungsbewußtsein, aber auch eine Protesthaltung gegen die "Alten" und Ansätze einer weit über den Jungdeutschen Orden hinausgehende "Querfront" der Jungen mit. Der Jungdeutsche nahm hier Ideen einer "Politik der Jungen"[112] quer durch die Parteifronten auf, die damals in einigen Bünden der Jugendbewegung aufkamen. Die von dem Primaner Schulze-Boysen im Frühjahr 1928 beschworene Einheit der Jugend ließ sich - selbst mit starken Worten - nicht herstellen. Das Mißtrauen gegenüber der Einvernahme durch andere überwog, die einzelnen Bünde beharrten auf Autonomie, viele zogen die Mitgliedschaft in kleinen Gemeinschaften den großen Verbänden vor. Harro Schulze-Boysen wollte gestalten, drängte heraus aus der Enge kleiner Gruppen, suchte nach jungdeutsch verklärten Alternativen zur politischen Wirklichkeit der Weimarer Republik, deren Parteiendemokratie er zunehmend in Frage stellte. Die meisten Gruppen der bündischen Jugend verblieben jedoch im Unpolitischen, verharrten im Gemeinschaftserlebnis und wichen somit der gesellschaftlichen Wirklichkeit aus.[113]

Harro Schulze-Boysens starkes politisches Engagement wurde am Duisburger Steinbart-Gymnasium als ungewöhnlich empfunden. Er fiel als national gesonnener republiktreuer "Jungdemokrat" und einer der wenigen Schüler auf, die sich politisch engagierten und dies auch offen bekundeten.[114] In den höheren Klassen trat er als Klassensprecher auf. Er hatte eine aufsteigende Leistungslinie in den letzten beiden Schuljahren und bestand die Reifeprüfung mit "gut". Bei einem Vergleich der Abiturzeugnisse fällt auf, daß er zu den Besten des Abiturientenjahrgangs 1928 gehörte. Von 32 hatten 5 mit einem Prädikat abgeschlossen, nur zwei eine besondere Bemerkung im Zeugnis, darunter Harro Schulze. Hervorgehoben wurden seine Kenntnisse in der neueren Literatur und seine Gewandtheit im deutschen Ausdruck.[115] Er hielt die Ansprache anläßlich der Schulentlassung und versicherte den Lehrern und Eltern auch

---

[112] Vgl. Klönne, Arno: Jugend im Dritten Reich. - Düsseldorf; Köln 1982. - S. 101.

[113] Siehe auch Mau, Hermann: Die deutsche Jugendbewegung. Rückblick und Ausblick. - In: Zeitschrift für Pädagogik, (1947) Nr. 7; ders. Die deutsche Jugendbewegung 1901 bis 1933. - In: Jahrbuch für Jugendarbeit. - München 1950.

[114] vgl. Hauffe, Manfred, Umfrage unter Ehemaligen. - In: Steinbart-Blätter (1981) H. 10. - S. 25: Von einigen seiner Mitschüler wurde Harro in einer Umfrage im Jahre 1981 als Außenseiter, als "schon damals sehr merkwürdig" bezeichnet. Seine spätere Tätigkeit für die "Rote Kapelle" wird im allgemeinen strikt abgelehnt ... Es gibt bei den älteren Ehemaligen so gut wie kein Verständnis für die Art des Widerstands von Schulze-Boysen und all den anderen, die die Herrschaft des Faschismus über die Zusammenarbeit mit einer fremden Macht beenden wollten ("Landesverrat").

[115] Siehe Reifezeugnis vom 6.3.1928, seine Leistungen waren in: Religion: Sehr gut, Deutsch: Gut, Lateinisch: Genügend, Französisch: Genügend, Geschichte (Staatsbürgerkunde): Genügend, Erdkunde: Gut, Mathematik: Genügend, Physik: Genügend, Chemie: Genügend, Biologie: Genügend, Zeichnen und Kunstunterricht: Gut, Musik: Genügend, Leibesübungen: Genügend; Ablichtung im Sammlung RK.

im Namen seiner Mitschüler, "dass wir, wenn die Zeit gereift, der richtige Zeitpunkt, der Kairos an uns herantritt, dass wir dann alle unsere geistigen und körperlichen Kräfte zum Segen unseres Vaterlandes einsetzen und auch unseren Teil an seiner Formung erfüllen werden, damit jeder Deutsche in ihm ein freies und glücklichen Dasein wahren kann".[116]

In den Duisburger Jahren hatte sich Harro Schulze-Boysen zu einem jungen Mann entwickelt, von dem eine Ausstrahlung ausging. Er konnte öffentlich auftreten, sich gewandt ausdrücken, war geistig beweglich, begabt und hellwach, neigte manchmal zu endlosen Debatten. Auch nach seinem Schulabgang hat man viel von ihm gesprochen und "viel von ihm erwartet".[117]

Er orientierte sich an Nietzsche und Spengler, aber auch Rilke und Hölderlin wurden zu Leitbildern. Die Eltern waren stolz auf ihren Ältesten, der lebhafter, begabter und wißbegieriger als viele seiner Mitschüler war. Sie beobachteten an ihrem Sohn bald den Ehrgeiz, den Wunsch obenan zu sein, nicht als Schulstreber oder Klassenprimus, sondern als geistig Führender unter Altersgenossen.[118] Außer gelegentlicher Auflehnung gegen eine zu starke Disziplinierung im Elternhaus brach in der Familie Schulze kein Generationskonflikt auf. Der Sohn befand sich - auch bei eigenen Wegen - durchaus noch in Übereinstimmung und Kontinuität mit den bürgerlichen Wertvorstellungen und den Traditionslinien der Familie.

Schulzes lebten im Vergleich zu anderen bürgerlichen Familien relativ einfach, durch die Inflation hatten sie enorm verloren. Sie gingen fast nie auswärts essen, sie besaßen kein Auto, der Vater fuhr bis ins hohe Alter mit der Straßenbahn zur DEMAG, gelegentlich gaben sie zu Hause kleine Gesellschaften, an denen die Spitzen der Duisburger Gesellschaft - unter anderen auch Klöckners - teilnahmen. Man fühlte sich durch Freundschaften, Gesellschaften, Feste, Theater- und Konzertbesuche mit dem Großbürgertum verbunden. Die Mutter entfaltete viel Aktivität im Duisburger "Frauenbund der Deutschen Kolonialgesellschaft", dessen Vorsitzende sie Ende der zwanziger Jahre wurde. Vielleicht war es das Wichtigste, daß die Eltern dem Heranwachsenden Fragen gestatteten, eine eigene Sicht tolerierten und seine Selbständigkeit unterstützten.

---

[116] Unvollständig erhalten gebliebene Rede von Harro Schulze-Boysen, IfZ München ED 335/1.
[117] Helga Mulachiè, a.a.O.
[118] Boysen, Elsa; a.a.O. - S. 6

1.3 Das Studium in Freiburg, 1928 - 1929

Im April 1928 begann der junge Mann aus Duisburg ein Studium für Rechts- und Staatswissenschaften an der Badischen Albert-Ludwig-Universität in Freiburg. Zuerst einmal genoß er die "herrliche Freiheit" und nach dem "häßlichen Duisburger Winter" die saubere Stadt mit ihrer Nähe zum Schwarzwald. Die Universität mit ihren 4000 Studenten prägte Freiburg. Die Korporationen und schlagenden Verbindungen warben bei den Neuankömmlingen um Mitgliedschaft. Sie waren Teil des bürgerlichen Studienbetriebes. Rund 60% der Studenten gehörten solchen studentischen Verbindungen an.[119] Dort verbrachten die Mitglieder ihre Freizeit und schufen sich die notwendigen Beziehungen für die weitere Karriere.

Zunächst stand der Sohn dem Wunsch seiner Mutter, möglichst bald einem "angesehenen Corps" beizutreten, eher skeptisch gegenüber: "Typen zum Kotzen, fettverschwommen, schleimig-weich-bierverquollen, zerfetzt, dumm-kinnlos, grenzenlos borniert und eng, hochnäsig und steif. Man muß sich da doch in acht nehmen, daß man die Zahl der Idioten nicht unnötig vermehrt".[120] Das feierliche Bummeln, der steife Frühschoppen, das ewige Mützeabnehmen und die Hochnäsigkeit wirkte auf den Jungdeutschen Schulze-Boysen nur lächerlich. Für ihn kam nur ein "Corps" in Frage, wo er Gleichgesinnte gegen "das herrschende System" zu finden hoffte.

Auf solch eine oppositionelle Gruppe traf er nicht. Nachdem er von verschiedenen Seiten angesprochen wurde, schloß er sich dann der Albingia an,[121] einer schlagenden, nicht farbentragenden Verbindung und dies ausschließlich aus "Karrieregründen".[122] In dem Freiburger Haus der Albingia traf er "ganz nette Leute", mit denen er kneipte, an Spiel-und Vortragsabenden zusammen war, fechten lernte und Wanderungen durch den Schwarzwald unternahm. Die Mutproben des bürgerlichen Studenten, die Mensuren, bereiteten ihm große Freude. Als er beim Fechten am Ohr verletzt wurde, schrieb er den Eltern: "Tat ich das Gescheiteste, was zu machen war: Ich fiel um, stumm und steif wie ein Balken, zwei Minuten lang. Also Abfuhr." Nach einem anderen Kampf berichtete er stolz nach Duisburg: "Bei meiner 3. Mensur stach ich meinen an sich überlegenen Gegner mit 4 Schmissen ab." Er lernte Skifahren, unternahm Ausflüge zum Titisee und nach Hinterzarten, ging in die Tanzstunde und in das Theater, spielte Tennis und lernte

---

[119] Vgl. Kater, Michael: Studentenschaft und Rechtsradikalismus in Deutschland. - Hamburg 1975. - S. 80.

[120] Brief an die Eltern vom April 1928, IfZ München ED 335/1.

[121] Vgl. Das akademische Deutschland. - Berlin 1931. - S. 447; Handbuch des studentischen Verbindungswesens, Leipzig 1925. - S. 317: Die Albingia entstand im Mai 1884 und wurde 1920 in den Studentenverband des völkischen Miltenberger Rings aufgenommen. Dieser Ring war eine nicht farbentragende, schlagende Verbindung, in der Politik keine Rolle spielte; Vgl. Gespräch mit Werner von Simson am 10.3.1990, der Harro als "Fuchs" für die Albingia gewonnen hatte, und Brief von Herbert Antoine-Feill vom April 1990 an den Verfasser.

[122] Brief an die Eltern vom Sommer 1928, IfZ München ED 335/1.

Reiten, organisierte auch eine Faschingsfeier. Er führte ein weitgehend unbeschwertes Studentenleben und fühlte sich in diesem Männerbund sehr wohl. Für "Mädchengeschichten" hatte er keine Zeit, obwohl in der Tanzstunde "einige ganz nette Damen" dabei waren.[123] Immer mehr Zeit nahm die Arbeit in der "Albingia" ein. Nach einem Jahr wurde er bereits zum Erstchargierten der Albingia gewählt.[124] Das Studium des BGB bereitete ihm viel weniger Vergnügen. Insbesondere die Schuldverhältnisse im bürgerlichen Recht langweilten ihn "grauenhaft". Da mußte der Repetitor aushelfen, der dem stud. jur. die Grundbegriffe des Bürgerlichen Gesetzbuches einpauken half. Die Eltern übernahmen die Bezahlung.

Harro Schulze-Boysen verlebte drei Semester in Freiburg. Er behielt sie als eine "herrliche Zeit" in Erinnerung, die er dank des monatlichen Wechsels[125] seiner Eltern unbeschwert genießen konnte.[126] Im März 1929 unternahm er eine Wanderung durch Norditalien, die ihm den Blick für diese schöne alte Kulturlandschaft öffnete. Im September verbrachte er einige Tage mit dem Sohn des Bankier Schroeder in Hamburg-Blankenese und in dessen Haus auf Sylt.[127]

Ungebrochen blieb das politische Interesse. Er vernachlässigte trotz seiner Aktivitäten in der "Albingia" nicht die Arbeit für den Jungdeutschen Orden. Er unterstützte die im Rahmen der Volksnationalen Aktion einsetzende Öffnung gegenüber anderen politischen Kräften.[128] Die von ihm geführte jungdeutsche Studentengruppe war bald die aktivste an der Universität.[129] In einem Streitgespräch mit dem sozialistischen Pazifisten Rudolf Küstermeier[130] zum Thema "Pazifismus und Wehrgedanke" trat H. Schulze-Boysen vor über 150 Studenten scharf gegen Pazifismus und Kriegsdienstverweigerung auf. Stolz berichtete er den Eltern: "Küstermeier erntete einmal

---

[123] Brief vom Juni 1929 an die Schwester Helga, Brief an die Eltern vom 7.6.1929, IfZ München ED 335/1.

[124] Brief an die Eltern vom 10.3.1929: "Ein sehr angenehmer Posten. Man hat sehr viel zu sagen, - und wenig zu tun.", IfZ München ED 335/1.

[125] Vgl. Brief an die Eltern vom Dezember 1928: "vom sonst üblichen Wechsel von 250 Mark", IfZ München ED 335/1.

[126] Brief an die Eltern vom 22.6.1941 "Nie hab'ich Euch genug dafür gedankt. Damals erschien es alles so selbstverständlich und erst, wenn man älter wird, merkt man, wie bevorzugt man war.", IfZ München ED 335/3.

[127] Vgl. Brief vom September 1929, IfZ München ED 335/1. Hans Schroeder war ein Kommilitone aus Freiburg. Im Hause der Schroeders erlebte er einen "märchenhaften Reichtum" und bei dem Bankier eine große geistige und kulturelle Aufgeschlossenheit.

[128] Die Volksnationale Aktion nahm Pfingsten 1929 ihren Auftakt. Persönlichkeiten aus anderen politischen Lagern bekräftigten den Willen einer Zusammenarbeit mit dem Jungdo. Im Mittelpunkt stand das Eintreten für eine Volksgemeinschaft durch Überwindung der Klassen- und Standeskämpfe und die Fortentwicklung der deutschen Republik im Sinne eines wahren Volksstaates aller Deutschen. Siehe auch Keßler, Alexander, a.a.O.

[129] Die tätigste Gruppe der Universität. Jungdeutsche Studentengemeinde in Freiburg. - In: Der Jungdeutsche vom 17.8.1929.

[130] R. Küstermeier (1903-1977), Herausgeber einer pazifistischen Studentenzeitung, Sozialdemokrat, ab 1932 in der Organisationsleitung der Widerstandsgruppe "Roter Stoßtrupp", im November 1933 verhaftet, vgl. Küstermeier, Rudolf: Der rote Stoßtrupp (Vortrag). - Berlin 1981.

erheblichen Beifall, nämlich als er mich einen vornehmen und ritterlichen Gegner nannte".[131] Weitere Aussprachen führte er über die "Wiedergewinnung des deutschen Ostens" und über die Volksnationale Aktion des "Jungdeutschen Orden".[132] Er kandidierte als Vertreter der nationalen Studentenschaft für den Allgemeinen Studentenausschuß und wurde gewählt.[133]

Im Sommer 1929 trat er vor Arbeitern in Duisburg-Wedau auf: "Wir werden den deutschen Arbeiter nicht wiedergewinnen durch wissenschaftliche Erörterungen, sondern nur mit der Macht des H e r z e n s. Der Arbeiter sieht einem nicht auf den Mund, sondern in die Augen. Und da haben wir Zwanzigjährigen ein P l u s ... Uns Jungen reichen sie viel eher die Hand, weil sie wissen: Die meinen es ehrlich".[134] Offen bleibt, welche Resonanz der Bürgersohn bei diesem ersten und wahrscheinlich einzigen Auftritt vor Arbeitern gefunden hat.

In einem sechs Seiten langen Brief versuchte der 20jährige den 80jährigen Alfred von Tirpitz[135] für die Ziele des Jungdeutschen Ordens zu erwärmen. Diesen Brief hatte er ohne "Begutachtung" des Vaters abgeschickt. H. Schulze war sich darüber im Klaren, daß er bei Alfred von Tirpitz mit seinen Auffassungen auf Widerspruch stoßen würde.[136] Tirpitz zweifelte nicht an der "idealen deutschen Gesinnung zahlreicher Mitglieder des Ordens", aber an ihrer Führung. Er empfahl seinem Großneffen, sich nicht zu früh in die Politik zu begeben, sondern sich seinem Studium zu widmen.[137]

Der Vater empfand das Engagement für die Ziele des Jungdeutschen Ordens als übertrieben, aber sein Sohn erwies sich in den Diskussionen als unbelehrbar. Er begann sich von den politischen Auffassungen der familiären Vorbilder zu entfernen. Er ging eigene Wege, ohne sich gegen die ihn bisher verpflichtenden traditionellen Werte zu stellen. Mit den Eltern bestanden weiterhin keine wesentlichen Differenzen, auch politische Dissonanzen traten kaum auf. Immer wieder suchte Harro den Gedankenaustausch, insbesondere mit dem Vater, der dem Jungdeutschen Orden inzwischen auch "einige gute Seiten" abgewinnen konnte.[138] Eine wesentliche Übereinstimmung in den politischen Auffassungen zwischen Vater und Sohn spricht aus der Beschreibung eines Auftritts von Carl Severing, eines führenden Sozialdemokraten, im Sommer 1929 in Duisburg: "Er

---

[131] Brief an die Eltern vom 7. Juni 1928, IfZ München ED 335/1. Nicht zutreffend ist die Feststellung Heinz Höhnes, daß Harro Schulze-Boysen an der Freiburger Universität eifrig für die deutsch-französische Verständigung geworben haben soll. Vgl. Höhne, Heinz: a.a.0. - Frankfurt (Main) 1975 (Taschenbuchausgabe). - S. 133.
[132] Vgl. Brief vom Juni 1929 an die Schwester Helga vom 7.6.1929, IfZ München ED 335/1.
[133] Ebenda.
[134] Brief vom 27.8.1929 an die Schwester Helga, IfZ München ED 335/1.
[135] Brief Harro Schulze-Boysens an Alfred Tirpitz vom 12.8.1929, BA-MA Freiburg, N 253, Bd. 163, Bl. 292-294.
[136] Brief vom September 1929 an den Vater, IfZ München ED 335/1.
[137] Antwortbrief von Alfred von Tirpitz an Harro Schulze vom 25.9.1929, BA-MA Freiburg, N 253, Bl. 298.
[138] Brief an die Eltern vom September 1929, IfZ München ED 335/1.

machte einen vorzüglichen und besonnenen, sympathischen Eindruck. Nicht ein Wort von Sozialisierung, Klassenkampf, Kapitalismus, Bourgeoisie, Faschisten, Internationale, sondern: Volksgemeinschaft, deutscher Volksstaat, deutsches Vaterland, 'Deutschland, Deutschland über alles' usw. Man merkte ihm entschieden an, seine Sozis im nationalen Sinne zu erziehen. Von der Rede konnte man jedes Wort unterschreiben. Aber Severing ist ja schließlich nicht die SPD, da gibt es auch noch Leute wie Crispien und Breitscheid, die sicherlich nicht so sind".[139] Im gleichen Sinne schrieb der 20jährige im August 1929 seinem Großonkel Alfred von Tirpitz: "Aus alledem muß man doch zu der Überzeugung kommen, daß wir von den Linksp a r t e i e n ziemlich weit ab sind ... Im nächsten Semester gehe ich nach Berlin. Mit der Aktivitätszeit ist es vorbei".[140]

Im Oktober 1929 absolvierte er auf der Hanseatischen Yachtschule, deren Ehrenvorsitzender Alfred von Tirpitz war, in Neustadt an der Ostsee einen Lehrgang und erwarb die Qualifikation eines Hochseeseglers.[141]

Harro Schulze-Boysen lebte in Freiburg das traditionelle bürgerliche Studentenleben aus. Dabei schien das Studium nicht im Mittelpunkt gestanden zu haben. Er ließ sich jedoch nicht entpolitisieren, verlor seine Linie und auch die ihm wichtigen politischen Anliegen und Ziele nicht aus den Augen. Er wurde in neuen Gemeinschaften als Organisator und Führender anerkannt. Dieser junge Mann hatte keinerlei Berührungsängste zu anderen politischen Gruppierungen. Er vertrat couragiert seine Auffassungen und fand auch Respekt bei seinen Gegnern. Er blieb zugleich offen für neue Anregungen. Im Sommer 1929 hörte er sich verschiedene Vorträge über den wissenschaftlichen Sozialismus an. All dies stellte sein bisheriges Weltbild kaum in Frage. Die Kontakte und neuen Eindrücke bestärkten ihn in der Auffassung, daß der Jungdeutsche Orden Impulsgeber oder Ausgangspunkt für ein mögliches Zusammengehen von außerparlamentarischen Gruppen quer durch das politische Spektrum sein müßte. Die gewünschte Erneuerung des gesellschaftlichen Lebens hatte trotz der Orientierung an einer egalitären Volksgemeinschaft in einem nicht näher definierten Volksstaat noch keine konkreten Konturen.

Der junge Mann aus bürgerlichem Hause befand sich in einem Spannungsverhältnis, das sich im Verlangen nach Kontinuität und dem stärker werdenden Wunsch nach entschiedener Veränderung der Gesellschaft ausdrückte.

---

[139] Ebenda.
[140] Brief H. Schulze-Boysens an Alfred Tirpitz vom 12.8.1929, BA-MA Freiburg, N 253.
[141] Brief an die Eltern vom 7.10.1929, Bericht über eine Segeltörn in das dänische Fridrikshafen. Hierüber schrieb er auch einen Bericht für die Zeitschrift der Hanseatischen Yachtschule, der nicht erhalten geblieben ist, IfZ München ED 335/1.

2. Abschied von Traditionen - die Jahre 1929 bis 1931

2.1 Studium und Jungdeutscher Orden in Berlin

Am 16. November 1929 immatrikulierte sich der Student der Rechte an der Berliner Friedrich-Wilhelms-Universität.[1] Ein erstes Zimmer hatte er in einem ausgesprochenen Arbeiterbezirk, dem "Roten" Wedding gemietet.[2] Berlin war ihm von seiner Kindheit und gelegentlichen Besuchen her nicht unbekannt. Hier lebten Werner Schulze,[3] der Bruder des Vaters, und Elsa Boysen,[4] die Schwester der Mutter. Der Neffe fühlte sich bei ihnen immer wohl. Der Onkel arbeitete als Jurist am Kammergericht und die Tante als Fachübersetzerin für englisch, französisch und russisch bei Siemens und Halske. Darüber hinaus lebten in Berlin entfernte Verwandte, die ihm aber zu "99% ein Greul"[5] waren. Regelmäßig besuchte er den Großvater Georg Schulze in Dahlem.

Das Studium forderte ihn stärker als in Freiburg: "Letzte Woche verdammt gearbeitet. Das macht mir auf die Dauer aber doch Spaß. Wie alles, wo man sich hineinbegibt".[6] Bald gab es für ihn "nur Repetitor, Orden, Mädels und allernächste Verwandtschaft".[7] Er nahm einen Repetitor für das systematische Erlernen der zahlreichen Paragraphen. Kaum an der Universität immatrikuliert, verhandelte Harro Schulze-Boysen gemeinsam mit Fritz Söhlmann, dem Vorsitzenden des jungdeutschen Hochschulrings, mit dem "Deutschen Studentenverband" und der mehr rechts ausgerichteten "Studentenschaft" über einen eventuellen Beitritt der jungdeutschen Hochschulgruppe in einen dieser Studentenverbände. In Berlin schlug dem jungen Mann ein politisch ganz anderes Klima als in Freiburg entgegen. Die Auswirkungen des New Yorker Börsenkrachs, des "schwarzen Freitag" vom 29. Oktober 1929, erreichten schnell die deutsche Hauptstadt. Die Krise brach auch bald in Berlin offen aus. Der Jurastudent erlebte von den Nationalsozialisten provozierte Krawalle an der Berliner

---

[1] Brief an die Eltern vom 18.11.1929, IfZ München ED 335/1.

[2] H. Schulze-Boysen wohnte in Berlin N 65 Liesenstraße 12 hpt. bei Rexer. Die nach 1945 vorgenommenen Deutungen seines Wohnortes scheinen sehr fraglich. Aus den Briefen geht nicht hervor, daß er das Zimmer in dem Proletenviertel Berlins deshalb mietete, "um die dortigen Lebensbedingungen aus eigener Anschauung kennenzulernen." Siehe Boysen, Elsa: a.a.O. - S. 8. Alexander Blank ließ ihn in "Arbeiterviertel zuerst im Norden, später im Osten" ziehen, damit er den "Existenzkampf der Arbeiter aus der Nähe" verfolgen konnte. Siehe Blank, Alexander/Mader, Julius: a.a.O. - S. 12. Äußerst fraglich ist auch die Schlußfolgerung Heinz Höhnes: "Die Berührung mit dem Berliner Proletariat ließ ihn auf der Rechten weiter nach links rutschen." Siehe Höhne, Heinz: a.a.O. - S. 133. Nach 4 Monaten, zum 1.3.1930 bezog H. Schulze-Boysen in Halensee, Georg Wilhelmstr. 6 bei Unger, einem Führer der nationalen "gelben" Gewerkschaften, ein neues Zimmer. Im Wedding leitete er weiterhin eine Junggefolgschaft des Jungdeutschen Ordens bis 1931.

[3] Werner Schulze war ab 1934 am Reichsgericht in Leipzig tätig und starb 1945 im sowjetischen Internierungslager in Mühlberg/Sa.

[4] 17.2.1882 in Flensburg geboren, 1963 in Berlin verstorben.

[5] Brief an die Eltern von Ende Januar 1930, IfZ München ED 335/1.

[6] Brief an die Eltern vom 13.12.1930, IfZ München ED 335/1.

[7] Ausspruch von Elsa Boysen. Vgl. Brief an die Eltern vom 6.3.1930.

Universität. Türen zu den Hörsälen wurden aufgerissen, "Juden raus" gebrüllt, demokratische und jüdische Studenten zur Flucht durch das Fenster genötigt.[8] Harro Schulze-Boysen lehnte solche Kampfmethoden der Nazis ab. In einem Artikel bedauerte er die enge Verbindung der nationalsozialistischen Studenten mit dem Parteiapparat, der eine "besonnene Arbeit" erschwere. Er appellierte: "Genug jetzt des Lärmens und der Hetze; was andere an blindem Haß - das Maß laßt uns an starker Liebe für unsere deutschen Volksgenossen aufbringen".[9] Eine weitergehende Auseinandersetzung mit der Ideologie und der Politik der Nazis erfolgte noch nicht. Diese Art von Appellen fand kaum Gehör. Innerhalb der "Deutschen Studentenschaft" stiegen Einfluß und Anzahl der Mandate des "Nationalsozialistischen Studentenbundes" merklich an.[10]

Regen Anteil nahm der Jungdeutsche Schulze-Boysen an der Öffnung des Ordens gegenüber Vertretern anderer Parteien, den Gewerkschaften und der Jugend im Rahmen der sich ausweitenden Volksnationalen Aktion. In der Tatsache, daß sich "ehrliche Leute aus a l l e n Parteien über die Parteischranken hinweg die Hände reichen zu Deutschlands Wiederaufbau", sah er bereits einen Erfolg.[11] Aktiv unterstütze er die Herausbildung der weiterführenden Volksnationalen Reichsvereinigung Anfang 1930. Er zeigte sich gut über Interna informiert und bedauerte, nicht zehn Jahre älter zu sein, da er sich jetzt "Chancen in der Politik" ausrechnete. Zugleich stießen ihn die Methoden des politischen Kampfes ab: "Wenn man nicht ein wenig Idealismus und seine Arbeit hätte, würde einem schlecht bei der Politik. Im Grunde ist ja alles so erbärmlich".[12] Trotzdem unterstützte er die Gründung der Volksnationalen Reichsvereinigung, die sich zum Ziel stellte, die "national gesinnte Arbeiterschaft", die freie und unabhängige Bauernschaft und die "nationalen Idealisten des Bürgertums" zusammenzuführen.[13] Auch wenn die Programmatik allgemein blieb, war Harro Schulze-Boysen zufrieden. "Heilige Programme" hielt er überhaupt für "massenpolitischen Unfug". Klare Autoritäten waren ihm wichtiger: "Unabhängige Führerschaft, die im Volke wurzelt und verantwortlich gemacht werden kann, ist uns viel wichtiger ... Der grundlegende Staatsaufbau und der Führeraufbau ist doch das Wesentliche".[14]

---

[8] Siehe Studentenschaft und Parteiismus. - In: Der Jungdeutsche vom 15.11.1929. Dieser nicht gezeichnete Artikel könnte unter Mitwirkung von H. Schulze-Boysen entstanden sein. Er übergab am 16.11.1929 eine Erklärung wegen der Universitätsvorfälle an die Presse. 4000 Stück wurden gedruckt. Siehe Brief an die Eltern Ende November 1929, IfZ München ED 335/1.

[9] Schulze-Boysen, Harro: Der Nationalsozialist in der deutschen Studentenschaft. - In: Der Jungdeutsche vom 28.11.1929.

[10] An der Berliner Universität erhielten die Nationalsozialisten 1929 6 und 1930 bereits 30 Mandate bei den Wahlen innerhalb der "Deutschen Studentenschaft". Siehe Tiegens, Wilhelm: Die Faschisierung der deutschen Hochschulen. - In: Sozialistische Bildung (1931) H. 2.

[11] Brief H. Schulze-Boysens an Alfred von Tirpitz vom 12.8.1929, a.a.O.

[12] Brief an die Eltern vom 31.3.1930, IfZ München ED 335/1.

[13] Mahraun, Arthur: Der Aufbruch. Sinn und Zweck der Volksnationalen Reichsvereinigung. - Berlin 1930.

[14] Brief an die Eltern vom 11.4.1930, IfZ München ED 335/1.

Im Sommer 1930, nachdem die Neuwahlen für den 14. September 1930 ausgeschrieben wurden, kam es zu dem umstrittenen Zusammenschluß des Jungdeutschen Ordens mit der Deutschen Demokratischen Partei in der Deutschen Staatspartei. Es war der Versuch, eine Sammlungsbewegung für Wähler der auseinanderfallenden bürgerlichen Mitte zu schaffen und einen Damm aller "wahrhaft nationalen und staatsbejahenden Kräfte" gegen die immer größeren Zulauf gewinnende nationalsozialistische Bewegung zu bilden. Die Staatspartei wollte Menschen einen, "die sich 1918 entzweit hatten".[15] Dieses Ziel war Harro so wichtig, daß er seinen gegen die Parteien gerichteten Standpunkt zeitweilig verließ und die Deutsche Staatspartei, wenn auch nur als eine "vorübergehende Zweckorganisation" unterstützte.

Der Vater teilte nicht die Auffassungen Mahrauns, des Hochmeisters des Jungdeutschen Ordens. Sie waren ihm nicht real genug. Es fehlte ihm der staatsmännische Impuls. Er war in der Anfangszeit selbst Mitglied des Jungdeutschen Ordens[16] gewesen, hielt sich aber, trotz aller Vorbehalte, mehr an die Parteien rechts von der Mitte,[17] die ihm in ihrer Zielsetzung seriöser als Mahraun erschienen. Der Sohn reagierte gereizt und polemisch, als der Vater ihm ironisch unterstellte, alles Heil von Mahraun zu erwarten: "Ich habe weder so etwas derartiges geschrieben noch gedacht. Im übrigen ist es leicht, kritische Bemerkungen zur Zeitgeschichte zu machen, wenn man selber auf das Mitwirken verzichtet und auf gar kein politisches Pferd setzt, jedenfalls nicht auf eines, das am Rennen teilnimmt. Oder ist Papa immer noch von der völligen Harmlosigkeit Hugenbergs überzeugt? Gut, ich glaube an den Orden, aber an wen glaubt denn Papa? Wenn an niemanden mehr, dann heißt das praktisch Resignation. Die kann man aber von einem jungen Menschen nicht erwarten. - Über den 'staatsmännischen Impuls' (von Mahraun - , H. C.) läßt sich natürlich streiten. Vorläufig haben wir noch 60 Jahre zu zahlen für den staatsmännischen Impuls derer, die vor uns Politik gemacht haben".[18]

An der Trauerfeier in der Alten Garnisonskirche in Berlin für den am 6. März 1930 verstorbenen Alfred von Tirpitz nahm der Großneffe nicht teil. Bei einer solchen Bestattung trat ihm das "Herzliche" weit hinter dem "Schauspiel" zurück: "Für Papa ist das vielleicht noch etwas anderes als für mich .., weil er O. A. (Onkel Alfred, H. C.) als Mensch wirklich kannte und ..,weil für ihn die vielen Uniformen, Orden, Salut, mehr sind als Äußerlichkeiten. Aber für einen Zwanzigjährigen kann der innere

---

[15] Vgl. Keßler, Alexander: Der Jungdeutsche Orden in den Jahren der Entscheidung (I), a.a.O. - S. 127.

[16] Brief an die Eltern von Ende Januar 1930, IfZ München ED 335/1: "Hermann (ein führender Mann des Jungdo, H. C.) läßt Papa vielmals grüßen. Er hatte gedacht, er sei noch im Orden." Moritz von Egidy, Kommandant des Schlachtkreuzers "Seydlitz" in der Skagerakschlacht, ein Marinekamerad von E. E. Schulze, gehörte ebenfalls zur Führungspitze des Jungdo.

[17] Der Vater gehörte keiner der Parteien an, wählte aber wohl die Deutschnationale Volkspartei. Vgl. Brief an die Eltern von Anfang 1931, IfZ München ED 335/1: "Die einzigen, zu denen ich bewusst keine Beziehungen unterhalte, sind die Nazis und Hugenbergleute. Da muss Papa mich schon ergänzen."

[18] Brief an die Eltern vom 15.4.1930.

Zusammenhang mit all den Dingen nicht so stark sein".[19] Den Vater ärgerte diese distanzierte Haltung. Trotz zunehmend unterschiedlicher Meinungen und auch lebhafter Auseinandersetzungen tolerierte aber Erich Edgar Schulze die ihm nun fremder werdende Entwicklung seines Ältesten. Auch der Sohn akzeptierte den Vater weiterhin als einen ernstzunehmenden Gesprächspartner. Der Briefwechsel zeugt von dem Bemühen des Sohnes, die Eltern an seinem Suchen teilhaben zu lassen. Nur die Meinung der Mutter ließ er oftmals nicht gelten.[20] Monatlich kamen die Wechsel von ca. 200 Mark. Sie ermöglichten ein weitgehend sorgenfreies Studium. So konnte der Jurastudent seinen politischen Interessen nachgehen, ohne sich um einen ständigen Nebenverdienst kümmern zu müssen. Er lebte damit nicht üppig, mußte rechnen und konnte sich nicht alle Wünsche erfüllen. Jedoch unterschied sich seine Lage beträchtlich von der vieler anderer Studenten.[21]

Erich Edgar Schulze erhielt neben seinem Gehalt bei der Demag noch eine Offizierspension aus seinem langjährigen Marine-Dienst. Ein Ende 1930 im Reichstag eingebrachtes Pensionskürzungsgesetz verunsicherte die Familie. Von dem Einkommen des Vaters mußten die Studienkosten des Sohnes und der Tochter bestritten werden. Bei aller Toleranz zu den sich verändernden Auffassungen des Sohnes, gestatteten die Eltern ihrem Ältesten keine über den Betrag des Wechsels hinausgehende finanzielle Großzügigkeit. Immer wieder rechnete er in seinen Briefen laufende Ausgaben ab, begründete notwendige Vorschüsse, die dann mit den fälligen Wechseln verrechnet, aber nie gestundet wurden. Manchmal borgte er auch Geld von seiner Schwester, die seit dem Wintersemester 1929 an der Berliner Universität Volkswirtschaft studierte. Der Bruder half über die ersten Schwierigkeiten hinweg, wählte für Helga Schulze die Vorlesungen aus, nahm sie auch zum Skagerakball mit, wo sie sich glänzend amüsierten. Der hochaufgeschossene Student flirtete dort mit den schönsten Frauen. Die Geschwister besuchten gelegentlich die Verwandten, aber ihre Anschauungen und Interessen gingen doch zunehmend auseinander. Des Bruders Ideenwelt wurde der Schwester immer fremder, als zu bohemehaft empfand sie seinen Lebensstil.

Nach vier Monaten verließ Harro Schulze-Boysen seine Wirtin in der Weddinger Liesenstraße. Sie war ganz traurig - "die dicken Tränen kullerten ihr die Backen runter"[22] - , daß ihr sympathischer Untermieter in eine feinere Gegend zog. Dieser mietete sich ab 1. März 1930 im vornehmeren Berliner Westen, in Halensee bei Herrn Emil Unger-Winkelried ein, dem Herausgeber der Wochenzeitung "Der Deutsche

---

[19] Brief an die Eltern vom März 1930, IfZ München ED 335/1.

[20] Brief an die Eltern vom 25.10.1930, IfZ München ED 335/1: "Mama hat eben im Grund keine Grundsätze in der Politik. Das ist nicht schlimm, aber es verpflichtet zur Zurückhaltung."

[21] 1930 betrug das studentische Existenzminimum in Berlin 135 Mark, aber 35,4% der Hochschüler erreichten nicht einmal dieses Minimum. Die wöchentlichen Monatslöhne der Facharbeiter näherten sich bei sinkender Tendenz 50 Mark pro Woche. Jeder zweite Angestellte mußte mit einem Gehalt auskommen, das unter 150 Mark lag. Siehe auch Kater, Michael, a.a.O. - S. 44.

[22] Brief an die Eltern vom März 1930, IfZ München ED 335/1.

Vorwärts". Außerdem führte Unger-Winkelried als Vorsitzender den Bund nationaler Gewerkschaften an, den Harro ironisch charakterisierte: "Auch noch einige andere 'Führer' sind dabei. Nur an Geführten fehlt es wohl." Für diese Art Arbeiterbewegung hatte der Bürgersohn kein Verständnis: "Als Arbeiter würde ich jedenfalls einer Organisation, die eigentlich im Lager des Arbeitsvertragsgegners steht, nicht beitreten".[23]

Gespräche mit Sozialdemokraten bestärkten Harro darin, daß der Kampf gegen den Kapitalismus zum nationalen Befreiungskampf werden müsse, den nicht die Arbeiterklasse, sondern das Volk zu tragen habe. Die KPD und den Bolschewismus lehnte der Bürgersohn in dieser Zeit grundsätzlich ab. In seinen Briefen klingt jedoch nichts von dem scharfen Antisowjetismus und Antikommunismus an, der im Jungdeutschen Orden angeschlagen wurde. Skeptisch verhielt er sich zu dem wiederholt von russischen Emigranten verkündeten "Zusammenbruch" der Sowjetunion. Der Vater hatte die Sowjetunion im Jahre 1927 besucht, und die DEMAG in Duisburg überlebte die Jahre der Krise relativ unbeschadet dank der "Russenaufträge". Trotz weltanschaulicher Ablehnung des Sowjetsystems war Harro immer wieder interessiert, mehr über das im Aufbruch befindliche Land und seine Bürger zu erfahren.[24] Beeindruckt und kritisch zugleich verfolgte er im Januar 1930 ein Agit-Prop-Programm der Gruppe "Rotes Sprachrohr", in dem Neues aus der Sowjetunion in Liedern und Texten vorgestellt wurde: "Als schauspielerische und künstlerische Leistung war es fabelhaft. Ich habe selten ähnlich rhythmisches und kraftvolles erlebt wie z. B. das Sturmlied des Komsomol. Diese Leute sind verd. gefährlich und sicherlich mit allem 'Nieder mit dem Marxismus'-Geschrei nicht unterzukriegen".[25]

Am 14. September 1930 gab der 21jährige Jurastudent zum ersten Mal bei den Reichstagswahlen seine Stimme ab. Wahrscheinlich wählte er die Staatspartei. Der große Gewinner war jedoch die NSDAP, deren Stimmen von 810 000 im Jahre 1928 auf 6,4 Millionen hochschnellten. Unter den Bedingungen der großen Krise entfalteten die Nationalsozialisten eine Massenagitation, wie sie in Ausmaß, Organisiertheit und Aggressivität bis dahin unbekannt war. Eine Partei ohne Geschichte erhob plötzlich Führungsansprüche. Der Versuch, das liberal-bürgerliche Lager durch Einbeziehung der Kräfte der Jugendbewegung zu erneuern und eine staatsbejahende Sammlung der Mitte herbeizuführen, war mißlungen. Die Staatspartei erhielt fünf Mandate weniger als die

---

[23] Brief an die Eltern vom 6.3.1930, IfZ München ED 335/1.

[24] H. Schulze-Boysen gab den Bericht eines Reichswehroffiziers über seinen "Rußlandaufenthalt" wieder. "Der Allgemeineindruck des Landes sei nicht schlecht." Vgl. Brief an die Eltern vom 18.8.1927, IfZ München ED 335/1.

[25] Brief an die Eltern von Ende Januar 1930, IfZ München ED 335/1. In der 1971 im Militärverlag Berlin veröffentlichten Lebensskizze ist diese Briefstelle mit Auslassungen zitiert worden. Die Worte "verd. gefährlich und" sind mit "..." gezeichnet. Damit ergibt sich ein anderer Sinn. H. Schulze-Boysens kritische Distanz zu den Kommunisten wurde durch Weglassung aufgehoben. Siehe Reichert, Günther, Harro Schulze-Boysen, in: Lebendige Traditionen. Lebensbilder deutscher Kommunisten und Antifaschisten, Paul Heider (Hrsg.), Band 2, Berlin 1971.

Deutsche Demokratische Partei im Jahre 1928. Ein großer Teil der aus bürgerlichen und kleinbürgerlichen Schichten kommenden Nachkriegsgeneration hatte im Jahre 1930 die NSDAP gewählt.[26]

Harro Schulze-Boysen gewann dem Wahlausgang durchaus positive Seiten ab. War doch der Jungdeutsche Orden durch eine "Riesenarbeit" im ganzen Reich systematisch bekannt gemacht worden.[27] Der Jungdeutsche begrüßte den schnellen Rückzug aus der Staatspartei und die Trennung des Jungdo von den Demokraten am 7. Oktober 1930. Die Ergebnisse der Wahlen bestärkten ihn zugleich in seiner Ablehnung des parlamentarischen Systems, wie er es erlebte. Er beklagte jedoch das dem Orden fehlende Format, zu farblos blieb der Jungdeutsche Orden in seiner öffentlichen Ausstrahlung. Er hielt einen radikalerer Kurs für nötig, um die ins Lager der Nationalsozialisten Strömenden zurückzugewinnen. Deshalb stand Harro Schulze-Boysen zeitweilig "in scharfer Opposition zum Ordensamt". Von unten her wollte er Hunderte von "Brüder auf neue Parolen" festlegen.[28] Dieser Vorstoß gelang nicht. Der von ihm überschätzte eigene "starke Einfluß"[29] kam nicht zum Tragen, auch nicht die Veränderung jungdeutscher Politik von innen heraus. Zugleich schwankte er zwischen einem radikaleren und dem besonnenen Vorgehen. Als er Mahraun im Oktober 1930 persönlich kennenlernte, gewann er den Eindruck, daß der Hochmeister des Jungdeutschen Ordens seinen Weg ganz klar vor sich sah. Er schätzte ihn als "einen Mann von Format", der - zwar mit "vielen Schwächen behaftet" - seine Rolle in der Politik noch spielen werde. Mahraun setzte unbeirrt seine Linie der "Besonnenheit und planmäßigen Entfaltung der Kraft der Nation"[30] fort. Dabei verlor der Orden weiter an Einfluß unter der Jugend. Bestimmte Kreise der bündischen Jugend, die anfangs die Ziele des Jungdo mit Sympathie unterstützten, zogen sich enttäuscht zurück. Die vermeintliche Alternative zum Nationalsozialismus hatte nicht gegriffen, die Sammlung der bürgerlichen Mitte unter jungdeutscher Hegemonie war gescheitert. Immer klarer zeichnete sich für Schulze-Boysen ab, daß er mit dem Jungdeutschen Orden sein Ziel, eine "große Front der Jugend zu schaffen, die endlich die von den Erwachsenen erfundenen Parteigrenzen überwinden"[31] müsste, nicht erreichen konnte.

---

[26] Vgl. von Olenhusen, Irmgard Götz: Jugendreich. Gottesreich. Deutsches Reich. - Köln 1985. - S. 30ff.

[27] Brief Oktober 1930, IfZ München ED 335/1.

[28] Brief an den Vater vom 1.10.1930, IfZ München ED 335/1.

[29] Ebenda, gemeinsam mit seinem Freund Uttmann von Elterlein. "Ich kann wohl sagen, dass wir beiden zur Zeit einen sehr starken Einfluß im Orden haben."

[30] Kessler, Alexander: Der Jungdeutsche Orden in den Jahren der Entscheidung (II), a.a.O. - S. 30.

[31] Vgl. Brief Hubertus Prinz zu Löwenstein-Wertheim an Ricarda Huch vom 27.5.1946. Institut für Zeitgeschichte München ZS/A 26/2. Schulze-Boysen und Löwenstein, der aus der Zentrumspartei kommend dem Reichsbanner angehörte, saßen 1931 öfter zusammen. Löwenstein behielt Harro Schulze-Boysen als "eine der schönsten und strahlendsten Jünglingsgestalten" in Erinnerung.

2.2 Auseinandersetzungen mit den Nationalsozialisten

Der Großonkel Professor Dr. Ferdinand Tönnies ermöglichte dem Jurastudenten die Teilnahme an der 7. Soziologentagung Ende September 1930 in Berlin.[32] Dort wurden auch die überraschenden Ergebnisse der Reichstagswahl diskutiert. Für Harro Schulze-Boysen hatte sich, wohl auch unter dem Eindruck dieser Diskussion, die "revolutionäre Situation" durch die fortschreitende Vergrößerung des Mißverhältnisses zwischen Besitz und Nichtbesitz verschärft. Die Nationalsozialisten förderten bewußt oder unbewußt diese Entwicklung. Sie schlugen Bresche, aber nach seiner Einschätzung würden sie nicht die Führung behalten; da es ihnen an Intelligenz mangele.[33]

Zugleich versuchte H. Schulze-Boysen die Ursachen des Wahlerfolges der Nazis zu ergründen. Er las Hitlers "Mein Kampf" und war "kuriert", denn nur in wenigen anderen Büchern hatte er solch ein "Sammelsurium von Plattheiten" gefunden: "Hut ab vor dem Wissen eines Karl Marx, vor der ökonomischen Schulung jedes kommunistischen Arbeiters. Darin ist doch wenigstens ein großes System. Hier ist aber nichts als Quatsch".[34] Die Nazis waren für ihn auf kulturellem Gebiet "absolute Reaktionäre" und auf wirtschaftlichen Gebiet bar jeder Sachkenntnis.

Die Hauptgefahr sah er darin, daß Hitler der Wegbereiter eines Bürgerkriegs werden könnte, da die Hälfte des Volkes - vor allem die Arbeiter - gegen die Nazis votierten. Ein durch die Nazis entfesselter Bürgerkrieg würde - so seine Befürchtungen - mit einem "bolschewistischen Endsieg" enden, da die deutsche Arbeiterklasse diesen Krieg "besser zu führen imstande sein wird als die Leute von der Rechten".[35] Nicht die Nazis, sondern die Kommunisten stellten für den Bürgersohn die eigentliche Gefahr dar. Auch Mahraun warnte immer wieder, daß der Nationalsozialismus den Bolschewismus in seiner Wirkung nur noch befördern werde.[36]

H. Schulze-Boysen fühlte sich vorerst in der nicht zu erschütternden Überzeugung von der "geschichtlichen Notwendigkeit des jungdeutschen Volksstaates"[37] bestärkt, der "Hunderttausende junger Menschen, die heute zwischen den Lagern stehen", vereinen sollte "gegen Bolschewismus, gegen Faschismus".[38] Seine Vorstellungen von "Freiheit", die von einem gemeinschaftlichen Handeln für ein von den Bedrückungen des Versailler

---

[32] Erste Gespräche mit F. Tönnies führte sein Großneffe wahrscheinlich anläßlich des Urlaubs der Familie Schulze im Sommer 1930 am Timmendorfer Strand. F. Tönnies schickte H. Schulze-Boysen zu dessen Geburtstag ein Buch und Schriften, die seinen Großneffen "außerordentlich" interessierten, "am meisten der Aufsatz über den Reichtum". Siehe Brief an F. Tönnies vom 7.9.1930, IfZ München ED 335/1.

[33] Brief an die Eltern Mitte Oktober 1930, IfZ München ED 335/1.

[34] Brief an die Eltern vom 25.10.1930, IfZ München ED 335/1.

[35] Ebenda.

[36] Keßler, Alexander, a.a.O. - S. 11.

[37] Brief an die Mutter vom 10.12.1930, IfZ München ED 335/1.

[38] Brief vom 17.1.1931 an Rudolf Heberle, IfZ München ED 335/2.

Vertrages befreites Deutschland ausgingen, fand er in keinem der Parteiprogramme wieder. So stand er gegen jede "irgendwie geartete Diktatur einer Parteiklique. sei es SPD, KPD oder Nazi ... Denn ich sehe die geschichtliche Aufgabe meiner Generation in der Synthese der Werte, die in unserem Volk lebendig sind, nicht in der Herrschaft des geistig beschränkten Gummiknüppels".[39] Seine Ansichten vertrat der Jungdeutsche couragiert in den Versammlungen der Nazis. "Ich bekam ungefähr die Hälfte aller Anwesenden herum. Als ich fertig war, bekam ich lauter Visitenkarten und Einladungen. Die Nazis tobten vor Wut derart, daß mich vier Polizisten nach Hause bringen wollten. Ich schickte sie aber fort u. trat unangefochten den Nachhauseweg an. Etwas Courage imponiert immer".[40] Hin und wieder traf er auch unter den Nazis "prächtige Menschen". Er versuchte sie zu gewinnen und bot ihnen über Gegensätze hinweg die Notwendigkeit eines Miteinander an: "Wenn Eure Führer am Ende des Lateins sind, marschieren wir weiter in der größeren Front, die durch alle Lager hindurchgeht. Wenn man das scharf, klug, ehrlich und sachlich sagt, hat im Grunde der Gegner Achtung".[41]

Die Charakterisierung der Nazis als "Pöbel" zeigt seine aus der Tradition des gebildeten Großbürgertums überkommene Distanz, ein Überlegenheitsgefühl und ungebrochenes jungdeutsches Sendungsbewußtsein: "Es ist bestimmt k e i n Zufall, daß man mir noch nichts getan hat. Auch der Pöbel steht unter dem Einfluß eines festen Auges. Der überzeugte Nazi aber sagt jedesmal: Schade, dass d e r nicht ein Nazi ist. An den Jungdeutschen muß doch was dran sein".[42]

Dabei anerkannte der Jungdeutsche, daß die großen Naziversammlungen wegen des "leidenschaftlichen Rhythmus" durchaus Eindruck hinterließen: "Argumente sind keine da, aber blinder Glaube. An einer Zeitwende zum Irrationalen ist das genug".[43] Jedoch gab er Hitler keine Zukunftschancen: "Denn Leidenschaft läßt sich nicht auf Eis legen ... Die Nazis haben die Chance niederzureissen, was morsch ist ... Zur Gestaltung werden sie nicht fähig sein, sie werden also enttäuschen".[44] Anfang 1931 schätzte er ein, daß die Nazis "ihren Höhepunkt überschritten" hätten und hielt die "NSDAP-Gefahr für geistig bereits überwunden".[45] Auf Grund der Auseinandersetzungen innerhalb der NSDAP im Frühjahr 1931 meinte er die Nazis im ganzen Reich nunmehr im Rückzug. In Berlin war ein offener Zwist zwischen Hitler und dem SA-Führer Stennes ausgebrochen. Bei den Betriebsrätewahlen hatten die Nationalsozialisten im ganzen Reich kläglich abgeschnitten.

---

[39] Brief an die Mutter vom 10.12.1930, IfZ München ED 335/1.
[40] Karte an die Eltern vom 20.10.1930, IfZ München ED 335/1.
[41] Brief an die Eltern vom 25.10.1930, IfZ München ED 335/1.
[42] Ebenda.
[43] Brief an die Eltern vom 10.12.1930, IfZ München ED 335/1.
[44] Ebenda.
[45] Brief an Rudolf Heberle vom 17.1.1931, IfZ München ED 335/1: "Seitdem Otto Strasser abrückte, ist der Sozialismus in dieser Region tot. Da auch der Nationalismus - trotz allen gegenteiligen Trara's - im wesentlichen durchaus reaktionärer Art ist und die führenden Persönlichkeiten nicht das notwendige Format zu haben scheinen, dürfte der Spuk sich nur kurze Zeit halten. Intelligente NSDAP-Studenten geben das heute schon offen zu."

Der Thüringische Innenminister Frick war zurückgetreten. Die Berliner Ausgabe des "Völkischen Beobachter" hatte wegen Beziehermangels ihr Erscheinen eingestellt. All das waren für Harro Schulze-Boysen Anzeichen für ein Ende der Hitlerpartei als Bewegung, aber damit war für ihn die Frage eines nationalen Sozialismus noch lange nicht gelöst.[46] Er versprach sich von den Otto-Strasser-Leuten[47] wesentlich mehr Zukunft als von dem "ganzen Hitlerismus"[48]. In einem Artikel entlarvte er die soziale Demagogie der Nationalsozialisten.[49]

Mitte Juli 1931 wurde H. Schulze-Boysen von circa 30 Nazis überfallen. Nach einer kurzen Prügelei kam aber die Polizei hinzu. Es war ihm nichts passiert.[50] Daraufhin rief die Jungdeutsche Studentengemeinde eine Versammlung zu dem Thema "Orden und Sozialismus" an der Berliner Universität ein. Vor einem überfüllten Hörsaal zog "Harro Schulze-Boysen die Folgerungen für den politischen Tageskampf, die in erster Linie gegen Faschismus und Reaktion bestehen ... Eine Aussprache kam nicht zustande, da die Nationalsozialisten auf Parteibefehl fern blieben, obwohl Dr. Goebbels persönlich eingeladen war und ein nationalsozialistischer Studentenführer sich für die Diskussion angemeldet hatte".[51]

Bei sich zuspitzenden Auseinandersetzungen an der Berliner Universität nutzte Harro Schulze-Boysen seine Kontakte nach allen Seiten zur Beruhigung der Situation: "Während die Kampflust der Gemüter auf beiden Seiten verkrampfte, behielt er seine liebenswürdige und heitere Ausgeglichenheit," erinnert sich Arnold Bauer. "Bald diskutierte er am schwarzen Brett der Nazis, bald wieder in der 'roten' Ecke. Wieder einmal standen beide feindlichen Gruppen, als man eines Morgens die Hakenkreuzbänder von den Kränzen des Studentenehrenmals abgeschnitten hatte, in Hochspannung einander gegenüber. Nur eine schmale Gasse trennte sie. Der Rektor, ein hilfloser Greis, rang die Hände und redete vergeblich beschwörend auf die streitbaren Geister ein. Da kam Harro Sch. B. und bewegte sich schlendernd, die Hände in den Taschen, wie belustigt in dieser Gasse zwischen den Wütenden und teilte nach beiden Seiten 'shake hands' aus".[52]

Auch in den Auseinandersetzungen mit den Nazis versuchte der Jura-Student, über Gegensätze hinweg, insbesondere die studentische Jugend für ein neues überparteiliches

---

[46] Brief an die Eltern vom 1.4.1931, IfZ München ED 335/1.

[47] Otto Strasser (1897-1974) hatte sich am 8.7.1930 mit seiner Gruppe von der NSDAP unter der Losung "Die Sozialisten verlassen die NSDAP" abgespalten. Aus der "Kampfgemeinschaft Revolutionärer Nationalsozialisten" gründete O. Strasser Ende November 1930 die "Schwarze Front", gedacht als Vereinigung verschiedener nationalistisch gesinnter Gruppen aus der bündischen Jugend, dem "Tatkreis", den Niekisch-Leuten von der Zeitschrift "Widerstand". Siehe Moreau, Patrick: Nationalismus von links. - Stuttgart 1984.

[48] Brief an die Eltern von Anfang 1931, IfZ München ED 335/1.

[49] Schulze-Boysen, Harro: Sozialismus als Aushängeschild - Kapitalismus als Wirklichkeit. - In: Der Vormarsch. Jungdeutsche Rundschau (1931) H. 8 S. 34 (Anlage 2).

[50] Brief von Ende Juni 1931, IfZ München ED 335/2.

[51] Der Jungdeutsche vom 22.7.1931.

[52] Arnold Bauer: Erinnerungen an Harro Schulze-Boysen. Maschinegeschriebener Bericht aus dem Jahre 1947. - In: IGfA/ZPA Berlin V/241/3/13.

Ziel zu sammeln. Er empfand die nationalsozialistische Bewegung als ein notwendiges Durchgangsstadium für eine Umgestaltung der gesellschaftlichen Verhältnisse im jungdeutschen Sinne. Rational und intellektuell konnte er die von der nationalsozialistischen Bewegung ausgehende Anziehungskraft nicht begreifen. Die populistische Attraktivität stand im Gegensatz zu dem wahren Gehalt nationalsozialistischer Losungen. Der politisch denkende Schulze-Boysen konnte hinter der proklamierten sozialen "Revolution" kein wirkliches Konzept zur gründlichen Neuordnung der Gesellschaft entdecken. In den Massenversammlungen entlud sich die kämpferische Energie als bloße Kräfteentfesselung. Er fand mit einer Reihe dieser Männer durchaus eine Sprache, kamen doch die meisten aus einer ihm vertrauten bürgerlichen Welt. Viele von ihnen drängten aus alten Bindungen heraus, setzten sich für radikale Veränderungen ein. Auch sie sahen den Abbau bürokratischer, feudaler, großbürgerlicher Strukturen und Schranken als überfällig an.

Harro Schulze-Boysen hoffte noch immer - auf die Kraft seiner Argumente vertrauend - die "ehrlichen Kerle" in den Reihen der Nazibewegung für die jungdeutsche Sache gewinnen zu können. Der Jungdeutsche Orden konnte jedoch weder im Programm noch im Auftreten seiner Führer den für die durch die Weltwirtschaftskrise in Panik geratenen kleinbürgerlichen Massen notwendigen Willen zur Veränderung sichtbar werden lassen. Die aus den Existenz- und Zukunftsängsten dieser Menschen in Gang gesetzte soziale Dynamik hat der Jungdeutsche Orden nicht auffangen und für seine Ziele kanalisieren können.

2.3 Neue Kontakte und Ideen

Harro Schulze-Boysen sah sich auch in anderen Organisationen um. Die Leitung der Internationalen Studentenvereinigung führte ihn als Mitglied.[53] Der Club "Cohorte" warb um ihn, weil man ihn als "vorzüglichen Debatteredner" schätzte. Er trat dem Club bei, da recht prominente Leute dabei waren. Vorsitzender war der jüngste Sohn Stresemanns. Der Jurastudent hoffte dort, notwendige Beziehungen weiter auszubauen, da Leute aus allen "Parteilogen" vertreten waren.[54] Heftig diskutierte er mit Anarchisten

---

[53] Als Mitglied der Aktionsgruppe (Vorstand) wird cand. jur. Harro Schulze-Boysen genannt. Das Ziel dieser Vereinigung bestand darin, "auf der Grundlage des gemeinsamen Studiums aller großen Kulturfragen die Freundschaft zwischen ihren Mitgliedern zu festigen und somit eine Kette des gegenseitigen Verstehens von Nation zu Nation zu schliessen". Siehe Archiv der Humboldt-Universität Berlin: Rektor und Senat, Politische Vereine, Nr. 976, Bl. 52, 54.

[54] Brief an die Eltern vom November 1930, IfZ München ED 335/1: "Der Club Cohorte hat mich aufgefordert, Mitglied zu werden, da ich ein so vorzüglicher Debatteredner sei, legten sie großen Wert auf mich und würden mir in finanzieller Hinsicht entgegenkommen."

in einem Café unweit des Bülowplatzes.[55] Häufig erhielt er Einladungen zum Abendessen "in alle möglichen Grunewaldvillen".[56]

Der Sohn zerstreute die Besorgnisse der Eltern, daß das Studium unter seiner umfangreichen politischen Aktivität leiden könnte: "Über 8 Stunden tägl. juristischer Konzentration hinaus ist auf diesem Gebiet nicht mehr zu schaffen, und ob ich hinterher tanzen, fussballern oder politisieren gehe, hat ja eigentlich nichts mehr mit dem Studium zu tun".[57] Außerdem gewann er zunehmend das Gefühl, im Studium "so allmählich auf die richtige und klare innere Linie zu kommen ... Das war nicht immer so, da ich in den letzten Semestern zeitweilig zu stark mit mir selbst zu tun hatte. Dagegen kann man natürlich mit dem Willen wenig machen und ich will zufrieden sein, dass ich allmählich den Boden unter mir habe, um aufzubauen".[58] So fielen die schriftlichen Übungen im November 1930 "zufriedenstellend" aus. Das juristische Lehrsystem, das den Repetitor erforderte, und der "Warenhausbetrieb" der Universität behagten ihm jedoch immer weniger.

Seit längerem verfolgte der Jurastudent mit viel Interesse und Sympathie die ersten Versuche und die anhaltenden Diskussionen zum freiwilligen Arbeitsdienst. Der Jungdeutsche Orden[59] und verschiedene Gruppen der bündischen Jugend[60] traten schon seit Mitte der zwanziger Jahre für diesen Dienst an der Gemeinschaft ein. An einzelnen Objekten arbeiteten im Sommer bereits Studenten und Erwerbslose unterschiedlicher politischer Richtungen zusammen. Die Arbeitslager fanden in der Weltwirtschaftskrise einen zunehmenden Widerhall. Zwar konnte damit die Krise nicht behoben, aber Härtefälle sollten gelindert werden. Die Jungdeutschen erhofften sich, in der Arbeitsdienstlagerbewegung die starren Parteienfronten zu überwinden und auch mit geistiger Arbeit und Geselligkeit, durch Selbstverantwortung und Selbstverwaltung eine

---

[55] Brief an die Eltern Anfang 1931, IfZ München ED 335/1: "Sie schimpften furchtbar auf die Bourgeoisie und meinten auch, ich sei ja besonders nett, aber wenn sie an die Macht kämen, würde ich auch enthauptet. Hinterher stellte sich heraus, dass ihre Väter jedenfalls selber Bourgeois waren, sie selber also alle etwas verunglückt-dekadente Sprößlinge. Ich habe mich weidlich lustig gemacht über das Literatenpack. Sie hatten eine Riesenversammlung gegen Arbeitsdienstpflicht gemacht. Ich ging mit einigen Dutzend Leuten zuerst hin, sprach in der Diskussion u. bewies ihnen an ihrer eigenen Dialektik, dass sie keine Ahnung hätten. Ich kriegte die Arbeiter sehr schnell herum. Die gemeinsame geplante Aktion gegen die A. haben wir also glänzend gesprengt."

[56] Karte an die Eltern vom 20.10.1930, IfZ München ED 335/1.

[57] Brief an die Eltern vom 25.10.1930, IfZ München ED 335/1.

[58] Brief an die Eltern Mitte Oktober 1930, IfZ München ED 335/1. Zeugnisse oder Bewertungen aus der Studienzeit liegen nicht vor.

[59] Der Jungdeutsche Orden propagierte schon 1924 den "Freiheitskrieg der Arbeit" als Ersatz der allgemeinen Wehrpflicht und als Schule der Staats- und Gemeinschaftsgesinnung. Siehe Mahraun, Arthur: Über die Einführung der allgemeinen gleichen Arbeitsdienstpflicht. - Kassel 1924.

[60] Die schlesische Jungenmannschaft arbeitete seit 1925 mit Professor Eugen Rosenstock bei der Errichtung des Boberhauses zusammen. In den Lagern für Arbeiter, Bauern und Studenten wirkten auch Helmut James Moltke und Hans Peters, die später dem Kreisauer Kreis angehörten. Rosenstock suchte hier nach klassenübergreifenden gemeinsamen Aufgaben und Problemlösungen. Siehe Rosenstock, Eugen/Trotha, Carl Dietrich: Bericht aus Schlesien. Berichte aus Schlesien von Arbeitern, Bauern, Studenten. - Jena 1931.

neue Volksordnung herauszubilden.[61] Harro Schulze-Boysen sah den Arbeitsdienst als eine politische Aufgabe seiner Generation an. Zugleich war dieser soziale Dienst auch eine Form des Protestes gegen die bestehenden unsozialen Verhältnisse. Diese Arbeitslagerbewegung wurde von politisch und pädagogisch sehr unterschiedlichen Interessengruppen getragen. Außerdem eröffneten sich hier Möglichkeiten, innerhalb dieser sich herausbildenden Bewegung gestaltend wirksam zu werden. H. Schulze-Boysen schmiedete schon Zukunftspläne: "Wenn mal aus der Sache etwas wird" hoffte er, "in der Politik an leitende Stelle" zu kommen.[62] Der junge Mann dachte an eine mögliche politische Karriere. Der Arbeitsdienst könnte das Vehikel sein. Jedoch verwirklichte er seinen Plan nicht, im Sommer 1930 für zwei Monate an einem Landarbeitslager teilzunehmen. Stattdessen fuhr er mit der Schwester per Anhalter von Berlin an den Timmendorfer Strand, wo er mit den Eltern letztmalig einen gemeinsamen Urlaub verlebte. Dort lernte er auch seinen Großonkel mütterlicherseits, den Soziologen Professor Dr. Ferdinand Tönnies, näher kennen. Mit ihm führte er am Strand sehr lebhafte Gespräche.

Im Herbst 1930 baute die von Harro geführte Gefolgschaft des Jungdo aus dem Wedding in freiwilliger Arbeit ein Vierzimmerhaus in dem Berliner Vorort Frohnau auf. Daran beteiligten sich vor allem Arbeitslose. Sie wohnten wochenlang in einem alten Omnibus. Ein jungdeutscher Architekt entwarf den Bauplan. Jeder Einzelne war Miteigentümer. Der Vorsitzende der Siedlungsgenossenschaft, Ordensbruder Eckardt, wurde als "jungdeutscher Pionier" vorgestellt.[63] Harro kümmerte sich sonntags um den Fortgang der Arbeiten und war darüber begeistert, "was die Kerls leisteten". Die Arbeit machte aus ihnen wieder richtige Menschen: "Leute, die früher müde und elend herumschlichen, schauen heute aus wie Donner und Doria. Unstreitbar sind ja auch die ethischen Werte der ganzen Sache. Die Willenskonzentration einer Gemeinschaft auf ein Stück Erde schafft auch politische Werte. Meine Gefolgschaft im Wedding hat sich im letzten Monat zahlenmäßig fast verdoppelt".[64] In Gemeinschaftsarbeit entstanden Werte und veränderten sich auch die daran Beteiligten. Er erlebte hier die von ihm oft beschworene "Volksgemeinschaft" in der Praxis. Aus gemeinsamer Arbeit entstand etwas sinnvoll Neues. Einer half dem anderen, die soziale Herkunft, die politische Meinung zählten nicht mehr.

---

[61] Siehe Lampel, Peter Martin: Packt an! Kameraden! Erkundungsfahrten in die Arbeitslager. - Berlin 1932; Stübs, Albin: Romantisches Vorspiel. - Berlin 1946; Ferner: Dudek, Peter: Erziehung durch Arbeit. Arbeitslagerbewegung und Freiwilliger Arbeitsdienst 1920-1935. - Opladen 1988.

[62] Brief an die Eltern vom 5.5.1930, IfZ München ED 335/1.

[63] Siehe auch: Ein jungdeutscher Pionier. Durch Siedlung zur Volksgemeinschaft. - In: Der Jungdeutsche vom 30.10.1930.

[64] Brief an die Eltern vom 7.12.1930, IfZ München ED 335/1. Hier lernte er wahrscheinlich auch den in Hermsdorf wohnenden und der KPD nahestehenden Albin Stübs kennen. Siehe Interview mit Arnold Bauer vom 20.9.1989. A. Stübs beschreibt in einem 1946 erschienenen belletristischen Buch das Milieu des Jungdeutschen Ordens. Der Student Meier-Ziethen soll offenbar Harro Schulze-Boysen sein. Vgl. Stübs, Albin: a.a.O. - S. 102ff.

Harro Schulze-Boysen begeisterte sich an Vorstellungen einer alternativen Lebensform: "Organische Lebensauffassung bricht sich Bahn! ... Das bedeutet: Intensivste Bearbeitung des nationalen Lebensraumes, Aufgabe der Weltwirtschaftshypothese, nationale Reaktivierung des Einzelnen, Verzicht auf Kino und Ballsaal, Zug zum Lande (damit Erhaltung des Ostens). Kurz und gut die Menschen wollen wieder vernünftig leben können. Hier ist Pionierarbeit. Aber andere werden folgen müssen: Arbeiter, Angestellte, Geistige. Denn wo sie heute stehen, können sie nicht mehr leben".[65] Der Kontakt zu diesen Dingen schien ihm "100 mal so wichtig" wie die studentische Verbindung "Cohorte". Im Arbeitsdienst eröffnete sich eine andere Welt und zugleich eine Zukunftsmöglichkeit für den jungen Mann. Er schwankte zwischen "Acker oder Bank, Führertum oder Diplomatie", aber er entschied sich dann doch für Diskussionen und den Ausbau von Beziehungen für eine bürgerliche Karriere. Er wollte offensichtlich dort bleiben, wo die Entscheidungen fielen.

Die Verschlechterung der wirtschaftlichen und sozialen Lage erfaßte indessen immer mehr Menschen aus allen Schichten der deutschen Bevölkerung. Ende 1930 wurden bereits 4,5 Millionen Arbeitslose registriert. Aus Hoffnungslosigkeit, Verzweiflung und Zukunftsangst heraus verbreitete sich eine zunehmend antikapitalistische Stimmung. Unter der jungen Generation vollzog sich eine zunehmende Politisierung. Inmitten unterschiedlichster politischer Meinungen erhob sich "keine Stimme, die für die Forderungen des Kapitalismus" eintrat. Diese Generation kämpfte um ihre innere und äußere Existenzberechtigung.[66]

Dem aus der ständig verschlechternden sozialen Lage heraus entstandenen unbestimmten, aber unter der bürgerlichen Jugend verbreiteten Gefühl, daß Idealismus statt Materialismus herrschen, daß Gemeinsamkeit statt Konkurrenzkampf das Leben bestimmen müsse, gaben die Theoretiker der "konservativen Revolution" und des "nationalen Sozialismus" Ziel und Richtung.

Von Edgar Julius Jung wurde die Weimarer Republik als "Herrschaft der Minderwertigen"[67] diffamiert, Oswald Spengler erwies sich als Prophet des Untergangs und Arthur Möller van den Bruck hatte das "Dritte Reich"[68] angekündigt. Dieser neue "revolutionäre" Konservativismus war insbesondere für die aus dem Bürgertum kommende junge Generation attraktiv. Wenn auch zahlenmäßig klein, waren ihre Ideologen die Ideenspender für das Gros der nationalistischen Bewegungen einschließlich des Nationalsozialismus. Auch Harro Schulze-Boysen nahm sie eine Zeitlang als Orientierung an, ohne dabei stehen zu bleiben.

---

[65] Ebenda.
[66] Fischer, Josepha: "Entwicklung und Wandlungen in den Jugendverbänden". - In: Das junge Deutschland (1931) H. 2.
[67] Jung, Edgar J.: Die Herrschaft der Minderwertigen. Ihr Zerfall und ihre Ablösung. - Berlin 1927.
[68] Möller van den Bruck, Arthur: Das Dritte Reich. - Berlin 1923.

Harro Schulze-Boysen wünschte sich zum Weihnachtsfest 1930 ein Jahresabonnement der "Tat"[69]. Diese im Eugen-Diederichs-Verlag Jena herauskommende Monatszeitschrift hatte 1928 für kurze Zeit der Schriftsteller Adam Kuckhoff (1887-1943) redigiert. 1929 übernahm sie der Redakteur der Vossischen Zeitung Hans Zehrer (1899-1966). Mit dem neuen Titel "Die Tat - Monatsschrift zur Gestaltung einer neuen Wirklichkeit" erhielt sie eine weitergehende Sinndeutung. Gestützt auf Ideen, deren Wurzeln bei Friedrich Nietzsche, Arthur Möller van den Bruck, George Sorel, dem französischen Anarchosozialisten, Max Weber und anderen lagen. Auch Marx und selbst Lenin wurden zitiert. Daraus entstand eine Ideologie für ein anspruchsvolleres, politisch gebildetes Bürgertum, insbesondere für die junge deutsche Intelligenz. So wandte sich die "Tat" an die von der Krise und der Wirtschaftspolitik der Monopole und des Staates schwer getroffenen und gegen die kapitalistischen Verhältnisse aufbegehrenden kleinbürgerlichen Schichten. Ihnen versuchte die "Tat" den Rang einer "dritten Kraft" zu geben, die zum gesellschaftlichen Träger des "deutschen Sozialismus" werden sollte, in dem der Staat die sozialen Probleme meistern und die wirtschaftliche Entwicklung steuern sollte. Die Formeln dieser Ideologie waren autoritärer Staat, Planwirtschaft, Autarkie, Vereinigung von Nationalismus und Sozialismus mit einer antibolschewistischen Ausrichtung, wenn man auch ein begrenztes Zusammenwirken mit der Sowjetunion zur Stärkung der Position gegenüber den Westmächten für sinnvoll hielt.

Die "Tat" fand mit diesem Konzept und originell aufgemachten Beiträgen ihre Leser. Die Auflage erhöhte sich von 1000 Exemplaren im Jahre 1929 auf 20.000 im Jahre 1931 und sogar auf 30.000 im Jahre 1932. Die "Tat" war ein wichtiger Meinungsbildner in der Schlußphase der Weimarer Republik. Um die Zeitschrift entstanden "Tat"-Kreise, lose Leservereinigungen, die sich in örtlichen Gemeinschaften organisierten.

Harro Schulze-Boysen schloß sich aber dem "Tat"-Kreis nicht an. Er glaubte nicht, daß "die Sache außerhalb des Kritischen eine Zukunft hat. Die TAT darf sich nicht einseitig politisch abstempeln, sondern muß in allen Lagern indirekt wirken. Da ich einen großen Teil der dahinterstehenden jungen Intellektuellen kenne, - manche sind Studenten! - habe ich hier keine Illusionen. Derjenige welcher ist Fried, ein ehemaliger Industrieller, der wirklich was los hat".[70] Der Jurastudent besuchte gelegentlich die Diskussionen des "Tat"-Kreises in Berlin. Er beteiligte sich im Frühjahr 1931 an einer Zusammenkunft mit "z.T. sehr interessanten Leuten. Naphtali, Borsig, Reupke, Haushofer, Loessl, Sydow, usw. Die Aussprache hatte sehr hohes Niveau".[71] Der Industriellensohn Arnold ("Tet") von Borsig gehörte damals dem Jungdeutschen Orden an. Mit Hans Zehrer verbanden Harro bald freundschaftliche Beziehungen, die bis in das

---

[69] Siehe auch Lexikon zur Parteiengeschichte, a.a.O., Band 4, S. 184ff. "Tatkreis"; Fritzsche, Klaus: Politische Romantik und Gegenrevolution. Fluchtwege in der Krise der bürgerlichen Gesellschaft: Das Beispiel des Tatkreises. - Frankfurt (Main) 1976; Demant, Ebbo: Von Schleicher zu Springer. Hans Zehrer als politischer Publizist. - Mainz 1971.

[70] Brief an die Mutter vom 10.12.1930, IfZ München ED 335/1.

[71] Brief an die Eltern vom 7.4.1931, IfZ München ED 335/1.

Jahr 1942 andauerten. Albrecht Haushofer traf er nach 1933 wieder und führte mit ihm in den Jahren 1940/41 eingehende Gespräche.[72]

Indessen drängte Harro Schulze-Boysen mehr in die Öffentlichkeit. Er wollte nicht nur zuhören, sondern selber gestalten, beteiligt sein. Er veranstaltete Ende November 1930 ein Streitgespräch zwischen dem revolutionären Nationalsozialisten Otto Strasser und seinem Freund, dem Jungdeutschen Uttmann von Elterlein.[73] Danach vermeldete er 100 Neuanmeldungen für den Orden.[74] Anfang 1931 schuf er sich einen Diskussionskreis "Forum, Politische Arbeitsgruppe zu Berlin". Mit Hilfe dieser "Institution" wollte er sich politische Beziehungen schaffen und eventuell für den ärgsten Fall einen finanziellen Rückhalt aufbauen. Politiker unterschiedlichster Richtungen vermochte er zu gewinnen, nur Nazis und Hugenbergleute schloß er aus.[75] Im Mai 1931 organisierte Harro Schulze-Boysen ein Zwiegespräch zwischen Ernst Jünger und Graf Stenbock-Fermor, Anfang Juli sagte die bekannte Schauspielerin Elisabeth Bergner einen Rilke-Abend zu.[76]

Die sich verschärfende große Krise, die aufgrund wachsender Arbeitslosigkeit[77] auch unter Akademikern um sich greifenden Zukunftsängste, die Begegnungen, Diskussionen, Kontakte, Verbindungen ließen den jungen Mann aus bürgerlichem Hause verstärkt nach einer Synthese jungdeutscher und sozialistischer Auffassungen, nach einem "nationalen Sozialismus" suchen.[78] Er dachte daran, durch "politische Willensbildung" den Ablauf der Geschichte so zu beeinflussen, daß es gelänge, "eine Epoche neuen und organisch begründeten kollektiven Denkens und Empfindens zu erkämpfen".[79] Da er die "Vergemeinschaftung als Grundlage neuen Lebens" ansah, bejahte er den Sozialismus und weiterhin die sozialistische Bewegung. Für ihn waren "Sozialismus" und "nationaler Freiheitskampf" untrennbare Begriffe. Er nahm in sein sich veränderndes Weltbild auch marxistische Begriffe auf: "Der Kampf zwischen Kapital und Arbeit verschärft sich eben zusehends ... Die TAT ist insofern m.E. im Unrecht, als sie annimmt, dieses sei die letzte

---

[72] Siehe Brief an die Eltern vom 29.1.1934, IfZ München ED 335/1. Ferner Brief an die Eltern vom 24.2.1937, IfZ München ED 335/2; Hildebrand, Rainer: Wir sind die Letzten. - Berlin 1947.

[73] Geheimes Staatsarchiv Preußischer Kulturbesitz. Dahlem, Rep.303, U.von Elterlein, geb. am 17.9.1901 in Konstantinopel, Weltkriegsteilnehmer, studierte seit 1927 an der Hochschule für Politik.

[74] In den Germaniasälen am Stettiner Bahnhof dauerte dieses von H. Schulze-Boysen moderierte Zwiegespräch vor 300 Menschen drei Stunden. Siehe Brief an die Eltern vom 7.12.1930, IfZ München ED 335/1.

[75] Brief an die Eltern Anfang 1931, IfZ München ED 335/1: "Dr. Ernst Nölting von der SPD, Edgar Jung (Herrschaft der Minderwertigen!), Erich Mühsam v.d. Anarchisten, Otto Strasser, dann Trevinarus u.Breitscheid. Die einzigen, zu denen ich keine Beziehungen suche, sind die Nazis und Hugenbergleute."

[76] Brief an die Eltern vom 1.4.1931, IfZ München ED 335/1.

[77] Brief an die Mutter vom 24.7.1930, IfZ München ED 335/1:"Aber wenn Du Dich mal 1 Stunde vor ein Erwerbslosenamt stellen würdest, würdest Du auch pessimistisch werden."

[78] Brief an Rudolf Heberle vom 16.4.1930, IfZ München ED 335/1; R. Heberle (1900-1991) Soziologe, Sozialist und Schwiegersohn von Ferdinand Tönnies, schrieb am 9.3.1930 an Harro einen längeren Brief über seine Meinung zum Jungdeutschen Orden, den H. Schulze-Boysen am 16.4. auf 5 Seiten beantwortete.

[79] Ebenda.

Krise des Kapitalismus. Diese Annahme ist - auch nach Karl Marx - ein Irrtum. Aber die Krisen folgen einander immer schneller, und die Folgen werden immer furchtbarer".[80]

Zunehmend geriet "Bruder" Schulze-Boysen mit der Politik des Jungdeutschen Ordens in Konflikt. Während die Ordensleitung weiterhin Besonnenheit und Kontinuität zum "Jungdeutschen Manifest" aus dem Jahre 1927 in den Vordergrund stellte, sich gegen radikale Lösungen aussprach, hielt Harro Schulze-Boysen "wechselnde Kampfstellungen" für unerläßlich, weil sich für ihn die "alten Fronten" als sinnlos erwiesen hatten.

In einem langen Gespräch mit Mahraun wandte er sich im Frühjahr 1931 gegen dessen Bekenntnis zum Unternehmertum und die Teilnahme des Jungdeutschen Ordens am Stahlhelmvolksbegehren gegen die sozialdemokratisch geführte Preußenregierung. Er unterstützte weiterhin die den Arbeitsdienst einbeziehende Siedlungsidee und die Landnehmerbewegung. Den "Kampf gegen den Sozialismus"[81] und die "ebenso dumme wie oberflächliche Hetze gegen den Marxismus"[82] wollte er aber nicht mehr mitmachen. Obwohl er die "mangelhafte Dialektik" als ein schlimmes Manko für die jungdeutsche Bewegung ansah, setzte er sich unbeirrt für eine Erneuerung des Ordens von innen heraus ein: "Wir werden noch soviel "Schwenkungen" machen müssen, bis unseren Gegnern der Atem weg bleibt. Je mehr Schwenkungen, desto größer die Atemnot beim Gegner. Denn was ein Orden aushält, hält eine Massenpartei nimmermehr aus".[83] Zu dieser Flexibilität war der durch Mahraun geprägte Jungdeutsche Orden nicht fähig. Er verlor in den krisengeschüttelten Endjahren der Weimarer Republik weiter an Einfluß. Schulze-Boysen verließ trotz der immer größer werdenden Differenzen nicht den Orden,[84] ging aber mehr und mehr seine eigenen Wege.

Der 21jährige suchte nach einer unabhängigen Position außerhalb der bürgerlichen Gesellschaft, die für ihn das "untergehende Alte" bedeutete. Heraushalten und Verweigern empfand er als eine ihm zeitgemäße "konservative Grundeinstellung", die sich von der eher preußisch-konservativ bis liberal neigenden Haltung der Eltern erheblich unterschied. Dieser sich jetzt schärfer herausbildende Gegensatz zu den Traditionslinien seiner Familie führte zu keinem Bruch mit dem Elternhaus. Vielmehr sah er es noch als die Aufgabe seiner Generation an, "alles, was an Eurer Zeit gut und echt war, mit in das kommende Neue hinüberzuretten".[85] Wie das "Neue" aussehen sollte, ließ er offen.

---

[80] Brief an die Eltern vom 21.2.1931, IfZ München ED 335/2.

[81] Brief an die Mutter vom 18.4.1931, IfZ München ED 335/2.

[82] Brief an Rudolf Heberle 16.4.1931, IfZ München ED 335/2.

[83] Schulze-Boysen, Harro, Haben wir klaren Kurs?, in: Der Jungdeutsche vom 1.3.1931.

[84] Brief an die Eltern vom 31.7.1931, IfZ München ED 335/2: "Mahrauns Politik ist doch recht klug, maßvoll u. richtig. (Ich hatte mich am letzten Tag in Berlin ganz freundschaftlich mit ihm ein wenig in den Haaren;)". Noch im Februar 1933 verschob H. S. B. seinen Austritt aus dem Orden, "wegen seiner einigermaßen klaren Haltung gegenüber der fasch. Regierung." Vgl. Brief an die Eltern vom 17.2.1933, a.a.O.

[85] Brief an die Eltern vom 21.2.1931, IfZ München ED 335/2.

Die schwieriger werdenden finanziellen Verhältnisse im Elternhaus zwangen den jungen Mann, über seine Zukunft nachzudenken. Er wollte in die Politik. Den Eltern gestand er vorsichtig: "Der geborene Jurist bin ich - gottlob - nicht gerade, aber ich werde es schon schaffen".[86] In den nächsten zwei Jahren wollte er das Referendariat hinter sich bringen, eine Promotion fertigstellen und anschließend an der Hochschule für Politik weiter studieren. Er zweifelte, ob er die juristische Ausbildung zu Ende bringen sollte: "Es kommt in der Politik eben doch auf ganz andere Dinge an ... Im Grunde kommt mir die juristische Lernerei erschrecklich überflüssig für mich vor ... Na, ich werde die große Linie schon nicht verlieren. Wobei ich mir über eine gutbürgerliche Existenz nicht die geringste Illusion mache. Die Werte des Lebens liegen für mich nunmal auf einer anderen Ebene".[87]

Harro Schulze-Boysen betrachtete immer mehr seine Ausbildung als das Mittel, sich Wissen anzueignen; als seinen eigentlichen Zweck begriff er die politische Arbeit. Er war auch nicht abgeneigt, sich auf das "Glatteis der Diplomatie" zu begeben, "wenn sich mir nichts außerordentlich günstiges bietet".[88] Um seiner Zukunftspläne willen baute er Kontakte und Beziehungen nach vielen Seiten aus. Zunehmend brachte er sich bei Diskussionen in Erinnerung. Demonstrativ verteidigte er im Haus des Historikers Delbrück seinen Großonkel Alfred von Tirpitz. Bei einer Diskussion mit dem Franzosen Andrè Germain[89] in Berlin trat der hochaufgeschossene junge Mann absichtlich ziemlich scharf auf: "Ohne Opposition geht es ja nun mal nicht. Ich hoffe also, er hat den richtigen Eindruck bekommen. Hinterher lud er mich zu sich ins Hotel Esplanade für nächste Woche ein. Er wollte sich noch eingehender mit mir unterhalten. Na, mir kann es ja nichts schaden. Er ist ein sehr kluger und feiner Mensch. Ich lerne französisch. Und im übrigen: Beziehungen! - Beziehungen!"[90]

Mit Hans Bernd und Werner von Haeften kam er wieder in Kontakt. "Möglich, daß man sie mal wegen ihrer verwandtschaftlichen Beziehungen zu Curtius (Außenminister, H. C.) und Diplomatie brauchen kann".[91] Er diskutierte im Kreis von Alfred Döblin, der

---

[86] Ebenda.

[87] Ebenda: "Bis dahin wird sich sowohl die politische Situation wie mein polit. Wissen soweit entwickelt haben, daß ich losschlagen kann."

[88] IfZ München ED 335/2, Brief an die Eltern vom 29.3.1931: "Ich lernte weiterhin kennen: Ein jg. Ehepaar v. Arnim, einen Herrn v. Brentano, einige interessante Leute ferner aus der Diplomatie. Besonders nette Leute sind da bei den verschied. Gesandtschaften der baltischen Staaten."

[89] A. Germain war Herausgeber der Revue Européenne. Er setzte sich für die Verbesserung der deutsch-französischen Beziehungen ein. Sein Vater war der Begründer und Präsident der Credit Lyonnais, einer der größten Banken Frankreichs, als Erbe verfügte A.G. über nahezu unbegrenzte Revenuen und besaß vielfältige Kontakte in ganz Europa. Die deutsche Botschaft in Paris beargwöhnte die Auftritte Germains und versuchte, sie zu verhindern, Siehe Politisches Archiv des Auswärtigen Amtes Bonn, R 70538.

[90] Brief an die Eltern vom 21.2.1931, IfZ München ED 335/2.

[91] Brief an die Mutter vom 18.4.1931, Hans Bernd von Haeften (1905-1944) war nach dem Studium der Rechtswissenschaften ein Jahr 1928/29 als Austauschstudent in Cambridge. Wegen einer Aufnahmesperre für neue Attachès überbrückte er die Wartezeit mit der Tätigkeit als Geschäftsführer der Stresemann-Stiftung und verschiedenen Studienaufenthalten im Ausland. Vgl.: Winterhagen, Ernst Wilhelm: a.a.O. - S. 33.

sich Donnerstag abends in der Wohnung des Schriftstellers traf und Leute der unterschiedlichsten Richtungen von Mühsam bis zu Klaus Mehnert vereinte.[92]

Den Sommer 1931 verbrachte Harro Schulze-Boysen auf Einladung von André Germain in Frankreich. Er genoß den Aufenthalt sehr, hatte das Gefühl, "plötzlich den Grund und Boden der großen Welt" unter sich zu haben. Der Sohn beruhigte die Mutter, die bei A. Germain homosexuelle Neigungen vermutete: "Im übrigen ist er rührend besorgt um mein psychisches und physisches Wohlergehen. Von Homosexualität kann überhaupt keine Rede bei ihm sein. Er ist eben einfach ein Mensch mit furchtbar viel Gefühl und Seele à la Hölderlin".[93] In Frankreich knüpfte er dank Germain eine Vielzahl wichtiger und guter Beziehungen nach allen Seiten.[94]

Gleichzeitig betrachtete der junge Mann das westliche Nachbarland immer noch voller Vorbehalte: "Hier ist alles satt und unproblematisch, bürgerlich und feige ... Frankreich ist drauf und dran, auf den Lorbeeren vieler Jahrhunderte einzuschlafen. Der gutbürgerliche und bequeme "europäische Gedanke"(unter Ablehnung der "Nation"!) ist unter der Jeunesse Dorée viel verbreiteter als man bei uns denkt. Mit all dem haben wir zu rechnen. And we have to make the best of it".[95]

Zu Frankreich hatte Harro ein ambivalentes Verhältnis. Geschichte, Kultur und Sprache waren ihm seit frühester Jugend vertraut. Einer seiner Vorfahren floh als Hugenotte, ein anderer vor der französischen Revolution nach Deutschland. Harro Schulze-Boysen lastete Frankreich die Hauptträgerschaft des Versailler Vertrages an. Damit trugen für ihn die Franzosen ihren Teil Schuld und Verantwortung an der nationalen Unterdrückung und der sozialen Not der Deutschen. Das Mißtrauen zwischen den Völkern und die Spannungen zwischen beiden Ländern prägten die Beziehungen in den Jahren der Weimarer Republik. Allerdings hatte Mahraun sich schon Mitte der zwanziger Jahre vorsichtig um ein besseres Verhältnis zu Frankreich bemüht: "Restlose Aussöhnung mit Frankreich, also Bündnis mit Deutschland, wenn, was sich gezeigt hat, seine Vernichtung nicht möglich ist".[96] Wegen seiner "Franzosenpolitik" war der Jungdeutsche Orden gegenüber den anderen Kräften der nationalen Opposition in die Isolation geraten.

Harro Schulze-Boysen interessierte im Sommer 1931, inwieweit einflußreiche französische Politiker gewillt waren, die "Heiligkeit der Verträge"[97] von Versailles zu verlassen. Diese Politiker fand er nicht, aber er vermeinte, "Druckmittel" entdeckt zu haben, mit denen auf französische Politik von deutscher Seite Einfluß genommen werden

---

[92] Vgl. auch Trebbe, Krista, Jähner, Harald (Hrgb.), Kunstamt Kreuzberg, Alfred Döblin zum Beispiel, Berlin 1987. - S. 81. Dort werden Mühsam, Korsch, Lorke, Bergmann-Fischer, Klaus Mehnert, Axel Eggebrecht, Irmgard Keun und Harro Schulze-Boysen genannt.

[93] Schulze-Boysen: Brief an die Mutter vom 19.8.1931 aus Frankreich, IfZ München ED 335/2.

[94] Brief an die Eltern vom 31.7.1931 aus Frankreich, IfZ München ED 335/2.

[95] Brief an die Eltern vom August 1931 aus Frankreich, IfZ München ED 335/2.

[96] Mahraun, Artur: Der nationale Friede am Rhein. - Berlin 1926. - S. 11; siehe Tiemann, Dieter: a.a.O.

[97] Brief an die Eltern vom 18.8.1931 aus Frankreich, IfZ München ED 335/2.

könnte: "Alle sind sich einig in einer furchtbaren Angst vor einem Sowjetdeutschland ... Die Angst vor einem Krieg ist z.Z. wenigstens geradezu Mode ... Unter diesem Gesichtspunkt kann es natürlich gar nichts schaden, wenn es in Deutschland starke probolschewistische Strömungen (KPD, Strasser) gibt. Das erhöht nur unsere Chancen. Hitler nimmt man anscheinend hier nicht ernst".[98]

Die starke Friedenssehnsucht der Franzosen und das Vorhandensein einer starken marxistischen Strömung innerhalb der französischen Arbeiterbewegung verleitete den Bürgersohn zu dem überraschenden Schluß, die marxistische Doktrin als nationales Befreiungsmittel des Reiches einzusetzen, womit die "geistige Zersetzung des Westens" befördert werden sollte. Diese eigenartige Kombination von nationalistischem und marxistischem Gedankengut führte zu militärstrategischen Spekulationen: "Wenn auch nur ein Zehntel der Soldaten (Franzosen) sich im Ernstfall weigern, gegen uns zu marschieren, ist eine erfolgreiche Mobilmachung ausgeschlossen".[99]

All diese Überlegungen und auch die Schlußfolgerung, den Franzosen mittels einer "großzügigen, tatkräftigen Propaganda ... ganz anders die Hölle heiß zu machen" und dafür als außenpolitischen Verbündeten Rußland zu gewinnen,[100] waren eher Ausdruck eines noch unklaren Suchens als eines neuen Entwurfs für die Gestaltung der deutsch-französischen Beziehungen. Der Einfluß von Otto Strassers Vorstellungen eines "nationalen Sozialismus" sind hier spürbar, für den eine sozialistisch orientierte Gesellschaft nicht mehr bedeutete als eine "bessere Grundlage für den Revanchekrieg".[101]

Harros weltanschauliche Positionen waren im Jahre 1931 merklich in Bewegung geraten. Er ging auf Distanz zu den "Rechten", nahm Abschied vom "Volksstaat" und anderen ihm zu engen und unflexiblen Anschauungen des Jungdeutschen Ordens. Er näherte sich sozialistischen Auffassungen nationaler, zugleich antikapitalistischer Prägung eines Otto Strasser und des "Tat"-Kreises, ohne sich mit ihnen zu identifizieren. Er suchte nach radikaleren Lösungen, um aus der Krise, den sozialen und nationalen Bedrückungen herauszukommen, für die er den Versailler Vertrag und die untätigen Parteien der Weimarer Republik verantwortlich machte. Ganz wesentlich für ihn war, daß er offen blieb für neue Anstöße und Anregungen. Diese Aufgeschlossenheit führte ihn an die Seite von Menschen mit sehr konträren Lebensauffassungen.[102] Aus den

---

[98] Brief an die Eltern vom 31.7.1931 aus Frankreich IfZ München ED 335/2.
[99] Brief an den Vater vom 3.9.1931 aus Frankreich, IfZ München ED 335/2.
[100] Brief an die Eltern vom 18.8.1931 aus Frankreich, IfZ München ED 335/2.
[101] Vgl. auch Carl von Ossietzkis Kritik am Sozialismusbegriff von Otto Strasser, in: Suhr, Elke: Carl von Ossietzky. Eine Biographie. - Köln 1988. - S. 188.
[102] H. Schulze-Boysen unterhielt sich Anfang 1931 länger mit dem ehemaligen Reichskanzler Marx: "Ein ziemlicher Trottel, aber ganz nett ...", Vgl. Brief an die Eltern vom Anfang 1931; Im Juni hatte er eine längere Unterhaltung mit dem Minister a.D. Rahmer über die Planwirtschaft. Vgl. Brief an die Eltern vom 10.6.1931; Im Juli 1931 fuhr er nach Dessau zu einem Vortrag vor sozialistischen Studenten. Er hatte auch erste Kontakte mit Kommunisten: "Anliegend spasseshalber mein 1. Artikel in einer kommunistischen (!!!)

vielfältigen Ideologieangeboten nahm er auf, prüfte sie, ohne sich auf einzelne festzulegen und die Begriffe und Wertvorstellungen ganz aufzugeben, mit denen er aufgewachsen war, die seiner sozialen Lage entsprachen. Dieses Herangehen befähigte ihn, Brücken zu bauen, die "irregeleiteten Fanatiker des Nationalsozialismus, wenn sie ehrliche Kerls waren, mit der Linken ins Gespräch zu bringen".[103]

Harro Schulze-Boysens Abstand zur bürgerlichen Gesellschaft war weiter gewachsen. Der aufbrechende Konflikt in der Familie Schulze im Herbst 1931[104] hatte neben persönlichen Zügen auch Ursachen, die den sich zuspitzenden sozialen Widersprüchen geschuldet waren. Die bürgerlichen Werte der Elterngeneration wurden von dem zornigen jungen Mann in nicht gekannter Schärfe als von der Zeit überholt verworfen: "Innerhalb unserer Generation (und aller nächsten) wird innerhalb mehrerer Menschenalter von wohlgeordneter bürgerlicher Existenz nicht mehr gesprochen werden. Sie bedeutet uns auch keinen Wert mehr".[105]

Die Weltwirtschaftskrise hatte das politische Denken und Handeln des Jura-Studenten radikalisiert, der bis dahin im wesentlichen die konservativ-liberalen Wertvorstellungen seiner Eltern geteilt hatte. Aus dem Jugendprotest entwickelte sich mehr und mehr die Ablehnung der ihn umgebenden gesellschaftlichen Verhältnisse. Der Bürgersohn stellte zunehmend - auch unter Einfluß "konservativer Revolutionäre" - die bürgerlichen Werte bis zum äußersten in Frage und propagierte einen "Antikapitalismus" und "Sozialismus", der mehr Haltung und Anspruch ausdrückte als daß er schon eine Programmatik oder einen klaren Weg aus der unbefriedigenden Situation aufwies. Er wollte Nationales und Soziales in neuer Weise und anders als die "Nationalsozialisten" miteinander vereinen, Idealismus und Materialismus zusammenführen und auf einer "höheren Ebene" überwinden helfen. Er war auf Distanz zur Politik des Jungdeutschen Ordens gegangen, hatte aber vermieden, sich anderen politischen Organisationen und Gruppierungen anzuschließen. Zu sehr fürchtete er eine Vereinnahmung durch Ideologien und bürokratische Strukturen. Er wollte sich nicht festlegen, war noch auf dem Wege, probierte sich und seine Umwelt aus, vieles war noch Suche nach neuen Ansätzen, Inhalten und Formen politischer Gestaltung, nach Alternativen und Auswegen.

Zeitschrift. Es handelt sich um einen privaten Brief. Die Veröffentlichung ist ohne mein Wissen erfolgt. Na, es ist ja weiter nicht tragisch." Vgl. Brief Sommer 1931.

[103] Arnold Bauer, a.a.O.

[104] Die Eltern, insbesondere die Mutter, vermuteten, daß der acht Jahre ältere Uttmann von Elterlein, mit dem Harro in einer Wohngemeinschaft zusammenlebte, einen radikalisierenden Einfluß auf ihren Ältesten habe. Außerdem argwöhnten die Eltern in Duisburg, daß Harro den Freund miternähre; Siehe Briefe vom Oktober und November an die Eltern 1931, IfZ München ED 335/2; Ferner Brief von Elsa Boysen an E. E. Schulze vom 2.10.1990, IfZ München ED 335/2.

[105] Brief an den Vater vom 26.11.1931, IfZ München ED 335/2.

3. Die eigene Position 1931-1933:
"Gegner von heute - Kampfgenossen von morgen"

3.1 Über "Plans" zum "Gegner"

Die weiterhin ansteigende Zahl arbeitsloser Akademiker und die ihn nicht befriedigende juristische Ausbildung waren für den Jurastudenten Grund genug, sich auch ohne einen Studienabschluß nach Arbeitsmöglichkeiten umzusehen. Der 22jährige hatte sich in Berlin ein Netz von überaus günstigen Beziehungen nach verschiedenen Seiten für "später" aufgebaut.[1] Dazu gehörten auch Kontakte zu Bertolt Brecht. Am 9. November 1931 notierte der Dichter im Zusammenhang mit der geplanten Herausgabe einer "Zeitschrift zur Klärung der faschistischen Argumente und Gegenargumente" für den Themenkomplex Nationalismus, Staat und Nation den Namen Harro Schulze-Boysen.[2] Brecht wählte solche Personen aus, die ihm im politischen Leben zu bestimmten Fragen aufgefallen waren oder die man ihm empfohlen hatte. Während eine Gruppe den Hauptargumenten der Faschisten nachgehen und Belege sammeln sollte, war vorgesehen, daß eine andere Gruppe die Gegenargumente zusammenzutragen hatte. Es ging um die Klärung von Problemen, die von den Nationalsozialisten demagogisch benutzt wurden. Dieses für Schulze-Boysen sicherlich interessante Projekt wurde dann nicht realisiert.

Ende November 1931 ließ er sich zum Leidwesen der Eltern ein Semester vom Studium beurlauben.[3] Was der Sohn suchte, konnte er in den Hörsälen nicht finden. Der Vater meinte, es sei etwas früh dazu, in die Politik zu gehen, legte ihm aber nichts in den Weg. Die Gedankengänge seines Sohnes wurden ihm immer weniger verständlich. Er mußte aber anerkennen, daß dieser aus "tiefinnerstem Drange seine eigene Bahn ging", von der ihn abzubringen jeder Versuch falsch und vergeblich gewesen wäre.[4]

In dieser Zeit eröffnete sich eine Möglichkeit der Mitarbeit an der seit Juni 1931 von Franz Jung (1888-1963) wieder herausgegebenen Zeitschrift "Gegner"[5]. Jung war bereits als Romancier, Dramatiker, Erzähler und Verfasser philosophischer Schriften hervorgetreten. Er arbeitete an Pfemferts "Aktion", Waldens "Sturm" und am ersten "Gegner" in den Jahren 1919 bis 1922 mit, betätigte sich in der oppositionellen Kommunistischen Arbeiterpartei Deutschlands (KAPD), war in den frühen Jahren der

---

[1] Brief vom 10.11.1931 an den Vater, IfZ München ED 335/2.

[2] Vgl. auch Mittenzwei, Werner: Das Leben des Bertolt Brecht. - Berlin 1987. - S. 443.

[3] Vgl. auch Briefe vom 10.11. und 26.11.1931 an den Vater, IfZ München ED 335/2; Ende der Weimarer Republik hatte ca 1/4 der Gesamtstudentenschaft das Studium abgebrochen, Vgl. auch Kater, Michael: a.a.O. - S. 108.

[4] Boysen, Elsa: a.a.O. - S. 8.

[5] Julian Gumperz und Karl Otten hatten die Zeitschrift "Der Gegner" 1919 gegründet, die von 1919 bis 1922 im Malikverlag bei Wieland Herzfelde erschien, als "Blätter zur Kritik der Zeit"; vgl. auch "Gegner"-Blätter zur Kritik der Zeit. Photomechanischer Nachdruck Leipzig 1979; Jung, Franz: Der Weg nach unten. - Neuwied/Berlin 1967.

Sowjetmacht als Betriebsleiter in Sowjetrußland tätig gewesen, gründete in den 20er Jahren verschiedene Korrespondenzen. Über den Deutschen Korrespondenzverlag, in dem auch der "Gegner" herauskam, in der Berliner Charlottenstraße 54, liefen 1931 Kontakte zwischen der deutschen Bauhüttengesellschaft und den französischen Gewerkschaften für mögliche Großprojekte des sozialen Wohnungsbaus in Frankreich. Zu dem Verlag gehörte auch die E. J.-Aufricht-Produktion, die Aufführungen von Brechts "Mahagonny" und "Die Mutter" finanzierte.

Eng war der "Gegner" mit dem französischen Journal "Plans" verbunden. So war die Zielsetzung beider Zeitschriften ungefähr die Gleiche: Zweifel an der Gültigkeit des Bestehenden, Zweifel an der sozialen, wirtschaftlichen und kulturellen Perspektive der Zukunft. "Plans" war darin bereits viel gediegener und innerlich ausgeglichener.[6] Harro Schulze-Boysen hatte im Sommer 1931 diese "anregende Zeitschrift (ähnlich unserer TAT)" in Frankreich entdeckt. Er empfand sie als "sehr frisch und lebendig, allerdings ganz 'europäisch', aber vom französischen Standpunkt ist das ja auch sehr vernünftig".[7] Wahrscheinlich hatte er - durch Vermittlung von A. Germain - die jungen Redakteure, unter ihnen Philippe Lamour, kennengelernt. "Plans" verstand sich als Organ der jungen und freien französischen Intelligenz, einer kleinen Gruppe nonkonformistischer junger Leute, des "Ordre Nouveau".[8] Dieser Zirkel stand außerhalb bestehender Organisationen und Parteien in Frankreich, zunächst als loser Zusammenschluß von Persönlichkeiten verschiedener intellektueller und politischer Anschauungen. Die Gruppierung setzte sich zum Ziel, das als liberal und individualistisch kritisierte kapitalistische Wirtschaftssystem durch ein kollektives zu ersetzen. Dafür wollte man nicht nur die französische Jugend gewinnen, sondern: "Die Internationale der Jugend gegen den liberalen, kapitalistischen und nationalistischen Geist".[9] In diesem Appell tauchte zum ersten Mal der Begriff des "Personalismus" zur Betonung einer eigenständigen und revolutionären Doktrin auf, den Alexandre Marc[10] während seiner philosophischen Studien in Deutschland bei Max Scheler entlehnt hatte. Dieser Personalismus bedeutete den Bruch mit dem abstrakten Individualismus der Liberalen, wie auch mit jeder Doktrin, die den Staat, in welcher Form auch immer, in den höchsten Rang erhebt, der allein dem Menschen zukommt. Beunruhigt durch die mit der industriellen Revolution einhergehenden Veränderungen,

---

[6] Jung, Franz: a.a.O. - S. 383.

[7] Brief vom 10.11.1931, IfZ München ED 335/2.

[8] Vgl. auch Droz, Jaques: Les non-conformistes des années 1930 et leurs relations avec L'Allemagne. - In: Vom Staat zum modernen Parteienstaat. - München; Wien 1978; Ferner Roy, Christian, Dissertationsschrift: Alexandre Marc and the personalism of L`Ordre Nouveau 1920-1940, History Department McGill University, Montreal 1986; Ferner Hellman, John; Roy, Christian: Le personalisme et les contacts de nonconformistes de France et d'Allemagne autour de l'Ordre Nouveau und de Gegner, 1930-1940. - In: Les relationes culturelles franco-allemandes dans les annees trente. - Paris 1990.

[9] Vers le front unique de la jeunesse européenne. - In: Plans (1931) H. 9. November 1931. - S. 153.

[10] A. Marc, Pseudonym zu Alexandre Marc Lipiansky, 1904 in einer jüdischen Familie in Odessa geboren, floh mit seiner Familie 1918 nach Frankreich, Studium in Frankreich und Jena. A. Marc war einer der Gründer von Ordre Nouveau.

die heftigen Krisenprozesse und die zunehmende Entfremdung zwischen den Menschen in der modernen kapitalistischen Gesellschaft suchten die jungen Franzosen nach einem neuen politischen Ansatz. Sie wollten der vertikalen Teilung der politischen Landschaft durch die Parteien eine über die Grenzen Frankreichs hinausgehende horizontale menschliche Solidarität, eine einheitliche Front der europäischen Jugend, entgegenstellen.[11]

Diese antikapitalistischen Vorstellungen aus französischer Sicht hatte Philippe Lamour auf einem deutsch-französischen Jugendtreffen in Rethel/Ardennen Anfang August 1931 "mit hinreissendem rhetorischen Schwung" vertreten.[12] Der von Otto Abetz (1903-1958) angeführte "Sohlberg-Kreis" - benannt nach der Jugendherberge Sohlberg bei Karlsruhe, an der von 1930 bis 1932 offiziell geförderte deutsch-französische Jugendtreffen stattfanden - ließ sich für die fremd anmutenden und zugleich radikalen Ideen Lamours nicht erwärmen.[13] Bei auseinandergehenden Auffassungen zu einer von den Franzosen vertretenen europäischen Union und zu außenpolitischen Fragen, fand man sich umso eher in der mehr oder minder leidenschaftlichen Ablehnung der kapitalistischen Wirtschaftsordnung. Einige Franzosen - enttäuscht von den unfruchtbaren Debatten in Rethel - wollten jetzt außerhalb des "Sohlberg-Kreises" ein neues Forum der europäischen revolutionären Jugend aufbauen. In Harro Schulze-Boysen, der auch nach neuen Inhalten und Formen politischer Gestaltung fern ab der festgefahrenen Parteienlandschaft suchte, fanden sie einen jungen Deutschen, der ihre Interessen teilte. Im Herbst 1931 wurde er als Kontaktmann für "Ost-Deutschland" ausgewiesen.[14] Ein Aktionskomitee der von der nonkonformistischen Gruppe Ordre Nouveau getragenen Zeitschrift "Plans" wollte eine Einheitsfront der europäischen Jugend schaffen. Diese internationale junge Front sollte auf der Grundlage der Verständigung zwischen der französischen und deutschen Jugend dem Aufbau einer neuen, die industrielle Revolution beherrschenden Welt dienen. In einem an die Deutschen gerichteten "Appell an die Jugend", den A. Marc und R. Aron Anfang November 1931 ausgearbeitet hatten, wurde die Jugend beider Länder bereits als "die Hauptkräfte bezeichnet, die fähig wären, Europa und die Welt vor dem zunehmenden Unbehagen, in das die Zivilisation zu versinken drohe" zu bewahren. Der Appell sprach von der Notwendigkeit "radikaler Lösungen für eine radikale Krise" und lehnte die überlebten Thesen des Pazifismus

---

[11] L'action. - In: Plans (1931) H. 9 November 1931. - S. 153.

[12] Über eine Teilnahme H.S.B. an diesem Treffen liegen keine Hinweise vor. Siehe auch Deutsch-Französisches Jugendtreffen, Archiv der deutschen Jugendbewegung Ludwigstein, A 2-65.

[13] Vgl. auch Tiemann, Dieter: Deutsch-französische Jugendbeziehungen der Zwischenkriegszeit. - Bonn 1989. - S. 114.

[14] Vers le front unique de la jeunesse européenne, in: Plans (1931) H. 9 November 1931. - S. 155; Die französischen Organisatoren sollen Philippe Lamour, Jeanne Walter, Robert Aron, Arnaud Dandieu, J.M. Gabriel sowie Alexandre Marc gewesen sein. Als Kontaktmann für "Westdeutschland" wurde Otto Abetz genannt, der dem Sohlberg-Kreis vorstand, dessen staatstreue Haltung im Zusammenhang mit allzu extremen Kräften ausschloß. Er wurde später nicht mehr genannt. Abetz wurde später Botschafter Deutschlands in Frankreich; vgl. auch Brief an den Vater vom 26.11.1931: "Ich hatte ... auch noch ein paar französische Bekannte der Zeitschrift PLANS zu Verhandlungen hier."

ebenso wie den Nationalismus Hitlers ab, da beide nicht den Nationalstaat und den Kapitalismus an der Wurzel des Übels antasteten.[15]

Diese jungen Franzosen, die kaum die deutschen Verhältnisse kannten, versuchten, ihr Nachbarland neu zu begreifen. Die allumfassende Krise ließ für sie in Deutschland einen möglichen Schauplatz entstehen, auf dem eine antikapitalistische europäische Revolution beginnen könnte. Zugleich erwarteten sie in absehbarer Zeit das Übergreifen der weltweiten Krise auf Frankreich und Belgien. Sie wollten für diesen Fall die jungen revolutionären Kräfte zusammenführen, den deutschen Nationalismus an den Westen binden. Sie stellten dem "Vaterlandsmystizismus" einen recht vagen Europaplan gegenüber.[16] Ihr kritisches Verhältnis zum Versailler Vertrag ließ sie zu einem ernsthaften Gesprächspartner für junge Deutsche aus verschiedenen Gruppen werden. Harro Schulze-Boysen sah offensichtlich eine Möglichkeit, junge Leute aus Frankreich und anderen europäischen Ländern gegen das Versailler "Diktat", als Ausdruck imperialistischer Unterdrückung, zu mobilisieren[17]. Zugleich wollten die an Zusammenarbeit mit "Plans" Interessierten die deutsch-französische Annäherung auf neue Grundlagen stellen.[18]

Ein von "Plans" einberufenes Treffen der "revolutionären Jugend Europas" fand Anfang Februar 1932 in Frankfurt am Main statt.[19] Die von Harro Schulze-Boysen vorbereitete Zusammenkunft vereinte ca. 100 Teilnehmer aus Frankreich, Deutschland, der Schweiz, Italien und Belgien um einen großen Tisch in Hufeisenform. Die Tagung wurde ohne Programm und sichtliche Regie durchgeführt. Als erster legte Harro Schulze-Boysen die Position der deutschen Seite dar. Er faßte das Streben des deutschen Volkes, bei aller Uneinigkeit der Parteien, in drei Punkten zusammen:

1. Die Abschaffung des kapitalistischen Systems
2. Die Liquidierung des "Diktats" von Versailles
3. Die Notwendigkeit, die Deutschen eine selbständige Rolle bei der Entwicklung ihres Landes ohne ausländische Kontrolle spielen zu lassen.

---

[15] Der nicht veröffentlichte Appell ist auszugsweise zitiert in einem Beitrag zu der Konferenz "Les relations culturelles franco-allemandes dans les années trente" in Paris vom 6. bis 8. Dezember 1990, Vgl. Hellman, John; Roy, Christian: a.a.O.

[16] Die deutsche Jugendbewegung mit ihrem bündischen Erlebnis, die Kategorie Führer und Gefolgschaft blieb den Franzosen ziemlich fremd. Siehe auch Hartmann, Hans: Die junge Generation in Europa. - Berlin 1930.

[17] Vgl. auch Brief vom Dezember 1931 an die Mutter, IfZ München ED 335/2: "In Paris: Politische Besprechungen zwecks eventueller grosser Deklaration Ende Dezember der gesamten revolutionären Jugend gegen Versailler Diktat und sonstige kapitalistische Ausbeutung."

[18] Die bisherige deutsch-französische Verständigung sahen sie als überholt an. Vgl. von Elterlein, Uttmann: Ordre Nouveau Annäherung und französische Jugend. - In: Gegner (1931) 1. Jg. H. 7 vom 15.12.1931: "Die Form hat sich als unzulänglich erwiesen. Die Sache aber bleibt."

[19] Ursprünglich sollte dieses Treffen am 27./28.12.1931 auf der Burg Liebenstein bei Koblenz am Rhein stattfinden. Vgl. auch Gegner (1931) H. 7 und Brief vom Dezember 1931 an die Mutter: "Kongreß Sonntag, d. 27. und Montag, den 28. Dezember bei Koblenz."

Philipp Lamour ging in seiner Antwort von der öffentlichen Meinung Frankreichs aus, die seit 1919 nach Sicherheit und Reparationen verlange. Das hieße aber nicht, daß sich die Franzosen an den Versailler Vertrag für immer und ewig festklammerten. Eine Gemeinsamkeit der Ansichten könne unter folgenden Bedingungen erreicht werden:
1. Nicht Revision, sondern Beseitigung der Verträge durch die Schaffung einer neuen europäischen Ordnung.
2. Die Liquidierung des kapitalistischen Systems und Errichtung eines ökonomischen Systems, das auf einem Generalplan und einer Wirtschaft auf kollektiven Grundlagen beruhe.

Da ergaben sich durchaus Berührungspunkte, die aber in der anschließenden Diskussion insbesondere von deutscher Seite zerredet wurden. Richard Schapke, aus Otto Strassers "Schwarzer Front", Fred Schmid, Führer des elitären "Grauen Corps", Boris Goldenberg von den oppositionellen Kommunisten (KPO), Vertreter des "jungpreußischen Kampfbundes", der anarchistischen Syndikalisten ergriffen das Wort und jüngere Leute, die im Namen amorpher Gruppen zu sprechen vorgaben.[20] Vertreter des "Widerstandskreises" von Ernst Niekisch und der im Oktober 1931 von der SPD abgespaltenen Sozialdemokratischen Arbeiterpartei Deutschlands (SAPD) waren anwesend, aber Männer aus dem "Tat"-Kreis fehlten. Parteien und größere Organisationen waren nicht eingeladen worden. Die Aussprache bot ein "Tohuwabohu" von Meinungen, Wünschen und Standpunkten.[21] Fred Schmid[22] und einige seiner Getreuen vom Grauen Corps verließen die Konferenz vorzeitig. Sie wollten über den "preußischen Geist" und "nationale Haltung" diskutieren, Fragestellungen, die den Franzosen völlig fremd waren.

Es erwies sich als unmöglich, über die bestehenden Gegensätze hinweg Konturen für ein einheitliches Handeln abzustecken. Harro Schulze-Boysen gelang es, dank seiner verbindlichen Verhandlungsführung, vorhandene Spannungen abzubauen, so daß die Tagung ohne einen Eklat zu Ende ging. Der Publizist und Schriftsteller Franz Mariaux gewann von Harro Schulze-Boysen in Frankfurt den Eindruck eines menschlich sympathischen Managers von noch unklaren politischen Zielen, aber von vielfachen politischen Beziehungen.[23]

Das Treffen wollte die Grundlage einer "ständigen Zusammenarbeit der europäischen Jugend für die Errichtung einer neuen Ordnung", postkapitalistisch, mit kollektiver

---

[20] BA Koblenz, NL 160, Brief Dr. Mariaux an Rudolf Pechel vom 15.2.32; Siehe auch: Der Vorkämpfer (1932) H. 3, als Teilnehmer "unsererseits" werden Prof. Fred Schmid, Otto Maull (Jungnationaler Bund) und Jupp Hoven (Jungpreußischer Bund) erwähnt.

[21] Ein ungezeichneter Bericht von Franz Mariaux erschien in den konservativen Zeitschriften: Tagung französischer und deutscher Nationalrevolutionäre. In: Deutsche Führerbriefe (1932) Nr. 12; Ferner: Nationalrevolutionäre Kooperation. - In: Der Ring (1932) H. 8. - S. 128.

[22] Alfred Schmid (1899-1968) in Mülhausen/Elsaß als Schweizerbürger geboren. Er wird in fast allen Büchern über die deutsche Jugendbewegung erwähnt; vgl. auch Mohler, Armin: Die konservative Revolution in Deutschland 1918-1932. - Darmstadt 1989. Mit einer Bibliografie zu F. Schmid. - S. 477/78. Siehe auch Anmerkung 135.

[23] BA Koblenz, NL 160, a.a.O.

Wirtschaft legen. Diese Programmatik sollte von einem neuem Kongreß bestätigt und durch eine gegenseitige praktische Hilfe der Bewegungen der verschiedenen Länder vorbereitet werden, die ihre Informationen über die Entwicklung der Krise auszutauschen gedachten.[24] Der Franzose Alexandre Marc war von dem Ergebnis der Frankfurter Tagung enttäuscht[25] und Harro Schulze-Boysen mit dem Auftreten der deutschen Teilnehmer nicht zufrieden: "Es waren fast lauter jugendbewegte Leute da, die nicht viel Sachkenntnis hatten. Um in Zukunft besser dazustehen, ist ein wuchtiger Aufbau einer entsprechenden deutschen Organisation notwendig. Dazu soll der GEGNER dienen".[26] "Plans" teilte indessen mit, daß ab 1. März die "einheitliche Front der revolutionären Jugend" ihr eigenes deutsches Organ besitze. An die Spitze des Berliner "Gegner" sei "unser guter Kamerad" Harro Schulze-Boysen getreten.[27] Dieser setzte sich indessen für ein neues Miteinander in Europa ein, er wollte auch hier Gegnerschaften überwinden. "Heute noch: "Gegner" morgen, - alle zusammen -, Werkleute eines gesunden und freien Europa, in dem unser Volk leben kann!", formulierte er Ende März 1932 seine Hoffnungen.[28]

Dieser über Deutschland hinausgehende Ansatz kam aber im "Gegner" nicht zum Tragen. Europäisches Denken und die Zusammenarbeit mit Franzosen wurden im nationalrevolutionären Lager beargwöhnt. Dort galt noch immer Möller van den Brucks Verdammnis: "Die Frankophilen sind ein Skandal der Nation".[29] Ernst Niekisch griff den "Gegner" als Organ einer französischen Gruppe an, die "unter deutschen Nationalisten für eine deutsch-französische Verständigung gegen Rußland und Amerika wirbt".[30] Harro Schulze-Boysen wies diesen Vorwurf zurück: "Internationale, sozialistische und revolutionäre Solidarität und Zusammenarbeit in völliger beiderseitiger Unabhängigkeit ist ein Herrn Niekisch fremder Begriff. Seine Vorliebe für den 'Raum zwischen Potsdam und Wladiwostok' scheint ihn blind zu machen, für das, was weiter westlich vor sich geht. - Wir warnen Niekisch vor unüberlegten Wiederholungen. 'Gegner' ist nicht das Organ der französischen jungrevolutionären Bewegung, sondern

---

[24] Plans (1932) H. 12. - S. 128.

[25] Roy, Christian: a.a.O. - S. 30. Nachdem A. Marc von der "Leichtfertigkeit" der deutschen Delegierten auf dem Sohlberg noch unbeeindruckt gewesen war, schockierte ihn die "Verderbtheit" derjenigen, die nach Frankfurt kamen, die ihm zumeist als homosexuell erschienen.

[26] Brief vom 25.2.1932 an die Mutter, IfZ München E 335/2.

[27] Allemagne. - In: Plans (1932) H. 14. - S. 30; Gleichzeitig wurde das Heft 6 des "Gegner" vom 20.3.1932 vorgestellt. "Plans" kündigte den "Gegner" in ihren Annoncen von April bis Juni 1932 als "unser deutsches Organ" an.

[28] Vgl. Eintragung von Harro Schulze-Boysen in das Gästebuch von Hans Friedrich Secker, Köln 19. bis 22. März 1932. Ablichtung in Sammlung RK.

[29] Zitiert in der überbündischen Zeitschrift "Die Kommenden" (1932) F. 1. - S. 3/4. Aus: Möller van den Bruck, Arthur: Das Recht der jungen Völker. - München 1919.

[30] Vgl. Niekisch, Ernst: Spiel ums Ganze. In: Widerstand * Zeitschrift für nationalrevolutionäre Politik (1932) H. 4. - S. 100: "Es wäre ein lohnende Aufgabe, aufzudecken, wie manche deutsche national-revolutionäre Gruppe inzwischen dieser neuen Form von Paneuropäerei (ihr steht z.B. bereits die Gruppe Otto Straßers nahe) auf den Leim gekrochen ist."

der deutschen".[31] Karl O. Paetel von der Gruppe Sozialrevolutionärer Nationalisten mahnte an, ob es bei der Zusammenarbeit mit den Franzosen um "Zersetzung und Sabotage des Versailler Vertrages" gehe. Wenn nicht, dann "haben wir kein Interesse".[32] Das ursprünglich auf eine enge Zusammenarbeit mit der französischen und europäischen Jugend ausgerichtete Konzept des "Gegner" wurde von Harro Schulze-Boysen offensichtlich schnell korrigiert. Der "Gegner" veröffentlichte lediglich eine Notiz über ein "Zusammenkommen" in Frankfurt am Main, das vom "allseitigen radikalen Abrücken von der bisherigen Verständigungspolitik" zwischen Deutschland und Frankreich geprägt gewesen sei.[33] Im "Gegner" wurde letztmalig im Juli 1932 "Plans" als eine "lebendige Monatsschrift des jungen revolutionären Frankreichs" angekündigt. Der während der Frankfurter Zusammenkunft getroffenen Vereinbarung weiterer gemeinsamer Aktivitäten folgten keine konkreten Schritte. Zu groß waren offensichtlich die immer drückender werdenden Probleme der Krise in Deutschland und zu verschieden die Verhältnisse in den beiden Ländern. Harro Schulze-Boysen pflegte weiterhin Kontakte zu seinen französischen Freunden. Mitte Mai führte er intensive Gespräche mit Philippe Lamour über die Lage und die Ausformung einer deutsch-französischen Verständigung als ein "revolutionäres Bündnis" unter Beteiligung der typischen Kräfte jedes Landes.[34] Im Laufe des Jahres 1932 suchte A. Marc verschiedene Orte in Deutschland auf, um Verstecke für Waffen einzurichten, die aus Frankreich kommen sollten, um der drohenden Hitlerdiktatur entgegenzutreten. Außer H. Schulze-Boysen engagierte sich für dieses Vorhaben nur Walter Strauss, ein jüdischer sozialdemokratischer Mitarbeiter von Otto Abetz. Ordre Nouveau distanzierte sich von der "abenteuerlichen" Initiative Marcs, die ohne Folgen blieb.[35]

Es entwickelte sich im Jahre 1932 zwischen A. Marc und H. Schulze-Boysen auf menschlicher und politischer Ebene eine freundschaftliche Beziehung. A. Marc setzte große Hoffnungen auf seinen deutschen Freund, diesen leidenschaftlichen jungen Mann, dessen Ausstrahlung ihm geeignet schien, die revolutionären Elemente aller Lager in einer nonkonformistischen Front gegen die alte Welt zu vereinen. Er hatte tatsächlich umfangreiche Beziehungen. So vermittelte er Alexandre Marc ein Zusammentreffen mit

---

[31] H.S.B.: Niekisch auf dem Holzweg. - In: Gegner (1932) H. 9, vom 5.5.1932.

[32] Vgl. Die sozialistische Nation (1932) Nr. 4. - S. 3.

[33] Vgl. Gegner (1932) H. 4/5 vom 5.3.1932. - S. 13.

[34] Brief von Harro Schulze-Boysen an Alexandre Marc vom 21.5.1932. - Sammlung RK. Ph.Lamour versicherte Christian Roy, daß H. Schulze-Boysen aktiv an "Plans" mitgearbeitet habe. Vgl. Hellman, John/Roy, Christian. - a.a.O. Die von J. Hellmann und C. Roy geäußerte Vermutung, daß H. Schulze-Boysen ab April unter dem Pseudonym Jean Longville informative Artikel über Deutschland veröffentlicht hat, kann nicht belegt werden. Auch wenn in einigen Artikeln für eine "neue Einheit" eingetreten wurde, unterscheidet sich Stil und Inhalt dieser Artikel von den Veröffentlichungen im "Gegner" und dem Sonderdruck vom Mai 1932. Vgl. Longville, Jean: Pour une nouvelle unité en Allemagne. - In: Plans (1932) H. 4 vom 15.6.1932.

[35] Treffen C. Roy mit A. Marc und Frau Strauss im Jahre 1988. Vgl. Hellman, John/Roy, Christian, a.a.O.

Richard Scheringer[36] auf der Festung Gollnow/Pommern, mit Otto Strasser[37] und mit Vertretern der Zeitschrift "Neue Blätter für den Sozialismus" von Paul Tillich.[38] Alexandre Marc lernte auch weitere Vertreter aus der nationalrevolutionären Szene kennen, so Hans Ebeling vom "Vorkämpfer" aus Krefeld, Ernst Niekisch vom "Widerstand", Karl O. Paetel, die Brüder Salomon und die Brüder Jünger. Die Verbindungen Harro Schulze-Boysens nach Frankreich liefen auch nach 1933 weiter. Robert Jungk, der im März 1933 Deutschland verlassen mußte, erhielt von H. Schulze-Boysen die Adresse von Emmanuel Mounier, der die Zeitschrift "Esprit" herausgab, die für eine neue Generation französischer Intellektueller bestimmt war.[39] Im Januar 1934, als Claude Chevalley, ein Anhänger von "Ordre Nouveau" anläßlich eines Mathematikkongresses in Deutschland weilte, organisierte H. Schulze-Boysen zwei Aussprachen in Göttingen und Berlin über Ordre Nouveau.[40] Im März 1935 bot er seinen französischen Freunden an, einen Studienzirkel über "Ordre Nouveau" in Berlin zu gründen und behilflich zu sein, Artikel von Anhängern der französischen Gruppe in deutschen Zeitschriften zu veröffentlichen. Er stand inzwischen der Konzeption des neuen "Personalismus" viel näher als in den Jahren 1931/32.[41]

Deutschland blieb die Grundlage des Denkens von H. Schulze-Boysen, aber er hatte nichts gemein mit einem engen völkischen Nationalismus. Für ihn war Deutschsein und seine Bejahung die emotionale Voraussetzung für ein Einfügen in eine Gemeinschaft von Völkern, die ihre staatliche Souveränität nicht für ein Gegeneinander mißbrauchen, sondern im Sinne eines Füreinander fruchtbar zu machen hatten. So war er eher ein "guter Europäer" als ein Nationalist, ein Patriot, aber sicherlich kein Kosmopolit.[42] Zugleich verband er mit seinem europäischen Engagement die Hoffnung, daß die revolutionäre Jugend Europas die für ihn notwendigen politischen Veränderungen in Deutschland befördern könnte. Außerdem verstand er die "Front der Jungen" als eine

---

[36] Richard Scheringer (1904-1986) wurde 1930 im "Reichswehrprozeß" von 1930 wegen Hochverrats (nationalsozialistisch - Betätigung in der Reichswehr) angeklagt - In der Festung Gollnow traf er auf Kommunisten und tritt nach einem Besuch des Braunen Hauses in München am 18.3.1931 zur KPD über. Im "Gegner" setzte sich H. Schulze-Boysen für seine Freilassung ein. Er schätzte ihn als einen Mann, der für seine Überzeugung eintritt und auf alle Schwierigkeiten pfeift, die ihm daraus erwachsen. Für ihn gehörte Scheringer zu denen, die "zwischen den Fronten und über den Dingen stehen". Vgl. auch HSB: Gebt Scheringer frei. - In: Gegner (1932) 2. Jg. H. 1/2 vom 15.1.1932.

[37] Roy, Christian: a.a.O. - S. 32. - S. 38.

[38] Im Herbst 1931 schuf die Redaktion ein eigenes Ressort für die Auseinandersetzung mit dem jungen Nationalismus. In den letzten Monaten der Weimarer Republik bestanden lebhafte Kontakte zwischen dem Kreis der "Neuen Blätter", dem auch Adam von Trott zu Solz angehörte, und Vertretern des jungen Nationalismus. Vgl. auch Borinski, Fritz: Die "Neuen Blätter für den Sozialismus". Ein Organ der jungen Generation von 1930 bis 1933. - In: Jahrbuch des Archivs der deutschen Jugendbewegung 13/1981.

[39] Jungk, Robert: Gespräch am 4.3.1989.

[40] Brief von Jaqueline Chevalley an Alexandre Marc vom 3.2.1934, zitiert in Hellman, John/Roy, Christian: a.a.O.

[41] Harro Schulze-Boysen, Brief an Chevalley vom 24.8.1935 aus Genf, Sammlung RK; vgl. auch Abschnitt 4.4 Mitarbeit an der Zeitschrift "Wille zum Reich".

[42] Arnold Bauer verkennt Schulze-Boysen, wenn er ihn als Patriot und Kosmopolit bezeichnete. Siehe Leserzuschrift. - In: Spiegel (1968) Nr. 29 vom 15.7.1968.

europaweite Möglichkeit, aus den im Versailler Vertrag festgeschriebenen Ergebnissen des ersten Weltkrieges und den daraus resultierenden Feindschaften herauszukommen. In diesem Sinne wollte er insbesondere die deutsch-französische Verständigung auf neue Grundlagen stellen.

3.2 Schriftleiter des "Gegner"

Ende November/Anfang Dezember 1931 trat der 22jährige Harro Schulze-Boysen in die Redaktion des "Gegner" ein. In der Dezemberausgabe 1931 war seine Mitarbeit bereits erkennbar. Eine neue Kolumne "Hier spricht die junge Generation" wurde von ihm vorgestellt: "Die chaotischen Zustände in der heutigen Generation drängen auf allen Gebieten nach neuen Lebensformen. Im Kampf um die Zukunft haben die alten Mittel der Schlagworte und Ismen ihren Wert verloren. Auf den Trümmern der alten Parteiengebilde entwickelt sich heute ein neues Gemeinschaftsgefühl der Jugend, das sich keine trennenden Schranken mehr gefallen läßt. Der 'Gegner', der um die Aktivierung der geistigen Auseinandersetzung und um den Neubau unserer Weltanschauung kämpft, wird an dieser Stelle in Zukunft der jungen Generation Raum zur Behandlung der für sie brennenden Fragen gebe".[43]

Gleichzeitig wurde erstmals angekündigt, daß nach dem Erscheinen jeder Nummer den an der Mitarbeit interessierten Lesern Gelegenheit gegeben werde, die behandelten Gedankengänge in persönlicher Aussprache mit den Autoren weiter zu diskutieren. Harro Schulze-Boysen teilte durchaus die Intention von Franz Jung, der mit dem "Gegner" ein Forum Unruhiger, Unorthodoxer, Zweifelnder, die noch nach einer "Richtung" suchten, schaffen und den Weg offen lassen wollte für das "Aggressive und Zukunftsträchtige dieser verrotteten Welt".[44]

Der neue Mitarbeiter traf in der Redaktion auf den Schweizer Adrien Turel,[45] den Franz Jung im November 1931 für eine regelmäßige Mitarbeit gewonnen hatte. Turel, seit seiner Geburt halbseitig gelähmt, praktizierte in Berlin als Psychoanalytiker. Als Dichter und Essayist beschäftigten ihn Fragen aus tiefster Vergangenheit und fernster

---

[43] Vgl. Einleitung zu Uttmann von Elterleins Artikel über Ordre Nouveau. - In: Gegner 1. Jg. (1931) vom 15.12.1931. - S. 17.
[44] Jung, Franz: a.a.O. - S. 382. Hans Hartmann stellte fest: "Es gibt in Berlin eine Werksgemeinschaft, die im wesentlichen Bündische umfaßt Führung bei Schulze-Boysen und von Elterlein), wo wirklich ein Forum vorhanden ist, auf dem nach geistiger Vorbereitung an der Wirklichkeit "innen- und außenpolitisch gearbeitet wird." Vgl. Hartmann, Hans: Gruppierungen der Jugend. - In: Literarische Welt (1932) Nr. 6 vom 19.2.1932.
[45] A. Turel (1890-1957) hinterließ ein umfangreiches literarisches Werk von 30 000 Seiten, das die Stiftung Adrien Turel in der Zentralbibliothek Zürich betreut.

Zukunft.[46] Er war ein Universaldenker, ein Generalist, der "querweltein" in vielen Disziplinen (Literatur, Sozialphysik, Psychoanalyse, Geschichte, Biologie) dachte und recht unkonventionelle Denkanstöße gab. Seine jungen Freunde verstanden seine Theoriegebäude oft nicht, aber empfanden den Umgang mit ihm, das "Turelchen" wie er sich selbst gern verkleinerte, als Anregung und Bereicherung.[47] Für Robert Jungk war Adrien Turel der geistige Hauptanziehungspunkt des "Gegener-Kreises", ein universeller Geist, der sich vom Denken in Einzeldisziplinen wegbewegt hatte. Seine Anziehungskraft lag darin, daß er alles im übergreifenden Zusammenhang sah und enorm viel Phantasie besaß.[48] Zwischen Schulze-Boysen und Turel ergab sich sofort eine Art von "Bündnis, das auf völligem menschlichen Vertrauen basierte", obgleich Turel eine Generation älter war und von ganz anderen gedanklichen Voraussetzungen ausging.[49]

Im Januar-Heft des Jahres 1932 setzte sich Harro Schulze-Boysen in einem ersten Artikel[50] mit Hans Grimm[51] auseinander, einem bei den Nazis Anschluß suchenden Schriftsteller aus dem bürgerlich-nationalen Lager. Entgegen den Intellektuellen, die die Nazibewegung stützen wollten, verteidigte der junge Schulze-Boysen die "geschichtlich gewordene Arbeiterbewegung in Deutschland" mit ihrem Sozialismus-Ideal. Für ihn hatte nicht das kämpfende Proletariat den Sozialismus kompromittiert, sondern der saturierte Spießer. Er setzte auf ein neues - wenn auch noch recht unklares - "Gemeinschaftsgefühl der Jugend". Vor allem das "akademische Proletariat" wollte der aus dem Bürgertum kommende und sich in den Nöten dieser jungen Leute auskennende Schriftleiter mit dem "Gegner" ansprechen. Er suchte keinen Anschluß an Parteien, Organisationen, Bünden oder Gruppierungen. Er wollte abseits von den "alten Fronten" und "Doktrinen" Mitstreiter aus verschiedenen Lagern sammeln. Anregungen entnahm der 22jährige einem breiten Spektrum von Meinungen, wozu auch "konservative Revolutionäre" zählten.[52]

---

[46] Vgl. auch Turel, Adrien: Selbsterlösung. - Berlin 1919: ders., Wiedergeburt der Macht aus dem Können; München, 1921; ders.: Christi Weltleidenschaft. - Berlin 1924; ders.: Die Eroberung des Jenseits. - Berlin 1931.
47 Zeitzeugengespräch mit Arnold Bauer, Herbert Dahl, Werner Dissel, Alexander Dolezalek, Robert Jungk am 4.5.1990, Vgl. auch Bondy, Francois: Aus sich selber auswandern. Adrien Turels "Bilanz eines erfolglosen Lebens". - In: Süddeutsche Zeitung vom 7./8.4.1990.
48 Siehe auch: Der Kreis um den "Gegner" - Auskünfte von Zeitzeugen (Arnold Bauer, Herbert Dahl, Alexander Dolezalek, Werner Dissel, Robert Jungk). - In: Coppi, Hans; Danyel, Jürgen (Hrsg.): Der "Gegner"-Kreis im Jahre 1932/33 : Ein Kapitel aus der Vorgeschichte des Widerstands. - Berlin: Evangelisches Bildungswerk, 1991. - S. 37-66. - Dokumentation; 79; Eberhardt, Hugo: Experiment Übermensch. Das literarische Werk Adrien Turels. - Hamburg 1984.
[49] Turel, Adrien: Ecce Superhomo. 1. - Zürich, 1960. - S. 218.
[50] Schulze-Boysen, Harro: Antwort an Hans Grimm. - In: Gegner, 2. Jg. (1932) H. 1/2 vom 15.1.1932.
[51] Grimm, Hans: Von der bürgerlichen Ehre und bürgerlichen und bürgerlichen Notwendigkeit. - München 1932.
[52] Zu den ideologieprägenden Stammvätern zählten Spengler (Brief vom 2.9.1925), Nietzsche, Klages (Brief Januar 1932), Edgar Jung (Brief Anfang 1931, Gegner vom 10.8.1932), Wilhelm Stapel (Gegner vom 10.8.1932), Ernst Jünger, Möller van den Bruck (Gegner, Dezember 1932).

Die Eltern waren von den radikaler werdenden politischen Vorstellungen ihres Sohnes nicht begeistert. Im Gegensatz zu ihnen sah er jedoch keine Möglichkeiten, daß sich innerhalb der kapitalistischen Ordnung in absehbaren Zeit die Dinge bessern könnten. Er wies jedoch den Vorwurf der Mutter wegen Linkslastigkeit zurück, hatte er doch seine persönlichen Beziehungen zu Rechtskreisen nie abgebrochen. "Einseitigkeit" sei nach Meinung derer, die ihn kannten, "eine glatte Fiktion. Es gibt sicher kaum jemand mit grösserem Verständnis für alles, wie mich", schrieb er nach Duisburg.[53] Keine der Meinungen galt ihm als unumstößlich. Er stand ihnen kritisch gegenüber und war offen für Anregungen von allen Seiten. Die Krise beschleunigte den Reife- und Politisierungsprozeß, aber sein Ausgang stand noch nicht fest. Umdenken bedeutete für Schulze-Boysen Absage an das Bestehende und Suche nach neuen Inhalten im Strudel der sich überstürzenden politischen Ereignisse. Alles befand sich im Fluß: "Wir haben kein Programm. Wir kennen keine steinerne Wahrheiten. Das einzige, was uns heilig ist, ist das Leben, - das einzige, was uns werthaft erscheint, die Bewegung. Es wird unsere Sache sein, aufzuzeigen, daß die 'Weltanschauungen', die heute aufeinanderstoßen, oft nicht mehr als verschiedene Bewußtseinsstadien sind".[54] Weltanschauung steht hier nicht für eine spezifische philosophische Richtung, ist auch keine Chiffre für ein neues politisches Konzept. Dieser Begriff ist ein Interregnum für ein in Auflösung befindliches Wertesystem des christlichen Abendlandes in seinem Erbe von Antike und Christentum. Die "konservative Revolution" wollte diesen Zustand, in dem die Bestandteile des Vergangenen und Zukünftigen richtungs- und orientierungslos durcheinandertrieben, in einer "neuen Einheit" überwinden helfen. Denken, Fühlen und Wollen waren in dieser Art von "Weltanschauung" nicht mehr klar voneinander geschieden.[55]

So waren "Plans" und "Gegner" im Selbstverständnis von Schulze-Boysen "natürlich linksstehende Blätter".[56] Die von dem Kommunisten Willi Münzenberg herausgegebene Zeitschrift "Roter Aufbau" behauptete indessen in einem Kommentar, daß in "Plans" der fortgeschrittenere Teil der Verteidiger der Bourgeoisie zu Worte käme und der deutsche Faschismus bereits seine französischen Brüder gefunden habe.[57] Auch nach 1945 fand die eindeutige Absage im "Gegner" an Doktrinäre aller Coleur wenig Verständnis.[58]

---

[53] Brief an die Mutter vom 25. Februar 1932, IfZ München ED 335/2.
[54] Schulze-Boysen, Harro: Der neue Gegner. - In: Gegner 2. Jg. (1932) H. 4/5, vom 5.3.1932.
[55] Siehe auch Mohler, Armin: a.a.O. - S. 16
[56] Brief an die Eltern von Anfang Februar 1932, IfZ München ED 335/2: "Ich glaube es mit meiner Überzeugung vereinbaren zu können, in ihnen zu schreiben u. mich in Grenzen für sie einzusetzen."
[57] Roter Aufbau (1931) H. 19 vom 15.11.1931. - S. 795; Diese linksradikale Position ist charakteristisch für einen Kurs in der KPD, der Vertretern von politischen Gruppierungen außerhalb der NSDAP bei abweichenden Auffassungen faschistische Tendenzen oder Annäherungen an die Nazibewegung unterstellte.
[58] Vgl. Höhne, Heinz: a.a.O. - S. 134/135; Carl-Heinz von Brück läßt Schulze-Boysen an einem "sektiererischen Blättchen" mitarbeiten, das "verworrene, anarchistische Ideale vertritt, das stolz darauf ist, kein Programm zu besitzen, keine 'steinerne Weisheiten' zu kennen und keiner Partei zu dienen. Die Wirklichkeit des Klassenkampfes korrigiert Zug um Zug diese gefährlichen Träumereien." Vgl. Brück, Carl-Heinz: Im Namen der Menschlichkeit. Bürger gegen Hitler. - Berlin 1964. - S. 76.

Ab 5. März 1932 erschien der "Gegner" zum ersten Mal unter der Schriftleitung von Harro Schulze-Boysen. Er zeichnete jetzt als "verantwortlicher Chefredakteur"[59]. Der 22jährige verfügte damit über ein eigenes Organ, in dem er seine Ideen vorstellen konnte. Jenen "unsichtbaren Bund von heute schon Tausenden" gedachte er anzusprechen, die "vielleicht noch verteilt in allen Lagern stehen, die aber wissen, daß der Tag nahe ist, an dem sie zusammenkommen müssen".[60] Die Zeitschrift sollte helfen, in einer durch wachsende Feindschaft und Polarisierung aufgewühlten politischen Landschaft eine durch alle politischen Lager gehende Querfront aufzubauen. Mit dem Heft 7/1932 vom 5. April 1932 erfuhr der "Gegner" als "Zeitschrift für neue Einheit" eine weitergehende Sinndeutung. In einem vierseitigen Sonderdruck vom Mai 1932 führte Schriftleiter Schulze-Boysen seine Überlegungen weiter: "Die alten Schlagworte und Parteibücher verlieren ihre Anziehungskraft ... Die Spiegelfechterei hört auf. Die alten Götzen kommen ins Wanken. Die Gegner von heute werden die Kampfgenossen von morgen sein. Kämpft mit für die neue Einheit".[61]

Sein Ausgangspunkt war, daß die kapitalistische Gesellschaft in Auflösung begriffen war. Die Lebensformen der Menschen gerieten in einen immer größeren Widerspruch zu der durch die industriellen Revolution des 19. Jahrhunderts hervorgebrachten Großproduktion. Menschliche Zielvorstellungen zählten nicht mehr. Diesen menschenunwürdigen Zustand wollte Schulze-Boysen verändern: "Wir haben den Willen, an der Stelle des gegenwärtigen Chaos eine sinnvolle Ordnung zu setzen. W i r s i n d S o z i a l i s t e n."

In diesem Aufsatz, ein Vorläufer der späteren Schrift "Gegner von heute - Kampfgenossen von morgen", entwickelte er eine eindeutige antikapitalistische Position. Der von ihm vertretene Sozialismus sollte dem Menschen wieder Gemeinschaft, Arbeit und Brot geben. Als Träger der sozialistischen Revolution anerkannte er das Proletariat in Stadt und Land, das um seine eigene Aufhebung kämpfen sollte, um schließlich Volk zu werden. Gleichzeitig relativierte er dessen Rolle. Die angestrebte gesellschaftliche Umwälzung könnte zwar im Einverständnis mit den Massen, aber nicht unter ihrer Initiative getan werden. Der Autor plädierte für eine entschiedene Minderheit, für einen neuen Orden, der die Gesellschaft gründlich verändern sollte: "Die kapitalistische Welt kann nur dadurch überwunden werden, daß sich eine Truppe von Kämpfern findet, die ihre tragenden Werte außerhalb der alten Ordnung hat. Die Werte der alten dürfen nicht mehr die ihren sein. Bürgerliches Dasein und Besitz dürfen sie nicht mehr locken. Bedürfnislosigkeit und Armut sind die Grundlagen neuen Führertums. Jede 'Reformation' der alten Gesellschaft von oben her bedeutet Verwässerung oder faschistische Gewaltanwendung gegen organisches Wachstum. Die Armut ist kein Ideal. Sie

---

[59] Brief an die Mutter vom 25. Februar 1932, IfZ München ED 335/2.
[60] Schulze-Boysen, Harro: Der neue Gegner. a.a.O.
[61] Schulze-Boysen, Harro: Sonderdruck der Halbmonatsschrift "Gegner", Mai 1932, hektographiert. Ablichtung in Sammlung RK.

10. JULI 1932   3. JAHRGANG NR. 1/2   **50 Pfg.**

Gegner

**HERAUSGEBER:
HARRO SCHULZE-BOYSEN**

TURM ZU BABEL   (Alfred Knott)

SPRACHENVERWIRRUNG ÜBER UNS

Fred Schmid: Vom kommenden Wir
Max Otto Bense: Zur Metaphysik der abend-
              ländischen Problematik

H. S. Boysen: Arbeitsdienst u. Sozialisten

Adrien Turel: Termitische Untersuchung
Hans F. Secker: Brief aus dem Elsaß

Georg Sebastian Faber: König und Kaiser

ist das Ergebnis der gesamtökonomischen Situation. Entscheidend ist nur, daß wir die Folgen dieser Lage bejahen, indem wir sie bei der Bildung einer entschlossenen Minderheit im Sinne eines Ordens dienstbar machen".[62]

Diese neue Einheit sollte offensichtlich von Auserwählten aller Lager hergestellt werden, den Revolutionären, die "heute schon in sich das Prinzip vom morgen" zu verwirklichen suchten.

Die "Gegner" stellten sich die Parteienlandschaft der Weimarer Republik als ein Hufeisen vor, an dessen beiden Enden auf der einen Seite die KPD und auf der anderen Seite die NSDAP stand. Die "Gegner" sahen sich im Magnetfeld zwischen den beiden Polen.[63] Sie fühlten sich weder der einen noch der anderen Seite zugehörig. Sie befanden sich im Feld dazwischen. Sie verkörperten den Aufbruch einer eher romantisch-revolutionär gestimmten Jugend, die alle Klassenfronten sprengen und die bürgerliche Gesellschaftsordnung erneuern wollte. Sie hatten sich von Begriffen wie "rechts" und "links" zu lösen begonnen. Sie traten für eine "Querfront" der jungen Generation - jenseits der für sie verkrusteten, veralteten und überlebten Parteien und Ideologien, den "Ismen" ein.

Die Idee einer "neuen Front, dieser Querverbindung der Klassen"[64] innerhalb der Jugend, war zu dieser Zeit auch anderenorts attraktiv. Entscheidende Impulse gingen von national orientierten bündischen Gruppen aus, die in der überbündischen Zeitschrift "Die Kommenden" ihr Forum hatten. Sie erstrebten in einer selbst ernannten "Front der Kommenden" den Zusammenschluß der revolutionären Gruppen von rechts und links zur "ideologischen Synthese, eine Einheitsfront zur Bündigung der bisher feindlichen Geisteshaltungen".[65] Das in der Weimarer Republik geltende "Rechts-Links"-Schema versuchten auch die "Schwarze Front" von Otto Strasser, der "Tatkreis",[66] der "Leuchtenburgkreis",[67] Paetels Nationalbolschewisten und andere mit ihren Konzepten aufzubrechen.

---

[62] Ebenda. Vgl. auch Abschnitt 3.5 Die "Gegner"-Schriften.

[63] Siehe auch Dolezalek, Alexander: Brief an Christian Roy vom 25.7.1987. Ablichtung in Sammlung RK.

[64] Vgl. auch Kästner, Erich: Fabian. - Berlin; Weimar 1984. - S. 70.

[65] Vgl. auch Revolutionäre Synthese der jungen Generation. - In: Die Kommenden (1932) F. 13. - S. 146; Die Intentionen der "Nationalbolschewisten" waren darauf gerichtet "Linke" und "Rechte" zusammenzuführen auf der Basis einer gemeinsamen Feindschaft gegen das, was sie den westlichen Imperialismus nannten, dessen Hauptsymbol der Versailler Vertrag und dessen Garant das "System von Weimar" war. Vgl. Paetel, Karl O.: Deutscher Nationalbolschewismus. - In: Die Kommenden (1932) F. 38 vom 18.9.1932; ders.: Versuchung oder Chance? Zur Geschichte des Nationalbolschewismus. - Göttingen 1965.

[66] Vgl. auch Mohler, Armin: Die "Dritte Front". - In: Die konservative Revolution in Deutschland 1918-1933. - Darmstadt 1989. - S. 53ff.; Schapke, Richard: Die Schwarze Front. - Leipzig 1932; Zehrer, Hans: Rechts oder Links?. - In: Die Tat 23. Jg. (1931) H. 7.

[67] Die Leuchtenburg liegt bei Jena. 1924 entstand der Leuchtenburg-Kreis. Fritz Borinski, der mit anderen oppositionellen Sozialdemokraten an der Zeitschrift "Neue Blätter für den Sozialismus" mitarbeitete, plädierte für die "eine Wirklichkeit". Für ihn gab es nur "eine echte revolutionäre Front - junge revolutionäre Linke" und "junge revolutionäre Rechte" sind nur ihre Flügel ... Nur wenn sie vereint schlagen, können sie siegen und "eine Welt gewinnen" In: Mit oder gegen Marx zur Deutschen Nation. Diskussion zwischen

Unter dem Einfluß des neuen Chefredakteurs wandelte der "Gegner" Gesicht, Profil und Inhalt. Die Zeitschrift wurde aktueller, vielseitiger und politischer. Neue Autoren konnten gewonnen werden. Herbert Blank[68] und Richard Schapke[69] von der Schwarzen Front, Boris Goldenberg[70] von den oppositionellen Kommunisten, der 1925 aus der KPD ausgeschlossene Theoretiker Karl Korsch,[71] Franz Jung,[72] Ernst Fuhrmann[73] setzten sich mit dem aufkommenden Faschismus auseinander. Ein Text von Leo Trotzki[74] kritisierte die Stalinbürokratie, Boris Goldenberg[75] und Artur Goldstein[76] griffen die Politik der SPD und KPD an. Männer aus dem Jungdeutschen Orden kamen zu Wort.[77]

Adolf Reichwein, Halle (SPD), Wilhelm Rößle (Tatkreis), Otto Straßer, Berlin und dem Leuchtenburgkreis. - Leipzig 1932. - S. 31.

[68] (unter Pseudonym) Miltenberg, Weigand von: Der braune Boykott. - In: Gegner 2. Jg. (1932) H. 8. Herbert Blank (1889-1958) gehörte wie Richard Schapke (1897-1940) zum engsten Führungskreis von O. Strassers "Schwarzer Front".

[69] Schapke, Richard: Marxismus in der Abwehr, Nationalsozialismus im Angriff. - In: Gegner 3. Jg. (1932) H. 4/5 vom 5.3.1932. Schapke veröffentlichte 1932 "Die Schwarze Front. Von den Aufgaben und Zielen der Deutschen Revolution". Harro Schulze-Boysen bespricht im "Gegner" die "von Schwung getragene und doch äußerst sachliche Arbeit" und begrüßt sie als "eine willkommene Grundlage zur geistigen Auseinandersetzung". Vgl. Gegner 2. Jg. (1932) H. 7.

[70] Goldenberg, Boris: Gegner, Kampfmethoden - so oder so. - In: Gegner 2. Jg. (1932) H. 6. B. Goldenberg (1905-1975) kam aus der SAJ, 1924 Ausschluß aus SPD wegen Kontakte zur KPD, 1927 bis 1929 KPD, Mitglied der nationalen Leitung der Kostufra (Kommunistische Studentenfraktion), Anschluß an KPO, 1932 SAPD, Kontakte zur Schwarzen Front und nationalrevolutionären Gruppen, diskutierte in den Versammlungen der NSDAP und der HJ. Er stand mit Leo Trotzki in Verbindung. 1933 Verhaftung und Mißhandlung, April Entlassung und Emigration.

[71] Korsch, Karl: Thesen des faschistischen Staatsbegriffs. - In: Gegner 2. Jg. (1932) H. 4/5. K. Korsch war mit Turel befreundet und diskutierte mit ihm im Cafè Adler. K. Korsch (1886-1961) trat 1920 in die KPD ein, 1924 bis 1928 Mitglied des Reichstages, 1926 Ausschluß aus der KPD wegen Vertretens "ultralinker" Positionen. 1933 Emigration. war mit Turel befreundet. Vgl. auch Briefwechsel Korsch, - In Turel Ms. 23. Zentralbibliothek Zürich. Handschriftenabteilung.

[72] ng.: Die Partei der Verzweifelten. In: Gegner 2. Jg. (1932) H. 8.

[73] Fuhrmann, Ernst: Zuchtwahl im 3. Reich. - In: Gegner 2. Jg. (1932) H. 4/5. E. Fuhrmann (1886-1956), "Biosoph", Leiter des Folkwangmuseums, Schriftsteller, gehörte von Juni 1931 bis März 1932 zu den ständigen Mitarbeitern des "Gegner", schied nach Differenzen mit Turel aus, emigrierte 1937 in die USA. Vgl. auch Fuhrmann, Ernst: Grundformen des Lebens. - Darmstadt 1962. Mit einem Nachwort von Franz Jung.

[74] Trotzki, Leo: Der Zentrismus im allgemeinen und der Zentrismus der Stalinbürokratie. Die KPdSU und die Komintern. - In: Gegner 2. Jg. (1932) H. 4/5. Die Absicht "in den nächsten Nummern Antworten, insbesonders der KP, abzudrucken" realisierte die Redaktion nicht.

[75] Goldenberg, Boris: Marxismus als Ideologie. - In: Gegner 2. Jg. (1932) H. 4/5.

[76] Goldstein, Artur: Opportunismus als Partei. - In: Gegner 2. Jg. (1932) H. 8. A. Goldstein 1914 SPD, 1918 Spartakusgruppe, 1920 KAPD, ab 1930 Mitarbeit an der Zeitschrift "Rote Kämpfer", 1933 Emigration.

[77] Andreas Pfennig. - In: Gegner 2. Jg. (1932) H. 11/12; Fritz Söhlmann. - In: Gegner 2. Jg. (1932) H. 7. Söhlmann war langjähriger Leiter der jungdeutschen Hochschulgruppe; Robert Werner. - In: Gegner 3. Jg. (1932) Nr. 7/8; Reinhard Höhn. - Gegner 2. Jg. (1932) H. 9. R. Höhn gehörte bis Ende 1930 zu den Vertrauten von Mahraun, hatte im Januar 1932 den Jungdo verlassen und arbeitete seit dieser Zeit mit dem Sicherheitsdienst der SS zusammen. R. Höhn hatte auf Bitten von H.Schulze-Boysen einen Artikel "Carl Schmitt als Gegner liberaler Politik" für den "Gegner" vom 5.5.1932 geschrieben. Er wurde deshalb von Walter Frank, Präsident des Reichsinstituts für neue Geschichte des neuen Deutschland, 1937 beim

Der Schriftleiter versuchte auch, den Mitarbeiter der "Weltbühne" Kurt Hiller für eine Mitarbeit zu gewinnen. Hiller vermißte aber bei Schulze-Boysen ein systematisches Programm, während dieser dem revolutionären Pazifisten vorwarf, daß er kein Organ für dynamische Bewegungen besäße.[78]

Mehr suchte der Chefredakteur nach jungen "unverbrauchten" Autoren, die keine Chance hatten, in der "Weltbühne" oder im "Tageblatt" gedruckt zu werden. Ihnen wollte er im "Gegner" ein Organ geben.[79] So forderte der Kommunist Herbert Dahl mit seinem Beitrag[80] die Jugendbewegten heraus. Viele lehnten die Konsequenz, sich in die Klassenfronten einzureihen, ab. Sie wollten aber nicht in der kommunistischen Bewegung aufgehen, die ihnen bei aller Sympathie für den radikalen Ansatz ihrer Politik wegen ihrer "Moskauhörigkeit" suspekt war. Karl O. Paetel verwarf die von Dahl entwickelte Alternative als falsch und trat dafür ein, "mit der Partei des proletarischen Klassenkampfes die vom Klassenkampf Ergriffenen zu sammeln, aber nicht in der KPD unterzutauchen".[81] Auch die Zeitschrift "Die Kommenden" fühlte sich durch den Artikel von H. Dahl provoziert: "Wir müssen später einmal eine Front stellen, die aber nicht eine Klassenfront, sondern eine Volksfront ist".[82] Nur tusk, Eberhard Köbel, der Führer der Deutschen Jungenschaft, d.j.1.11., unterstützte Herbert Dahl: "Ich ging zu den Kommunisten".[83]

Auf die Frage: Halten Sie einen Interventionskrieg für unvermeidlich? Wenn ja, welche Rolle würde und sollte Deutschland in diesem Krieg spielen? antworteten im Juni-Heft 1932

- Pater F. Muckermann aus katholischer Sicht;
- Alexander Graf Stenbock-Fermor, Angehöriger des der KPD nahestehenden Aufbruchkreises;
- Frank Thiess, Schriftsteller;
- Otto Strasser, Führer der "Schwarzen Front";

Staatssekretär Dr. Lammers denunziert. Vgl. auch Brief W.Franks an Staatssektretär Dr. Lammerts, vom 28.5.1937; Ferner Notiz Dr. Stuckert: Untersuchungsergebnis Höhn, vom 20.6.1938. IfZ München, Zs 7815.

[78] Brief von Werner Gollong an Ricarda Huch vom 27.7.1946, Sammlung Gollong München.

[79] Siehe auch Brief an Heinz Gollong vom 17.3.1932, Sammlung Gollong München.

[80] Dahl, Herbert: Der Zerfall der bündischen Jugend. - In: Gegner, 2. Jg. (1932), H. 10.

[81] Paetel, Karl O.: Bündische Jugend und Parteipolitik. - In: Sozialistische Nation (1932) II. Jg. H. 7. - S. 10.

[82] Thomas, Joachim: Bündische Frontenbildung und Klassenfronten. - In: Die Kommenden (1932) F. 28. - S. 329.

[83] Gegner 2. Jg. (1932) H. 11/12 vom 20. Juni. Tusk waren nur wenige seiner Anhänger gefolgt, nachdem er demonstrativ anläßlich des Geburtstages von Hitler am 20. April 1932 in die KPD eingetreten war.

- Hubertus Prinz zu Löwenstein, Reichsbanner.[84]

Zitiert wurden Lenin und Trotzki. General Ludendorff verwies auf sein Buch "Weltkrieg droht". Nicht geantwortet hatten: Hitler von der NSDAP, Münzenberg und Wittvogel von der KPD, die Industriellen Rechberg und Siemens. Harro Schulze-Boysens Interesse an der Entwicklung in der Sowjetunion war weiter gewachsen. Im Club "Cohorte" verfolgte er im November 1931 einen Vortrag über dieses ihm weitgehend unbekannte Land von August Wittvogel, einem aus dem Wandervogel kommenden Kommunisten. Das Entscheidende für ihn sagte aber der junge Klaus Mehnert: "Technische Schwierigkeiten könnten überwunden werden. Für unser Schicksal sei doch entscheidend der ungeheure Elan, der überall dort in der jungen Generation herrsche und den auch ein Konservativer anerkennen müsse".[85] Mehnerts Erlebnisse[86] hinterließen bei vielen Bürgersöhnen einen tiefen Eindruck. Harro Schulze-Boysen plante im Jahre 1932 eine "Rußlandreise". Sie war ihm wichtiger als "alle Examina der Welt". Er wollte mehr über dieses Land wissen. Nach der Teilnahme an einem Empfang zu Ehren der Roten Armee Ende Februar 1932 in der sowjetischen Botschaft, lud er die beiden Militärattachès zum Tee ein. Bei seinen Wirtsleuten lernte er "ganz by and by" russisch.[87]

Werner Dissel erinnert sich an ein sehr waches Interesse für das Phänomen Rußland, die Oktoberrevolution und das Sowjetdasein bei Schulze-Boysen. Dabei blieb dieser kritisch sympathisierend gegenüber für ihn problematischen Entwicklungen, die er jedoch historisch zu begreifen suchte. In der Sowjetunion vollzog sich für den deutschen Revolutionär jugendliche Aktivität, die sich in den Stoßbrigaden des Fünfjahrplans, in der Kunst Kandinskys und El Lissitzkis, den Filmen von Eisenstein und Pudowkin, in Liedern, in Büchern von Fadejew, Bogdanow und Makarenko manifestierten. Dieser sich darin zeigende Optimismus setzte nicht nur für ihn positive Zukunftszeichen. Trotz aller Kritik an politischen Strukturen und dem Bürokratismus stieß diese Entwicklung bei Harro Schulze-Boysen auf ein untersuchendes Verstehen- und Begreifenwollen.[88] In Moskau sah er die einzige Großmacht, mit der Deutschland den Versailler Vertrag überwinden könnte. Frustriert von dem krisengeschüttelten Westen mit der für ihn einhergehenden gesellschaftlichen Erstarrung, erhoffte er sich Anstöße für einen notwendigen Aufbruch in Deutschland. Er war in diesem Denken eher dem

---

[84] Hubertus Prinz von Löwenstein-Wertheim-Freudenberg kannte Schulze-Boysen seit 1930. Aktiv in Zentrumspartei, Seit 1930 im Reichsbanner, 1931/32 Vorstandsmitglied des Republikanischen Studentenverbandes. Siehe auch Anmerkung 31 im Kapitel 2.

[85] IfZ München ED 335/2 Brief vom 10.11.1931. Harro Schulze-Boysen lud Mehnert zu sich ein. Sie trafen sich auch später noch.

[86] Vgl. auch Mehnert, Klaus: Die Jugend in Sowjetrußland. - Berlin 1932.

[87] Brief vom 25.2.1932 an die Mutter, IfZ München ED 335/2.

[88] Vgl. Dissel, Werner: a.a.O.

jungkonservativen und zugleich slawophilen Moeller van den Bruck[89] als den unkritischen Verteidigern des jungen Sowjetstaates aus den Reihen der KPD verwandt.

Im Juni-Heft 1932 schätzte der Schriftleiter Schulze-Boysen nicht eben bescheiden die Wirksamkeit des "Gegner" ein: "Es gibt keine Zeitung in Deutschland, die in so unabhängiger Weise Menschen, die etwas zu sagen haben, heranholt. Es geschieht dies nicht aus irgendeiner liberalen Intellektuellenverehrung, sondern in der Gewißheit, daß es im allgemeinen Chaos nottut, wieder an die Grundfragen heranzugehen und von hier aus Ordnung zu schaffen. Wer diese Notwendigkeit nicht sieht, läßt die Barrieren der alten Gedanken stehen und hemmt jede lebendige neue Einheit, die mehr denn je das Gebot der Stunde ist".[90]

Für die Zeitschrift war er "wie geschaffen", erinnerte sich später Franz Jung. Er ließ ihm bald freie Hand und blieb im wesentlichen darauf bedacht, ein gewisses "zielbetontes inneres Gleichgewicht" zu erhalten.[91] Begleitet wurden die laufenden "Gegner"-Ausgaben von monatlichen Aussprachabenden, die zuerst in den Räumen der Redaktion, einer ziemlich leeren Wohnung, später im Cafè "Adler" am Dönhoffplatz, unweit des Spittelmarktes, stattfanden. Dort wurde diskutiert, Kritik an den verschiedenen Artikeln geübt und Vorschläge unterbreitet. Diese Diskussionsabende wurden von Vertretern verschiedener Gruppierungen besucht. Sowohl die "Linken" wie die "Rechten" schickten offensichtlich geschulte Diskussionsredner vor. In der Mehrzahl aber kamen junge Leute, die Fragen stellten und Antworten hören wollten, an denen sie ihre eigenen Zweifel prüfen und in die sie die eigene Unruhe einbringen konnten. Schulze-Boysen und ein Kreis seiner engeren Freunde leiteten diese Aussprachen, ohne daß eine Leitung sichtbar geworden wäre.[92] Harro Schulze-Boysens dialektische Beredsamkeit fand schnell die Aufmerksamkeit und den Respekt seiner Zuhörer. Er führte auch mit Älteren durchaus anregende Dispute, so z.B. mit dem bekannten Regisseur Max Reinhardt. Dabei gewann das Auditorium den Eindruck, daß er dem ungleich Erfahreneren kaum etwas nachgab.[93]

Im Cafè "Adler" trafen sich ebenfalls "Weltbühnen"-Leser zu Gesprächen mit den Autoren.[94] Revolutionäre Pazifisten um Kurt Hiller, der an der "Weltbühne" arbeitete, oppositionelle Kommunisten wie Karl Korsch verkehrten dort ebenso wie Bert Brecht, Alfred Döblin, Erich Mühsam.[95] Karl O. Paetel führte mit seinen sozialrevolutionären Nationalisten Sprech-Abende durch. Man traf sich auch in der ungezwungenen

---

[89] Möller van den Bruck (1876-1925) war ein führender Vertreter der Jungkonservativismus. Siehe auch sein Buch: Das Recht der jungen Völker. - München 1919. Hierin formulierte Moeller van den Bruck den politischen Zweck seines "Aufbruchs nach Osten" und seiner "Aufgeschlossenheit" für Rußland.
[90] Gegner 2. Jg. (1932) H. 11/12 vom 20. Juni 1932.
[91] Jung, Franz: a.a.O. - S. 381.
[92] Ebenda. - S. 384.
[93] Brief von Werner Gollong an Ricarda Huch vom 27.7.1946. - a.a.O.
[94] Suhr, Elke: a.a.O. - S. 147.
[95] Foitzik, Jan: Zwischen den Fronten. Zur Politik und Funktion linkspolitischer Kleinorganisationen im Widerstand. - Bonn 1986. - S. 40.

Atmosphäre der "Lunte".[96] Kontakte und Beziehungen nach vielen Seiten konnten in einem anregenden geistigen und kulturellen Klima Berlins dieser Zeit gedeihen. Diese Atmosphäre begünstigte und beförderte die kommunikativen Anlagen von Harro Schulze-Boysen, vergrößerte seine Wirkungsmöglichkeit und seinen Handlungsspielraum.

3.3 Herausgeber des "Gegner"

Ende Mai 1932 fahndete die Polizei nach Franz Jung wegen angeblicher Verstrickung in ein Devisenvergehen. Harro Schulze-Boysen stand vor versiegelten Räumen und gesperrten Konten. Einen Teil der Redaktionsarbeiten erledigte er nun anfangs im Lasso-Verlag in der Kreuzberger Ritterstraße bei Eberhard Köbel,[97] dem Führer einer autonomen Jungenschaft. Am 1.11.1929 hatte dieser sich mit seinen Getreuen von der Deutschen Freischar gelöst und die "Deutsche Jungenschaft vom 1.11.", d.j.1.11., gegründet. Mit ihren Liedern, der den finnischen Lappen nachempfundenem Kohte, einem nach oben offenen Zelt, auch einer speziell zugeschnittenen Kleidung erregte die von ihm geführte Jungenschaft Aufsehen. Tusk, wie Köbel auch genannt wurde, gab seit März 1932 "Pläne", eine kleine der KPD nahestehende Zeitschrift heraus. Nach seinem spektakulären Eintritt am 20. April 1932, dem 44. Geburtstag Hitlers, in die KPD war Köbel politischer Leiter der Straßenzelle Oranien-/Ritterstraße im Unterbezirk Süd-Ost der KPD geworden. Harro Schulze-Boysen wurde kurze Zeit Mitbewohner der "Rotgrauen Garnison", einer Wohngemeinschaft von tusk und Getreuen der d.j.1.11., in der Ritterstraße. Er zählte auch zu den "Stammgästen" der "stürmischen Sing- und Diskussionsabende", wo "sich manches Mal auch oppositionelle Jungfaschisten einfanden".[98] Tusk soll auch Schulze-Boysen in das Karl Liebknecht-Haus, die KPD-Zentrale, zum Bühlow-Platz mitgenommen haben.[99] Der von Eckart Holler unterstellte Einfluß Köbels "auf die nationalrevolutionäre Gruppe um die Zeitschrift 'Gegner' und auf Harro Schulze-Boysen" kann aber nicht belegt werden.[100]

---

[96] Foitzik, Jan; vgl. auch Dahl, Herbert, Gespräch vom 5.8.1989. Er lernte H.S.B. 1931 in der "Lunte" kennen. Im "Gegner" wurde für den Besuch der "Lunte" geworben.

[97] Eberhard Köbel (1907-1955), aus der umfangreichen Literatur: Grau, Helmut: d.j.1.11. - Frankfurt (Main) 1976; Graul, Hans: Die Jungenschaft ohne Fortune. Eberhard Köbel (tusk) erlebt und biographisch bearbeitet von seinem Wiener Gefährten. - Frankfurt (Main) 1985; Hellwig, Werner (Hrsg.): tusk. Gesammelte Schriften und Dichtungen. - Heidenheim an der Brenz 1962; Meier, Erich: Eberhard Köbel (tusk) "...seh ich Schwäne nordwärts fliegen". - Heidenheim an der Brenz 1975.

[98] tusk: Bündische Vergangenheit. - In: Junge Welt vom 28.1.1949.

[99] Vgl. auch Holler, Eckard: Ästhetik des Widerstands und politisches Engagement in der bündischen Jugend. - In: Künstliche Paradiese der Jugend. - Münster 1984. - S. 83; Jovy, Michael: Jugendbewegung und Nationalsozialismus: Analyse ihrer Zusammenhänge und Gegensätze. - Münster 1984. - S. 170.

[100] Holler, E.: Ebenda. - S. 94.

gegner

Zeitschrift für neue Einheit

Preis 30 Pfg.

Berlin, 15. II. 1933

Herausgeber: Harro Schulze-Boysen

UND SIE BEWEGT SICH DOCH!

2

Fred Schmid: Morgenrot / H. Schulze-Boysen: Die Machtergreifung / Adrien Turel: Wandert der Marxismus ab? Fritz Gerlach: DHP in der Entscheidung! / Njemrus: Der russische Mensch / Jan Küpper: Asphaltpredigt im Rundfunk / Wilmont Haacke: Der Mensch hinkt nach

Aus einem Arbeitslager / Seid wachsam! / Welches Parteibuch? / Neue Scheibenwischer / Gegner aller Lager, vereinigt Euch!

In den Junitagen 1932 führten Eberhard Köbel und Harro Schulze-Boysen Gespräche über ein mögliches Zusammengehen ihrer Zeitschriften "Pläne" und "Gegner".[101] Im Vergleich zu den nur unregelmäßig erscheinenden "Pläne" war der "Gegner" weitaus gediegener und vielseitiger. "Harro ließ sich schnell vom Marxismus überzeugen," berichtete tusk: "Sein Eintritt in die KPD schien nur noch eine Zeitfrage gewesen zu sein".[102] Hier scheint der verärgerte Eberhard Köbel, der kein Mann des Kompromisses und Ausgleichs war,[103] stark übertrieben zu haben. Trotz einsetzender Fühlungnahme zur KPD stand für Harro Schulze-Boysen eine Mitgliedschaft wohl kaum zur Diskussion. Dafür waren seine Vorbehalte gegen Parteien jeder Art viel zu groß.[104] Die Partei war für ihn "eine überholte Form gesellschaftlichen Zusammenschlusses ... Der Stil ihrer Sitzungen, ihre Symbole, ihre Struktur und ihre historische Entwicklung - alles stellt sie auf die Seite des Sterbenden".[105]

Der beunruhigten Mutter versicherte der Sohn Ende Februar 1932: "Ich stelle nochmals fest, dass ich kein Kommunist bin. Die kommunistische Partei ist eine Ausdrucksform der sozialistischen Weltbewegung, die bolschewistische Partei zum Beispiel die typisch russische. Für Deutschland daher nicht annehmbar. Wäre ich wirklich Kommunist, wie Du immer sagst, so würde ich auch keinen Augenblick zögern, in die KPD einzutreten. Meine Überzeugung wäre mir immer wichtiger als das, was die Leute dazu sagen".[106] Immer wieder setzte er sich kritisch mit der unzureichenden Programmatik und der fehlerhaften Politik der KPD auseinander. Er verlangte von den Kommunisten in Auswertung der für Thälmann mißlungenen Reichspräsidentenwahl im März 1932 eine radikale Änderung der bisher geübten Methoden.[107] Er verwarf die von der KPD genährte Hoffnung auf eine proletarische Mehrheit als "vulgäridealistisch", hielt es für "sinnlos", immer wieder von der "Führung" der KPD und der "Diktatur des Proletariats" zu reden und wandte sich gegen die "unsinnige" Parole "Klasse gegen Klasse". Die "Klasse" war für ihn ebenso eine Fiktion wie inzwischen die "Volksgemeinschaft". Sie zu einer Realität umzulügen empfand er als "nicht nur moralisch

---

[101] Köbel, Eberhard: Fred Schmid, Harro Schulze-Boysen, "Gegner". - In: Pläne (1932) Nr. 5 vom 25.7.1932: "Harro saß mit seiner Linkszeitschrift für neue Einheit da. In seiner Not kam er zu uns. "PLäne" und "Gegner" sollten zusammengelegt werden ... Er arbeitete schon in unserem Büro."

[102] Ebenda.

[103] Vgl. auch Autobiographie von Paetel, Karl O.: Reise ohne Uhrzeit. - Worms 1982. - S. 47.

[104] Schulze-Boysen, Harro: Die Konsequenz der Minister. - In: Gegner 3. Jg. (1932) H. 2/3 vom 10.8.1932: "Auch Artur Mahraun und Edgar Jung haben den "Parteiismus" und die "Herrschaft der Minderwertigen" weitgehend richtig gekennzeichnet."; ders.: Gegner von heute Kampfgenossen von morgen, in der Reihe: Die Schriften der Gegner. - Berlin 1932, S. 14: "Auch alle europäischen Parteidiktaturen brachten im Grunde kein neues Leben zum Durchbruch...Niemand wird leugnen können, daß auch diese Herrschaftsformen gerade d e m Boden entstammen, den sie so lebhaft befeinden: der Parteibuchherrschaft, der ideenbezogenen Arroganz."

[105] Schulze-Boysen, Harro: Randbemerkungen. - In: Gegner 3. Jg. (1932) H. 9/10 Dezember 1932.

[106] Brief an die Mutter vom 25.2.1932, IfZ München ED 335/2.

[107] Vgl. auch Harro Schulze-Boysen: Aufnordung der Fremdenlegion. - In: Gegner 2. Jg. (1932) H. 6 vom 20.3.1932: "Dem blinden Glauben an den eigenen Parteiapparat gönnen wir jede Niederlage. Er gehört zum Gestern."

minderwertig, sondern auch dumm".[108] Der "Gegner" Schulze-Boysen zweifelte die Allgemeingültigkeit der Lehren des Marxismus an. Die deutschen Marxisten hatten seiner Auffassung nach mit ihren Konzepten in Deutschland kaum Erfolg gehabt. Für ihn waren die geistigen Lösungen, "um die wir kämpfen müssen", nicht so einfach zu finden, wie es die Marxisten glaubten.[109] Für ihn war der Marxismus kein Dogma, sondern eine, aber nicht die alleinige Theorie, um die Welt zu erkennen und zu verändern. Er hatte offensichtlich von seiner im Sommer 1931 vertretenen Vision, daß die marxistische Doktrin als nationales Befreiungsmittel des deutschen Reiches die geistige Zersetzung der kapitalistischen Staaten des Westens befördern könne,[110] Abschied genommen.

Harro Schulze-Boysen entwickelte zur KPD ein eher ambivalentes Verhältnis. Einerseits hatte sie für ihn wie alle anderen politischen Kräfte versagt, aber zum anderen verkörperte sie für ihn wesentlich mehr als nur eine "Hungerrevolte".[111] Er konzedierte dieser Partei, wie übrigens auch dem katholischen Zentrum, daß sie aus einem "Saatkorn menschlicher Verbundenheit, das Erlebnisinhalte barg", entstanden seien.[112]

Vielmehr als ein Eintritt in die KPD bewegte den Bürgersohn die Frage: Wohin gehören "junge Menschen, die dem Bürgertum einer vergangenen Zeit entstammen, die heute in der Not stehen wie der Arbeiter, der Angestellte, der Erwerbslose und die nicht den Willen haben, eine ungerechte Ordnung aufrechtzuerhalten? Sie sind keine Bürger mehr. Sie sind aber keine Proletarier geworden ... Wie auch immer es mit dem Proletarier bestellt sein mag - die Arbeiterbewegung verkörpert den Protest gegen die gottverbrämte kapitalistische Gottlosigkeit. Die Fronten sind klar. Wir sind auf Seiten des Protestes".[113] Dieses klare Bekenntnis bedeutete aber kein Aufgehen oder unkritisches Einreihen in die kämpfende Arbeiterschaft: "Der Bürgersohn, der sich auf den Boden des Proletariats stellt, ist ein Deserteur vor der geschichtlichen Aufgabe. Er verzichtet auf seinen eigenen Standort".[114] Klarheit wurde vor Einheit gesetzt. Der "eigene Standort" befand sich für Harro Schulze-Boysen außerhalb der zerfallenden

---

[108] Schulze-Boysen, Harro: Die Saboteure der Revolution (Anlage 3). - In: Gegner 2. Jg. (1932) H. 7/8 vom 5.4.1932: "Unterdrückte gegen Ausbeuter!' hätte Sinn. 'Klasse gegen Klasse!' - das ist ein verschwommenes Preisrätsel unter dem Kennwort 'Who is who?". Die von der KPD von der Komintern übernommene Parole "Klasse gegen Klasse" behinderte die Herstellung einer breiten Einheitsfront gegen den aufkommenden Hitlerfaschismus.

[109] Brief von Harro Schulze-Boysen an Alexandre Marc vom 21.5.1932, Ablichtung in Sammlung RK.

[110] Brief an den Vater von Ende August 1931, IfZ München ED 335/2.

[111] Schulze-Boysen, Harro, Die Konsequenz der Minister. - In: Gegner 3. Jg. (1932) H. 3/4 vom 10.8.1932: "Für die Kommunisten und andere bricht die Zeit der Katakomben an. Es ist ein typischer Irrtum der Bourgeoisie, anzunehmen, man könne eine solche Partei, die letztlich doch wesentlich mehr verkörpert als nur eine Hungerrevolte, durch die Verdammung zu einigen Jahren Unterweltdasein überwinden."

[112] Schulze-Boysen, Harro: Randbemerkungen. a.a.O.

[113] Schulze-Boysen, Harro: Vom kommenden Wir. - In: Gegner 3. Jg. (1932) H. 1/2 vom 10.7.1932.

[114] Ebenda. Siehe auch Brief an den Vater vom 10.6.1931, IfZ München ED 335/2: "Kennst Du in Dbg. bei der Demag einen Direktor Nickel? Dessen Sohn läuft hier auf der Friedrichstr. rum und schwingt große Agit.-Reden für die KPD. Soviel Unsinn, wie diese entwurzelten Intellektuellen zusammenreden, bringt kein vernünftiger Arbeiter zustande."

Gesellschaft, der Realität bereits entrückt: "Revolutionär heißt dem Morgen dienen; heißt: Heute schon Mensch von morgen sein können." Hier vollzog sich ein widerspruchsvoller Prozeß der Annäherung und zugleich der Bewahrung einer eigenen Identität. Autonomie und Unabhängigkeit sollten nicht aufgegeben werden.

Das "Proletarier-Dasein" wurde mystisch als "Schicksal" verklärt, das man zerstören müsse, um die Voraussetzungen neuer "Volkseinheit und Klassenüberwindung" zu schaffen. Daraus schlußfolgerte er, daß der "Boden der proletarischen Klasse" niemals "unser Boden " sein könnte. Der "eigene Standort" setzte eine "Revolution im Menschen" voraus. Die bestehende Gesellschaft sollte von einer "Schicht von Menschen" bekämpft werden, die sich "selbst von ihren Werten unabhängig" wußte. Für diese Art Selbstbefreiung waren nach Auffassung von Harro Schulze-Boysen auf Grund ihrer Lage und ihrer Einsichten die Bürgersöhne weitaus besser geeignet als die Proletarier. Es ging ihm um eine Avantgarde:

"Die Parole von gestern hieß: Mehrheit!

Morgen wird es heißen: Minderheit

Die Losung von gestern hieß: Masse

Die Losung von morgen ist: Der Orden"[115]

Schon im April 1932 hatte er sich für "eine bis zum äußersten entschlossenen Minderheit" eingesetzt, die die Entscheidung herbeiführen und das Vertrauen der immer wieder enttäuschten Massen zurückgewinnen sollte.[116] Das von Oswald Spengler geprägte elitäre Bewußtsein feierte hier Auferstehung.[117]

Die Ablehnung des durch wiederholte innenpolitische Krisen diskreditierten parlamentarischen Systems und der für diese Gesellschaft charakteristischen Massenparteien erklärt den Wunsch nach neuen politischen Organisationsformen. Der von dem "Gegner" Schulze-Boysen favorisierte "Orden der sozialistischen Revolution"[118] hatte keine klaren Konturen. Er verkörperte eine Art intellektueller Elite, deren innere Bindungen sich über Führer- und Ausleseprinzipien herstellen sollte. Der "Orden" wurde in der Weimarer Republik außer für den Jungdo auch für verschiedene Gruppen der bündischen Jugend (Stefan George, Neurother Wandervogel, Artamanen u.a.), für

---

[115] Ebenda. Die Bezeichnung "Orden" sollte im Jungdeutschen Orden ausdrücken, daß er mehr als ein Verein ist und schärfere Bedingungen an die Mitarbeit seiner "Brüder" stellte.

[116] Schulze-Boysen, Harro: Die Saboteure der Revolution. a.a.O.

[117] Spengler, Oswald: Der Untergang des Abendlandes. - 2. Band. - München 1922. - S. 458: "Es ist immer eine entschiedene Minderheit, welche die welthistorische Tendenz eines Staates vertritt, und innerhalb dieser wieder eine mehr oder weniger geschlossene Minderheit". Auf S. 540 wird dieser Gedanke weitergeführt.

[118] Schulze-Boysen, Harro, Die Saboteure ..., a.a.O.; E. Niekisch versuchte die Wesensnähe des Preußischen und Bolschewistischen mit dem Hinweis zu erhärten, daß Rußland und Preußen auf slawisch deutschem Bauernboden entstanden seien. Er entdeckte in beiden Staaten das Prinzip der straffen Disziplin und Unterordnung: "Moskau ist die Geburt eines neuen Ordens, eines neuen Adels.". Vgl. Niekisch, Ernst: Die Entscheidung. - Berlin 1930. - S. 180.

die SS (Orden unter dem Totenkopf) und andere zur Chiffre für Elitegedanken und Reichsidee.[119]

Der "Orden" galt auch als Metapher für den Anspruch auf freiwillige Armut, Konsumaskese, Verzicht auf bürgerliches Wohlleben. Er sollte sich in Disziplin und Stil äußern. Hier versuchte Harro Schulze-Boysen offenbar, nicht erfüllte Vorstellungen aus dem Jungdeutschen Orden erneut aufzunehmen und weiterzuführen. Diese Ordensmystik besaß in Deutschland auch eine männerbündlerische Affinität.[120]

Entscheidend für eine erfolgreiche Revolution war für den "Gegner" Schulze-Boysen "die Bundesgenossenschaft des Ordensmannes mit dem proletarischen Klassenkämpfer ... Sie kann aber nicht nur errungen werden durch nichtverpflichtetes Intellektuellengerede oder schiefe Anbiederung. Sie wird nur erkämpft durch Opfer; Vertrauen will erworben werden".[121] Offen blieb jedoch, wie ein Miteinander in der antikapitalistischen "Protestfront" aussehen sollte; stand er doch den Interessenvertretungen der Arbeiterschaft in Form ihrer Parteien und Massenorganisationen zutiefst skeptisch und ablehnend gegenüber.

Zugleich deuteten sich Veränderungen im Weltbild für den Bürgersohn an, das sich auf die Traditionen revolutionärer Bewegungen und nicht nur auf die eigene Herkunft stützte: "Heute geht es um die Avantgarde. Wo gestern noch Bonzen saßen - da werden morgen Bettelmönche sein. Und die Geusen und Puritaner, die Jakobiner und die Bolschewiken sind ihre Ahnen".[122]

Der widersprüchliche Positionen reflektierende Artikel "Vom kommenden Wir" im Juli-Heft 1932 des "Gegner" (Anlage 4) entstand nach einer Diskussion mit dem aus der Jugendbewegung kommenden Alfred Kurella (1895-1975). Der inzwischen als Gastprofessor in Moskau wirkende Kommunist referierte Mitte Juni 1932 auf Einladung von K. O. Paetel im Café Adler über das Thema "Nationalismus und Kommunismus", dem sich eine kontroverse Diskussion bis ein Uhr nachts anschloß.[123] Daran beteiligten sich auch der Weltbühnenredakteur und revolutionäre Pazifist, Kurt Hiller (1885-1972), Aktivisten nationalrevolutionärer, aber auch bündischer Gruppen und Konservative. Die Notwendigkeit einer sozialen Neuordnung, die Abstreifung der nationalen Unfreiheit und die Herausbildung einer Kampfgemeinschaft zum Erreichen dieser Ziele wurde durchaus

---

[119] Vgl. Wippermann, Wolfgang: a.a.O. - S. 253.

[120] Vgl. auch See, Klaus von: Politische Männerbund-Ideologie von der wilhelminischen Zeit bis zum Nationalsozialismus. - In: Völger, Gisela; Week, Karin von (Hrsg.): Männerbünde, Männerbande. - Bd. 1. - Köln 1990.

[121] Schulze-Boysen, Harro: Vom kommenden Wir. a.a.O.

[122] Ebenda. Vgl. auch Turel, Adrien: Zur Technik der Machtergreifung. - In: Gegner 2. Jg. (1932) H. 5 vom 20.3.1932: "Denn schon in der bisherigen Menschheitsgeschichte führte der Weg nur über Armutsgelübde zu urwüchsigem, sehr großen Reichtum."

[123] Vgl. Politische Arbeitstagung. Gruppe Sozialrevolutionärer Sozialisten, Kreis Berlin. - In: Die Kommenden (1932) F. 27; Der politische Weg der jungen Generation. - In: Der Zwiespruch (1932) F. 20 vom 1.7.1932. Die Tagung fand am 11./12. Juni 1932 statt. Am 12. Juni nahmen Harro Schulze-Boysen und Fred Schmid an der Diskussion teil.

übereinstimmend beurteilt. Die Programme für "morgen" waren jedoch unterschiedlich. Hiller veröffentlichte daraufhin in der Weltbühne seinen auch nach 1945 oftmals zitierten Artikel "Linke Leute von rechts".[124]

Diese Streitgespräche und Fühlungnahmen mit Kommunisten bestärkten Harro Schulze-Boysen offensichtlich in seiner Auffassung von der Notwendigkeit einer in beiden Lagern umstrittenen "Bundesgenossenschaft" der entschlossenen Bürgersöhne mit dem revolutionär gesinnten Teil der Arbeiterschaft. Dies war nicht nur Ausdruck eines weit verbreiteten konservativen Elitedenkens, sondern belegt zugleich die Suche nach Alternativen politischer Konsensbildung außerhalb des festgefahrenen Parteiengezänks. Es ging dem "Ordensmann" Schulze-Boysen um eine klassenübergreifende parteienunabhängige Avantgarde, um ein Zusammengehen der Unzufriedenen aus unterschiedlichen Richtungen "gegen die alten Dogmen und für neues Leben. G e g n e r in allen Lagern vereinigt Euch!",[125] lautete schließlich seine Adaption der Zeile aus dem Kommunistischen Manifest. Es ging ihm um das Aufbrechen überlebter hemmender Strukturen.

Von dieser entschlossenen Minderheit, in der nicht die Zugehörigkeit zum Industrieproletariat, sondern ausschließlich die "Vielfalt geistiger und physischer Kraft" entscheidend sein sollte, erhoffte er sich Anstöße für grundlegende gesellschaftliche Veränderungen in Deutschland. Jedoch wollte er keinen Klub der Auserwählten oder gar eine Sekte hervorbringen. Er war sich darüber im Klaren, daß hinter ihm "noch keine Volksbewegung" stand. "Wenn auch allerdings mehr als hinter den anderen Leuten, die so alt sind wie ich. Aber kommt es darauf an? ... Revolutionen aber werden immer nur von wenigen begonnen".[126]

Die Sicht des Herausgebers des "Gegner" auf den Klassenkampf als "Zeichen völkischer Vitalität"[127] und auf das Proletariat als "besitzlose Volksschichten"[128] widersprach dem an Marx geschulten Verständnis der Kommunisten. Tusk wandte sich gegen diese Auffassungen des in seinen Augen "nirgends festgelegten, nervösen linksbürgerlichen Publizisten" Schulze-Boysen. Er verwarf die "Dritte-Front-Illusion" des "Gegner" als "unakzeptablen Weg".[129] Diesen Standpunkt von tusk teilten in dieser Zeit viele "proletarischen Klassenkämpfer", die im Lager der KPD standen. Für die Kommunisten war - entsprechend der Beschlüsse ihrer Führung - eine Einheitsfront nur unter Hegemonie der KPD vorstellbar. Einzelne KPD-Mitglieder, so der Leiter des

---

[124] Hiller, Kurt: Linke Leute von rechts. - In: Die Weltbühne, (1932) Nr. 31 vom 2.8.1932. Schüddekopf benannte danach sein in Stuttgart 1960 erschienenes Buch über den Nationalbolschewismus. Vgl. Schüddekopf, Otto Ernst: Linke Leute von rechts. Die nationalrevolutionären Minderheiten und der Kommunismus in der Weimarer Republik. - Stuttgart 1960.
[125] Schulze-Boysen, Harro: Vom kommenden Wir. a.a.O.
[126] Brief an die Mutter vom 23.5.1932, IfZ München ED 335/2.
[127] Esbe, Heinz: Straßenkampf und Sprachenverwirrung. - In: Gegner 3. Jg. (1932) H. 1/2 vom 10.7.1991.
[128] Ebenda.
[129] Vgl. Köbel, Eberhard: Fred Schmid ... a.a.O.

Marx/Engels-Archives, Hans Jäger, der Leiter der marxistischen Abendschule, Hermann Duncker, Alfred Kurella und andere bemerkten Bewegungen, Veränderungen und Auflockerungen im bürgerlichen Lager: "Kommunismus und Nationalismus ringen im Grunde um die u n v e r b r a u c h t e n K r ä f t e, denn viele sind noch Wanderer zwischen den Welten, sind noch unverbraucht und erschließbar. U m d i e s e s R e s e r v o i r g e h t d e r K a m p f"[130].

Harro Schulze-Boysen kämpfte im Juni 1932 zunächst um die eigenständige Weiterführung des "Gegner". An manchen Tagen verkaufte er vor der Universität und der Technischen Hochschule einzelne "Gegner"-Hefte, um weiterarbeiten zu können. Dann gründete er den "Gegner"-Verlag[131]. Die benötigten Gelder erhielt er erst einmal von einer "Gegnerorganisation".[132] Der in Berlin lebende Chemieprofessor und Führer des "Grauen Corps", Alfred Schmid, war wohl der wichtigste Geldgeber.[133] Im Juli erschien der "Gegner" unter dem Herausgeber Harro Schulze-Boysen.[134] Dieser entschied sich nicht nur aus finanziellen Erwägungen für eine Zusammenarbeit mit dem zehn Jahre älteren Fred Schmid. Der 1924 in Basel habilitierte und 1928 zum Extraordinarius für spezielle physikalische Chemie berufene Schweizer kam im Jahre 1932 nach Berlin. Ihm ging als Besitzer eines Privatflugzeuges der Ruf sagenhaften Reichtums voraus. Der in den Erinnerungen der Zeitzeugen und in der Jugendbewegung umstrittene Fred Schmid[135] war in seiner Erscheinung äußerst ästhetisch, immer elegant und modisch gekleidet. F. Schmid zählte wie tusk zu den führenden Persönlichkeiten der

---

[130] Jäger, Hans: Die Auflockerung im bürgerlichen Lager. - In: Linkskurve (1932) H. 3 und 4. Weitere Hinweise zu seinen Verbindungen und Kontakten zu Nationalisten in der Endphase der Weimarer Republik in der Biographie, IfZ München ED 210/75; H. Jäger knüpfte offensichtlich an die von Alexander Radek in seiner "Schlageter-Rede" im Jahre 1923 entwickelten und dann auch praktizierten Politik eines Zusammengehens der Kommunisten mit den "ehrlichen patriotischen Massen" an. Vgl. Weber, Herrmann: Der deutsche Kommunismus, Dokumente. Frankfurt (Main) 1963. - S. 142ff.

[131] Brief an die Eltern vom 20.6.1932, IfZ München ED 335/2.

[132] IfZ München ED 335/2, Brief von Anfang Juli 1932 an den Vater. Franz Jung berichtet, daß die sowjetische Botschaft für den Vertrieb des "Gegner" einen regelmäßigen Zuschuß gezahlt haben will. Vgl. Jung, Franz, a.a.O. - S. 386. Ob diese Zahlungen auch nach der Übernahme der Herausgeberschaft durch H. Schulze-Boysen fortgesetzt wurden, kann nicht belegt werden.

[133] Von den Zeitzeugen (Werner Dissel, Alexander Dolezalek, Herbert Dahl, Wilhelm Weber) wird berichtet, daß Fred Schmid der Geldgeber war.

[134] Gegner 3. Jg. (1932) H. 1/2, vom 10.7.1932. Hierin sind Harro Schulze-Boysen und Fred Schmid mit je drei Beiträgen vertreten.

[135] Siehe auch Auskünfte von Zeitzeugen. - In: Coppi, Hans; Danyel, Jürgen (Hrsg.): Der "Gegner"-Kreis im Jahre 1932/33. a.a.O. R. Jungk: "Fred Schmid zog an, weil er verschwommen war .. Er hatte diesen falschen Mystizismus, diese falsche Romantik in der Stimme." Die ehemaligen Mitglieder des Grauen Corps wenden sich gegen die Sicht von H. Dahl und W. Dissel auf Fred Schmid. Siehe auch Briefe Wilhelm Weber vom 16.4.1991 und Dr. Dietmar Lauermann vom 23.4.1991 an den Verfasser. Sehr viel positiver lesen sich die Ausführungen über Prof. Dr. Alfred Schmid bei: In Memoriam Alfred Schmid : Chronik und Anruf. - In: Lauermann, Dieter (Hrsg. in Zusammenarbeit mit der Prof. Dr. Alfred Schmid-Stiftung): Die Alfred-Schmid-Reihe. - Altdorf (Uri/ Schweiz) 1975; auch in Wald, Wilhelm: Inseln der Unantastbarkeit. Erinnerungen an Alfred Schmid und das Graue Corps. - Heidenheim 1980; Schmid, Alfred: Erfüllte Zeit. Schriften zur Jugendbewegung. - Heidenheim 1978.

bündischen Jugend, war aber "stärker intellektuell begabt, weniger auf Expansivität bedacht und weltanschaulich eine elitäre Gesinnung kultivierend".[136]

Fred Schmid wollte 1932 in das politische Leben eingreifen. Dafür hielt der Chef des "Grauen Corps", einer bündischen "Elitetruppe von Schönheit und Eleganz",[137] den "Gegner" durchaus geeignet. Der Schritt in die politische Wirklichkeit war für F. Schmid zugleich ein Schritt aus der Jugendbewegung heraus. Ab Juli 1932 erschien in jeder Ausgabe wenigstens ein Beitrag aus seiner Feder. Das gehörte wahrscheinlich zu den Bedingungen der gewährten finanziellen Unterstützung. Der weltgewandte und im Umgang mit jungen Leuten erfahrene Fred Schmid fand in dem 10 Jahre jüngeren Harro Schulze-Boysen einen Partner und Kameraden, der die Zeitschrift in hohem Maße selbständig führen wollte und konnte. Politisch stand F. Schmid dem "Tat"-Kreis nahe. Mehr als bisher kam ein "jugendbewegter Ton" im "Gegner" auf. Trotzdem wurde aus dem "Gegner" keine bündische Zeitschrift und aus dem "Gegner"-Kreis kein neuer Bund. Gewiß, eine Reihe von Mitarbeitern und viele Leser kamen aus der bündischen Jugend. Auch Harro Schulze-Boysen verfügte über vielerlei Kontakte zu Bündischen wie zu Karl O. Paetel,[138] mit dem sich eine "stillschweigende Brüderlichkeit"[139] entwickelte, zu Rudi Pallas,[140] Werner Laß[141] und anderen. Wenn er gern das Stefan-George-Wort zitierte, nach dem ein "offener Blick und fester Handschlag Charaktere eindeutiger ausweisen als Worte",[142] so stand dahinter eine Mentalität, die in der Jugendbewegung häufig anzutreffen war. Aber die bündische Jugend allein war ihm zu "abseitig und traumverloren für seine Ideen und seinen Kampf".[143] Auch der "Eigenbrödler- und Persönlichkeitskult"[144] der Jugendbewegten mißfiel ihm. Die Jugendbewegung hatte Schulze-Boysens Hoffnungen nach einem Aufbruch aus den alten Fronten zu einer neuen

---

[136] Knoll, Joachim H., a.a.O. - S. 113.

[137] Dissel, Werner: Gespräch 1.7.1987.

[138] Paetel, Karl O. (1906-1975) kam aus dem Bund der Köngerer und der Deutschen Freischar, 1928 Gründung des antikapitalistischen Arbeitsrings "Junge Front", 1930 Hauptschriftleiter der "Kommenden", unterstützte eine Zeitlang Otto Strasser, gehörte bis 1931 der "Schwarzen Front" an, trennte sich von Strasser und gründete die Gruppe "Sozialrevolutionärer Nationalisten", gab 1931-1933 die "Antifaschistischen Briefe" und "Die sozialistische Nation" heraus, für die im "Gegner" am 10.8.1932 als "Das Blatt der Synthese zwischen den Kräften "ganz rechts" und "ganz links" , Kampfzeitschrift der jungen Sozialistischen Nation" geworben wurde. Als Autor erscheint Paetel im "Gegner" nicht.

[139] Paetel, Karl O.: Reise..: a.a.O. - S. 101.

[140] Pallas, Rudolf (1907-1952) kam aus dem "Deutschen Pfadfinderbund" und war seit 1932 an dem selbständigen kleinen Jugendbund "Südlegion" führend beteiligt. Vgl. Klönne, Arno: Süd-Legion : ein bericht über rudi pallas und den jugendbund südlegion. - In: Puls (Sept. 1986). - (Dokumentationsschrift der Jugendbewegung ; 13)

[141] Laß, Werner (1902-), Führer der "Freischar Schill", gab von September 1931 bis Januar 1933 die Monatsschrift "Umsturz" heraus, die sich zum "Nationalbolschewismus" bekannte. Im "Gegner" annoncierte "Der Umsturz" vom 5.3. bis 10.7.1932 als "Blatt der radikalen Nationalisten". "Der Umsturz" verwies auf den "Gegner".

[142] Paetel, Karl O.: Vergeblich auf eine Revolution gehofft. - In: Nürnberger Nachrichten vom 19.7.1952.

[143] Jovy, Michael: a.a.O. - S. 170. Zitiert aus einem Brief von Rudi Pallas vom 11.3.1951.

[144] Brief vom 10.4.1931 an Rudolf Heberle, IfZ München ED 335/2.

"Einheit" nicht erfüllt: "Die Massen der Jugend desertierten, erst in die Wälder, dann in die Parteien".[145]

Die Jugendbewegung verharrte bis auf Ausnahmen in einem unüberwindlichen Spannungsverhältnis zur gesellschaftlichen Wirklichkeit und blieb weitestgehend der Ebene der politischen Entscheidungen fern. Das Suchende und Unfertige, das Abseitige und das Abwartende, das Immer-im-Aufbruch-sein und Nie-zum Ziel-Kommen markierten auch die Grenzen des Grunderlebnisses Gemeinschaft. Bei allen Vorbehalten stand Harro Schulze-Boysen den Kreisen der Jugendbewegung immer noch durchaus "sympathisch gegenüber"[146]. Mit den Jungen aus dem "Grauen Corps" diskutierte er nächtelang, "dabei bestechend in seinen Analysen und geradezu mitreißend in seiner Gläubigkeit an einen möglicherweise parteiübergreifenden Aufbruch der Jugend".[147] Die Konsequenz bildete für ihn der Ausstieg aus den Strukturen einer schlecht funktionierenden Parteiendemokratie parlamentarischen Zuschnitts. "Gegner" beteiligten sich an der Maidemonstration 1932 mit gebrochenen Parteifahnen.[148] Folgerichtig war der "Rückruf der Jugend aus den Parteien aus a l l e n Lagern"[149] in eine Art außerparlamentarische Opposition.

Der "gegner"[150] erschien im zweiten Halbjahr 1932 nur noch einmal im Monat, den September auslassend, mit 16 Seiten Umfang. Die Zeitschrift verlor an intellektueller Vielfalt, und eine Reihe ihrer bisherigen Autoren aus dem oppositionellen Lager der KPD und der NSDAP[151] fehlten. Die wesentlichen Aufsätze kamen nun von Fred Schmid, der auch unter Timur Canus und Sebastian Faber zeichnete, Adrien Turel, Harro Schulze-Boysen, der gelegentlich unter Esbe schrieb, Jorg Lampe[152] und von Klaus Jedzek, Dramaturg am Berliner Schauspielhaus, der die Berliner Theaterszene vorstellte. Der Herausgeber teilte Ende August 1932 den skeptischen Eltern mit, daß der "gegner" sich "wirklich famos" mache. Das Oktober-Heft wurde für ihn ein "großer Erfolg". 100 neue Bezieher konnten gewonnen werden.[153] Die gedruckte Auflage betrug über 5000 Stück, eine im Vergleich zu anderen Zeitschriften durchaus beachtliche

---

[145] Schulze-Boysen: Gegner von heute ... - S. 16: "So haben Kirche und Feudalismus, Bürgerstaat, Proletariat und Jugend versagt. Sie waren alle ohnmächtig in der Vereinzelung."
[146] Jovy, Michael: a.a.O.
[147] Weber, Wilhelm, Brief vom 30.1.1990, Sammlung RK.
[148] Alexander Dolezalek, Brief, a.a.O.
[149] Beilage zum "gegner" 3. Jg. (1932) H. 11/12, vom Dezember 1932.
[150] Mit der Ausgabe vom 1. Oktober, Heft 5-6, erhält der "gegner" ein neues Logo. Er wird nur noch klein-geschrieben.
[151] Boris Goldenberg, Arthur Goldstein, Richard Schapke, Herbert Blank, aber auch der ständige Mitarbeiter Hilarius Flaszenberg, Attaché an der litauischen Botschaft in Berlin, und andere waren nicht mehr vertreten.
[152] Jorg Lampe (1897-?), 1916-1918 im Krieg, danach Student, 1919-1922 Laufbursche, Gärtner, Nordseefischer, Fabrikarbeiter, seit 1925 Kaufmann; vgl. BA Koblenz, NL 160, Brief Werner Deubel an Rudolf Pechel.
[153] Brief vom 1.10.1932 an den Vater, IfZ München ED 335/2.

Größenordnung.[154] Die im ersten Halbjahr 1932 erkennbare klare antifaschistische Stoßrichtung des "Gegner" verlagerte sich im zweiten Halbjahr eher auf Nebenschauplätze. Vergeblich sucht man nach Stellungnahmen zu dem immer offener werdenden Terror der braunen SA-Banden unter der Arbeiterschaft am Blutsonntag in Altona oder in Potemba im Sommer 1932. Harro Schulze-Boysen warf Hitler lediglich seinen "Legalitätswahn"[155] und den Nationalsozialisten das "Sterile ihres Blicks" vor, die durch Rassezüchtung ihren eigenen Mangel an Rasse verdecken wollen".[156] Die in der zweiten Hälfte 1932 von den Kommunisten stark forcierte "Antifaschistische Aktion" zur Eindämmung des Naziterrors fand im "gegner" keine Erwähnung. Lebhafte Kontakte verbanden Schulze-Boysen weiterhin mit Otto Strasser.[157] Er nahm mit Adrien Turel und Jorg Lampe am dritten Reichskongreß der "Schwarzen Front" auf der Leuchtenburg teil.[158]

3.4 Der "Gegner"-Kreis

Offensichtlich bestärkte Fred Schmid den Herausgeber des "Gegner" darin, einen Kreis vorwiegend junger Leute um die Zeitschrift aufzubauen. Mit seinem Einstieg im Juli 1932 wurde der "Gegner" als Typus kreiert: "Die 'Gegner' sind die Kämpfer an allen Fronten, die Unverkäuflichen und Unwandelbaren, Seienden, Wollenden, Getriebenen. Sie sind das junge Wir gegen eine erstorbene Welt des ICH".[159] Diese hochgestochene Aussage von Fred Schmid hatte wenig mit den realen Gegebenheiten, Sorgen und Nöten junger Leute in Deutschland zu tun. Harro Schulze-Boysen fand die "Gegner" eher im irdischen Leben, "im Gespräch, in Versammlungen, vor der

---

[154] Sperlings Zeitschriften und Zeitungsadreßbuch aus dem Jahre 1933 nennt folgende Auflagenziffern: Gegner: 6000, Widerstand: 4500, Weltbühne für 1928: 12000, Zwiespruch: 2000, Deutsche Freischar: 2000, Das junge Deutschland: 2500, Die Linkskurve: 7000, Neue Blätter für den Sozialismus: 3000. Dupeux (S. 408) schätzt die Auflagenhöhe für "Die Sozialistische Nation" mit 1000 und den "Umsturz" auf 2000 bis 3000. Aufbruch gab B. Römer gegenüber der Gestapo mit 10000 an. Vgl. BA, Abteilungen Potsdam, NJ 1323, Blatt 26, Aussage von Beppo Römer am 28.5.1933.

[155] Schulze-Boysen, Harro: Kommentar ohne Titel. - In: gegner, 3. Jg. (1932) H. 5/6 vom 1.10.1932; Heinz Höhnes Feststellung: "Von Heft zu Heft steigerten sich die Polemiken gegen die nationalsozialistische Gefahr", trifft nicht zu.. Vgl. Höhne, Heinz, a.a.O. - S. 134. Ähnlich Tilman Schulz: "Von Mitte 1932 ab war dies (die Auseinandersetzung mit dem Nationalsozialismus, H. C.) ...das Hauptthema der Zeitschrift." Vgl. Schulz, Tilman: Gegner, Nationalismus, National-bolschewismus und Massenpsychologie, phil. Dissertation an der Universität Frankfurt (Main) 1980. - S. 153.

[156] Schulze-Boysen, Harro: Gegner von heute.., a.a.O. - S. 28.

[157] Siehe auch Gespräch mit Heinz Gruber (1911). Er lernte Schulze-Boysen im Oktober 1932 bei Otto Strasser in dessen Haus in Lehnitz kennen.

[158] Vgl. auch Moreau, Patrick: a.a.O.- S. 154. Ferner Karte an den Vater vom 12.10.1932, IfZ München ED 335/2.

[159] Schmid, Fred: Vom kommenden Wir. - In: 3.Jg. Gegner (1932) H. 1/2 vom 10.7.1932.

Stempelstelle ..kämpferische Menschen aus a l l e n Lagern. Diese Menschen waren derselben Wesensart. Es wurde der Versuch gemacht, über alle alten Gegensätze hinwegzukommen. Man nannte uns die G e g n e r".[160]

Frontstellungen "Rechts" gegen "Links", "National" gegen "International", "Bourgeoisie gegen Prolet" waren ihm zu "unwesentlich", um die vorhandenen Probleme zu lösen. Für ihn offenbarte sich "das lebendige Einheitliche in der Mannigfaltigkeit".[161] Dieser Ansatz stieß bei jungen Leute auf interessierte Resonanz. Die "Gegner"- Abende, zuerst in kleineren Versammlungsräumen, waren bald so überfüllt, daß Parallelveranstaltungen abgehalten werden mußten. Es herrschte eine außerordentliche Disziplin, eine merkwürdige Kameradschaft zwischen links und rechts. Junge Leute, die sich auf der Straße sofort verprügelt hätten, hörten sich Argumente an, die zudem meist in der Form offener Fragen vorgetragen wurden.[162] Weitere "Gegner"-Stützpunkte wurden im wesentlichen von den älteren Mitgliedern des "Grauen Corps" getragen. So wurden unter Führung von Alf Block in Frankfurt/Main "Gegner"-Zellen in Darmstadt, Wiesbaden, Offenbach, Heidelberg, Mannheim,[163] Homburg, Stuttgart, Karlsruhe, Saarbrücken und selbst in Innsbruck aufgebaut, die aber nur sporadisch arbeiteten. "Gegner" versammelten sich auch in Leipzig. In Berlin mußten auf Grund des Zulaufs an Interessenten im August 1932 weitere Diskussionsgruppen gebildet werden.[164]

Gleichzeitig bemühte sich der Herausgeber des "Gegner" die Basis des entstehenden Kreises um die Zeitschrift über den Arbeitsdienst,[165] den er für "entscheidend wichtig" hielt, zu erweitern. Den Freiwilligen Arbeitsdienst wollte er als "revolutionäre Einbruchsmöglichkeit in die alte Ordnung" nutzen und dort Elemente sozialistischer Arbeit befördern: "Er muß die körperliche Kraft und die seelische Haltung der unteren Volksschichten heben. Er muß die Grundsätze sozialistischer Arbeitsweise in sich tragen: Gemeinschaftsarbeit, Kollektivprofit, Fortfall jeglicher Ausbeutung. Es muß einen

---

[160] Schulze-Boysen, Harro: Gegner von heute .. a.a.O. - S. 2.

[161] Ebenda. - S. 29.

[162] Jung, Franz: a.a.O. - S. 384.

[163] Franz Six (1909-1968) kam aus der Pfadfinderbewegung, seit 1930 Mitglied der NSDAP und der SA, vertrieb in Mannheim als Student den "Gegner". Er avancierte im Nazireich zum SS-Brigadegeneral. Schulze-Boysen traf Six 1940 als Dekan der Auslandswissenschaftlichen Fakultät der Berliner Universität wieder. Vgl. auch Brief an die Eltern vom Januar 1940, IfZ München ED 335/3; Stockhorst, Erich: 5000 Köpfe, Wer war wer im 3. Reich. - Kiel 1985; Urban, Regina; Herpolsheimer, Ralf: Franz Alfred Six. - In: Kutsch, Arnulf (Hrsg.): Zeitungswissenschaftler im Dritten Reich: Sieben biographische Studien. - Köln 1984.

[164] Gegner, 3. Jg. (1932) H. 3/4 vom 10.8.1932: "Der nächste Berliner Gegner-Abend im kleineren Kreise (Gruppe B) findet statt wie üblich im Cafè Adler, Dönhoffplatz, am Donnerstag, den 25.8.32, 20 Uhr. Die nächste Zusammenkunft des Arbeitskreises A ist zu erfragen bei C. Beutel, Berlin-Dahlem. Die Gruppe B und D im September freihalten für Arbeitslager. Gruppe C nimmt Ende Oktober ihre Arbeit an der Universität auf."

[165] Brief an die Eltern vom 26.8.1932, IfZ München ED 335/2; Im Juli-H. 1932 des "Gegner" erschienen zwei Artikel zum Arbeitsdienst und der Hinweis auf das Märkische Arbeitslager für Angestellte, Arbeiter, Bauern und Studenten vom 6.8. bis 3.9.1932 in Saarow.

sichtbaren Pol darstellen, um den sich die antikapitalistischen Kräfte sammeln können, um von hier aus einen entscheidenden Stoß gegen die Klassengesellschaft zu führen".[166]

Dieser Anspruch ließ sich jedoch in der Realität nicht einlösen. Harro Schulze-Boysen nahm an einem Arbeitsdienstlager mit anderen "Gegnern" in Saarow bei Berlin im September 1932 teil. Dabei mußte er feststellen, daß die ganze Bewegung Gefahr lief, "von der Bürokratie verschluckt zu werden .. anstatt nun diese Bewegung, die kraftvoll und ursprünglich aus der Jugend kommt, der Jugend zu lassen".[167] Trotz weiterer Veröffentlichungen[168] und Diskussionen im Cafè Adler[169] gelang es nicht, den Arbeitsdienst in größerem Umfang in den sich herausbildenden "Gegner"-Kreis einzubinden. Die Mitarbeit an einer "Arbeitsbeschaffungskorrespondenz"[170] wie auch die vorgesehene Herausgabe einer Arbeitsdienstkorrespondenz, insbesondere für ausländische Blätter, für die er die wichtigsten Nachrichten über den Pressechef der Reichsanstalt für Arbeitslosenvermittlung und Arbeitslosenversicherung, Alexander Schwab,[171] erhielt, nahm keine konkrete Gestalt an.

Der Anstieg der Arbeitslosigkeit auf über 6 Millionen verlangte nach neuen politischen Lösungen und drängte auf einen radikalen Ausweg aus dieser Situation. Harro Schulze-Boysen ging es mit seiner Vision "Gegner von heute Kampfgenossen von morgen", die zugleich Utopie und Aktionslosung war, um die Schaffung einer "Querfront", die durch alle politischen Parteien und Bewegungen gehen sollte. In dem "Querdenken" wurde Harro Schulze-Boysen auch von Fred Schmid und Adrien Turel bestärkt.[172] Aus diesen Diskussionen heraus entwickelte der 23jährige eine weltanschauliche "Gegner-Synthese": "Idealismus und Materialismus gehören zusammen und werden heute auf einer höheren Ebene Überwunden. Die Aus-

---

[166] Schulze-Boysen, Harro: Arbeitsdienst und Sozialisten. - In: Gegner 3. Jg. (1932) H. 1/2 vom 10.7.1932.

[167] Brief an den Vater vom 27.9.1932, IfZ München ED 335/2..

[168] Siehe auch das Titelblatt des gegner 3. Jg. (1932) H. 7/8 vom 1.11.1932, eine Arbeitsdienst-Photomontage von Jo von Kalckreuth aus Frankfurt/Main und einen Beitrag von dem Jungdeutschen Robert Werner: Arbeitsdienst in Gefahr; Ferner stud. H.A. Leipzig: Gegen die Verfälscher des Arbeitsdienstes. - In: Gegner 1933 4. Jg. H. 1 vom 15.1.1933.

[169] Sogar Adrien Turel erklärte seine Bereitschaft, dort mitzutun. Vgl. Gespräch Arnold Bauer 21.9.1989.

[170] Franz Jung kehrte im September 1932 nach Berlin zurück und gründete eine "Korrespondenz für Arbeitsdienst und Arbeitsbeschaffung", die aus der seit Mai 1932 erschienenen Arbeitsvermittlung des "Gegner" hervorgegangen war. Vgl. auch Mierau, Fritz: Leben und Schriften des Franz Jung. - In: Hommage à Franz Jung. - Hamburg 1988. - S. 170.

[171] Vgl. Brief an die Eltern vom 26.9.1932, IfZ München ED 335/2: "Ich war gestern wieder lange auf dem Arbeitsministerium. Der Pressechef, Dr. Schwab, ist mir sehr wohlgesonnen. Ich bekomme stets alle Nachrichten aus erster Quelle." Dr. Alexander Schwab (1887-1943) war Führer der Freideutschen Jugend, Kriegsfreiwilliger im 1. Weltkrieg, 1917 USPD, 1918 Spartakusbund, 1920 Mitbegründer KAPD (1922 Austritt), 1929 bis 1933 Pressechef der Reichsanstalt für Arbeitslosenvermittlung und Arbeitslosenversicherung, 1933 Entlassung aus politischen Gründen, 1934 Aufbau einer Wirtschaftskorrespondenz, aktive Mitarbeit in der Widerstandsgruppe "Rote Kämpfer", 1936 Verhaftung.

[172] Vgl. Interview mit Robert Jungk in: Turel, Adrien, Zum 100.Geburtstag, Hamburg 1990. - S. 12.

schließlichkeitsansprüche scheitern an dem Wirklichkeitssinn und Einheitswillen der jungen Generation".[173]

So war die "Weltanschauung" der "Gegner" - wenn es sie überhaupt gegeben hat - weniger eine "typische Mischung von Neonationalismus und jugendbewegter Ideologie",[174] sondern der Versuch, bestehende Frontstellungen zugunsten eines produktiven Miteinanders, einer "neuen Einheit" zu überwinden: "Die "gegner" - junge kämpferische Menschen aller Schichten und Parteien haben das Ziel, jeden unfruchtbaren politischen Kampf zugunsten einer neuen tieferen Frontenbildung zu liquidieren. Wo also gestern noch die besten Kräfte gegeneinander kämpften, da wird morgen eine neue Einheit stehen, die geschlossen als Gegner gegenübersteht: Einem bürokratischen Staatsgebilde, - einer spekulativ-kapitalistischen Wirtschaft, - einer lauen Kirche! "[175]

Hier nahm antikapitalistische Opposition in der Endphase der Weimarer Republik eine spezifische Gestalt an. Die Parteien hatten sich in offensiven Gegenstrategien in "beispielloser Weise ineinander verkeilt"[176] und waren zu keinem fruchtbaren Neuansatz mehr fähig. So scheiterte auch der Versuch General Schleichers, Ende 1932 Gewerkschafter, Vertreter der Reichswehr, Männer aus dem Tat-Kreis und dem Gregor-Strasser-Flügel der NSDAP in einer "Querfront" zusammenzubringen. Die Schleicher-Leute nahmen auch Kontakt zum "Gegner" auf, wurden aber abgewiesen.[177]

Von einem autonomen Politikansatz aus wollte der "Gegner"-Kreis, wie andere Kreise, Gruppen und Grüppchen auch, einer Vereinnahmung durch die vorherrschenden Parteien und Ideen entgehen. Gleichzeitig verbanden die "Gegner" viele Kontakte und Fäden mit bündischen, nationalrevolutionären und nationalbolschewistischen Kreisen. Der "Gegner"-Kreis blieb aber auf Distanz zu den im engeren Sinne nationalrevolutionären - d.h. vom Primat der Nation[178] ausgehenden - Gruppen. Für die "Gegner" war die nationale Problematik nicht die alles entscheidende Frage. Harro Schulze-Boysen pflegte weiterhin enge Kontakte zu seinen französischen Freunden von Ordre Nouveau. Freundschaftlich verbunden war H. Schulze-Boysen mit dem italienischen Faschisten Paolo Sella, einem italienischen Rundfunkkorrespondenten.[179]

---

[173] Schulze-Boysen, Harro: a.a.O. - S. 11.
[174] Dupeux, Louis: a.a.O. - S. 385. Im Kapitel XIX. ordnet der Autor den "Gegner"-Kreis in das nationalbolschewistische Spektrum ein.
[175] Beilage zum "Gegner". - In: 2. Jg. gegner (1932) H. 11/12 vom 1.12.1932.
[176] Ruge, Wolfgang: Fragen an das Jahrhundert. - In: Weltbühne (1989) Nr. 15.
[177] Turel, Adrien: Bilanz eines erfolglosen Lebens. - Zürich, 1976. - S. 134.
[178] Werner Laß in "Der Umsturz" (1931) Nr. 11/12: "Gerade weil uns die Nation einziger und oberster Wert und Sinn unseres Lebens ist, müssen wir die 'national-bolschewistische Entscheidung' fällen - aus politischen, wie weltanschaulichen Überlegungen heraus. Wir wollen die Nation. Wir wollen die innere und äußere Freiheit. Wir wollen die nationale und soziale Befreiung. Sie ist nur möglich durch Vernichtung aller bestehenden Ordnungen und Werte." Ferner Paetel, Karl O.: Deutscher Nationalbolschewismus. - In: Die Kommenden, (1932), Folge 38: "R e v o l u t i o n ä r e r deutscher Nationalismus erstrebt als l e t z t e s   Z i e l seiner Politik die souveräne d e u t s c h e   N a t i o n."
[179] Siehe auch Sella, Paolo: Giovinezza. - In: Gegner 2. Jg. (1932) H. 4/5 vom 5.3.1932, ders.: Die Revolution von Rom überschreitet die Grenze. - In: gegner 4. Jg. (1933) H. 3 vom 15.3.1933.

Zu den engeren Mitarbeitern des "Gegner" gehörten die Schweizer Adrien Turel, Fred Schmid und der Attachè an der litauischen Botschaft in Berlin, Hippolyt Flaszenberg.[180]

H. Schulze-Boysens Bekenntnis zur "Internationale" stand im Gegensatz zu den engen Auffassungen von der Nation als höchstem Wert. Für ihn hatten sich die Gegner des Volkes bereits international organisiert, so daß es nun an der Zeit war, daß "sich die wachen Kräfte aller Völker zusammen tun, nicht um naturgegebene Unterschiede oder wehrhafte Eigenart zu verwischen oder zu schematisieren, sondern um ihre Völker vor Untergang und Barbarei zu erretten".[181]

Die nach 1945 vorgenommene Einordnung der "Gegner" in das weit auseinandergehende und auch begrifflich umstrittene nationalbolschewistische Spektrum geht an dem Selbstverständnis und der Wirkungsgeschichte dieses Kreises vorbei.[182] Zu unterschiedlich, verschwommen und widersprüchlich waren die im "Gegner" vertretenen Positionen, um sie "Richtungen" zuordnen zu können, was freundschaftliche Diskussionen und Fühlungnahmen mit Nationalbolschewisten natürlich nicht ausschloß.[183] Die "Gegner" teilten durchaus deren Bestrebungen im Sinne einer produktiven Begegnung "rechter" und "linker" Positionen und eines Zusammendenkens der nationalen und sozialen Frage. Es wurde jedoch keine Synthese zwischen Nationalismus und Bolschewismus angestrebt. Bei allem wachen Interesse für die Sowjetunion war für Harro Schulze-Boysen die "Moskauer Generallinie des Industrialismus" für Deutschland nicht akzeptabel. Das änderte aber nichts an seiner grundsätzlichen Haltung zur Sowjetunion: "Mitteleuropa und Eurasien werden in den kommenden Jahrzehnten aufs engste

---

[180] H.Flaszenberg stand den "Plans"-Freunden in Paris nahe und soll der Verbindungsmann zur sowjetischen Botschaft gewesen sein, nach 1933 nach Litauen zurückgekehrt und 1941 durch deutsche Einsatzgruppen erschossen worden sein. Vgl. Jung, Franz, a.a.O. - S. 386/87.

[181] Schulze-Boysen, Harro: Sonderdruck. a.a.O.

[182] Vgl. auch Dupeux, Louis: a.a.O. - S. 383ff.,; Schüddekopf, Otto-Ernst: Nationalbolsche-wismus in Deutschland 1918-1933.-Frankfurt (Main); Berlin; Wien 1972. - S. 362ff.; Höhne, Heinz: a.a.O. - S. 135. Nach H. Höhne formulierten Schulze-Boysen und seine Freunde ein "national-bolschewistisches Ziel", wonach die Zukunft Europas in dem "Bündnis einer Elite der Jugendbewegung mit dem Proletariat und mit der Sowjetunion" liege; Schulz, Tilman: a.a.O. - S. 176. T. Schulz bemüht den Nationalbolschewismus als Erklärungsmuster für den "Gegner" und bezeichnet Harro Schulze-Boysen in den Tagen vor dem Reichstagsbrand sogar als "ultralinken Nationalbolschewisten". Ferner Müller, Erich: Nationalbolschewismus. - Hamburg 1933. E. Müller erwähnt in seiner Schrift den "Gegner" nicht, dafür aber Niekischs "Widerstand", Strassers "Schwarze Front", Scheringer, Hielschers "Reich", Paetels "Sozialistische Nation", Laß' "Umsturz", Ebelings "Vorkämpfer" und andere. Ferner Nitzsche, Max: Bund und Staat - Wesen und Formen der bündischen Ideologie, Würzburg 1942. - S. 52 In dieser nationalsozialistisch geprägten Betrachtung charakterisiert M. Nitzsche den "Gegner" als "Organ übernationaler Gruppen"; Auch Danyel, Jürgen: Alternativen nationalen Denkens vor 1933. - In: Coppi, Hans; Danyel, Jürgen (Hrsg.): a.a.O.; U. Sauermann wehrt sich auch gegen die Einordnung der Niekisch-Zeitschrift "Widerstand" als "nationalbolschewistisches Organ". Vgl. Sauermann, Uwe: Zeitschrift "Widerstand" und ihr Kreis, Dissertation. - Augsburg 1984. - S. 297.

[183] Dies betonen auch die Zeitzeugen: Robert Jungk, Interview mit dem SFB 3 vom 21.11.1986: "Es ist falsch zu sagen, das waren Nationalbolschewisten, sondern das war die revolutionäre Bewegung in Essenz."; Alexander Dolezalek, Brief vom 25.7.1987. a.a.O.: "Der 'Gegner-Kreis' hat sich niemals "nationalbolschewistisch" verstanden.". Ferner Coppi, Hans; Danyel, Jürgen (Hrsg.): a.a.O.

miteinander verbunden sein. Die Verteidigung der russischen Revolution findet die Unterstützung aller revolutionären Minderheiten".[184]

K. O. Paetel umschreibt den Begriff der "Gruppe" bei den meisten Zirkeln des "revolutionären Nationalismus mehr als Organisationsansatz denn als fester Verband ... Zumeist handelte es sich um die - des öfteren wechselnden - Mitarbeiterkreise um eine Zeitschrift, bzw. deren Herausgeber, nur gelegentlich verbunden mit örtlichen 'Ortsgruppen', - fast nur da, wo Teile von Jugendbünden oder Wehrbünden sich ihrer ideologischen Ausrichtung mehr oder minder eindeutig unterstellten".[185] Es bestanden vom "Gegner"-Kreis zahlreiche, wenn auch manchmal nur zeitweilige Kontakte zu verschiedenen dieser Gruppen und Zirkel. Für Zeitschriften aus einem weitgefächerten politischen Spektrum wurde im "Gegner" geworben:

- Der Umsturz, das Blatt der entschiedenen Nationalisten, das Blatt der radikalen Sozialisten, das Blatt der revolutionären Aktivisten aller Lager, herausgegeben von Werner Laß[186]
- Die sozialistische Nation, Kampfzeitschrift der jungen Sozialistischen Nation, herausgegeben von K. O. Paetel[187]
- Neue Blätter für den Sozialismus, die Zeitschrift für geistige und politische Gestaltung, Herausgeber Paul Tillich, Fritz Klatt, Eduard Heimann, August Rathmann[188]
- Sozialistische Monatshefte, herausgegeben von Jean Bloch[189]

---

[184] Schulze-Boysen, Harro: Gegner von heute.. a.a.O. - S. 26.

[185] Vgl. auch Paetel, K. O.: "Versuchung oder Chance?..a.a.O.- S. 22

[186] Vgl. auch Gegner 2. Jg. (1932) H. 4/5 bis 11/12, Werner Laß (1902), Führer des Älterenbundes "Die Eidgenossen", einer kleinen, schon militärischen Gruppe. Sie verhielt sich zum Nationalismus im Laufe des Jahres 1932 immer kritischer und grenzte sich zunehmend von bürgerlich-reaktionären Vertretern ab. Sie unterhielt immer lebhaftere Kontakte zu den Kommunisten, so zum Aufbruch-Kreis (Beppo Römer, Richard Scheringer, Stenbock-Fermor) und zum Bauern-Komitee (Bruno von Salomon, Bodo Uhse). Annoncen für den "Umsturz" von Sept. 1931 bis Mitte Februar 1933 im "Gegner".

[187] In der Annonce im "Gegner" stellte sich "Die sozialistische Nation" als Blatt der Synthese zwischen den Kräften "von ganz rechts" und "ganz links" vor. Vgl. auch Gegner, 3. Jg. (1932) H. 3/4. Karl O. Paetel bemühte sich mit seiner "Gruppe sozialrevolutionärer Nationalisten" allerdings mit geringem Erfolg um den Zusammenschluß aller "Nationalbolschewisten".

[188] Vgl. auch Gegner 2. Jg. (1932) H. 3/4 u. 11/12; 3. Jg. (1932) H. 9/10: "Warum lesen Sie nicht die Neuen Blätter für den Sozialismus? Wir sind für den Freund und für den Gegner des Sozialismus unentbehrlich". Ehemalige Jungsozialisten, religiöse Sozialisten und bündische Absprengel drangen auf Erneuerung und Verjüngung der Sozialdemokratie als einer großen Gegenkraft zum Nationalsozialismus.

[189] Vgl. auch Gegner vom 2. Jg. (1932) H. 3/4 bis 9. Diese Zeitschrift stand der SPD nahe, warb für den europäischen Gedanken.

- Die Schwarze Front, Organ der revolutionären Nationalsozialisten, herausgeben von Dr. Otto Strasser[190]
- Utopia, Zeitschrift für natürlichen Lebensbau, herausgegeben von Hugo Hertwig[191]
- Der Vormarsch, Jungdeutsche Rundschau, herausgegeben von Fritz Söhlmann[192]
- Neue Revue, eine literarisch-politische Zeitschrift[193]
- Der Wehrwolf, als Zeitschrift der gleichnamigen revolutionären Bewegung angekündigt[194]
- Die schwarze Fahne, die Zeitschrift der kämpfenden Bauernschaft[195]
- Der junge Kämpfer, deutsch-österreichische Zeitschrift der Arbeiter der Faust und der Stirn[196]
- Eveil, Genf, Revue de Jeunes[197]
- Plans, Paris[198]

Einige nationalrevolutionäre Zeitschriften, darunter Niekischs "Widerstand" und Hans Ebelings "Der Vorkämpfer" sind im "Gegner" ebensowenig vertreten wie "Die Kommenden", Eberhard Köbels "Pläne" oder der der KPD nahestehende "Aufbruch", herausgegeben von dem ehemaligen Oberland-Führer Beppo Römer. Jedoch bestanden zu ihnen teilweise persönliche Kontakte wie auch zu der von Hans Zehrer herausgegebenen "Täglichen Rundschau"[199] und anderen.

Der "Gegner" war mit eigenen Annoncen in einigen der genannten Zeitschriften vertreten. So in der "Neuen Revue": Der Gegner zeigt die Sinnlosigkeit der alten Ideologien und kämpft für den A u f b a u   e i n e r   n e u e n   G e m e i n s c h a f t.

In den Zeitschriften: "Die sozialistische Nation", "Der Umsturz", "Neue Blätter für den Sozialismus", "Utopia" mit einem weitergehenden Text:

---

[190] Vgl. auch Gegner 2. Jg. (1932) H. 3/4 bis 11/12, Autoren, wie O. Straßer, R. Schapke und Weigang von Miltenberg von der "Schwarzen Front" kamen im ersten Halbjahr 1932 im "Gegner" zu Wort. Harro Schulze-Boysen hatte noch im Herbst 1932 persönliche Kontakte zu Otto Strasser.

[191] Vgl. auch "Gegner" 2. Jg. (1932) H. 4/5, 8, 10, 11/12. Die Redaktion von Utopia saß im gleichen Haus wie der "Gegner", Charlottenstraße 54.

[192] Vgl. auch Gegner vom 5.3.1932, Die Verbindungen zum Jungdeutschen Orden rissen nie ab.

[193] Vgl. auch Gegner 2. Jg. (1932) H. 4/5, 6, 7, 8, 11/12.

[194] Vgl. auch Gegner, 3. Jg. (1932) H. 1/2. Der "Wehrwolf" wurde 1923 durch den Studienrat Kloppe gegründet, bekannte sich zum "Possedismus" (Erhaltung des Mittelstands und Bauerntums durch Belehnung möglichst vieler Deutscher).

[195] Vgl. auch Gegner 3. Jg. (1932) H. 9/10, Dezember 1932.

[196] Vgl. auch gegner 3. Jg. (1932) H. 5/6, Oktober 1932.

[197] Vgl. auch gegner 3. Jg. (1932) H. 5/6, 7/8, Okt., Novemb. 1932.

[198] Vgl. auch Gegner 2. Jg. (1932) H. 3/4 bis 11/12.

[199] Dort arbeitete seit Oktober 1932 Erwin Gehrts (1890-1943), den Harro Schulze-Boysen bereits aus Oberhausen kannte. Sie begegneten sich Mitte der dreißiger Jahre wieder im ReichsLuftfahrtministerium.

"Die Parole der Gegenwart heißt:
G e n e r a l r e v i s i o n!
Die ist die Grundlage für jedes neue Schaffen, für jede entscheidende Tat, für jene ungeheure Kraftanstrengung der jungen Generation, deren es für den Neubau bedarf.
Einen getreuen Spiegel der wichtigsten Auseinandersetzungen der tatwilligen Kräfte aller Lager gibt der
Gegner
Über alle alten zerfallenden Fronten hinweg bildet sich eine neue Gemeinschaft:
Die Gegner von heute werden die Kampfgenossen von morgen sein!"

Außer diesen sichtbaren Kontakten bestanden Verbindungen zu dem eigenwilligen tusk und anderen Kreisen der bündischen Jugend, zu einzelnen Kommunisten, zu einigen Nationalsozialisten, die sich an sozialistischen Vorstellungen orientierten, zu Republikanern, italienischen Faschisten, Franzosen, Ukrainern und anderen. Harro Schulze-Boysen diskutierte bei der "Schwarzen Front",[200] in der "Republikanischen Rednervereinigung"[201] und mit sowjetischen Jugendlichen in Brieselang[202].

Der "Gegner"-Kreis paßt schlecht in ein verortetes Schema. Geprägt durch "Grenzüberschreiter" und "Tabubrecher" wie Turel, Schmid und Schulze-Boysen, versuchte man dort auferlegte Schranken im Denken und Handeln zu "überwinden" und zu "durchbrechen".[203] Nicht alles in der Publizistik der "Gegner" ist heute verständlich und entschlüsselbar. Sehr unterschiedliche weltanschauliche und politische Positionen sind in den "Gegner"-Schriften und auch in den Beiträgen der Zeitschrift enthalten. Sie waren Ausdruck eines Umbruchs. Die spätbürgerliche Welt war aus den Fugen geraten, Weltbilder kamen in Bewegung und bisherige stabile Bewußtseinslagen gerieten in Fluß. Harro Schulze-Boysen nahm diese Dynamik in sein Denken und Handeln auf. Er wollte sie vorantreiben, nicht aufhalten. Im Gegenteil, er fürchtete ein zu frühes Halt. Der Übergang bot Ideen in Hülle und Fülle. Aus der Vielfalt der Verzweiflungen und Hoffnungen bediente sich der 23jährige. Die ihn umgebenden jungen Leute suchten, hatten Fragen und stellten vieles in Frage. Autoritätsbeweise hatten ihre Gültigkeit verloren. Ihr Antikapitalismus war entschieden und radikal im Gegensatz zu den an-

---

[200] Siehe auch Gespräch Regina Griebel mit Henry Joseph am 28.10.1987, H. Schulze-Boysen nahm an 2. Reichskonferenz der Schwarzen Front am 30. Oktober 1932 auf der Leuchtenburg teil. Vgl. Moreau, Patrick: a.a.O. - S. 154.
[201] Vgl. Brief von Frau Elsa Nus an Ricarda Huch vom 24.6.1946, IfZ München ED 106, Band 98.
[202] Die Kommenden (1932) F. 47/48 vom 20./27.11.1932, Als Referenten dieser bündischen Rußland-Tagung traten auf: Klaus Mehnert, Roderich von Bistram sowie Dr. Juri Semjonoff von der sowjetischen Botschaft.
[203] Robert Jungk: Gespräch am 4.3.1989.

tikapitalistischen Ressentiments der "Tat" und der antikapitalistischen "Sehnsucht" eines Gregor Strasser.

Die "Gegner" drängten nach links, weil sie dort "mehr Antworten auf ihre Fragen als rechts fanden und auch eine andere Art von Menschen, die uns näher lag", erinnert sich Regine Schütt.[204] Zeitzeugen heben den undogmatischen toleranten Umgang miteinander hervor. Karl Otto Paetel fand eine "echt revolutionäre Querverbindungsgruppe, in der Haltung und Entschlossenheit mehr galt als überlebte Parteidoktrin. Die Position, von der aus der Kampf angesagt wurde, war sozialistisch und konservativ zugleich, national-revolutionär und übernational".[205] Den aus der jüdischen Jugendbewegung kommenden Robert Jungk[206] begeisterte die "revolutionäre Bewegung in Essenz", die er bei den "Gegnern" erlebte.[207] Arnold Bauer, damals Mitglied der Roten Studentengruppe, erlebte die "Gegner" als "gesellschaftskritisch, aber nicht revolutionär im Sinne eines Dogmas".[208]

Es gab kein geschlossenes "Gegner"-Konzept, geschweige denn eine "Gegner"-Ideologie. Eher deutet sich hier das "Noch-Nicht-Bewußte", das "Vorbewußte des Kommenden" an, wovon Ernst Bloch schreibt: "Das Subjekt wittert hier keinen Kellergeruch, sondern Morgenluft ... Die frische Kraft hat dies Neue notwendig in sich, bewegt sich darauf hin. Seine besten Orte sind: die Jugend, die Zeiten, die im Begriff sind sich zu wenden, die schöpferische Hervorbringung".[209] Aus dem "Gegner"-Kreis klingt die "Stimme des Andersseins". Wir vernehmen den Protest gegen die innere Not, Bedrückung, Zukunftslosigkeit, gegen die Vereinnahmung des Einzelnen durch eine Massengesellschaft. Der Protest gipfelte in einem radikalen Antikapitalismus, aber er erschöpfte sich nicht in einer Antihaltung. "Denn Gegner heißt heute die Welt zu bejahen ... Wir werden, wir müssen um diese Lebensbejahung kämpfen." hatte Franz Jung die "Gegner"-Position auf einen menschlichen Nenner gebracht.[210]

Was schält sich aus dem oftmals noch Unfertigen und Widersprüchlichen an Visionen und Utopien, an Keimformen einer neuen Gedankenwelt heraus?

1. Die "Gegner" gingen von der "Einheitlichkeit" der Welt aus; Einheit in Vielfalt und Mannigfaltigkeit sollte die "neue Einheit" sein.

---

[204] Regine Faust, geb. Schütt, befreundet mit Harro Schulze-Boysen von Ende 1932 bis Mitte 1933. Siehe Brief vom 21.9.1987 an den Verfasser, Sammlung RK.

[205] Paetel, Karl O.: a.a.O.

[206] R. Jungk: 1912 geboren, kam aus der deutsch-jüdischen Jugendbewegung, der Bund nannte sich "Kameraden".

[207] Jungk, Robert: Interview 21.11.1986.

[208] Bauer, Arnold: Erinnerungen. a.a.O.

[209] Bloch, Ernst: Das Prinzip Hoffnung. - Berlin 1954. - S. 131/132.

[210] ng.: Die Parteien sterben - wir wollen leben! Die Partei der Verzweifelten. - In: Gegner 2. Jg. (1932) H. 8 vom 20.4.1932.

2. Die Erneuerung der Welt sollte vom Menschen, vom wirklichen Menschen ausgehen. Revolution bedeutet hier in erster Linie eine totale geistige Veränderung, ein anderes Denken, das zum neuen Menschen führen sollte.

3. Eine neue Gemeinschaft sollte sich von unten bilden, als Ansatz einer direkten Demokratie, beginnend in einer autonomen Gruppe von Gleichgesinnten mit unterschiedlichen politischen Anschauungen.

Im "Gegnerkreis" waren vornehmlich junge Bürgersöhne unterschiedlicher Richtungen vertreten, darunter Sozialisten,[211] Jungdeutsche,[212] Bündische,[213] Kommunisten,[214] SA-Leute,[215] ein ausgetretener HJ-Führer,[216] Studenten, Schüler,[217] Arbeitslose, Künstler wie Kurt Schumacher[218] und andere[219].

Tusk stellte im Januar 1933 enttäuscht fest, daß der "Gegner" die "irrende" Jugend anzog.[220] Neben den "Gegner"-Abenden im Cafè Adler war das Blockhaus 3/4 in Pichelswerder ein Treffpunkt, der Harro Schulze-Boysen und anderen im Spätherbst 1932 als Wohngemeinschaft diente.[221] Es gelang, mit Verständnis, Toleranz und ohne Zwang zu einer festen Vereinigung Verständigungsbrücken zu bauen. Es gab eine Bereitschaft, quer zu allen Lagern, einander zuzuhören. Robert Jungk erlebte in diesem Kreis zum ersten Mal, daß bei den Zusammenkünften über Politik ganz anders diskutiert wurde, ohne die "üblichen Routinephrasen". Die Anziehungskraft dieses Kreises bestand auch darin, daß dort unterschiedliche Meinungen vertreten werden konnten. Für Heinz

---

[211] Georg Eckert leitete den Sozialistischen Studentenbund an der Universität Berlin. Vgl. Brief von O. E. Schüddekopf an K. O. Paetel vom 17.4.1957, Archiv der Deutschen Jugendbewegung, Materialsammlung Schüddekopf/16.

[212] Werner, Robert: a.a.O. - S. 161.

[213] Werner Dissel, Heinz Gollong. Siehe auch Brief H. Gollong vom 24.6.1946 an Ricarda Huch.

[214] Herbert Dahl, 1909 geboren, kam aus der bündischen Jugend, baute in Berlin die Roten Pfadfinder auf. Außerdem Graf Werner Lehndorf. Zu der Leserschaft des "Gegner" zählte man auch kommunistische Gruppen. Vgl. mit Gollong, Heinz: Die nationalrevolutionäre Jugend vor der Entscheidung. - In: Die literarische Welt, (1932) Nr. 27 vom 1.7.1932.

[215] Sven Schacht, der Neffe von Hjalmar Schacht, war SA-Mann. Später arbeitete er an der "Berliner Tageszeitung". Er wurde im zweiten Weltkrieg in Jugoslawien wegen Verbindungen mit den Partisanen hingerichtet.

[216] Heinz Gruber, geb. 1911, seit 1926 in der Hitlerjugend, trat 1932 mit einer Gruppe von Hitlerjungen aus. Er führte diese Gruppe dann in die "Schwarze Jungenschaft". Stand Otto Straßer nahe.

[217] Alexander Dolezalek, geb. 1914, 1928 aus der Deutschen Freischar ausgetreten, 1932 Sprecher der Schulgemeinden Groß-Berlins.

[218] In der Beilage des "gegner"-Heftes Dezember 1932 findet sich eine Reproduktion von Kurt Schumachers Holzschnitt "Totentanz". Siehe auch Aussage Julie Schumacher vom 20.10.1949, worin sie die Bekanntschaft Harro Schulze-Boysens mit Kurt Schumacher auf das Jahr 1930 datiert: "Bereits schon 1930 gehörte auch Küchenmeister zu diesem Kreis". Siehe Akten Roeder. - In: Niedersächsisches Staatsarchiv Hannover, Bd. X, Blatt 13.

[219] Siehe auch: Deutsche Jugend 1933. - In: gegner 4. Jg. (1933) Nr. 1. Hierin wurden Zuschriften aus verschiedenen Kreisen veröffentlicht, darunter auch von Arbeitern. H. Schulze-Boysen wandte sich gegen die Behauptung eines SA-Mannes, daß der "Gegner" nur ein Intellektuellenklub sei. Vgl. HSB: Antwort an den SA-Mann D.O. - In: gegner 4. Jg. (1933) Nr. 1.

[220] Vgl. tusk: Die bündischen Jugendzeitschriften, in "Pläne" (1933) Nr. 1/2.

[221] Brief an die Eltern vom 29.11.1932, IfZ München ED 335/2.

Gollong war der Kreis um den "Gegner" sehr heterogen. Angezogen hat er nach seiner Auffassung eher einen "aktiven, ein wenig abenteuerlichen, hochintellektuellen, aus Sentiment mehr revolutionären als geschlossen revolutionären Typ". Der Kreis bildete sich um die Plattform der Zeitschrift, um die "Absage an sich" und nicht zuletzt um die Persönlichkeit von Harro Schulze-Boysen.[222]

Die "Gegner" waren Akteure inmitten gesellschaftlicher Krisenprozesse. Sie suchten nach Alternativen, nach politischen und sozialen Auswegen. Es entwickelten sich Keimformen einer neuen kollektiven, sozialen und kulturellen Praxis, die in den wenigen Monaten bis zur Machtübernahme Hitlers nicht ausgelebt werden konnten. Der Zusammenhalt zwischen den "Gegnern" war locker, "nicht organisiert, nicht immer eine Bande, aber eine Gemeinschaft. Das hat man gespürt".[223] Der angestrebte Gemeinschaftstyp eines "Ordens", der "größte Einheit und Straffheit in Haltung und Substanz, Mannigfaltigkeit im Geistigen"[224] verkörpern, eine Keimzelle, in der die Zukunft vorbereitet werden sollte, bestand wohl mehr in den Vorstellungen von Harro Schulze-Boysen als in der "Gegner"-Realität. Aber es war der Versuch, aus dem ungebundenen und unpolitischen Gemeinschaftstyp bündischen Lebens herauszukommen, sich in die gesellschaftliche Wirklichkeit zu begeben, aber zugleich das Erlebnis der Gemeinschaft zu bewahren. Der "Gegner"-Kreis war keine fest gefügte, sondern eine nach außen hin offene und sich mit anderen vernetzende Gruppe. Es blieb aber bei losen "Querverbindungen", es gelang ihr nicht, eine politisch gestaltende Kraft zu werden.

Die "Gegner"-Zeit hatte bei Harro Schulze-Boysen Spuren und Prägungen hinterlassen. Diese Art eines losen informellen Verbundes fand unter ganz neuen Bedingungen und größtenteils mit anderen Menschen, diesmal auch mit Frauen, in dem Spannungsfeld zwischen Selbstbehauptung und Widerstand nach 1933 seine Fortsetzung. Freundschaftliche Annäherungen bildeten häufig den Ausgangspunkt zu einem vorsichtigen Miteinander von Gegnern des Hitlerregimes. In der gestaltenden Mitarbeit an der Zeitschrift "Wille zum Reich" im Jahre 1935 unternahm Harro Schulze-Boysen den tastenden Versuch, - unter dem Dach allgemeiner Zustimmung zur Politik der Regierenden - ein Sprachrohr eigener Gedanken entstehen zu lassen. Damit wollte die Redaktion offensichtlich frühere "Gegner" und andere erreichen, die schon vor 1933 in Opposition zu den Nationalsozialisten standen. Im Jahre 1937 fand sich alle zwei Wochen ein loser Kreis von Frauen und Männern zu Vorträgen und Gesprächen in der Wohnung von Libertas und Harro Schulze-Boysen ein.

Mitte der dreißiger Jahre entstand ein innerer antifaschistisch eingestellter Freundes- und Diskussionskreis, dem die Künstler Elisabeth und Kurt Schumacher, die Kommunisten Marta und Walter Husemann, der frühere Redakteur des "Ruhrecho"

---

[222] Brief von Werner Gollong an Ricarda Huch vom 27.7.1946, a.a.O.
[223] Dissel, Werner, a.a.O..
[224] Schulze-Boysen, Harro: Gegner von heute ... a.a.O. - S. 32

Walter Küchenmeister, die Mitarbeiterin bei der Presseagentur United Press Gisela von Pöllnitz, die Ärztin Elfriede Paul, die Tänzerin und Bildhauerin Oda Schottmüller, der Schriftsteller Günther Weisenborn angehörten. Diese Frauen und Männer verfügten wiederum über Kontakte zu anderen Gruppen und einzelnen Hitlergegnern. Aus diesem sich ständig erweiternden Geflecht von Beziehungen und Kontakten entstand in den Jahren 1941/42 ein breit gefächerter Widerstandsverbund, der als "Rote Kapelle" oder Schulze-Boysen/Harnack-Organisation in die Literatur eingegangen ist. Beide Bezeichnungen treffen jedoch weder das Selbstverständnis der Beteiligten noch den damit angezeigten organisatorischen Zusammenschluß. Hier wurde ein Organisationsschema konstruiert, das mit den realen Gegebenheiten wenig übereinstimmt. Der strukturelle Zusammenhang entsprach, unter Berücksichtigung einer gewissen zu wahrenden Konspirativität, viel eher dem eines offenen Kreises - ähnlich der "Gegner"-Zeit - als einer fest gefügten und straff geleiteten Organisation. Vielfältige Kontakte hatten freundschaftliche Beziehungen und eine entsprechende Vertrauensbasis zur Grundlage.[225] Die "Rote Kapelle" war eher ein lockerer Widerstandsverbund, der oft aus persönlichen Kontakten in kleinen Gemeinschaften entstand. Viele fühlten sich diesen Kreisen zugehörig, weil sie sich von den sie prägenden Gestalten wie Wilhelm Guddorf, Arvid Harnack, Harro Schulze-Boysen und anderen angezogen fühlten. Hieraus entstand das Bindeglied Vertrauen. Nicht alle Verhafteten sahen dieses Miteinander unbedingt als politisch an. Vielfältige Fäden vernetzten sich mit anderen Gruppen, die sich auch vielfach überschnitten.[226] Einige Freunde aus der "Gegner"-Zeit wie Kurt Schumacher, Günther Weisenborn und Walter Küchenmeister wurden zu Kampfgefährten im Widerstand.

Der "Gegner"-Kreis und auch später der Widerstandsverbund der "Roten Kapelle" kann jedoch als Ausschnitt jener "inneren Front" gesehen werden, in der Martin Buber eine Möglichkeit sah, "da sie, wenn überall aufrecht und stark, als eine heimliche Einheit quer durch die Gruppen liefe - für die Zukunft unserer Welt wichtiger werden als alle Fronten, die heute zwischen Gruppe und Gruppe, Gruppenverband und Gruppenverband sich ziehen".[227]

Integrationsfigur und Bindeglied des "Gegner"-Kreises war der lang aufgeschossene blonde Harro Schulze-Boysen mit dem dunkelblauen Rollkragenpullover. Ihm war eine große Ausstrahlungskraft eigen. Ohne ihn wäre die Gemeinschaft um den "Gegner" nicht

---

[225] Vgl. auch Danyel, Jürgen: Soziologie und Widerstandsforschung. - In: Informationen zur soziologischen Forschung in der DDR (1990) H. 1.

[226] Vgl. auch Brief Wolfgang Abendroth vom 4.3.1955 an Walter Hammer; Abendroth verweist darauf, daß sich die Nomenklatur der verschiedenen Gruppen nachträglich ergeben hat und daß sich alle Gruppen vielfältig überschnitten haben, Institut für Zeitgeschichte München, Nachlaß Walter Hammer, ED 106 Band 24.

[227] Zitiert in Henrich, Rolf: Der vormundschaftliche Staat. - Berlin 1990.

vorstellbar gewesen.[228] Er konnte Menschen ansprechen, zusammenführen und zusammenhalten. Jeden, den er nur flüchtig kannte, begrüßte er mit großer Herzlichkeit und Handschlag. Seine große Offenheit, seine Gesprächsbereitschaft, sein rhetorisches Temperament und auch sein gewinnendes Äußeres hinterliessen auf die überwiegend jugendlichen "Gegner" einen "faszinierenden Eindruck". Da war ein Mann von links, der sich dem Ideal von rechts näherte.[229]. Einige nannten ihn bewundernd den "Bamberger Reiter".[230] Die Faszination ging nicht nur von seiner persönlichen Erscheinung aus. Er war ein klarer, scharfer, logischer Geist, ein Dialektiker. Sentimental war er nicht, hart gegen sich, auch kühl gegen andere. Die intellektuelle Rhetorik war ihm wichtiger als das lyrische Pathos.[231]

In dem "Gegner"-Kreis, in dem nur wenige Frauen Eingang fanden, wurde Harro auch als Mann akzeptiert, von dem eine Ausstrahlung, ein Sympathieband, ein gewisses homoerotisches Fluidum[232] ausging. Harro vermittelte in den Begegnungen "ein starkes Gefühl der Freundschaft, einer ganz persönlichen Freundschaft, obwohl wir uns nie persönlich so nahe gekommen sind",[233] erinnerte sich Robert Jungk, der ihn 1932 kennengelernt hatte. Auch homoerotische Zuneigungen spielten in dieser Männergemeinschaft[234] eine gewisse Rolle. Männerfreundschaften bestimmten den Alltag des Zusammenseins. Das schloß Freundschaften und Liebesbeziehungen zu Frauen nicht aus. Sie waren ihm aber nicht so wichtig. Regine Schütt lernte Harro Schulze-Boysen im November 1932 auf einer offenen Party kennen. Sie kam wie er aus gutbürgerlichen Verhältnissen. "Wir flogen aufeinander", erinnert sie sich. Jedoch gefiel er ihr nicht nur als Mann. Sie konnte mit ihm über sie bewegende Fragen reden wie mit keinem anderen. Er faßte das in Worte, was sie bewegte. Wie er, suchte auch sie, nach gerechteren gesellschaftlichen Zuständen, in denen Menschen unabhängig vom Geldbeutel der Eltern ihren Weg ins Leben gehen konnten. Sie hatten sich in einem bestimmten Maße von den Werten ihrer Eltern frei gemacht, ohne es zu einem Bruch mit dem Elternhaus kommen zu lassen. Regine Schütt störten die deutschen Spießer, aber auch der Begriff des Proleten, weil er für sie eine Trennlinie markierte, die sie zu überwinden gedachte. Deshalb faszinierte sie, daß Harro aus den alten Gräben heraus und Brücken bauen wollte. Sie besuchte ihn meistens abends im Büro des "Gegner" in der Schellingstraße,

---

[228] Vgl. Bauer, Arnold: Gespräch vom 20.9.1989; Ferner Coppi, Hans; Danyel, Jürgen (Hrsg.): Der "Gegner"-Kreis im Jahre 1932/33.

[229] Ebenda.

[230] Vgl. Dolezalek, Alexander: Gespräch 20.3.1990.

[231] Arnold Bauer war überrascht von einer "Beredsamkeit" und einer gewissen "Schärfe des Verstandes und der Argumentation", die er sonst bei jüdischen Intelektuellen antraf. Vgl. Bauer, Arnold: Gespräch a.a.O.

[232] Vgl. Dahl, Herbert: a.a.O.

[233] Jungk, Robert: Gespräch am 4.3.1989.

[234] Der "Gegner"-Kreis war jedoch keine Männerbündelei. Es fehlte das Soldatische, Verschwörerische, das bei Jünger und Niekisch anzutreffen war und in der bündischen Jugend, so bei der Jungenschaft d.j.1.11., im Grauen Corps und im Neurother Wandervogel kultiviert wurde.

wenn er allein war. Meistens arbeitete sie dann an ihren Entwürfen für Strickmuster und er saß über redaktionellen Arbeiten für den "Gegner". Sie verstanden sich sehr gut, auch wenn sie ihren Freund nicht als großen Liebhaber in Erinnerung behalten hat. Das wichtigste für Regine Schütt war die Kommunikation mit ihm. Es störte sie auch nicht, daß er sie nie zu seinen Freunden und den Diskussionen und Veranstaltungen mitnahm. Er war besessen von seinen Ideen und dachte nicht daran, sich an eine Frau zu binden, da er seine Bestimmung darin erblickte, als Revolutionär zu wirken.[235]

Der Motor des "Gegner"-Kreises, Harro Schulze-Boysen, hatte ein "Sendungsbewußtsein", ohne dabei zu einem Missionar zu werden. Arnold Bauer empfand ihn als einen sehr engagierten Menschen. Er verspürte bei ihm "den Ehrgeiz, den jeder geistige Mensch hat, der sich zu einer Führungsaufgabe berufen fühlt ... Wenn man ihn als kühl ansieht, dann ist es auf seine Verstandesschärfe zurückzuführen. Er hatte diesen kalten, scharfen Verstand. Er behielt in Diskussionen die leichte ironische Überlegenheit".[236] Werner Dissels erster Eindruck: "Ein ungeheuer gescheiter, heiterer, lebhafter, herzlicher Mensch, offen für jeden, ohne einem eine fertige Phrase an den Kopf zu knallen, bestätigend, wenn jemand etwas sagt oder neugierig, bohrend fragend".[237]

Wovon ging die von seinen Freunden beschriebene Faszination aus? Der gewandte, mitreißende Harro Schulze-Boysen war zugleich Analytiker, Dialektiker, Voraus- und Querdenker, Utopist, Weltverbesserer, Visionär und Kommunikator. So entwickelte er in Zeiten des Umbruchs eine hohe Beweglichkeit im Denken und Handeln. Nicht alle seine Einschätzungen und Gedankengänge erwiesen sich als richtig. Er dachte aus der ihm eigenen Utopiefähigkeit weit über das Machbare hinaus. Ernst Bloch umschreibt Utopie als "ein methodisches Organ fürs Neue, objektiver Aggregatzustand des Heraufkommenden".[238] Aus der Haltung des "Gegner" Schulze-Boysen scheint "bewußt gesetzte Hoffnung" zu sprechen, in der "nie Weiches, sondern ein Wille sitzt: es soll so sein, es muß so werden".[239]

Charakterliche Lauterkeit, intellektuelles Feuer, unermüdlicher Eifer machten sein "Charisma" aus. Im "Gegner"-Kreis wurde er zum Mittelpunkt, zu einem führenden Kopf. Selbst fühlte er sich auch zur Führung berufen. Er hatte die Fähigkeit, den Menschen, die ihn umgaben, freundlich zu begegnen, auf sie einzugehen. Er liebte den Widerspruch, spitzte ihn zu, übertrieb, um gehört zu werden und verstand, in entscheidenden Situationen den Ausgleich herbeizuführen. Dieser Mann ist in seiner Beweglichkeit, seiner inneren Unruhe und äußeren Dynamik schwer auf einen Punkt zu bringen. Er war nicht festzulegen. Eigenwillig und selbständig wie Schulze-Boysen war, erstrebte er mehr eine Haltung als ein neues gesellschaftliches System. Unerbittlich und

---

[235] Schütt, Regine: Gespräch Ende April 1991.
[236] Vgl. Bauer, Arnold: a.a.O.
[237] Vgl. Dissel, Werner: Gespräch 1.7.1987.
[238] Vgl. Bloch, Ernst: a.a.O. - S. 181.
[239] Ebenda - S. 162.

konsequent konnte er in Diskussionen seinen politischen Standpunkt vertreten. Zugleich war er im persönlichen Umgang nachgiebig, tolerant, charmant und zeigte keinerlei Bestrebungen, in der individuellen Sphäre im Vordergrund zu stehen und seinen Willen durchzusetzen.[240]

Eine gewisse Selbsteinschätzung vermittelt ein Brief, in dem der Sohn den Vorwurf der Mutter zu entkräften versuchte, daß er schnell zu beeindrucken sei und falschen Propheten folge: "Ich habe die Tendenz, mich immer wieder irgendwelchen "Kontra-Punkten" beizugesellen und mit ihnen ein Stück Weges zusammen zu gehen. Es liegt im Wesen eines jeden Faust, sich zuweilen einen Mephisto heranzuholen. In der Versuchung werden wir stark, im Kampf gegen das andere Schlechthin ... Charakteristisch ist für mich ein gewisser Fanatismus im Aufbau von Dingen, die mich angehen; das kann zu gelegentlicher bewusster Rücksichtslosigkeit verführen. Ebenso wie ich mich in kleinen Dingen ausbeuten lasse, so beute ich andere Leute aus, wenn sich Gelegenheit ergibt: Wieviel Nutzen hatte i c h von Hasselroths, Germain, Fred Schmid, Turel gehabt. Und wie wenig Gegenleistung habe ich im Grunde Germain und Schmid geleistet: Nichts wesentliches! Ich habe solche Leute beobachtet, ihnen einiges abgelauscht, mir Anregungen vermittelt und Kenntnisse, Einblicke verschafft. Ich habe sie auch, aus Selbsterhaltungstrieb, immer so lange einigermassen gedeckt, wie ich sie brauchte, -aber keiner von ihnen hat es vermocht, mich von meiner Art und meinen Lebenszielen auch nur einen Schritt abzulenken".[241]

Manche seiner Freunde sehen ihn auch als einen Phantasten[242] oder als einen Mann mit übertriebenem Ehrgeiz[243]. Der Vater beklagte, daß ihm "jeder Maßstab für das Mögliche und Erreichbare" fehlte. Er war von "selten hoher Begabung, aber nicht weltklug".[244] "Weltverbesserungsträume," schreibt Ernst Bloch "suchen Auswendigkeit ihrer Innerlichkeit, sie ziehen als extravertierter Regenbogen oder überwölbend auf".[245]

3.5 Die "Gegner"-Schriften

Ende November 1932 erschienen im Berliner Waldemar-Hoffmann-Verlag drei "Gegner"-Schriften. Alfred Schmid: Aufstand der Jugend, Harro Schulze-Boysen: Gegner von heute Kampfgenossen von morgen, Adrien Turel: Das Recht auf

---

[240] Siehe auch Gollong, Heinz, Brief an Ricarda Huch vom 27.7.1946. a.a.O.
[241] Ausgangspunkt war die Ablehnung der Schriften von Turel durch Marie Louise Schulze. Vgl. Brief an die Eltern vom 8.1.1934, IfZ München ED 335/2.
[242] von Simson, Werner: Gespräch am 10.3.1990.
[243] Dahl, Herbert: a.a.O.
[244] Schulze, Erich Egdar: Zum Gedächtnis meines Sohnes Harro. - In: Akten Roeder, Band VII, Bl. 38.
[245] Bloch, Ernst: a.a.O., S. 105.

Revolution.[246] Diese Aufsätze entstanden im Spätsommer 1932, erst als "Thesen zur Zeit" gedacht.[247]

Deutschland befand sich auf dem Tiefpunkt der Krise. Der Sturz in den Abgrund war überall spürbar. Depressionen, politische Blockierungen, Hoffnungs- und Zukunftslosigkeit begleiteten die sich ständig verschlechternde Lage. Die Krise stellte nicht nur eine noch nie dagewesene Konjunkturverwerfung dar. Viele Menschen hatten das Gefühl, als stünden Vergangenheit, Gegenwart und Zukunft gleichermaßen zur Disposition. Die "Gegner"-Aufsätze von je 30 Seiten reflektieren diese allgegenwärtige Krisensituation aus unterschiedlichen Sichten. Sie drücken Protest gegen die kapitalistische Massengesellschaft aus. Sie lassen die Notwendigkeit eines revolutionären Wandels, einer Zeitenwende und das Bemühen erkennen, Anstöße für einen neuen Aufbruch zu vermitteln.

Adrien Turel denkt über den Wandel[248] als Voraussetzung für die ständige Erneuerung des Lebens nach. Daraus entwickelt er das "Recht auf Revolution". Im naturphilosophischen Vergleich zu der Verpuppung des Schmetterlings, wo sich nach seiner Auffassung eine geborgene Revolution im Inneren vollzieht, sind für ihn die bisherigen Revolutionen in der menschlichen Gesellschaft verkrüppelte, weil ungeschützte Revolutionen, die ständig von außen gestört und bedroht wurden. So lautet dann auch seine Schlußfolgerung: "In kommenden Phasen der Menschengeschichte wird der Prozeß der Revolution in die Sphäre des politischen Bewußtseins der schon bestehenden Mächte erhoben sein. Man wird den Völkern das Recht zuerkennen, sich zu verwandeln, wie man jetzt schon beim Menschen und bei allen Tierarten überhaupt den einzelnen Individuen das Recht auf Verpuppung, auf Metamorphose und auf Geborenwerden zubilligt".[249]

Beim Durchdenken des Universums sieht A. Turel den Menschen eingebettet in die Vielzahl der Arten, eingebunden in seine Geschichte, ausgesetzt einer ständigen dialektischen Unruhe und Bewegung, die sich in Prozessen der Evolution, Revolution und Mutation vollziehen. Gleichzeitig befindet sich der Erdenbewohner im Spannungsfeld zwischen Natur und Technik, Mensch und Gesellschaft, Psyche und Sein. Geschichte wird als Entwicklung angesehen, die von den ursprünglichen Bauernunruhen zum Feudalismus, vom Kapitalismus zum Sozialismus führt.

Der "Querdenker" Turel will Gegensätze zuspitzen und dadurch schließlich aufheben. Er entwickelt die These, daß der Klassenkampfgedanke des Marxismus und der Übermenschgedanke Nietzsches ein und denselben revolutionären Sinn hätten: "In beiden

---

[246] Tilman Schulz stellt in seiner Dissertation "Gegner" Nationalismus, Nationalbolschewismus und Massenpsychologie, unter dem Punkt 7 "Schriften der Gegner" nur "zwei veröffentlichte Schriften der Hauptideologen, Schmidt und Schulze-Boysen", vor. Den Autor der dritten Schrift und eigentlichen Denker des "Gegner"-Kreises, Adrien Turel, erwähnt er nicht. Dem Schweizer Fred Schmid verleiht T. Schulz in der Schreibweise als "Schmidt" nachträglich eine deutsche Identität.
[247] Vgl. auch Brief an den Vater vom 27.9.1932, IfZ München ED 335/2.
[248] Vgl. Nietzsche, Friedrich: Gesammelte Werke. - Stuttgart 1943. - (Kröners Taschenbuch-ausgabe).- S. 236: "Nur wer sich wandelt, bleibt mir verwandt."
[249] Turel, Adrien: Das Recht auf Revolution. - Berlin 1932. - S. 15.

Fällen handelt es sich um die tiefe Erkenntnis, daß ein Volk, das eine Revolution siegreich durchführen will, imstande sein muß, sich in zwei Schichten oder Teile aufzuspalten, welche einander wie feindliche Mächte gegenüberstehen".[250] Turel verweist mit seiner "Revolutionstheorie" auf die Notwendigkeit revolutionärer Wandlungen im eigenen Land, ohne aber die daraus entstehenden Gefahren zu erkennen, die aus dem Sieg einer der feindlichen Mächte entstehen können. "Die entscheidenden Befreiungskriege gehen nicht mehr horizontal, sondern nur noch vertikal. Es gilt nicht mehr wie Kolumbus und Magalhaes neue Expansionsflächen im kugelförmig abgeschlossenen Grenzgebiet der Erde zu entdecken, worauf es ankommt, ist künftig der vertikale Eroberungskrieg nach oben und nach unten zu einer größeren Mächtigkeit des Lebens".[251] Die Nationalsozialisten waren wenige Monate später die Sieger dieses "vertikalen Befreiungskampfes", der dann im ungebrochenen "Willen zur Macht" zu einer Vernichtung von Leben, Freiheit und Menschenrechten führte.

Fred Schmid thematisiert in seiner Schrift "Aufstand der Jugend"[252] den Jugendmythos und den ewigen Generationskonflikt als möglichen Ausweg aus Krise, Zukunftsängsten und Hoffnungslosigkeit. Wie Adrien Turel und Harro Schulze-Boysen stützt sich der Autor bei der Beschreibung der Lage auf Friedrich Nietzsche: "Wir stehen vor einer Umwertung aller Werte, vor einer Verwandlung aller Gefühle und Lebenskräfte, vor neuer Magie und Verborgenheit".[253] Der Führer des Grauen Corps sucht nach neuen Gestaltungsformen in der krisengeschüttelten kapitalistischen Gesellschaft. Das unpolitische bündische Leben in der Jungenschaft war in einem schwer lösbaren Konflikt zu den sich durch Krise und Not geprägten Lebensumständen geraten. F.Schmid betrachtet die deutsche Jugendbewegung bereits als ein hinter ihm liegendes "revolutionäres Phänomen". Das "Wesen aller Revolutionen" ist für ihn "das 'Es' in uns, und ohne dieses ist alles revolutionäre Getue lediglich eine Hetze, die durch die Aufreizung zerstörender Instinkte entsteht".[254] Das Ziel dieser Revolution ist für ihn nicht Lösung, Auflösung, sondern Bindung in einer neuen Einheit. Der Wandel muß deshalb von innen kommen. Hier entsteht eine Nähe zu dem von Hans Freyer in seinem Buch "Revolution von rechts" entwickelten Revolutionsbegriff. Eine revolutionäre Situation entsteht nach Freyer immer dann, wenn "unter den Hüllen und in den Formen einer bestehenden Gesellschaft"[255] ein neues "Prinzip der Gesellschaft" durch den Anspruch auf "Erneuerung des Ganzen" sich herausbildet.

---

[250] Ebenda. - S. 24.
[251] Ebenda. - S. 30.
[252] Schmid, Fred: Aufstand der Jugend. - Berlin 1932; nachgedruckt in: Schmid, Alfred: Erfüllte Zeit.., a.a.O.
[253] Ebenda. - S. 22.
[254] Ebenda. - S. 12.
[255] Freyer, Hans: Revolution von rechts. - Jena 1931. - S. 17.

Statt wie bisher in der bürgerlich geprägten Jugendbewegung sieht F. Schmid nun in der umfassenderen "jungen Generation" den einzigen politischen Faktor, der eine Erneuerung, Umwandlung der Gesellschaft hervorbringen kann.[256] Unausweichlich werde es zu einem elementaren "Kampf der Generationen" kommen. Jede Überbrückung der Gegensätze erscheint ihm unmöglich: "Das politische Schicksal Deutschlands und des Abendlandes dreht sich um den A u f s t a n d d e r j u n g e n G e n e r a t i o n ... Dies allein verdient den Namen Revolution".[257] Träger dieser Revolution kann für ihn nur eine neue Männlichkeit sein, die aus den Reihen der jungen Proletarier erwachsen sollte. Die Verwandtschaft zu Ernst Jüngers im Juli 1932 erschienenen "Arbeiter" ist unverkennbar. Der "Arbeiter" als die "Figur" des technischen Zeitalters, als ein "Typus", in welchem der Wille zur Modernität des deutschen Neokonservativismus seinen prägnantesten Ausdruck findet.[258]

F. Schmid führt seine im "Grauen Corps" geprägten Vorstellungen weiter, bindet ihre Durchsetzung aber nicht mehr an eine elitäre Jungenschaft im Knabenalter, sondern an die Existenz von entschlossenen Männern[259]. Den Weg zu einem elitären Männertypus, der den Krieg durchgehalten hat, zu finden, formuliert er als Ziel der Gegner.[260] Hier wird das soziale Phänomen eines Männerbundes als Keimzelle einer neuen Religion, eines neuen Reiches, oder gar einer neuen Welt kultiviert.[261] Die Aufgabe der Stunde sieht F. Schmid darin, die "junge Generation anzurufen, daß sie zum Bewußtsein ihrer Kraft findet".[262] Den Weg der "Gegner" bestimmt er als einen Weg des Handelns mit "absonderlichsten", aber gewaltfreien Mitteln, als einen unentwegten Kampf gegen jede sture Nachbetung der Parteiformeln. Aus dem Glauben an die kommende Generation und den Glauben an den inneren Aufstand gegen das Alte ent-

---

[256] Schmid, Fred: a.a.O. - S. 17.
[257] Ebenda. - S. 18.
[258] Jünger, Ernst: Der Arbeiter. Herrschaft und Gestalt. - Berlin 1932.
[259] Vgl. auch Salber, Wilhelm: Zur Psychologie der Männerbünde (Morphologie von Brüderlichkeit. - In: Völger, Gisela; Week, Karin von (Hrsg.): a.a.O. "Der Brüder-Bund muß 'seine' Gleichheit immer wieder als feste Gestalt herstellen - Gleichheit in den Aufgaben, in den 'Eigenschaften', in den Ansprüchen, in der Berechtigung, in der Unantastbarkeit der Brüder. Das spitzt sich zu in einer quälend belastenden(und dennoch erhebenden) Gleichheit: gleiche Bereitschaft, Verpöntes auf sich zu nehmen, mit alten Gesetzen zu brechen, sich von bestimmten Verlockungen abzuwenden, sich als Außenseiter einschätzen zu lassen. Das wird markiert in Homosexualität, Frauenfeindlichkeit, Kameradschaft angesichts des Todes, Revolte und Opfer. Auf diese Weise gerät der Brüder-Bund in den Geruch eines 'Ordens', der vielleicht stellvertretend für die gesamte Menschheit-sein eigenes Schicksal auf sich nimmt, das Schicksal von Rittern, Mönchen, Entdeckern, Abenteurern, Utopisten, Helden, Revolutionären oder auch von Standhaften, Konsequenten, Idealisten, Aufrechten. Das sieht nach Einseitigkeit aus, - aber das ist keine einfache Sache, sondern das Produkt einer hochorganisierten 'Massenseele', die sich in vielfältigen Umbildungen erhält und ausgestaltet."
[260] Schmid, Fred: a.a.O. - S. 10. Jünger schreibt von "jenem Schlage von Kämpfern, der durch den Krieg selbst gebildet wurde...Wir begegnen hier..einem Menschentum, das sich an neuen und eigenartigen Anforderungen entwickelt hat.". Vgl. auch: Jünger, Ernst: Der Arbeiter. - Stuttgart 1955. - S. 117.
[261] Vgl. Völger, Gisela; Week, Karin von (Hrsg.): a.a.O. - S. 95.
[262] Schmid, Fred: a.a.O. - S. 30.

wickelt er das Glaubensbekenntnis der "Gegner", das auf die "Vereinigung des Zusammengehörenden"[263] setzt.

Die Schrift "Aufstand der Jugend" ist, für den eng mit der deutschen Jugendbewegung verbundenen und sie ein Stück ihres Weges prägenden Fred Schmid, Ausdruck einer im Jahre 1932 vorgenommenen Hinwendung zum Politischen. Ausgelöst wurde dieser tastende Schritt durch die allgegenwärtige Krise und angeregt von den Denkern der "konservativen Revolution". Seine Überlegungen markieren, trotz aller Überhöhungen, den Versuch, aus der Vereinzelung der Jugendbewegung herauszukommen und sie hinter sich zu lassen. Versucht wird der Sprung in die politische Realität, erreicht wird eine gewisse Annäherung. Dieser späte Aufbruch in die deutsche Gegenwart gelingt nicht mehr; zu verschieden ist sie von der Welt, in der bisher der charismatische Führer des "Grauen Corps" gelebt hatte.

Tilman Schulz verkennt jedoch das Wollen eines Fred Schmid, wenn er ihm nur die "Unfähigkeit zur politischen Umsetzung"[264] vorwirft und ihm ein "strategisches, aber ein strategisch falsches Bild"[265] unterstellt. Diese Kritik - so berechtigt sie zu einzelnen Aussagen ist - greift zu kurz. Der "Aufstand der Jugend" ist vielmehr Synonym für ein Ausbrechen aus einem entwurzelten und zukunftslosen gesellschaftlichen Umfeld. Bei den bestehenden politischen Parteien und Gruppierungen, in ihren Konzepten und Programmen sieht der Autor für die Jugend keine Alternativen. Die Konsequenz ist die Verneinung des Bestehenden und die Verweigerung, sich mit den Verhältnissen, wie sie sind, einzulassen. Dieses Denken schwebt über der brodelnden und widerspruchsvollen Realität. Artikuliert wird eher ein utopisches Denken für ein postkapitalistisches autonomes Jugendreich, dessen Gestaltung noch im Dunkeln liegt. Sammeln und Finden ist Fred Schmid wichtiger als direkte Einmischung und Einflußnahme auf die unmittelbaren politischen Zeitläufe.

Dies kommt schließlich in seinem "Grundglaubensbekenntnis der Gegner" zum Ausdruck, benannt als "Glaube an die kommenden Generationen und der Glaube an ihren inneren Aufstand, als der Revolution der Kraft und nicht der zerstörenden Instinkte ... Brücken zu schlagen, ihre Gegenspieler zu entlarven, ist ihr Hauptziel. Der Weg dazu ist nicht die politische Agitation, sondern die Sammlung von Männern, die eine neue Wertung der Dinge in sich tragen zu einer Gemeinschaft der Arbeit".[266] Diese Vision konnte im "Gegner"-Kreis keine Ausformung mehr erfahren.

Von konkreterem Zuschnitt erweist sich die Schrift "Gegner von heute Kampfgenossen von morgen"[267]. Harro Schulze-Boysen verfaßt zeitgleich mit den

---

[263] Ebenda. - S. 7.
[264] Schulz, Tilman: a.a.O. - S. 184.
[265] Ebenda. - S. 191.
[266] Schmid, Fred: a.a.O. - S. 19.
[267] Schulze-Boysen, Harro: Gegner von heute ... a.a.O.

journalistischen Verpflichtungen beim "Gegner" und seinen Unternehmungen zur Organisation eines "Gegner"-Kreises aus Autoren, Lesern, Sympathisanten der Zeitschrift und Andersdenkenden zur intellektuellen und politischen Auseinandersetzung diesen Aufsatz. Der Autor ist dreiundzwanzig Jahre, hat sich bereits vielfältig engagiert, aber seine politische Entwicklung ist längst nicht abgeschlossen. Die kleine Schrift kann als Zwischenresümee seiner Suche und Überlegungen verstanden werden. Er führt die in dem Sonderdruck des "Gegner" vom Mai 1932 entwickelten Gedanken weiter.[268] Der Aufsatz ist in acht Abschnitte gegliedert. Er beginnt mit dem Thema "Europa 1932" - eine Bestandsaufnahme der Krise - und endet mit der Vision "Die Macht von Morgen". Harro Schulze-Boysen unterzieht in seiner Schrift die bürgerliche Gesellschaft einer eingehenden Kritik. Der von ihm radikal vertretene Antikapitalismus gewinnt hier klarere Konturen. Er sieht die "Mächte der sterbenden Zeit" in Auflösung begriffen, da sich "Menschen und Lebensraum völlig gewandelt haben".[269] Im Gegensatz zu nationalrevolutionären Gruppen ist sein Ausgangspunkt nicht Deutschland, sondern das krisengeschüttelte Europa des Jahres 1932: "Europa war die Uhr der Welt. Sie steht." Inmitten der Weltwirtschaftskrise sieht der junge Deutsche eine neue weltweite Front gegen die Mächte des Kapitals heranwachsen: "In den Elendsquartieren wuchert die Empörung. Die proletarisierten Völker werden sich ihrer verzweifelten Lage bewußt. Aus dem Staube entsteht eine neue Macht. Die verlachten Bettlerhaufen werden gefährlich. Gegenüber den neuimperialistischen Raubstaaten werden sie zur überlegenen Macht, wenn sie sich mit allen ebenfalls bedrohten Kräften einigen." Seine über Deutschland hinausgehende Vision ist, daß sich gegenüber den Ausbeutermächten die "proletarischen Völker mit den Barbaren und Kolonialvölkern vereinen, um nunmehr ihrerseits aufs neue vorzustoßen".[270]

Der Autor kritisiert die erstarrte Religion, die zersetzenden Tendenzen kapitalistischen Denkens, die Parteidiktaturen und die Parteibuchherrschaft, die in Massenversammlungen überzeugten Spießer, das nationale Pharisäertum[271] und den fruchtlosen Streit zwischen Nationalisten und Internationalisten,[272] den hemmenden und lebensfeindlichen Großbesitz, das Wirtschaftsdenken mit dem Profit als Lebensmaxime, die alte Staatsmacht, die unfähig ist, die Wirtschaft und die Arbeit zu organisieren, die Gläubigkeit an Programme, die nichts bewegen und ändern. Enttäuscht ist der junge Autor von der Jugendbewegung, der ein neues Miteinander, das sich aus innerem Wandel ergeben sollte, nicht gelang. Die Massen der Jugend desertierten erst in die Wälder, dann

---

[268] Vgl. Schulze-Boysen, Harro: Sonderdruck Mai 1932. a.a.O.

[269] Schulze-Boysen, Harro: Gegner von heute .. a.a.O. - S. 12.

[270] Ebenda. - S. 10.

[271] Vgl. auch Esbe, Heinz: a.a.O.: "Derjenige ist national, der die Volksgemeinschaft bejaht und seine eigenen Interessen denen der Gesamtheit unterordnet. In jedem Falle ist das nationale Pharisäertum das Unnationalste, was es in Deutschland gibt."

[272] Ebenda. Harro Schulze-Boysen fand, daß "man Deutschland lieben könne, ohne die Internationale zu ächten". International heißt für ihn nicht Anti-National. Er übersetzt es mit "zwischenstaatlich".

in die Parteien. So haben für Harro Schulze-Boysen "Kirche und Feudalismus, Bürgertum, Proletariat und Jugend versagt. Sie alle waren ohnmächtig in der Vereinzelung".[273]

Die Schrift geht über den reinen Protest nur in Ansätzen hinaus. Im Dagegen werden durchaus schon die Konturen des Wofür sichtbar. Zum anderen weist der Autor keine konkreten Auswege, aber benennt Hoffnungen, Möglichkeiten und Chancen einer Neugestaltung, die außerhalb der von den Parteien entwickelten Propagandabilder liegen. Es werden Mitstreiter gesucht, die zu einem grundlegenden Wandel der Gesellschaft von innen heraus fähig sind. Harro Schulze-Boysen fand im Gespräch, in Versammlungen, auf der Straße, vor der Stempelstelle und in den Arbeitslagern kämpferische Menschen aus allen Lagern, die man "Gegner" nannte. Mit ihnen soll der Versuch gemacht werden, über die alten Gegensätze hinwegzukommen.

Übereinstimmend mit Fred Schmid sieht er das Proletariat als wichtigsten Partner an: "Wer führen will, muß sich - Schulter an Schulter mit den Trägern der lebendigen Empörung und der Vorwärtsbewegung mit dem Proletariat - an die Spitze der Industriearmeen und des historischen Zuges setzen, nicht aber mit denen paktieren, die entwicklungsmäßig am Ende marschieren".[274] Folgerichtig gehören für ihn Marxismus und Arbeiterbewegung als geschichtlicher Faktor zusammen. Jedoch will Harro Schulze-Boysen nicht beim Marxismus stehenbleiben. Den Marxisten wird vorgeworfen, die letzten Geheimnisse des Menschen nicht zu erfassen und nur dem "Glauben an die übergeordnete Wesenheit der Produktionsverhältnisse zu huldigen".[275] Gravierende Unterschiede zum Marxismus werden auch in der Beurteilung des Sozialismus erkennbar. Für den Autor stellt die Erkämpfung des Sozialismus noch keine Revolution dar. Sie ist erst der Anfang. Der Sozialismus hat in den Vorstellungen von Harro Schulze-Boysen zwei Ebenen. Als geistige Strömung kann der Sozialismus in den mitteleuropäischen Ländern in Anlehnung an Oswald Spengler[276] zur Vorstufe einer neuen Religion werden, aber nur, "wenn er sich von den Schlacken des vorigen Jahrhunderts reinigt, wird er siegen und leben. In Rußland wurde der Marxismus/Leninismus bereits zur Kirche."

Die junge Generation versteht nach Auffassung des "Gegner"-Herausgebers unter Sozialismus etwas anderes als die Parteien. Er ist kein "nebelhafter, liberaler Begriff" mehr, sondern handlungsorientiert. Er wird als "totale Mobilmachung,[277] militante Wirtschaft! Tabula Rasa! Generalstab, Produktionsarmeen, Pläne, Gemeinschaftsarbeit, restloser Einsatz und Verantwortung bis zum Äußersten" umschrieben. Es geht hier nicht um den revolutionären Sozialismus im Marxschen Sinne, der die bisherigen

---

[273] Schulze-Boysen, Harro: Gegner von heute ... a.a.O. - S. 16.
[274] Ebenda. - S. 13.
[275] Ebenda. - S. 21.
[276] Ebenda. S. 12. Vgl. auch Spengler, Oswald: Preußentum und Sozialismus, München 1919. - S. 96. Er schreibt von "der sich vorbereitenden Geburt einer neuen Religion" in Rußland.
[277] Dieser Begriff stammt von Ernst Jünger. Vgl. Jünger, Ernst: Krieg und Krieger. - Berlin 1930. - S. 11-30.

Produktionsverhältnisse überwinden wollte, um die Klassenunterschiede abzuschaffen.[278] Sozialismus hatte Harro Schulze-Boysen schon im "Gegner" als "revolutionäres Prinzip, das in sich die Errichtung eines neuen Arbeitsethos trägt"[279] bezeichnet. Die Vorbedingung des Sozialismus ist für ihn die "Vernichtung der papiernen Bürokratie, der Tod aller Vermassung und der entscheidende Kampf gegen die Undurchsichtbarkeit der Wirtschaft, der Sieg des politischen Menschen über die Börse. Der Sieg harter menschlicher Energie über die Machenschaften unserer Jobber und Spekulanten!"[280] Arbeit, Arbeiter, Produktionsmittel seien ausreichend vorhanden. Es fehlt die Macht im Staate, die vorhandenen Waren und das unbestellte Land zu verteilen. Der Autor favorisiert den "echten autoritären Staat"[281] für eine Besserung der Verhältnisse, läßt aber seine Gestaltung offen.

Für ihn ist der Arbeitsdienst die erste wirkliche revolutionäre Bewegung in Deutschland, die außerhalb der Parteien vorgeht. Deshalb sieht er in den Arbeitsdienstabteilungen die "S t o ß b r i g a d e n für die neue Einheit". Auch wenn er einzelne Begriffe, wie "Stoßbrigaden" aus dem Vokabular des sowjetischen Aufbauwillens übernimmt, lehnt er jede Kopie sowjetischer Erfahrungen für Deutschland ab. Für die Deutschen ist nach seiner Auffassung ein Vorstoß in einen neuen Produktionsapparat viel schwieriger als für die russischen Völker, die dem Modell des westlichen Industrialismus folgten. "Wir gehen in absolutes Neuland. Die Moskauer Generallinie kann daher für uns nicht wirksam sein".[282] Diese Klarstellung ist eine Absage an eine Unterordnung unter die Moskauer Führung, die er bei den deutschen Kommunisten als verhängnisvoll kritisiert.

Weiterhin will er den unversöhnlichen Gegensatz von Idealismus und Materialismus - "durch eine neue Auffassung, die den Menschen als totales Wesen erfaßt"[283] - auf höherer Ebene überwinden.[284] Eine neue Perspektive für den Begriff "Materialismus" entnimmt er Turelschen Überlegungen: "Mutter = Mater = Materia (Materialist. Geschichtsauffassung = Mutter Erde = Allmutter Natur = Zurück zu den Müttern (Goethe)".[285]

---

[278] Vgl. auch Marx, Karl: Die Klassenkämpfe in Frankreich 1848 bis 1850, in Karl Marx, Friedrich Engels, Werke Band 7. - Berlin 1969. - S. 49.
[279] Vgl. auch Esbe, Heinz: a.a.O.
[280] Schulze-Boysen, Harro: Gegner von heute .. a.a.O. - S. 23.
[281] Ebenda. - S. 13. Vgl. auch Uwe, Wolfgang: Die soziale Diktatur, Breslau, 1933. Der an der "Täglichen Rundschau" arbeitende Erwin Gehrts schrieb dieses Buch, das Anfang 1933 unter dem Pseudonym Wolfgang Uwe erschien. Den darin entwickelten Vorstellungen eines von dem Reichspräsidenten bestimmten autoritär zu vollziehenden Krisenmanagements stimmte Harro Schulze-Boysen grundsätzlich zu. Siehe auch HSB: Buchkritik. - In: Gegner 4. Jg. 1933 H. 4 vom 20.4.1933. - S. 14.
[282] Ebenda. - S. 25.
[283] Esbe, Heinz: a.a.O.
[284] Ebenda. S. 14.
[285] Vgl. Esbe, Heinz: a.a.O.; Turel, Adrien: Hitler und die Kommenden, 2. Jg. Gegner (1932) H. 9; ders.: Recht auf Revolution, a.a.O.

Dem "mechanischen Staatsgedanken" stellt er den umstrittenen Begriff der Volksgemeinschaft, den er bereits in einem Aufsatz im "Gegner" als "Fiktion" bezeichnet hatte, gegenüber.[286] Das "Volk" wird eher romantisch gedeutet und als Gegensatz zum Staat als einer künstlichen und abstrakten Ordnung empfunden, ohne jedoch in völkische Niederungen zu geraten. In einer Art "direkter Demokratie", wie sie Arthur Mahraun[287] bereits entwickelte, soll die Kluft zwischen dem "Volk" und einer "Schein-Führung" überbrückt werden. In der "Entwicklung vom Stimmbezirk und der Parteiorganisation zum lebendigen Bund gestaltender politischer Kräfte" sieht er einen Ausweg aus der permanenten Staatskrise: "Der notwendige Aufbau der untersten Zellen eines neuen Staates und die Zusammenführung heute noch namenloser Kräfte stellt die Aufgabe der nächsten Jahre dar. In S t a d t u n d L a n d w e r d e n s i c h d i e a l t e n G e g n e r z u s a m m e n s c h l i e ß e n. Über die Köpfe ihrer Scheinführer hinweg werden sich in Kürze die Aktivisten aller Gruppen in örtlichen Ausschüssen und Bünden sammeln, um den wahren Volkswillen neu zum Ausdruck zu bringen".[288]

Eine Veränderung der Gesellschaft ist für ihn nur durch eine Art Revolution möglich. Das revolutionäre Stadium vergleicht Harro Schulze-Boysen - angeregt durch A. Turel - mit dem Leben eines Ungeborenen: "Der Revolutionär ist ein ungeborenes Kind im Schoße der bisherigen Gesellschaft. Er ist in seiner Bewegungsfreiheit gehemmt und gezwungen, sich von fremder Substanz zu ernähren. Das Reich des revolutionären Menschen ist nicht von dieser Welt. Es ist die inseitig erlebte Wirklichkeit von Morgen."[289] Diese eher geheimnisvolle Revolutionstheorie ist von ganz anderer Art als sie von Marx oder Lenin entwickelt worden war. Nicht die Veränderung der sozialen Lebensbedingungen und der Produktionsverhältnisse, sondern zunächst einmal des Menschen aus sich selbst heraus, wird hier angestrebt. Harro Schulze-Boysen geht es um den Wandel von innen, um zu einem nicht näher erklärten neuen Menschentyp vorzustoßen, der "die offene Revolution damit einleitet, daß er seine neue i n s e i t i g e Wahrheit lebt".[290] "Revolutionär sein ist Schicksal" heißt es mystisch in Anlehnung an Möller van den Bruck.[291]

In dieser Schrift kommen verschiedene geistige Einflüsse zum Tragen. Mit ebenso radikalem Anspruch wie beim Urheber dieses Gedankens, Friedrich Nietzsche, hält der Autor den Moment für gekommen, wo "die Zeit der bloßen Antithese" vorbei ist, die

---

[286] Vgl. Schulze-Boysen, Harro: Die Saboteure der Revolution (Anlage 3). a.a.O.
[287] Mahraun, Arthur: Das jungdeutsche Manifest. - a.a.O. Das Manifest enthält einen kompletten Staatsvorschlag, aufgebaut auf Nachbarschaften von je 500 beieinander wohnenden Wahlberechtigten, deren gewählte Vertreter den Gemeinde- oder Stadtrat bilden sollten, der wiederum aus seinen Reihen den Landrat zu wählen hat.
[288] Schulze-Boysen, Harro: Gegner von heute ... a.a.O. - S. 17/18.
[289] Ebenda. - S. 21.
[290] Ebenda. - S. 16.
[291] Möller van den Bruck, Arthur: Das dritte Reich. - Breslau 1934, S. 20: "Revolutionär ist, wer diesem Geschlechte heute schon angehört: in seinem Vorgefühl, in seiner Geistesverbundenheit, in seiner Schicksalszugehörigkeit."

"Revision aller Werte" die "bisherige Ordnung erschüttert und ersetzt" und der "Vorstoß zu einem neuen Menschentyp" notwendig ist.[292] Die Krise der Gegenwart ist Folge und Ergebnis des "Klassenkampf der bisherigen Art", der "ohne Zweifel die bisherige Ordnung erschüttert und zersetzt".[293]

Hier ergibt sich eine Nähe zu den Gedanken des Großonkels mütterlicherseits Ferdinand Tönnies, für den die besitzlosen Massen sich vom Klassenbewußtsein zum Klassenkampf erhoben haben und so zur Ursache des Umschlagens der modernen Zivilisation werden: "Der Klassenkampf zerstört die Gesellschaft und den Staat, welche er umgestalten will".[294] Die gesellschaftliche und staatliche Kultur und ihre gestaltenden Kräfte befinden sich in einer Krise. Wolfgang Heise hat herausgestellt, daß neben Nietzsche auch F. Tönnies "als konzeptioneller Ideologe dieses Krisenbewußtseins" wirksam wurde.[295] Harro Schulze-Boysen übernimmt offensichtlich von Tönnies die Untergangsbeschreibung des Kapitalismus als Negation seiner Perspektive, aber vor allem den Begriff der "Gemeinschaft". Gesellschaft und Gemeinschaft sind bei Tönnies soziale Verbunde von Menschen, die sich durch die äußere Zweckbestimmung als Gesellschaft und innere Verbindung als Gemeinschaft unterscheiden. Der Soziologe Herman Schmalenbach setzt neben die soziologischen Kategorien der 'Gemeinschaft' und 'Gesellschaft' die "Kategorie des Bundes",[296] der durch "aktuelle Gefühlserlebnisse zusammengeschweißt" werde. Gemeinschaft kann jede soziale Gruppe werden, ein Verein oder die Jugend durch das "dauernde echte Zusammenleben",[297] durch das "Miteinander-Wirken und Walten in der gleichen Richtung, im gleichen Sinne",[298] als "Zusammenhang des mentalen Lebens"[299]. Letztendlich sind die der Gemeinschaft zugrunde liegenden Bindungen nicht rationale Zwecke, sondern irrationalen Charakters.[300]

In der Schrift von Harro Schulze-Boysen erscheint manches visionär, spekulativ, auch beschwörend, so wenn er schreibt: "R e v o l u t i o n ä r sein ist S c h i c k s a l als Aufgabe ... Es ist Euch nicht rational faßbar genug. Es ist Euch zu unheimlich. Es ist Euch nicht heil genug".[301] In dem Aufsatz findet man neben eher neokonservativen

---

[292] Schulze-Boysen, Harro: Gegner von heute ... a.a.O. - S. 13.
[293] Ebenda.
[294] Tönnies, Ferdinand: Gemeinschaft und Gesellschaft. Grundbegriffe der reinen Soziologie. - Berlin 1912 - S. 303.
[295] Heise, Wolfgang: Aufbruch in die Illusion. Zur Kritik der bürgerlichen Philosophie in Deutschland. - Berlin 1964. - S. 164.
[296] Schmalenbach, Herman: Die soziologische Kategorie des Bundes. In: Die Dioskuren. - Berlin 1922. - S. 35ff.
[297] Tönnies, Ferdinand: a.a.O. - S. 5.
[298] Ebenda. - S. 16.
[299] Ebenda. - S. 17.
[300] Bernsdorf, Wilhelm; Bülow, Werner: Wörterbuch der Soziologie. - Stuttgart 1955. - S. 153.
[301] Schulze-Boysen, Harro: Gegner von heute. - S. 13.

Gedankengängen auch die Anerkenntnis, daß der Marxismus als ein geistiger Faktor aus der Geschichte nicht mehr fortzudenken sei: "Jeder Versuch, ihn zu ignorieren oder zu umgehen, ist zum Scheitern verurteilt. Es wird keine politische Betrachtungsweise mehr geben, die nicht Karl Marx einbezieht".[302] Interessant ist auch, wovon in dieser Schrift nicht die Rede ist. Begriffe wie Demokratie, Humanismus, Widerstand, Antifaschismus, Unabhängigkeit, Einheitsfront, deutscher Sozialismus, drittes Reich, Freiheit, proletarischer Internationalismus, Faschismus[303] und andere finden keine Erwähnung. Eine gewisse Abkehr von Freiheit, Gleichheit, Brüderlichkeit, den Idealen der französischen Revolution, ist unverkennbar. Es werden keine eindeutigen demokratischen Perspektiven aufgezeigt, ein anderer Demokratiebegriff angedeutet, kein neuer Freiheitsbegriff entwickelt. Der übergreifende Ansatz "Gegner von heute Kampfgenossen von morgen" zur Überwindung von Krise und Zukunftslosigkeit bleibt noch zu sehr im Unverbindlichen stecken. Das Versagen der politischen Kräfte in der Weimarer Republik wird der bürgerlichen Demokratie angelastet, die Bedrohung des Zusammenlebens durch die zur Macht strebenden Nationalsozialisten kaum thematisiert. Nur kurz flackert eine Auseinandersetzung mit der NSDAP als eine "pseudosozialistische und ressentimentsozialistische" Partei auf.

Eine rein nationalbolschewistische und nationalrevolutionäre Linienführung, wie sie Tilmann Schulz in der Schrift sieht, ist nur schwer auszumachen.[304] Die von Louis Dupeux vorgenommene Zuordnung der Schriften von Fred Schmid und Harro Schulze-Boysen zum "Nationalbolschewismus",[305] geht am Selbstverständnis der Autoren und an ihrer Wirkungsgeschichte vorbei.

Harro Schulze-Boysen rezipiert in dieser kleinen Schrift einen breiten Kreis von Autoren. Gedankengänge von Turel und Schmid sind ebenso anzutreffen wie Begriffe von Nietzsche, Niekisch, Ernst Jünger, Mahraun, Spengler, Otto Strasser und anderen. Die Schrift zeugt, wenn auch manches unscharf, verschwommen und eklektisch anmutet, von der Fähigkeit, den Rhythmus einer Zeitenwende in weiterführende Gedanken und in einprägende Worte zu setzen. Der Aufsatz verdeutlicht das Suchen nach neuen Orientierungen und Alternativen außerhalb des sich dann von 1933 bis 1945 durchsetzenden braunen Hauptstroms deutscher Geschichte.

---

[302] Ebenda. - S. 12.

[303] Vgl. auch Esbe, Heinz: a.a.O.: In diesem Artikel definiert er den Faschismus als "Versuch der herrschenden Gesellschaftsschicht, sich unter Gewaltanwendung gegen den Willen der Unzu-friedenen an der Macht zu erhalten. Allgemeine Parole: Strammstehen! Unterdrückt die Kritik der Klassengegensätze, beseitigt sie aber nicht. Nicht alle Nationalsozialisten sind Faschisten."

[304] Tilman Schulz leitet in seiner Dissertation aus zwei Zitaten aus der Schrift "Gegner von heute ... " die "Quintessenz nationalbolschewistischen Denkens" (S. 140) und das "nationalrevolutionäre Moment" (S. 190) Schulze-Boysens ab.

[305] Vgl. auch Dupeux, Louis: a.a.O. - S. 478. Zum "Nationalbolschewismus" zählt er im Quellen- und Literaturverzeichnis die "Gegner"-Schriften von Harro Schulze-Boysen und Fred Schmid.

Viel wesentlicher als der Aufsatz ist jedoch für den "Gegner" Schulze-Boysen die Aktivität, denn all das, was die "Gegner" tun, "wird mehr Nachdruck haben als das, was sie schreiben".[306]

3.6 Der "Gegner" unter Hitler - Nun erst recht!

Die Ernennung Hitlers zum Reichskanzler am 30. Januar 1933 hatte zunächst keine Konsequenzen für die Zeitschrift und den "Gegner"-Kreis, auch wenn Schulze-Boysen und Turel von diesem Augenblick an nicht ausschlossen, verhaftet zu werden.[307] Die im Januar-Heft des "gegner" veröffentlichten Zuschriften von SA-Leuten, einem Jungarbeiter, Studenten und Jugendführern ließen eine größere soziale Breite der "Gegner" sichtbar werden: "Junge Kämpfer aus allen Lagern stießen zu uns. Berlin wurde bald überflügelt von der Landschaft. In der SA, bei Rot Front, unter den Jungdeutschen und Sozialisten - überall fanden sich "Gegner" zusammen. Heute schon besteht eine unsichtbare Front durch Deutschland."[308] Dieser Ansatz kam jedoch nicht mehr zum Tragen. Die Gegenkräfte saßen bereits an den Schalthebeln der Macht. Nach dem "Polizeierlaß" Görings vom 2. Februar, der alle Demonstrationen und Versammlungen der KPD verbot, folgte am 4. Februar die "Verordnung zum Schutze des deutschen Volkes", die eine scharfe Pressezensur zur Folge hatte und die Versammlungen und Zeitungen antifaschistischer Kräfte unter Ausnahmegesetz stellte und Genehmigungspflicht verkündete.

Nachdem die Hochschule für Politik eine "gegner"-Zusammenkunft aus "Raummangel"[309] abgelehnt hatte, beantragte am 11. Februar der Mitarbeiter des "Gegner", Harry Gronau, eine polizeiliche Genehmigung für eine Diskussionsveranstaltung am 16. Februar 1933 im "Nordischen Hof" am Stettiner Bahnhof.[310] Dieser Antrag löste im Polizeipräsidium einen Vorgang "zur gefl. Feststellung der politischen Einstellung des "Gegner"-Kreises" aus.[311] Nach zwei Tagen konnte der beauftragte Beamte über die politische Einstellung nichts Positives berichten: "Die Tendenz der von dieser Organisation herausgegebenen und hier hinterlegten Zeitschrift 'Gegner' erscheint

---

[306] Schulze-Boysen, Harro: Gegner von heute ... a.a.0. Einleitung.
[307] Turel, A.: Bilanz ... a.a.O. - S. 135.
[308] Schulze-Boysen, Harro: Gegner von heute Kampfgefährten von morgen. - In: Die Kommenden (1933) H. 9/10 vom 5.3.1933 (Anlage 5).
[309] Siehe Geheimes Staatsarchiv Berlin-Dahlem, Rep. 303 (Deutsche Hochschule für Politik), Nr. 353.
[310] Polizeibericht über die vom "Gegnerverlag" einberufene Versammlung am 16.2.33 um 20.30 Uhr im Nordischen Hof, Invalidenstr. BA, Abteilungen Potsdam, St 22/165.
[311] Ebenda.

sehr verworren. Die Organisation selbst bezeichnet sich in politischer Hinsicht als überparteiisch."[312]

In einem Flugblatt[313] stellte der Einberufer der Diskussionsveranstaltung, Schulze-Boysen, die Frage

> "Was tut das Proletariat? Wo steht der Arbeiter?
> Nationalsozialisten, Kommunisten, Sozialdemokraten,
> Gegner aller Lager beschäftigen sich mit diesen Fragen.
> Alle beschäftigt die Frage einer lebendigen Einheitsfront der
> Arbeit gegen das Kapital.
> Wie lange werden wir noch Kompromisse schließen?
> Ernst Jünger, Verfasser des Buches "Der Arbeiter", klagt an:
> "die Erziehungskunst' des Bürgers am Arbeiter besteht
> darin, daß er ihn zu seinem Verhandlungspartner erzog
> und ihn so korrumpierte"
> Wie stellt ihr Euch zur Frage des Arbeiters?"

Es ging wohl weniger um das Buch von Jünger, das der "gegner" im Dezemberheft 1932 bereits vorgestellt hatte. Im Vordergrund stand für Harro Schulze-Boysen an diesem Abend das politische Anliegen, "eine lebendige Einheitsfront der Arbeit gegen das Kapital" zu schaffen.[314] Das erwies sich in der Diskussion als nicht so einfach. Unter den fast 200 Anwesenden befanden sich zahlreiche Kommunisten. Unverständnis löste die Forderung Harro Schulze-Boysens aus, eine Front von jüngeren Leuten zu schaffen, die nicht hinter dem Marxismus zurückbleiben dürften, sondern über ihn hinauswachsen müßten. Die anwesenden Kommunisten und Sympathisanten waren mehr an Tatsachen als an der vertretenen Theorie interessiert. Abwertend wurde der "Gegner"-Kreis als "Diskutierklub" hingestellt, "der wahrscheinlich noch diskutiere, wenn die Arbeiterschaft bereits marschiere."[315] Ein rechter Dialog schien zwischen den "Gegnern" und den Kommunisten an diesem Abend nicht aufgekommen zu sein. Enttäuscht machte Fred Schmid den kommunistischen Rednern den Vorwurf, sich ohne weiteres von der "Gegner"-Bewegung abzuwenden, wo doch eine Einheitsfront durchaus möglich sei.

An dieser Diskussion werden die Schwierigkeiten des einsetzenden Dialogs zwischen den aus der Bürgerwelt aufbrechenden Jugendlichen und Mitgliedern der KPD sichtbar. Erstmals kamen Ende 1932 im "Roten Aufbau" Vertreter nationalrevolutionärer Gruppen zu Wort.[316] Karl O. Paetel trat erneut dafür ein, nicht mit, sondern neben der

---

[312] Ebenda.
[313] Ebenda.
[314] Ebenda.
[315] Ebenda.
[316] Laß, Werner; König, Rolf: Warum sind wir gegen Hitler?. - In: Der Rote Aufbau (1932) H. 21.

KPD zu marschieren.[317] An der Diskussion im "Nordischen Hof" beteiligten sich Kommunisten, Jungdeutsche, Sozialisten, sozialrevolutionäre Nationalisten und Vertreter anderer Gruppen, auch die "gegner"-Autoren Jorg Lampe, Adrien Turel, Fred Schmid. Nationalsozialisten erwähnte der Polizeibericht nicht, obwohl sie in der Einladung angekündigt waren. Direkte Angriffe gegen die neuen Machthaber wurden offensichtlich vermieden. Man beachtete die Zeichen der veränderten politischen Landschaft und die anwesenden Polizeibeamten. Am 15. Februar war bereits Otto Strassers "Schwarze Front" verboten worden.

Harro Schulze-Boysen schloß die "Gegner"-Versammlung am 16. Februar 1933 mit dem Bekenntnis, daß der "Gegner"-Kreis seine ganzen Bemühungen auf die Herstellung der sozialistischen Einheitsfront richten werde. Diese Zielrichtung ging weiter als die von Paetel erstrebte "Einigung der den Nationalkommunismus repräsentierenden nationalrevolutionären Gruppen", zu denen er auch den "Gegner" zählte.[318] Im "Gegner" und auch auf der Versammlung Mitte Februar war wenig von einer Übereinstimmung mit nationalkommunistischen Ideen zu bemerken. Es war die letzte und zugleich die größte "Gegner"-Versammlung.[319] Aufschlußreich ist, daß trotz oder gerade wegen der Verschärfung der inneren Lage in Deutschland Schulze-Boysen in seinen Schlußgedanken der "Gegner"-Veranstaltung auf das Verhältnis von Nationalem zu Internationalem einging. Für ihn gehörten Internationalismus und Liebe zur eigenen Nation unbedingt zusammen.[320] Er hatte in den Januartagen 1933 einen offenen Brief eines "jungen Deutschen an Frankreich" formuliert, den die französische Zeitschrift "Esprit" am 1. Februar 1933 veröffentlichte. H. Schulze-Boysen ging von dem tiefen Graben zwischen den beiden Völkern aus. Er wandte sich gegen eine Verständigung und Annäherung in Form einer "Paneuropäerei", weil durch die Fusion der kapitalistischen Interessen die Grundlagen der jetzigen Gesellschaft nur gefestigt würden. Er lehnte Interventionsversuche gegen die Sowjetunion ab. Deutsch-französische Verständigung könnte sich nur aus einer Revolution ergeben, die eine neue Einheit des Volkes

---

[317] Paetel hatte noch Ende Januar 1933 ein "Nationalbolschewistisches Manifest" vorgestellt. Darin drängte er auf die Gründung einer Nationalkommunistischen Bewegung oder Partei außerhalb der KPD mit Ernst Niekisch oder dem Bauernführer Claus Heim an der Spitze. Er wollte die "Wenigen, die Unbedingten, die Sozialisten, die Aktivisten .. als Orden der Nation formieren, auf die Losung des unsterblichen Deutschland verschworen." Siehe Jantzen, Hinrich: Namen und Werke. Biographien und Beiträge zur Soziologie der deutschen Jugendbewegung. - Bd. 3. - Frankfurt (Main) 1975. - S. 264.

[318] Jantzen, H.: a.a.O.; Paetel erwähnte weiterhin Werner Laß und die "Eidgenossen", Jupp Hoven und den "Jungpreußischen Bund", Ernst Niekisch und den "Widerstandkreis", Rolf König und die "Jungen Kämpfer", den Kreis um Friedrich Hielscher um das "Reich" und auch das "Graue Korps". Er forderte all die Gruppen auf, die Vorbereitung für eine einheitliche Nationalkommunistische Bewegung in die Hand zu nehmen.

[319] Der anwesende Polizeikommissar zählte am 16. Februar etwa 100 Personen, davon 25 Frauen, in der Mehrzahl Studenten und Intellektuelle. Der Veranstalter kam auf fast 200 Menschen: "Die Aussprache hatte ein hohes Niveau und es ging alles ruhig und vornehm vor sich. Die hohe Polizei hatte gar nichts zu tun, obwohl sie mehrere Mann stark aufpaßte." Vgl. auch Brief an die Eltern vom 17.2.1933, IfZ München ED 335/2.

[320] Vgl. auch Polizeibericht: a.a.O.

vorbereite, neue Ideen durchsetze und neue Menschen durchdringen helfe: "Die europäische Jugend muß im antikapitalistischen Sinne denken und handeln lernen, das heißt überstaatlich", und der 23jährige Deutsche appellierte: "Wir kämpfen doch für eine gemeinsame Sache!"[321] Es antwortete Raymond Aron mit einem allgemein gehaltenen Brief eines jungen Franzosen an Deutschland.[322] Die "Revue d'Allemagne" veröffentlichte noch am 15. April 1933 einen längeren Beitrag von Alexandre Marc über die "gegner", worin er wesentliche Gedanken aus deren Schriften mit viel Sympathie vorstellte, wenn er auch nicht verhehlte, daß "ihre Ideen oft zu fragmentarisch bleiben, verschwommen, manchmal sogar zweideutig." Auch schien dem Autor ein wenig der "Geist der Härte" zu fehlen. Jedoch stellte er gewisse Annäherungen zu der französischen Gruppe "Ordre Nouveau" fest.[323]

Mitte Februar 1933 erschien dem Herausgeber des "gegner" der Ausbau der Beziehungen nach Polen als äußerst wichtig.[324] Die Bundesgenossen des künftigen Deutschlands waren für ihn die Proletarier in Paris, Warschau und Prag.[325] Engere Verbindungen des "Gegner" bestanden zu westeuropäischen Zeitschriften, z.B. zu "New Britain" aus London, "Esprit" und "Plans" aus Paris, "Antieuropa" aus Rom, "Eveil" aus Genf.[326] Im Januar und Februar beschäftigten sich verschiedene Artikel im "Gegner" wieder mit der Sowjetunion. Njemrus, wahrscheinlich Klaus Mehnert, leitete seinen Bericht "Begreifen wir den russischen Menschen" mit dem Gedicht von Alexander Block "Die Sphinx ist Rußland, jauchzend und betrübt" ein und endete mit der Fragestellung "Weiß die junge Generation der Deutschen um die Wahlverwandtverschaft mit jener im Osten?"[327]

Der "gegner"-Kreis stellte sich zunehmend auf die neuen Bedingungen ein. Es wurden lockere Formen der Zusammenkünfte entwickelt, damit man die jetzt verordnete polizeiliche Anmeldung von Veranstaltungen umgehen konnte: "Berlin richtet Arbeitsgemeinschaften für aktuelle Politik, theoretische Schulung, Jugendarbeit, Agitprop und Handwerk ein ... In Zukunft findet jeden 2. und 4. Donnerstag im Monat ein zwangloser Abend der Gegnerleser im Cafè Adler am Dönhoffplatz statt".[328] Noch im April wurde um Anmeldungen an den Verlag für die Arbeitsgemeinschaft "Religionskampf" und "aktuelle Politik" gebeten.[329] Gleichzeitig wurden Treffpunkte für

---

[321] Schulze-Boysen, Harro: Lettre ouverte d'un jeune allemand a la france. - In: Esprit (1933) H. 5 vom 1.2.1933.
[322] Aron, Raymond: Lettre ouverte d'un jeune francais a l'allemagne. - In: Esprit (1933) H. 6 vom 15.2.1933.
[323] Marc, Alexandre: Les adversaires. - In: Revue d`Allemagne vom (1933) H. 4 vom 15.4.1933.
[324] Brief an die Eltern vom 17.2.1933, IfZ München ED 335/2.
[325] HSB: Randbemerkungen. - In: gegner 4. Jg. (1933) H. 2 vom 15.2.1933.
[326] gegner 4. Jg. (1933) H. 4 vom 20.4.1933.
[327] njemrus: Der russische Mensch. - In: Gegner (1933) 4. Jg. H. 2. vom 15.2.1933.
[328] Vgl. gegner 4. Jg. (1933) H. 2 vom 15.2.1933. - S. 14.
[329] Vgl. gegner 4. Jg. (1933) H. 2 vom 15.2.1933. - S. 13.

die "Gegner" außerhalb Berlins ins Auge gefaßt. Im Februar 1933 unternahm Werner Dissel eine Motorradfahrt bei Schnee und Eis, um in Horst an der Ostsee "einen halbverfallenen Schuppen" anzusehen. Dort gedachte Harro Schulze-Boysen ein Schulungslager für die "Gegner" einzurichten.[330] Für den Sommer wurde ein Lager an der Ostsee angeregt.[331]

Das Februar-Heft 1933 des "gegner", das am 15. Februar erschien, nahm Stellung zur neuen Regierung unter Adolf Hitler. Auf der Titelseite bemühten sich in einer graphischen Darstellung zwei Gestalten, den Zeiger einer großen Uhr aufzuhalten, der kurz vor zwölf steht. Darunter in gesperrten Buchstaben: UND SIE BEWEGT SICH DOCH! Auf der Seite 2 wurden die Forderungen der "Gegner" an das nun angebrochene Dritte Reich formuliert:

Das Programm der NSDAP zu erfüllen
Das Schanddiktat von Versailles endgültig umzustoßen
Die Börse zu schließen[332] und
Die antikapitalistische Sehnsucht unseres Volkes zu
verwirklichen und Deutschland in die Epoche des Sozialismus
hineinzuführen.

Die "gegner" nahmen die Nationalsozialisten beim Wort und forderten die Einlösung ihrer Versprechungen. Harro Schulze-Boysen analysierte in einem Aufsatz "Machtergreifung" (Anlage 6) die Möglichkeiten der Opposition. Für ihn befanden sich die Dinge weiterhin im Fluß: "Der Tag, an dem die Kämpfer aller Lager aufstehen, ist noch nicht gekommen".[333]

Der Nationalsozialismus war eine heterogene, in sich widersprüchliche Bewegung. Hieraus ergaben sich für den Autor zugleich die Chancen für eine breite sozialistische Einheitsfront, die von Hitler mißbrauchte und enttäuschte SA-Leute ebenso einbeziehen sollte wie auch die mit unzulänglichen Methoden und Parolen kämpfenden Kommunisten. Hierzu sah er als notwendig an, gründlich Bilanz der bisherigen Arbeit zu ziehen als notwendige Grundlage für alle weiteren revolutionären Maßnahmen.

Die Machtmittel lagen in den Händen der Regierung, ein von der gesamten Arbeiterschaft getragener Generalstreik war nicht in Sicht. Deshalb hielt Schulze-Boysen "nun eine gewisse Zurückhaltung nach außen im Augenblick für die klügste Taktik der Opposition ... Die revolutionären Kräfte haben heute nicht die Aufgabe, begeistert in eine heroische Niederlage hineinzulaufen." Stattdessen sah er die Notwendigkeit, eine sinnvolle Frontstellung aufzubauen. Er hoffte, daß die "Hitler-Hugenberg-Papen ebenso

---

[330] Vgl. Dissel, Werner: a.a.O.
[331] Vgl. gegner 4.Jg. (1933) H. 2. vom 15.2.1933. - S. 13.
[332] Nationalsozialistische Studenten hatten am 31. Januar 1933 die Schließung der Börse verlangt.
[333] Schulze-Boysen, Harro: Die Machtergreifung. - In: gegner 4. Jg. (1933) H. 2 vom 15.2.1933 (Anlage 6).

über den p a s s i v e n W i d e r s t a n d der Sozialisten in Deutschland straucheln werden, wie vor 10 Jahren Poincaré am passiven Widerstand der einigen Ruhrbevölkerung gescheitert ist." Dabei setzte er auch auf die enttäuschten Anhänger der NSDAP, denen statt Brot ein Feldzug gegen das "Untermenschentum" geboten werde. Am Beispiel des "passiven Widerstands" wurde ein gewisser Optimismus verbreitet, daß Opposition notwendig und noch möglich sei.

Innerhalb der Analyse der Möglichkeiten und Chancen überschätzte Harro Schulze-Boysen jedoch den mäßigenden Einfluß von Hugenberg und Papen in der Regierungskoalition auf Hitler. Für ihn waren die Interessen des Kapitals nicht zu trennen von der bürgerlichen Parteienwirtschaft: "Papenmephisto läßt den nationalsozialistischen Faust nicht mehr los." Hier irrte der Verfasser. Die führenden Vertreter der Industrie und der Banken favorisierten immer eindeutiger Hitler, der am kompromißlosesten ihre Interessen zu vertreten schien.

Außenpolitisch gab der Herausgeber des "gegner" dem neuen Reichskanzler wenig Kredit: "Das ist eine weitere Schwäche seiner Lage. Diese Schwäche ist das Ergebnis seines Unvermögens, die gesamte Schicht aktiver Kräfte, über die jedes Land verfügt und die jede mächtige Regierung braucht, mit der rein negativen Parole des Antimarxismus zu befriedigen. Erst wenn das deutsche Volk geistig und materiell zu einer neuen Einheit geworden ist - und diese Einheit bedarf der geistig vorbereitenden Tat - erst dann wird es wieder in das "Konzert der Mächte" eintreten können. Die "gegner" warten auf diesen Tag."

In dem Aufsatz kommen grundsätzliche Vorbehalte, aber auch Skepsis und Distanz gegenüber den neuen Machthabern zum Ausdruck, teilten sie doch das Volk, statt es zu einen. Aus den geäußerten Erwartungen (Die "gegner" warten auf diesen Tag) spricht das Drängen auf wirkliche Veränderungen, die Hitler und die neue Regierung nicht in Angriff genommen hatten. Die Vorstellungen der "Gegner" waren anderer Art als die der "nationalen Erhebung" der Nazis. Der Autor billigte taktischerweise Hitler in diesem Aufsatz die Möglichkeit zu, "uns zu beweisen, daß er der große Revolutionär des deutschen Sozialismus ist. Aber die ersten zwei Regierungswochen haben uns in keiner Weise zu überzeugen vermocht".[334]

Auch Carl von Ossietzky klagte Mitte Februar beim Reichskanzler Hitler die unerfüllten Erwartungen ein: "Deutschland wartet!"[335]. Opposition auf der Straße sei leichter als Versprechungen zu erfüllen. Noch gingen viele Hitler-Gegner davon aus, daß die Nazis schnell abwirtschaften werden. Harro Schulze-Boysen schien vergnügt und gab der Naziherrschaft keine lange Dauer, als Arnold Bauer ihn und Adrien Turel in jenen Tagen traf.[336] Selbst Carl von Ossietzk, der schon Ende 1931 vor der Brutalität der

---

[334] Ebenda.
[335] von Ossietzki, Carl: Deutschland wartet! Weltbühne (1933) Nr. 7 vom 14.2.1933.
[336] Vgl. auch Bauer, Arnold: Erinnerungen a.a.O. A. Bauer traf Harro Schulze-Boysen nach der "Machtergreifung" auf der Straße. Er schien sehr vergnügt und optimistisch und gab der Naziherrschaft keine lange Dauer.

Nationalsozialisten gewarnt hatte, blieb verhalten optimistisch. Er hegte noch die Hoffnung auf einen Generalstreik wie gegen Kapp 1920 und blieb im Lande. Harro Schulze-Boysen setzte auf die Illusion eines passiven Widerstands, wie er ihn 1923 im Ruhrgebiet erlebt hatte, der die Nazis in die Schranken weisen könnte. Beide Hitlergegner unterschätzten die Mobilisierungsmöglichkeit der nationalsozialistischen Bewegung unter großen Schichten der deutschen Bevölkerung und überschätzten die Widerstandsfähigkeit der Arbeiterbewegung als Hauptkraft der Opposition gegen den deutschen Faschismus.

Die Mutter in Duisburg war nach der "Machtergreifung" über die nicht nachlassenden Aktivitäten und den nach wie vor freimütigen Stil ihres Sohnes in Berlin beunruhigt. Ihr Ältester äußerte sich zuversichtlich: "Mamas Warnung kann ich recht gut verstehen. Ich bin aber so fest davon überzeugt, dass die politischen Dinge noch keineswegs zum Stillstand gekommen sind, sondern sich noch fortlaufend in der ganzen Welt revolutionär weiterentwickeln werden, dass es mir gradezu dumm erscheinen würde, gerade jetzt die Zeitschrift aufzugeben. Voraussichtlich werden wir aus dem Verlag in den nächsten Wochen schon eine GMBH machen. Ich denke, dass Fred Schmid fest für unsere ganze Gegnerarbeit gewonnen ist. Das ist natürlich ein grosser Erfolg und eine Art geschäftlicher Garantie. Wir haben jetzt einen Vertrag geschlossen. Er ist jetzt Mitinhaber des Verlages".[337] Hoffnungsvolle Aussichten in einer schweren Zeit.

Eine letzte große Versammlung - von verschiedenen Gruppen einberufen - vereinte am 27. Februar etwa 200 junge Leute aus allen politischen Lagern im "Nordischen Hof" am Berliner Nordbahnhof. "Das Erstaunliche des Ereignisses," erinnert sich ein Teilnehmer, "war die absolute Einmütigkeit und brüderliche Verbundenheit, die aus jeder Äußerung der verschiedenen Sprecher hervorklang. Ob tusk, Harro Schulze-Boysen oder Hildebrandt sprachen, allen war trotz der verschiedenen politischen Akzente das 'Dennoch' und das 'Nichtaufgeben-Wollen' gemeinsam".[338] Sie wandten sich "unter ostentativem Beifall einer nicht kleinen Anzahl rebellischer Hitlerjungen gegen die Machtübernahme durch die Faschisten".[339] Als die Teilnehmer die Versammlung verließen, - man ging von dieser Veranstaltung recht optimistisch - sahen sie schon den Feuerschein des brennenden Reichstages.[340]

Am 28. Februar setzte der Reichspräsident durch die "Verordnung zum Schutz von Volk und Staat" die wichtigsten Grundrechte der Weimarer Verfassung bis auf weiteres außer Kraft und drohte schwere Strafen, darunter die Todesstrafe, für Widerstand gegen den Staat an. Diese Verordnung bedeutete praktisch die Verkündigung des

---

[337] Brief an die Eltern vom 17.2.1933, IfZ München ED 335/2.
[338] Heigru: Aufrecht zwischen den Stühlen K. O. P. Grüße zum 50. Geburtstag am 23. November 1956 für Karl O. Paetel. - München 1956. - S. 21; siehe auch Paetel, K. O., Reise .. a.a.O. - S. 125: "Die Tatsache, daß der Nationalsozialismus die Macht ergriffen hatte, kam in einigen Nebensätzen am Rande vor."; ferner Werner, Robert, a.a.O. - S. 308.
[339] Paetel, K. O.: Versuchung ... a.a.O. - S. 70.
[340] Dissel, Werner: a.a.O.

Ausnahmezustands über Deutschland. Am 3. März 1933 wurde Harro Schulze-Boysen verhaftet: "Eben einen Tag und eine Nacht im Gefängnis gewesen. Ohne Angabe irgendeines Grundes mit 55 Leuten in einem dunklen überheizten Keller zusammengepfercht. Üble Schikanen. Eben wieder freigelassen. Ich habe in diesen Stunden herrliche Menschen kennengelernt. Darum: Nun erst recht!"[341]

Die Reichstagswahlen am 5. März fanden unter einem faktischen Ausnahmezustand statt. Trotzdem erhielten die Nazis mit 43,9% aller abgegebenen Stimmen nicht die absolute Mehrheit. Viele "Gegner" wählten die Liste 4, KPD.[342] Am 9. März wurden die 85 Mandate der Kommunisten für ungültig erklärt und Haftbefehle gegen die kommunistischen Abgeordneten verhängt. Damit war die absolute Mehrheit gesichert. In den Märztagen erschien in der Redaktion des "Gegner" ein Kriminalkommissar und befragte den Herausgeber nach der "Gegner-Vereinigung". Dieser antwortete, daß sich der "Gegner"-Kreis nicht aus festen Mitgliedern zusammensetze und über keinerlei Satzungen verfüge. Größtenteils junge Leute aus allen Ständen fühlten sich diesem Kreis zugehörig. Eine "Tendenz der Vereinigung" gebe es nicht, da die eigentliche Richtung noch nicht feststehe.[343] Harro Schulze-Boysen ließ in diesem Gespräch vieles offen, vermied politische Aussagen und nannte keine Mitarbeiter. Die Herausgeberschaft habe er vor einem halben Jahr von einem gewissen Schulz übernommen. Die Auflagenhöhe bezifferte er mit 5 bis 6000 Exemplaren. Nach dem eher dünnen Bericht kam dann die entscheidende Einschätzung des Polizeikommissars: "Der durch die Ermittlungen gewonnene Eindruck bestätigt die Annahme, daß diese Vereinigung radikal kommunistisch eingestellt ist".[344] Daraufhin erschien in den Mitteilungen des Landeskriminalamtes Berlin vom 1. April eine Kurzfassung des Polizeiberichtes und enthielt die Aufforderung "sachdienliche Feststellungen unter Aktenzeichen I 2e 7045/X mitzuteilen".[345] Die Gegner befanden sich im Visier der politischen Polizei. Der Herausgeber des "Gegner" setzte die Arbeit fort.

Wesentliches seiner Haltung in dieser Zeit vermittelt sein Artikel "Videant Consules"(Anlage 7) im März-Heft des "gegner". Das Dritte Reich war Realität geworden, aber trotzdem war für Harro Schulze-Boysen die Revolution noch nicht zu Ende. Im Gegenteil, er hatte während des letzten Monats nicht das Bewußtsein, eine wirkliche Revolution miterlebt zu haben. Seine Hoffnungen galten der nationalsozialistischen Bewegung, einer für ihn lebendigen politischen Kraft, in der es seiner Meinung nach immer "genug wesensverschiedene Elemente, Menschen völlig

---

[341] Karte vom 4.3.1933 an die Eltern, IfZ München ED 335/2. Sieh auch Die Kommenden (1933) F. 9 vom 19.3.1933. Darin ist die erste Verhaftung von Harro Schulze-Boysen gemeldet.

[342] Vgl. Dissel, Werner: a.a.O.; ferner Schütt, Regine: Gespräch am 5.5.1991.

[343] Polizeibericht AD II 4 vom 16.3.1933 über den Aufbau und die Tätigkeit der Vereinigung "Gegner" Zeitschrift für neue Einheit. BA, Abteilungen Potsdam, St 22/165.

[344] Ebenda.

[345] Aus dem Mitteilungen des Landeskriminalamts (I) Berlin vom 1. April 1933, Nr. 7. BA, Abteilungen Potsdam, Bestand RMdI Nr.26076, Bl. 94.

verschiedener Art und Meinung" gab. Die "Gegner" kannten "hunderte von Studenten, Hitlerjungen und SA-Leuten", an deren sozialistischer Grundhaltung sie nicht zweifelten. Noch war nicht entschieden, wer die Oberhand behalten werde. Seine Hoffnungen richteten sich auf den "revolutionären" Flügel: "Die nationalsozialistischen Revolutionäre tragen heute eine ungeheure Verantwortung." Er griff die Nazis nicht offen wegen ihres Terrors und der Verfolgung Andersdenkender an, sondern bedauerte nur die Worte Görings von der "Vernichtung und Ausrottung der Feinde": "Wir sind weit davon entfernt, über dieses Wort in ein großes Wehgeschrei zu verfallen, obwohl es vielleicht besser nicht gefallen wäre ... Diejenigen, die ausgerottet werden müßten, sind ja längst verschwunden oder außerhalb der Reichsgrenzen. Ihre Rolle ist für immer ausgespielt, und niemand wird ihnen eine Träne nachweinen." Diese fragwürdige Einschätzung der ersten Emigrationswelle erfolgte weniger aus dem Denken der "gegner" heraus, denen "die Katharsis durch die Austreibung der Parteimenschen die logische Konsequenz ist", wie es Johannes Tuchel meint.[346] Es war eine Rücksichtnahme auf die Zensur; denn gleichzeitig verhalf Harro Schulze-Boysen gefährdeten Freunden zur Flucht.[347] Wichtiger war ihm aber die Frage, was mit denjenigen werde, "die nun b l e i b e n, die n i c h t überlaufen, sondern weiterkämpfen ... Verfolgt sie weiter, stoßt sie in Elend und Not, rottet sie aus, - ihr werdet Eure besten Jahre damit verbringen, - und ihr werdet sie nicht ausrotten oder bekehren, sondern ihr werdet Haß ernten. Und ein Volk, das durch Haß entzweit ist, k a n n nicht wieder hochkommen".[348] Harro Schulze-Boysen nahm hier wieder sein Thema auf, daß die Gegner eigentlich Kampfgenossen sein müßten. Für ihn war dies ein letzter Versuch, den "ehrlichen" Nazis klarzumachen, daß sie die Falschen verfolgten und das Lebendige, weil Gegensätzliche, bekämpften, statt diese "ehrlichen Leute" einzubeziehen. Das war für ihn die "Schicksalsfrage dieser Tage".Ohne Toleranz gegenüber den Andersdenkenden könne Deutschland nicht leben. "Der ewige Deutsche hat z w e i Seelen in seiner Brust. Er kann nicht die eine töten, ohne Schaden an seinem innersten Wesen zu nehmen. Er muß sich in seiner Eigenart und Mannigfaltigkeit erkennen. Wir sind Potsdam u n d Weimar, Köln u n d Marienburg." Der eigentliche Feind bleibe der "deutsche S p i e ß e r, überall nistet er sich ein und nirgends füllt er die Gefängnisse. I h n rottet aus, in Gottes Namen".[349]

Jedoch Hitler legte besonders darauf Wert, das konservative Establishment für das Regime zu gewinnen. Jetzt traten die bisher dem Nationalsozialismus noch reserviert

---

[346] Tuchel, Johannes: Weltanschauliche Motivationen in der Harnack/Schulze-Boysen-Organisation. - In: Kirchliche Zeitgeschichte (1988) H. 2.

[347] Siehe auch Jungk, Robert: Gespräch 4.3.1989. a.a.O.

[348] Schulze-Boysen, Harro: Videant Consules. - In: 4. Jg. gegner (1933) H. 3 vom 15.3.1933 (Anlage 7). Videant Consules könnte frei mit "Haltet den Kopf hoch, Jungs!" übersetzt werden.

[349] Ebenda. Auch im Jungdeutschen Orden war man bestrebt, eine Synthese "zwischen Weimar und Potsdam" zu bilden und einen "preußischen Geist" zu entwickeln, der mehr "völkisch" als "rassistisch" sein sollte. Vgl. Hornung, Klaus: a.a.O. - S. 24ff.

gegenüberstehenden Eliten und Honorationen in Massen der NSDAP bei und versuchten, sich mit der NSDAP-Führung zu arrangieren.

Aber für den Autor befand sich der Nationalsozialismus am Scheideweg. Er konnte eine faschistische Diktatur werden, die nur eine "Scheineinigkeit" und "innere Zerklüftung" des deutschen Volkes zur Folge hätte. Noch sah er die Möglichkeit, einen "Volksstaat" zu erkämpfen. Der Herausgeber des "Gegner" stritt Mitte März 1933 weiterhin für einen revolutionären "dritten Weg". Dafür sollte der Nationalsozialismus den Stafettenstab aufnehmen, den Marx und Nietzsche verloren hatten: "Den Klassenkampf der innerlich Hungrigen gegen die Satten, - den Kampf um einen neuen Menschentyp: Wenn er das will, so muß er den Extrakt Deutschland suchen und nicht die Konjunkturforscher und Parteibuchbeflissenen".[350]

Aus diesem Artikel spricht keine Unterwürfigkeit gegenüber den neuen Machthabern. Harro Schulze-Boysen wollte nicht aufgeben. Nach wie vor setzte er auf eine entschlossene Minderheit, die den Dingen eine wirklich revolutionäre Wendung geben konnte. Die entscheidenden Anstöße mußten nun aus der nationalsozialistischen Bewegung selbst kommen. Die siegreiche NSDAP war ihn für kein starres Gebilde. Der ingang gesetzte Prozeß von Veränderungen war noch nicht abgeschlossen. Vieles schien noch möglich, wenn die "ehrlichen" Nationalsozialisten die "Revolution" konsequent weiterführten. Hoher seelischer Aufschwung über die siegreiche "nationale Revolution" ging einher mit brutaler Gewalt und dem Ausschau nach frei werdenden Posten. H. Schulze-Boysen teilte die Illusion mit anderen[351], daß über den "linken" Flügel der NSDAP um den schon ausgeschalteten Gregor Strasser eine innere Opposition noch möglich sein könnte. Die reale sozialrevolutionäre Dynamik in der bis 1933 durchaus verschiedenartigen nationalsozialistischen Bewegung wurde überschätzt.

Während andere erst einmal abwarteten oder sich widerspruchslos gleichschalten ließen, zeigte Harro Schulze-Boysen Flagge, die mehr das Grau[352] der "gegner" als das Schwarz der Nationalrevolutionäre oder gar das Braun der Nazis andeutete. Er suchte in den Veränderungen seinen Platz, ohne sich dabei selber aufzugeben. So wandte er sich an das Braune Haus in München, um dort seine Vorstellungen mit der HJ-Führung zu diskutieren. Triumphierend kam er eines Tages zu Claire und Franz Jung und zeigte ihnen eine Einladung, die er von der Leitung der NSDAP aus München erhalten hatte und der er unbedingt Folge leisten wollte. Stundenlang haben sie mit ihm diskutiert, um ihm klar zu machen, daß es mit Faschisten keine Gemeinsamkeiten geben könne. Er ließ

---

[350] Ebenda.
[351] Borinski, Fritz: a.a.O.
[352] Vgl. Schulze-Boysen, Harro: Gegner von heute ..., a.a.O. - S. 24: "Es fehlt die Staatsmacht, die ... im grauen Kittel vorangeht." Es ist das Grau des Arbeitsdienstes.; Schmid, Fred: Grau in Sicht. - In: Gegner 1/(1933): "Diejenigen Menschen, nun, den Aufbau neuer Macht zuerst für den Sinn ihres Lebens, als den Sinn des Kommenden erkannt haben - und hiermit meine ich keine irgendwie schon bestehende Menschengemeinschaft oder Organisation- haben als ihr Zeichen die g r a u e Farbe gewählt und werden ihre Farbe nicht ändern. Die graue Farbe ist die Summe aller Farben des Lichts."

sich jedoch nicht überzeugen.[353] Über den Verlauf der Gespräche in München liegen keine Quellen vor. Vielleicht wollte er ausloten, welche Chancen und Möglichkeiten die Nazibewegung und insbesondere die Hitlerjugend bot. Dort spielte der sozialrevolutionäre Typ eine gewichtige Rolle, "eine Art Jung-SA mit sozialrevolutionärem Anstrich",[354] entstammten die HJ-Mitglieder bis 1933 doch vorwiegend einem proletarisierten Milieu. Demselben Milieu gehörte offenbar auch ein großer Teil der ehemaligen HJ-Führerschaft an.[355] Hätte die NS-Führung in München Harro Schulze-Boysen die Stelle des Reichsführers der Hitlerjugend angeboten, mutmaßt seine Freundin Regine Schütt: "Er hätte sie bestimmt genommen, weil er gedacht hätte, er könnte daraus etwas machen".[356] Harro Schulze-Boysen wollte mit Leuten auch innerhalb der NSDAP den Kontakt halten, soweit sie wirklich dachten, daß der Nationalsozialismus ihnen eine Entwicklung in Richtung Sozialismus bringen konnte.[357] Diese Kontaktaufnahme war zugleich der Versuch einer Absicherung der noch vorhandenen legalen Arbeitsmöglichkeiten des "Gegner".

Auch andere handelten. Tusk führte seine Zeitschrift "Eisbrecher" mit deutlichen Avancen gegenüber Schirach und der Hitlerjugend weiter.[358] Die Führer der meisten freien Bünde der Jugendbewegung gründeten mit Hilfe der Reichswehr am 30. März den "Großdeutschen Bund". Als Bundesführer stellte sich Vizeadmiral von Trotha zur Verfügung. Zu spät hatten die zerstrittenen Bünde zusammengefunden. Jedoch nicht als Opposition gegen Hitler. Dafür befand sich die bürgerliche deutsche Jugendbewegung in ihrer politischen Denkweise und Gefühlswelt überwiegend so weit in der Nähe des Nationalsozialismus, daß sie sich 1933 als Teil der "nationalen Erhebung" verstehen mußte.[359]

Das Heft 4/1933 des "gegner" erschien am 20. April 1933, dem 44. Geburtstag Hitlers, der jedoch nicht erwähnt wurde. Die Ausgabe stand unter dem Aufmacher DAS DRITTE PREUSSEN!. Auf der Titelseite war die Totenmaske Friedrichs des Großen abgebildet. Damit bezog sich der "Gegner" auf den "Tag von Potsdam". Am 21. März hatten die Nationalsozialisten im Beisein von Hindenburg in der Garnisonskirche von Potsdam ihre Siegesfeier abgehalten und sich der Traditionen des alten Preußens für ihre Ziele bemächtigt.

Adrien Turel nahm das Thema in dem einleitenden Artikel auf, den er unter das Nietzsche-Wort stellte: "Nur wer sich wandelt, bleibt mir verwandt". Nach einem historischen Exkurs über das erste und zweite Preußen entwickelte Turel die politischen

---

[353] Vgl. Jung, Claire: Paradiesvögel. - Hamburg 1987; ders.: Rede über Harro Schulze-Boysen, ohne Jahresangabe, Sammlung RK.
[354] Klönne, Arno: a.a.O. - S. 122.
[355] Ebenda. - S. 88/89.
[356] Gespräch mit Regina Faust: a.a.O.
[357] Vgl. Dissel, Werner: a.a.O.
[358] Vgl. Baldur von Schirach. - In: Der Eisbrecher (1933) H. 11 August 1933.
[359] Vgl. Klönne, Arno: a.a.O. - S. 117.

Achsen des "dritten Preußen", worin der protestantische Norden den reaktionären katholischen Süden überwinden und sich nach Osten ausrichten sollte.[360] Damit blieb man dem außenpolitischen Grundsatz treu, daß Preußen nicht gegen, sondern nur mit Rußland verwirklicht werden könnte. Das "dritte Preußen" durfte für Turel kein "kapitalistischer Bürgerstaat", sondern ein "Ordensstaat" sein oder er "wird nicht sein".[361] Das "dritte Preußen" war nicht an eine bestimmte Landschaft gebunden, sondern es äußerte sich in einer eindeutigen Haltung. In dieser Zeit veröffentlichte Alfred Schmid ein Buch über Friedrich II., das die Persönlichkeit Friedrich des Großen und Preußens erfassen sollte. Darin hatte er das Preußentum als ein "neues Prinzip im Menschen" erkannt.[362] Es war eine Hymne auf die Totenmaske des so widersprüchlichen Preußenkönigs. Für den Herausgeber des "gegner" verkündeten die Glocken der Potsdamer Garnisonskirche am 21. März den Sieg der Gegenrevolution und das Ende der Weimarer Republik. Damit war für ihn der erste Akt der Revolution abgeschlossen. Hiermit durfte, sollte kein Schluß sein, auch wenn Verknüpfung, zeitliche Aufeinanderfolge oder Überschneidung von "faschistischer Gegenrevolution und nationalistischer Revolution" diesen Eindruck entstehen ließen. Die Glocken von Potsdam waren für Harro Schulze-Boysen zugleich "Signale zum Aufbruch"[363] (Anlage 8) für den zweiten Akt der "nationalen Revolution", in dem der Nationalsozialismus aus eigener Kraft zum Angreifer werden sollte: "Die Armee der Jungen steht und wartet auf das Signal zu Angriff und Aufbruch." Es ging nicht um Anbiederei, Mitträgerschaft, aber auch nicht um eine äußere Opposition. Eine schnelle Umstellung und Änderung der Inhalte und Methoden des politischen Kampfes tat Not: "Wer heute noch manövriert wie gestern ist ein schlechter Kapitän, und sein Schicksal ist der Schiffbruch." Darum sollten jetzt alle dort wirken, "wo sich die Integration von Volk und Staat vollzieht." Deshalb forderte er, nicht mehr den "alten Parteien" die Treue zu halten, sondern sich unter den Bedingungen des Einparteien-Staates neu zu formieren. Heraushalten hielt er für den falschen Weg. Er orientierte darauf, in die nationalsozialistische Bewegung hineinzugehen und von innen her für Veränderungen zu sorgen. Hierfür mußten die "jungen Menschen des Proletariats" einbezogen werden, die bisher im Lager der KPD standen: "Ohne sie gibt es keinen Nationalsozialismus. Ohne sie bleibt das Drama im ersten Akt stecken: In der Konterrevolution." Die "Reaktion" könne nur mit den jungen Proleten überwunden werden. Der 23jährige wollte nach wie vor die "ehrlichen Gegner" von gestern aus allen Lagern "zu Mitträgern der großen Umwälzung machen", damit aus der bisherigen "Gegenrevolution", die durch den Mittelstand und das Kleinbürgertum geprägt war, noch

---

[360] Hierzu hatte sich auch Ernst Niekisch verschiedentlich geäußert. Vgl. auch Niekisch, Ernst: Hitler ein deutsches Verhängnis. - Berlin 1932. - S. 13: "Wo der Nationalsozialismus einbrach, ist man für Preußen und den Protestantismus verloren."

[361] Turel, Adrien: Das dritte Preußen. - In: gegner 4. Jg. (1933) H. 4 vom 20.4.1933.

[362] Faber, Sebastian: Der Erzkönig. - Berlin 1933. - S. 149. Harro Schulze-Boysen empfand es als ein "erstaunlich gutes Buch". Vgl. Brief an den Vater, Mitte April 1933, IfZ München ED 335/2.

[363] Schulze-Boysen, Harro: Signal zum Aufbruch!. - In: gegner 4. Jg. (1933) H. 4 vom 20.4.1933.

eine echte "Volksrevolution" werden könne. So schloß er seinen letzten Aufsatz im "Gegner" mit dem Bekenntnis: "In den kommenden Kämpfen um die wirtschaftliche und religiöse Gestaltung des nationalen S o z i a l i s m u s wollen wir der Vortrupp eines d r i t t e n P r e u ß e n sein." In dieser "preußischen Position" wurde im "gegner" eine gewisse nationalrevolutionäre Gesinnung mit einem radikaleren Akzent gegenüber den neuen Machthabern spürbar. Das "dritte Preußen" war nicht nur ein Synonym für einen gegenüber dem Nationalsozialismus anderen Stil, sondern hierin kulminiert antikapitalistische Haltung, Eintreten für eine sozialistische Revolution von unten, für ein eigenständiges Deutschland, das nicht gegen, sondern mit der Sowjetunion agieren sollte. Damit unternahm Harro Schulze-Boysen zugleich den Versuch, die sozialistische Komponente der nationalsozialistischen Bewegung nach vorne zu peitschen. Der Zusammenstoß mit dem Regime war unausweichlich vorbestimmt.

Couragiert versuchte der Herausgeber des "gegner" auch unter den Bedingungen der Naziherrschaft politik- und handlungsfähig zu bleiben, die Zeitläufe kritisch zu begleiten und auf sie gestaltend einzuwirken. Für ihn befanden sich offensichtlich die Ereignisse weiterhin im Fluß. Der Ausgang stand noch nicht fest. Er wollte Hammer bleiben, nicht Amboß werden. Sein Optimismus, auf den Gang der Dinge noch Einfluß nehmen zu können, entstand offensichtlich in der Hoffnung, daß sich die Revolution immer weiter radikalisieren werde.[364] Hier ging es nicht um eine Rückkehr zur Weimarer Demokratie, der "alten verbrauchten Liberalenfront". Eine "sozialistische Diktatur" wurde angestrebt, die der "Reaktion" nicht das freie Wort gestatten würde.[365] Einen autoritären Staat hielt er zur Durchsetzung revolutionärer Ziele für gerechtfertigt. Er fand insbesondere in der "Arbeitsmobilmachung" und in der "Einschränkung der alten privatkapitalistischen Eigentumsrechte" den "Durchbruch dessen, was unsere Generation als Sozialismus bezeichnet".[366]

Hier schwang auch die Illusion mit, den Nationalsozialismus von innen zu durchdringen, ihn über seinen eigenen Elan zu unterwandern und ihm eine revolutionäre Zielrichtung zu geben. Dabei unterschätzte er die Stärke der braunen Kolonnen und überschätzte die eigenen Möglichkeiten. Robert Jungk hatte seinen ersten Streit mit Turel, als dieser ihm erklären wollte, die Nationalsozialisten seien gut für die Weltrevolution zu gebrauchen, da sie ein Element hineinbringen, das die Kommunisten nicht aufzuweisen hatten.[367]

Die Eltern waren über die nicht nachlassenden politischen Aktivitäten ihres Sohnes in Berlin unter der sich herausbildenden Nazidiktatur beunruhigt. Die Mutter machte sich

---

[364] Brief an den Vater, Mitte April 1933, IfZ München ED 335/2.
[365] Karte an Heinz Gollong, 20.2.1933, Privatarchiv Heinz Gollong.
[366] Siehe HSB: Buchkritik. - In: gegner 4. Jg. (1933) Nr. 4. Das Buch von Erwin Gehrts "Die soziale Diktatur" unter dem Pseudonym Wolfgang Uwe wurde mit einem "Bekenntnis zur Linie" gewürdigt.
[367] Vgl. Jungk, Robert: a.a.O.

große Sorgen, auch wenn ihr Sohn betonte, daß er sich "loyal zur Regierung"[368] verhalte. Der Sohn ermahnte die Mutter zur Vorsicht: "Aber es ist einfach nicht angängig, daß Du so schreibst. Jeder Kontrollbeamte, der den Brief liest, m u s s ja nach seiner Lektüre den Eindruck bekommen, als sei ich fanatischer Kommunist oder sowas. Davon kann doch garkeine Rede sein. Ich habe mir die geistige Einigung der jungen Generation und eine Art Ordens- oder Elitebildung zum Ziel gesetzt. Wenn ich wegen dieser Ziele ins Gefängnis komme, bin ich durchaus im Recht".[369] Die "Gegner" wurden zwar "scharf beobachtet", schrieb er dem Vater, "aber s o gefährdet, wie Mama meint sind wir nicht. Das k a n n natürlich von einem Tag auf den andern kommen, denn die untergeordneten Instanzen sind furchtbar böse und wittern überall Böses. Insbesondere sind es unsere Zusammenkünfte, die etwas Mißtrauen erregen. Nun, vielleicht kann man über den Sinn der Abende noch Klarheit verbreiten".[370] Dabei waren sich die "gegner" darüber im klaren, daß ihr Name nicht mehr in die politische Landschaft paßte. Die Redaktion erwog eine Namensänderung der Zeitschrift.[371] Dazu kam es nicht mehr.

Der Vater wollte offensichtlich den Sohn aus der Berliner Gefahrenzone herausholen. Mitte April 1933 informierte er seinen Ältesten über die Möglichkeit, sich für einen Fliegerlehrgang außerhalb Berlins zu bewerben. Dafür war Harro durchaus empfänglich. Anfang Mai sollte die Ausbildung beginnen und ein Jahr dauern. Die Zeitschrift gedachte er trotzdem weiterzuführen. Er schlug dem Vater vor, 150 Mark für einen Redakteur zur Verfügung zu stellen und selber inzwischen fliegen zu lernen: "Sowas wäre doch solider als siedeln! Jeder Flieger ist doch auch 'gesellschaftlich' allright".[372]

Harro Schulze-Boysen plante, zum 1. Mai 1933 mit einem großen Plakat "Redaktion gegner" am Demonstrationszug teilzunehmen, um damit Aufmerksamkeit zu erregen, mit Gewerkschaften ins Gespräch zu kommen und neue Kräfte zu sammeln.[373]

Aufgrund der Mitteilungen des Landeskriminalamts (I) Berlin vom 1. April 1933, Nr.7,[374] in der die "Vereinigung und Zeitschrift für neue Einheit "Gegner" als "radikal kommunistisch" hingestellt wurde, hatte das Ministerium des Innern eine landesweite Information verfasst mit der Aufforderung, falls über die "Gegner" etwas bekannt werden sollte, Bericht zu erstatten.[375] Die politische Hilfspolizei hatte dies wahrscheinlich als Aufforderung zum Handeln angesehen. Am 26. April fand eine offene

---

[368] Brief an die Mutter, Mitte April 1933, IfZ München ED 335/2.

[369] Ebenda.

[370] Brief an den Vater, Mitte April 1933, IfZ München ED 335/2.

[371] gegner 4. Jg. (1933) H. 4 vom 20.4.1933. - S. 13.

[372] Ebenda, Brief an die Mutter, Ostern 1933, IfZ München ED 335/2.

[373] siehe auch Bericht Hans Laessig vom 8.9.1975. - In: Blank, Alexander; Mader, Julius: a.a.O..- S. 212.

[374] BA Koblenz, Abteilungen Potsdam, Bestand RMdI a.a.O.

[375] Vgl. Mitteilung der Kreishauptmannschaft Dresden - Bautzen vom 29. April 1933. Sie bezieht sich auf die Min.VO.34291/100 vom 28.4.1933. Siehe Stadtarchiv Löbau, Hauptverwaltung Nr.766 "Verordnungen und Verfügungen anläßlich der faschistischen Machtübernahme".

Diskussion in den Räumen der "gegner"-Redaktion in der Schellingstraße statt. Das Thema behandelte die Stellung der Kirchen in der gegenwärtigen Situation. Offensichtlich war diese Beratung von einem Spitzel verraten worden.[376] SS-Leute des "Hilfskommandos Henze",[377] SS-Abschnitt III, Potsdamer Straße 29,[378] verhafteten die Anwesenden und prügelten sie die Treppen hinunter in bereitstehende Mannschaftswagen der Polizei. Sie wurden in den Räumen des SS-Abschnitts III verhört. Am gleichen Tage wurden Mitglieder der Frankfurter Gruppe inhaftiert und brutal zusammengeschlagen.[379] Adrien Turel wurde in seiner Wohnung verhaftet.[380] Bis auf Henry Erlanger, Heinz Gruber, Harro Schulze-Boysen und Adrien Turel wurde alle anderen in der Nacht zum 27.April wieder entlassen. Die vier wurden dann im frühen Morgengrauen in einen Kegelkeller gefahren[381]. Turel und Gruber wurden nach einem Tag entlassen.[382]

Regine Schütt lief, als sie von der Verhaftung erfahren hatte, alle umliegenden SA- und SS-Lokale ab. In der zweiten Nacht kam sie an einen jungen SS-Mann, der ihr die Adresse nannte: Charlottenburg, Fürstenbrunner Weg.[383] Sie informierte mitten in der Nacht die herbeigeeilte Mutter. Zuvor waren Erich Edgar und Marie Louise Schulze schweren Herzens noch Mitglieder der NSDAP geworden. Sie hofften damit, ihren Bemühungen zur Freilassung ihres Sohnes mehr Gewicht zu geben.[384] Die Mutter wandte sich in Berlin sofort an den seit Mitte Februar 1933 als Polizeipräsidenten in Berlin eingesetzten Admiral a.D. von Levetzow, einem Marinekameraden Erich E. Schulzes. Von Levetzow versprach zu helfen, wenn Marie Louise Schulze ihm sagen könne, wo sich ihr Sohn befinde. Am 1. Mai 1933[385] konnte die Mutter mit Hilfe von Polizeibeamten in den Folterkeller am Fürstenbrunner Weg gelangen. Henry Erlanger war am Tage zuvor ermordet worden. Es wurde im Nebenraum debattiert, ob man Schulze-Boysen nicht auch "fertig machen" sollte, weil er ja die Totprügelei erlebt hatte. In

---

[376] Gespräch Heinz Gruber 28.8.1990.

[377] Vgl. auch Tuchel, Schattenfroh: Zentrale des Terrors. - Berlin 1987, S. 64. Der Erlaß von Göring vom 22. Februar 1933 ordnete den Einsatz von Angehörigen der SA, der SS, des Stahlhelm als Hilfspolizisten an. Für die politische Polizei wurden nach den ergänzenden Durchführungsbestimmungen vom 21. April nur noch SS-Kräfte eingesetzt.

[378] Schreiben von SS-Abschn.. III, Abtlg. Hilfspolizeikommando an Harro Sch.-B., vom 19.5.1933, IfZ München ED 335/2.

[379] Weber, Wilhelm: Gespräch am 19.7.1990.

[380] Turel, Adrien: a.a.O. - S. 137.

[381] Vgl. auch Turel, Adrien: Bilanz .. a.a.O. - S. 136-139; ferner Gruber, Heinz: a.a.O.

[382] Gruber, Heinz: a.a.O. Turel hatte sich nicht auf sein "Schweizertum" berufen, sondern sich zu Deutschland bekannt. Vgl. auch Brief Harro Schulze-Boysen an Adrien Turel von Anfang November 1933. Zentralbibliothek Zürich, Nachlaß Turel.

[383] Schütt, Regine: a.a.O.

[384] Schulze-Boysen, Hartmut: Gespräch vom 6.3.1988.

[385] Brief Marie Louise Schulze an Günther Weisenborn vom 1.3.1946. Ablichtung in Sammlung RK.

diesem Moment stand Marie-Louise Schulze mit der Polizei vor der Tür.[386] Sie nahm den Sohn in Empfang: "Leichenblaß mit tiefen Schatten unter den Augen, das Haar mit der Gartenschere abgehackt, keinen Knopf mehr am Anzug".[387] Regine Schütt verbrachte den Abend in einem kleinen Hotel mit ihm. Er sah schlimm aus. Der Rücken voller Striemen und am Oberschenkel waren mit dem Messer Hakenkreuze eingeritzt. Die Mißhandlungen erstaunten ihren Freund nicht. Er akzeptierte diese Art von Gewalt, weil sie der Geisteshaltung der Nazis entsprach. Sie hatten ihn als Gegner, als Mann ernst genommen. Mit der Aufforderung an seine Peiniger, noch ein viertes Mal, eine "Ehrenrunde" durch die Gasse mit den peitschenschwingenden SA-Leuten zu laufen, hatte er auch in dieser lebensbedrohlichen Situation Kraft und Überlegenheit des Schwachen demonstriert. Das hinterließ Eindruck. "Mensch, Du gehörst doch zu uns" schrien die Schläger.[388]

Die Mutter hatte bei der Polizei Anzeige wegen Mordes an H. Erlanger gestellt. Ihr Sohn war dagegen, weil er davon ausging, daß keiner daran interessiert war, den Mord aufzuklären. Er wurde von der Polizei daraufhin erneut mitgenommen. Erst nach erneuter Intervention der Mutter beim Polizeipräsidenten kam ihr Ältester frei. Haß auf die Nazis bemerkte Regine Schütt nicht. Da war eher die große Erleichterung, davongekommen zu sein. Nach seiner Entlassung traf Harro Schulze-Boysen den Schriftsteller Ernst von Salomon, der ihn kaum erkannte: "Er trat mir in den Weg. Sein Gesicht war sehr verändert ... sein Antlitz war von rötlichen, kaum vernarbten Wunden gekennzeichnet ... Er sagte: 'Ich habe meine Rache auf Eis gelegt'".[389] Werner Dissel, den Harro Schulze-Boysen zufällig auf dem Kurfürstendamm traf, hatte ebenfalls den Eindruck, daß die SA-Schläger den Freund entsetzlich zugerichtet hatten. Sie verabredeten sich für den Nachmittag mit einigen Freunden im Café Josty, nahe dem Potsdamer Platz. Dort berichtete Harro kurz über den Tod von Henry Erlanger und informierte über seine Entscheidung, an die Fliegerschule nach Warnemünde zu gehen. Überhaupt sei es jetzt gut, wenn man solche Kontakte suche, in denen man sich scheinbar legalisiere. Eine Möglichkeit, ins Exil zu gehen, schloß Schulze-Boysen für sich aus.[390]

Die Arbeit am "Gegner" und in dem ihn umgebenden Kreis in den so bewegten Jahren 1932/33 beschleunigte den Emanzipations- und Lernprozeß von Harro Schulze-Boysen. Er gewann an intellektuellem Profil, aber auch an menschlicher und politischer Ausstrahlung. Nach Alternativen außerhalb des festgefahrenen Parteiengezänks suchend, sah er vor allem in der Jugend, gelöst von den Fesseln politischer Doktrinen, einen

---

[386] Schütt, Regine: a.a.O.
[387] Schulze, Marie-Louise: Warum ich im Jahre 1933 Parteigenossin geworden bin, maschinegeschrieben, Ablichtung in Sammlung RK.
[388] Ebenda.
[389] von Salomon, Ernst: Der Fragebogen. - Hamburg 1985. - S. 397
[390] Dissel, Werner: a.a.O.

möglichen Initiator für eine grundlegende Erneuerung der Gesellschaft. Als Herausgeber des "Gegner" und Mittelpunkt des ihn umgebenden Kreises wollte er die Unzufriedenen aus politisch unterschiedlichen Lagern ansprechen und gewinnen. Zunächst als Auffangstellung gedacht, waren ihm Diskussion, Fühlungnahme, Sammlung und Vernetzung wichtiger als direkte Einflußnahme auf die politischen Zeitläufe. Die vielfältigen Aktivitäten in der Endphase der Weimarer Republik waren für ihn notwendige Vorbereitung auf einen erwarteten revolutionären Umbruch. Erst dann gedachte er, seine Chance nutzend, politisch gestaltend wirksam zu werden.

Inmitten sich überstürzender politischer Ereignisse probierte er von einer Außenseiterposition heraus, bestehende Frontstellungen zu überwinden, aus den für ihn unfruchtbaren politischen Grabenkämpfen herauszukommen und eine "neue Einheit," quer durch alle politischen Lager und über die Grenzen Deutschlands hinausgehend, aufzubauen. Diese Vorstellungen befanden sich in einem nahezu unüberbrückbaren Gegensatz zur Realität. Die Zeichen der Zeit standen auf Konfrontation und Ausgrenzung. Es ging um die politische und oft auch physische Bekämpfung der politischen Gegner. Feindbilder wurden aufgebaut, gepflegt und kultiviert.

Vor dem Hintergrund sich steigernder Auseinandersetzungen und zunehmender Gewalttätigkeit gelang es im "Gegner"-Kreis, das festgefahrene "Rechts"-"Links"-Schema der Weimarer Republik tendenziell aufzuheben. Mit der Aktionslosung "Gegner von heute - Kampfgenossen von morgen" entwickelte H. Schulze-Boysen im zweiten Halbjahr 1932 eine Vision, die erst im antifaschistischen Widerstand in den Jahren 1941/42 konkrete Gestalt annehmen sollte.

Motor und Integrationsfigur einer "Gegner"-Gemeinschaft von vorwiegend jungen Männern war Harro Schulze-Boysen. Von diesem "Querdenker" ging Ausstrahlung und Faszination aus. Er zog an, weil er nicht begrenzt war, übergreifende Zusammenhänge herstellen konnte, nicht auf alle Fragen Antworten hatte, sondern auch Dinge offen ließ. Der von ihm vertretene Antikapitalismus war eine Reaktion auf die tiefe ökonomische, politische und geistige Krise der kapitalistischen Welt. Dabei suchte er im Gegensatz zu Vertretern nationalrevolutionärer und nationalbolschewistischer Gruppen nach über Deutschland hinausgehenden Antworten, die ein Zusammengehen mit jungen revolutionären Kräften aus westeuropäischen Ländern wie auch der Sowjetunion einschlossen.

Der revolutionäre Wandel begann für ihn im Menschen und nicht zuerst in den Produktionsverhältnissen, wie es die Marxisten behaupteten. Er entnahm dem Marxismus eine Reihe von Anstößen, aber er hielt die marxistische Theorie nicht für geeignet, Lösungen für die vielfältigen Probleme zu vermitteln. Sie war ihm als Anregung wichtig, aber als Doktrin zu eng. Deshalb wollte er über den Marxismus hinausgehen. Sein Freiheitsanspruch war davon geprägt, anders zu sein, mit der von ihm nicht akzeptierten Mehrheit nicht übereinzustimmen und eigene Wege zu gehen. Sein Protest richtete sich vor allem gegen den ewigen deutschen "Spießer", der jede grundlegende Änderung gesellschaftlicher Verhältnisse in Deutschland bisher verhindert hatte.

Die ihm eigene Dynamik im Denken und Handeln verbunden mit einem ungebrochenen Sendungsbewußtsein machte auch einen Großteil seines Charisma aus. Er wollte keine Festpunkte setzen, sondern die Dinge vorantreiben. In seinem Suchen wurde er zu einem "Grenzüberschreiter" bestehender Gruppen einer außerparlamentarischen Opposition, blieb er ständig in Bewegung und offen für neue Anregungen. Er strebte eine Einheit unterschiedlicher Kräfte an, die sich durch Mannigfaltigkeit auszeichnen sollte. Die von ihm eröffnete Alternative zu parteidoktrinären Stellungskämpfen konnte sich nicht ausleben. Der tastende Versuch eines anderen menschlichen und politischen Miteinanders, in dem Toleranz und weltanschauliche Vielfalt eine Chance haben sollten, wurde mit der "Machtergreifung" der Nationalsozialisten jäh abgebrochen.

Couragiert versuchte Schulze-Boysen, auch unter den Bedingungen der beginnenden Naziherrschaft politik- und handlungsfähig zu bleiben, die Zeitläufe auch weiterhin kritisch zu begleiten und auf sie gestaltend einzuwirken. Für ihn befanden sich die Ereignisse weiterhin im Fluß. Der Ausgang stand noch nicht fest. Sein Optimismus, auf den Gang der Dinge noch Einfluß nehmen zu können, entstand aus der Hoffnung, daß sich die Revolution - auch durch sein eigenes Zutun - immer weiter radikalisieren könnte. Hier schwang die Illusion mit, revolutionäre Kräfte aus der nationalsozialistischen Bewegung gewinnen zu können, ihre Reihen von innen zu durchdringen, sie mit seinem eigenen Elan zu unterwandern und dem begonnenen nationalen Umbruch eine sozialrevolutionäre Zielrichtung zu geben. Dabei unterschätzte er die Stärke und Brutalität der braunen Kolonnen, ihrer Unterstützer in den etablierten Strukturen und überschätzte die "ehrlichen" Nationalsozialisten und die eigenen Möglichkeiten, den Ereignissen noch eine revolutionäre Wende geben zu können. Er suchte zugleich in den Veränderungen seinen Platz, ohne sich dabei selber aufzugeben. Er blieb auch in komplizierten Zeiten eines jähen gesellschaftlichen Umbruchs sich selber treu. Er war nicht bereit, überzulaufen, sich schnell neuen Herren und Doktrinen anzupassen sowie dem Normensystem des Dritten Reiches zu unterwerfen. Seine Gegner hatten sich als stärker und brutaler erwiesen, als er sich das jemals vorgestellt hatte. Er mußte die Niederlage der von ihm heftig kritisierten Weimarer Republik in einem SA-Folterkeller an sich selbst erfahren. Gleichzeitig galten auch unter dem neuen Regime Beziehungen, die ihm das Leben gerettet hatten.

Trotz seiner Gegnerschaft war sein Weg in den Widerstand gegen den Nationalsozialismus nicht vorbestimmt. Es eröffneten sich für viele junge Männer seines Alters und sozialen Hintergrunds neue Wege des Aufstiegs, selbst dann, wenn sie bisher der nationalsozialistischen Bewegung kritisch oder ablehnend gegenübergestanden hatten.

4. Zwischen Anpassung und Resistenz
- die Jahre 1933 bis 1937/38 - Vorgeschichte des Widerstands

4.1 "Allen Gewalten zum Trotz sich erhalten"
Die Deutsche Verkehrsfliegerschule in Warnemünde

Nach einem kurzen Erholungsaufenthalt mit der Mutter in Laboe an der Ostsee, meldete sich Harro Schulze-Boysen Mitte Mai 1933 an der Deutschen Verkehrsfliegerschule in Warnemünde. Diese größte Verkehrsfliegerschule Deutschlands unterstand dem Reichsluftfahrtministerium in Berlin.[1] Die Verantwortlichen der Schule entwickelten vor den Neuangekommenen ein aufstiegsorientiertes Zukunftsbild. Nach zwei Jahren sollte der "C 2-Schein" abgelegt werden, ein "Führerschein allerhöchster Güte"[2]. Die Umgebung war vertraut maritim. Im Speisesaal hing ein überlebensgroßes Gemälde, Alfred von Tirpitz darstellend. Als Leiter der Schule fungierte ein früherer kaiserlicher Marineflieger, Kapitän Hermann Becker[3]. Unter den Flugschülern befanden sich Söhne ehemaliger kaiserlicher Seeoffiziere.[4] Kurze Zeit nach seiner Ankunft wurde Harro Schulze-Boysen zum Verdruß der SA-Leute in seiner Gruppe "bis auf weiteres" zum Gruppenführer und Vertrauensmann für 30 Männer ernannt.[5] Flugstunden auf schweren Segelflugzeugen und viel Theorie (Funken, Morsen, Motorenkunde, Wetterkunde, Flugrecht) boten ein recht abwechslungsreiches Programm. War der Flugschüler Schulze-Boysen anfangs darüber froh, daß man ihn nach den Berliner Ereignissen in Ruhe ließ, so vermißte er jedoch bald den intellektuellen Austausch. "Das Geistige wird allgemein stark gemieden," klagte er, "Politik öffentlich überhaupt nicht erörtert".[6] Wegen des Mangels an Flugzeugen dominierte bald der "Wehrsport" im täglichen Ablauf. Die "sportliche Ertüchtigung und charakterliche Entwicklung des deutschen Fliegernachwuchses"[7] ging bis zur physischen Erschöpfung. Jeder zweite Flugschüler verließ nach zwei Monaten die Schule in Warnemünde.

---

[1] Vgl. auch Besuch in der D.V.S. Deutschlands größte Verkehrsfliegerschule. - In: Niederdeutscher Beobachter vom 4.7.1933.

[2] Brief an die Eltern vom 26.5.1933, IfZ München ED 335/2.

[3] Hermann Becker, geb. 9.8.1893, 1914 zur Marine eingezogen, ab Februar 1915 diente er in der Seeflugstaffel in Norderney, Borkum, List, Zeebrugge, geriet im Juli 1917 in englische Kriegsgefangenschaft, als Oberleutnant zur See im September 1920 ausgeschieden. Vgl.: Ehrenrangliste der kaiserlich deutschen Marine 1914-1918, Berlin 1930.

[4] Brief an die Eltern vom 26.5.1933, IfZ München ED 335/2. Der Sohn des Admirals Bresing aus Bremen, des Seeoffiziers von Cappeln, des Kapitänleutnants Fuchs.

[5] Ebenda.

[6] Brief an die Eltern vom 25.7.1933, IfZ München ED 335/2.

[7] Besuch in der D.V.S.. In: Niederdeutscher Beobachter, a.a.O.

Harro Schulze-Boysen konnte sich in einer "furchtbar starken Konkurrenz" behaupten, auch wenn er den Drill nur schwer ertrug. Obwohl man seinen Eifer und seine Intelligenz anerkannte, fühlte er sich sehr unwohl: "Wie im Gefängnis, weit ab von allen Dingen, die mich in Wirklichkeit angehen, und meine Nerven reagieren von Tag zu Tag saurer ... Da hilft auf die Dauer alle gute Verpflegung nichts. Im Grunde bin ich doch ein ehrlicher und anständiger Mensch, und die Heuchelei übersteigt mal meine Kräfte".[8] Regine Schütt besuchte ihn anfangs fast jeden Sonntag. Sie brachte ihm Nachrichten und Briefe der Freunde aus Berlin, die sich in kleiner Runde weiterhin trafen. Bald bemerkte sie, daß ihr Freund darunter litt, daß er mit Menschen zusammenleben mußte, mit denen er keine Gemeinsamkeiten hatte. Er war "wahnsinnig frustriert damals, wirklich todunglücklich, bis hin zum Selbstmordgedanken. Er war kurz davor, mit seinem Leben Schluß zu machen".[9] Alles erschien ihm hoffnungslos. Er fand niemanden in Warnemünde, mit dem er über die ihn bewegenden Probleme reden konnte. Die Dinge nahmen eine ganz andere politische Richtung, als er es noch im April 1933 für möglich gehalten hatte. Von einer Weiterführung der "nationalen Revolution" war nicht mehr die Rede. Anfang Juli 1933 erklärte Hitler im internen Kreise die "Revolution" für abgeschlossen und ließ dies durch Goebbels in einer Rundfunkrede am 17. Juli bekräftigen.[10] Mit dem "Gesetz gegen die Neubildung von Parteien" schrieb die NSDAP Mitte Juli 1933 ihre Monopolstellung fest. Die "nationalsozialistischen Revolutionäre", auf die H. Schulze-Boysen noch im März 1933 gehofft hatte, konnten keinen gestaltenden Einfluß auf die politische Entwicklung nehmen. Die "faschistische Gegenrevolution" hatte gesiegt. Das Nazi-System etablierte sich immer fester in Deutschland. Die meisten Menschen arrangierten sich unter den neuen Bedingungen mit den Herrschenden.

Das Gemeinschaftserlebnis an der Verkehrsfliegerschule unterschied sich wesentlich von all den Gruppen, "Korps" und Kreisen, in denen der junge Schulze-Boysen bisher gewirkt hatte. Er mußte nun in einer Zweck- und Zwangsgemeinschaft leben, wo er durchaus Kameraden, aber keine Freunde fand, die seine Ansichten teilten. Sein Intellekt und die ihm eigene Begeisterungsfähigkeit ließen ihn eher suspekt erscheinen und brachten ihm erst einmal nicht die bisher gewohnte Anerkennung ein. Er konnte Konflikte nicht mehr öffentlich austragen. Er mußte es lernen, sich unterzuordnen und mit den Problemen selbst fertig zu werden. Ein "spezieller Freund" beobachtete ihn. Unter solchen Bedingungen kam kein Gemeinschaftsgeist auf. Am meisten bedrückte ihn die unerträgliche Einschränkung seiner Freiheit. Es fiel ihm "unendlich schwer, inmitten einer - geistig gesehen - fremden Umwelt mit einem anderen Bewußtsein als die anderen

---

[8] Brief an die Eltern vom 5.8.1933, IfZ München ED 335/2.

[9] Schütt, Regine: Gespräch im Mai 1991.

[10] Vgl. auch Bracher, K. D.; Sauer, W.; Schulz, G.: Die nationalsozialistische Machtergreifung. - Köln 1960. - S. 897.

zu leben. Und das wird wohl nie anders werden mit mir, und die Konsequenzen dieser Tatsache muß ich eben auf mich nehmen".[11]

Jedoch überwand er diese depressive Phase. Er passte sich den Gegebenheiten, die er nicht ändern konnte, an, ohne sich dabei selbst aufzugeben. Anfang September 1933 zog der 24jährige in einem Brief an den Vater ein erstes Resümee: "Ja, die letzten Monate sind schon schwer gewesen, aber ich will sie nicht in meinem Leben missen. Allen Gewalten zum Trotz sich erhalten, - das macht auch stark. Und ich glaube, es kommen Zeiten, wo man gar nicht genug stark sein kann, in jeder Hinsicht. Es sind sicher nur die mittelmäßigen Menschen, die die innere Leere und Traurigkeit gar nicht kennen. Jedenfalls habe ich das Gefühl, daß das gut' Teil Niedergeschmettertheit und Einsamkeit ebenso durchlebt werden muß wie große und starke Tage meines Lebens. 'Meine speziellen Freunde' hatten mir hier manche Kränkung zugedacht, und zuerst war ich ratlos, wie ich das alles überstehen sollte. Aber je kräftiger ich mich allmählich wieder fühle und je mehr wertvolle Kameraden ich hier finde, die auch zu mir halten, desto weniger bange ist mir die Zukunft, so sehr ich auch besorgt bin um das Allgemeine".[12]

Harro Schulze-Boysen befand sich wieder im Aufwind. Er hatte offensichtlich die eigene Krise überstanden und sich von depressiven Stimmungen nicht unterkriegen lassen. Er begleitete wieder mit kritischen und selbstbewußten Kommentaren die aktuellen politischen Ereignisse: "Ich bin jeden Tag neu erschrocken, mit welcher Selbstanmassung und Leichtfertigkeit man die schwierigsten Fragen der Zeit anfaßt. Ich sehe Massengünstlinge, Prätorianergarde, ratlose Bürger, gläubige Jugend, aber keinen einzigen, großen, klaren staatsmännischen Geist ... Das Volk ist gar nicht so dumm, und, wo ich auch hinhöre, vom Arbeiter bis zum SA-Mann, sehr kritisch. Nur die Kleinbürger sind noch gläubig und bedenkenlos. Sollte man nicht grade heute offene, freimütige Kritik wünschen und zulassen. Dass man das nicht tut, stimmt verdächtig".[13]

Von Warnemünde aus mußte sich der ehemalige Herausgeber um die offizielle Liquidation des "Gegner" kümmern. Einen großen Teil der zu erledigenden Arbeiten übernahm die Mutter, an die der Sohn aus der Ferne appellierte, in finanzieller Hinsicht nicht nachzugeben. Die Außenstände beglichen dann die Eltern[14] und Fred Schmid[15]. Jedoch ließ Harro Schulze-Boysen der "Gegner" nicht los. Der Direktor der Verkehrsfliegerschule erkundigte sich nach dem "Gegner" und erhielt die beiden letzten Hefte des Jahrgangs 1933. Einer der Lehrer erkundigte sich, ob Harro Schulze-Boysen wüßte, wer ihn wegen seiner Vergangenheit denunziert hätte. Ein anderer Flugschüler ließ ihn wissen, es werde unentwegt gegen ihn gehetzt. Die Gestapo kümmerte sich

---

[11] Brief an die Eltern vom 15.9.1933, IfZ München ED 335/2.
[12] Brief an die Eltern vom Anfang September 1933, IfZ München ED 335/2.
[13] Ebenda.
[14] Brief an die Eltern vom 25.7.1933, IfZ München ED 335/2. Schulze-Boysen schreibt von "horrenden Zahlungen".
[15] Brief an die Eltern vom 17.11.1933, IfZ München ED 335/2: "Aus Angst, anstatt zu dem zu stehen, was er einige Wochen vorher geschrieben hatte."

weiterhin um ihn.[16] Gestapo-Beamte bemühten sich, Regine Schütt einzureden, daß sich Henry Erlanger das Leben genommen hätte. Auch wollten sie mehr über die politischen Ansichten ihres Freundes wissen, dachten sie doch, daß er "im Grunde seines Herzens" einer der ihrigen sei.[17] Noch im Dezember 1933 kam ein Gestapo-Kommissar nach Warnemünde, um über einige Bekannte aus Berlin Auskünfte einzuholen.[18] Der SA-Sturmführer Zietlow suchte des öfteren Regine Schütt in ihrer Wohnung auf. Er drohte ihr: "Es ist ein Leichtes für uns, ein Flugzeug in Warnemünde abstürzen zu lassen".[19]

Äußerlich paßte sich Harro Schulze-Boysen den neuen Bedingungen an. Er bat jedoch die Mutter: "Du brauchst aber niemanden was davon zu sagen; wenn man Flieger ist, wird man sozusagen automatisch Pg. und SA".[20] Er schwankte zwischen Ablehnung des Nazi-Staates und Anerkennung einzelner Maßnahmen der neuen Machthaber. Noch konnte er nicht endgültig urteilen, aber der nächste Krieg schien bereits vorprogrammiert. Er hatte schon im Herbst 1933 den Eindruck, daß "wir à la longue - einer europäischen Katastrophe von Riesenausmaßen entgegengehen".[21]

Bei aller kritischen Sicht bewertete er durchaus nicht sämtliche Entscheidungen im neuen System als negativ. "Hoffentlich wird noch alles gut",[22] schrieb er in vager Hoffnung der Mutter.

Im Herbst 1933 trennte er sich von Regine Schütt. Sie wollte gern ein Kind von ihm. Er war jedoch strikt dagegen, weil er die Verantwortung nicht übernehmen wollte. Anläßlich eines Besuches in Berlin erklärte er ihr unvermittelt, daß er die Beziehung mit ihr für beendet ansehe. Sie könne ja weiterhin eine seiner Mitarbeiter sein, aber mit der Liebe müsse es jetzt aufhören. Damit war sie nicht einverstanden. Regine Schütt hatte das Gefühl, daß ihr Freund und Geliebter sie plötzlich los werden wollte. Sie war von dieser Gefühlskälte sehr verletzt. Sie haben sich danach nicht wieder gesehen. Werner Dissel, Herbert Dahl und Ewald Meyer waren entsetzt, in welcher Weise ihr Freund diese Beziehung beendete.

Der Flugschüler faßte in der neuen Umgebung trotz aller Hindernisse Fuß und fand bei Lehrern und Kameraden eine zunehmend anerkennende Resonanz. Allmählich wuchs wieder sein Wille zur Aktivität. Vorträge über Spengler und das Verhältnis von Staat und Kirche, seine Beiträge zu den Kameradschaftsabenden trugen zur geistigen Belebung

---

[16] Brief an die Eltern vom 18.8.1933, IfZ München ED 335/2: "In Berlin war ich in Zwischenzeit schon wieder (beobachtet und gesteuert)".

[17] Gespräch Regine Schütt, a.a.O.

[18] Brief an die Eltern vom 6.12.1933, IfZ München ED 335/2: "Der betreffende Kommissar war sehr nett und gewissenhaft," schrieb er beruhigend.

[19] Schütt, Regine: Gespräch a.a.O.

[20] Brief an die Mutter vom 21.9.1933, Sammlung RK. Wahrscheinlich war diese Mitteilung zur Beruhigung der Mutter gedacht. In seinem Lebenslauf aus dem Jahre 1938 erwähnte er diese Mitgliedschaft nicht mehr. Im Documentcenter Berlin findet sich kein Nachweis über eine Mitgliedschaft in der NSDAP. Vgl. Lebenslauf, a.a.O.

[21] Brief an den Vater vom 15.9.1933, IfZ München ED 335/2.

[22] Brief an die Mutter vom 7.10.1933, IfZ München ED 335/2.

und zu seinem Ansehen in der Fliegerschule bei. Mit einem von ihm verfassten "Beobachterlied" erhielt seine Gruppe bei einem geselligen Zusammensein Anfang Oktober einen Preis. Außerdem spielten sie noch zum Gaudi der Zuschauer die letzte Sitzung des Völkerbundes, aus dem Deutschland am 19. Oktober 1933 endgültig austreten sollte. Am nächsten Morgen rief der Leiter, Hermann Becker, die Gruppe zu sich und zollte seine ganz besondere Anerkennung für die "qualitativ hochwertige Leistung unter Leitung von S. B":[23] Für die Wahlen am 12. November entwarf der Flugschüler im Auftrag des Leiters der Verkehrsfliegerschule zwei große Plakate, die in "riesengrosser Ausführung (10 x 5 mtr.)"[24] an der Hauswand vom Stabsgebäude und Beckers Wohnung hingen. Gegenüber Adrien Turel beschrieb er seine inzwischen vollzogene Anpassung, von ihm auch "Verpuppung" genannt: "Ich habe alle Ressentiments über Bord geworfen und mich immer mehr dazu durchgekämpft, den neuen Zustand auch innerlich zu bejahen. Ohne eine Selbstverwandlung hätte ich mich zum alten Eisen legen können. Aber ich sage Dir, ich habe es geschafft".[25]

Nichts mehr war von Harro Schulze-Boysens depressiven Stimmungen zu spüren. Er bezog keine Verteidigungsstellung, sah auch keinen Grund, sich wegen seiner politischen Tätigkeit in der Weimarer "Systemzeit" zu entschuldigen. Das Grundmuster seiner offensiven Argumentation wird aus einem Brief an die Eltern ersichtlich: "Ob unsere Post hier allgemein oder meine speziell unter Kontrolle steht, kann ich nicht sagen. Ich habe ja nichts weiter zu verbergen, habe mir infolgedessen auch noch keine Gedanken gemacht. Die Vorstellung, ich dürfe nicht an meine Freunde schreiben, ist m.E. abwegig. Es besteht auch nicht der geringste Grund, weswegen ich es nicht tun sollte. Das hat überhaupt nichts mit Politik zu tun. Außerdem hat ja niemand etwas ausgefressen. Dass meine Freunde und ich früher einmal die Absicht hatten, das was Hitler heute tut, selber zu tun, ist doch schliesslich kein Verbrechen! Auf alles, was ich getan habe, um die deutsche Revolution vorzubereiten, bin ich heute noch stolz. Und ich kann heute noch verantworten, was ich gewollt und getan habe. Wenn irgendeine untergeordnete Instanz Interesse daran haben sollte, den Fall "Schulze-Boysen" noch einmal auszugraben und vor ein ordentliches Gericht zu bringen, - bitte, meine Herren! Ich habe nichts zu fürchten!"[26] Folgerichtig plante er, - immer noch fehlten persönliche Sachen aus der Hausdurchsuchung Ende April durch die SS in der Schellingstraße - anläßlich eines Berlin-Aufenthaltes im Dezember 1933 bei der Gestapo persönlich vorzusprechen. Nach Rückfrage bei einem Freund, der dort arbeitete, wandte er sich dann mit einem "schriftlichen Antrag"[27] an die Gestapo.

---

[23] Brief an die Eltern vom 4.10.1933, IfZ München ED 335/2.
[24] Brief an die Eltern vom 10.11.1933, IfZ München ED 335/2.
[25] Brief an Adrien Turel von Anfang November 1933, Zentralbibliothek Zürich, Nachlaß Turel.
[26] Brief an die Eltern vom 24.11.1933, IfZ München ED 335/2.
[27] Ebenda.

Sammlung, Ausruhen, Besinnen und Bewußtwerden der eigenen Situation zog er in Warnemünde einem unbestimmten Aktivismus vor. In der Ausbildung leistete er nichts Überragendes. Er hielt sich erst einmal zurück und wartete ab, wollte er doch den Zeitpunkt seines Einsatzes weiterhin selbst bestimmen und "sich nicht vorher besoffen" machen lassen in einem "Meer von Byzantismus, Heuchelei und Mittelmaß ... Es wäre ein schlechter Witz der Weltgeschichte, wenn so viel Scheinheiligkeit auf die Dauer siegreich durchs Brandenburger Tor einzöge".[28] Er hielt jähe Wendungen nach wie vor für möglich und blieb seiner Lebensmaxime treu: "Am besten immer so leben, daß man jede Minute die Zelte abbrechen kann, mit einem kleinen Handkoffer!" Jedoch hatten sich die "Kampfbedingungen" grundlegend geändert. Er mußte auf sich selbst gestellt die Dinge vorantreiben, konnte nicht, "wie in konservativen Zeiten aus dem Orden, sondern nur aus der eigenen Substanz leben".[29]

So prüfte er an seinem "inneren Richtmaß" die Zeit. Er beschäftigte sich in seiner Freizeit mit Nietzsche, schaute in Rosenbergs "Mythus des 20. Jahrhunderts", las von Fülop-Miller ein "sehr interessantes" Buch über die Macht und die Geheimnisse der Jesuiten,[30] entdeckte noch einmal "kritisch" die Bibel. Gleichzeitig widmete er sich Turels Schriften und war davon überzeugt, daß "seine Thesen von überragender Bedeutung ... sind".[31] In Berlin traf sich weiterhin ein kleiner Kreis früherer "Gegner" mit Turel, der dann aus seinen Arbeiten las. Es war kein politischer Zirkel. Regine Schütt wollte den Kreis, an dem Harro lag, zusammenhalten. Dort wurde vor allem über geistige Themen debattiert.[32] Während Harro Schulze-Boysen gegenüber den Eltern Adrien Turel immer wieder verteidigte: "Über Turel zu urteilen habt ihr kein Recht.",[33] distanzierte er sich von Fred Schmid, den er einen "Freund Papens" nannte: "Er ist der einzige meiner früheren Mitarbeiter, dessen ich mich schäme, denn er hat feige seine früheren Ansichten verleugnet, um sich zu retten".[34]

---

[28] Brief an die Eltern vom 9.10.1933, IfZ München ED 335/2.

[29] Ebenda.

[30] Fülop-Miller, Renè: Macht und Geheimnis der Jesuiten, Berlin 1932.

[31] Brief an die Eltern vom 17.11.1933, IfZ München ED 335/2. Turel schrieb gerade an seinem Buch "Technokratie, Autarkie, Genetokratie", das 1934 in Berlin erschien. H. Schulze-Boysens Meinung nach stellten die Gedanken der "Genetokratie" die beste Fundamentierung des N.S.-Staates dar. Vgl. Brief Harro Schulze-Boysen an A. Turel von Anfang November 1933, NL Turel.

[32] Regine Schütt erinnert sich an Werner Dissel, Eugen Alexejew, Gert Deismann, Eberhard Boemke und von Czettritz, der etwas älter als die anderen war. Gelegentlich kam auch Klaus Jedzek. Sie war die einzige Frau.

[33] Brief an die Eltern vom 26.5.1933, IfZ München ED 335/2.

[34] Brief an die Eltern vom 6.12.1933, IfZ München ED 335/2. Jedoch hat Fred Schmid nie den Versuch gemacht, sich den Nationalsozialisten anzupassen. Mit den Publikationen seines "Grauen Verlages" versuchte er, bis 1936 eine eigenständige "preußisch-elitäre", dem Kapitalismus wie dem Faschismus in bestimmten Positionen entgegengesetzte Linie durchzuhalten. F. Schmid stand wegen seines in der Jugendbewegung ausgeformten "Knabenkultes" unter dem Verfolgerblick des Nationalsozialismus gegenüber "homoerotischen Subkulturen". Vgl. auch die 1942 geschriebene Dissertation von Max Nitzsche, Bund und Staat. Wesen und Formen der bündischen Ideologie, Würzburg 1942, mit einer Polemik gegen F. Schmid auf den Seiten 52/53.

Mehr als in der Berliner "Gegner"-Zeit wurde in Warnemünde die Familie wieder ein vertrauensvoller Partner für den Gedankenaustausch. Die Familie Schulze rückte trotz vorhandener unterschiedlicher Auffassungen enger zusammen. Sehr freute sich der Sohn auf die angekündigten Weihnachtsferien: "Möglichst wenig ausgehen und gemütlich in den alten ledernen Sesseln sitzen".[35] Er beruhigte die Eltern: "Vor aufregenden Debatten braucht Ihr keine Angst zu haben. Unser Leben ist ja so verschieden gewesen und wird es auch weiter sein, - daß unsere Ansichten sich nie decken werden ... Wozu sollten wir uns also unser Leben sauer machen?"[36] Auch um seinen 13 Jahre jüngeren Bruder machte er sich Gedanken: "Warum wollt ihr Hartmut nicht in die Hitlerjugend lassen? Der herrschenden Psychose wird er in jedem Fall verfallen, ob nun innerhalb oder außerhalb der HJ. Aber die Hauptsache ist, daß er mit seiner Generation mitmarschiert ... Da er mein Bruder ist, wird er mit 20 Jahren ja sowieso auf eigene Gedanken kommen".[37] Nach dem sehr harmonischen Weihnachtsfest 1933 versicherte der Sohn den Eltern: "Das Band, was mich mehr als je mit Euch verbindet, soll nicht wieder reissen".[38]

Ende September 1933 besuchte Ilse Secker[39] den Flugschüler. Sie interessierte sich für sein Urteil über ihr Buch "Lumb fordert heraus",[40] das durchaus dem herrschende Zeitgeist entsprach. Harro Schulze-Boysen fand das Buch recht gut und gab ihr verschiedene Empfehlungen an Berliner Bekannte mit. Seine Verbindungen waren noch viel besser als er dachte.[41] Ilse Secker nannte ihren jungen Helden Bertram, in dessen Äußerungen Harro Schulze-Boysen aus der "Gegner"-Zeit wiederzuerkennen ist: "Ich frag nur, ist er ein anständiger Kerl. Und die anständigen Kerle gehören alle zusammen. In allen Lagern gibt es solche. Ich möchte sie finden und zusammenschließen zu einem großen Bund der anständigen Kerle. Dem Nationalsozialismus glaube ich den Sozialismus noch nicht. Es sitzen zu viele Großkapitalisten in dieser Partei, die gar kein Interesse an der Bereitschaft zum Opfer haben ... Ich bin Gegner des Klassenkampfes ... Wenn Sie fragen, was ich bin, so lautet die Antwort: Nationaler Sozialist. Die Jugend ... erhebt sich im Grunde gegen die Parteien, gegen diese Art von Politik an sich ... Vielleicht können nur ganz wenige diese Gedanken begreifen, vielleicht ist nur ein kleiner Kern von neuen Menschen berufen, sie zu verstehen und zu verwirklichen. Die große Masse wird

---

[35] Brief an die Eltern vom 25.9.1933, IfZ München ED 335/2.
[36] Brief an die Eltern vom 31.10.1933, IfZ München ED 335/2.
[37] Ebenda.
[38] Brief an die Eltern vom 3.1.1934, IfZ München ED 335/2.
[39] Vgl. auch Brief vom 26.2.1932, IfZ München ED 335/2: "Morgen frühstücke ich bei einer Frau Secker vom Mallinckroth, einer Kölner Dame, die sich für PLANS interessiert."; Ilse Secker arbeitete auch zeitweilig im Sekretariat der "Gegner"-Redaktion. Ihr Mann Hans Friedrich Secker war mit Harro Schulze-Boysen seit 1931 befreundet. Siehe auch Anmerkung 250.
[40] Secker, Ilse: Lumb fordert heraus. - Berlin 1933.
[41] Brief an die Eltern vom 4.10.1933, IfZ München ED 335/2.

mitbrüllen, aber nur wenige sind berufen, zu führen".[42] An dieser Einstellung hatte sich wenig geändert. Er fühlte sich durch die politische Entwicklung des Jahres 1933 in Deutschland darin bestätigt.

Im Dezember 1933 bereitete Harro Schulze-Boysen als eingesetzter "Manager" den weihnachtlichen Kameradschaftsabend vor. In einer Notiz im Rostocker "Niederdeutschen Beobachter" wurde dieser Abend erwähnt: "Ein Spiel, das sich kundtat in einer Wechselrede zwischen dem "Chor des Volkes" und den "Götzen der vergangenen Zeit", ein Weihnachtsspiel von schlechten Zeiten, Sturz und Untergang und von Geburt und Auferstehung der jungen Nation! .. Die letzten Chöre, in dem das erwachende Volk dem Spießer, dem Weltkapital, der Masse entgegentritt, bereiteten dramatisch das Schlußbild vor: "Erst wenn wir einig sind, dann sind wir groß!"[43] Mit Hilfe des Chefredakteurs des "Niederdeutschen Beobachters" - einem guten Bekannten des Schulleiters Hermann Becker - hoffte Harro Schulze-Boysen auf eine Zulassung als Schriftleiter bei der für Mecklenburg zuständigen Schrifttumskammer in Schwerin. Dieses Papier war die Voraussetzung einer journalistischen Arbeit im Dritten Reich. Ein Freund vom "Völkischen Beobachter", Fritz Nonnebruch, wollte die Bürgschaft für diesen Antrag übernehmen.

Auf der Rückfahrt von Berlin nach Warnemünde traf der Flugschüler Mitte Januar 1934 Albrecht Haushofer im Zug. Sie kannten sich aus Berlin[44] und unterhielten sich sehr angeregt bei einer Flasche Wein im Speisewagen. "Er ist ziemlich wichtig jetzt, und es freute mich, die Beziehung zu ihm erneuern zu können".[45] schrieb er den Eltern. Er sollte mit ihm im Jahre 1940 an der Auslandswissenschaftlichen Fakultät der Berliner Universität wieder in nähere Beziehungen treten.[46] In seiner Freizeit beschäftigte Harro Schulze-Boysen sich im Januar 1934 mit dem dänischen Philosophen Kierkegaard und dem deutschen Militärwissenschaftler Clausewitz. Bei Clausewitz fand er Gedanken wieder, die ihn bewegten und die er bei den Herrschenden seiner Zeit vermißte: "Der Krieg kann niemals von seinem Wesen, der Politik getrennt werden. Sonst entsteht ein sinnloses Ding ... "Sein Kommentar: "Das Unterordnen des politischen Gesichtspunktes unter den militärischen wäre widersinnig, denn die Politik hat den Krieg erzeugt. S i e i s t d i e I n t e l l i g e n z, der Krieg aber bloß das Instrument!" Er erlebte diesen Mangel an Intelligenz auch in seiner Ausbildung. Ihm schien, daß gerade die Deutschen dazu neigen, zu vergessen: "Immer mal wieder 'Im Felde unbesiegt' ... Immer wieder triumphiert die militärische über die politische Erziehung. Dabei haben wir die letztere so verd... nötig"[47]

---

[42] Secker, Ilse: a.a.O. - S. 128 /129.

[43] HSB: Weihnacht bei den Fliegern. - In: Niederdeutscher Beobachter vom 24.12.1933.

[44] Brief an die Eltern vom 7.4.1931, IfZ München ED 335/2. Erste Begegnung mit Haushofer im "Tat-Kreis".

[45] Brief an die Eltern vom 29.1.1934, IfZ München ED 335/2.

[46] Hildebrand, Rainer: Wir sind die Letzten. - Berlin 1947.

[47] Brief an die Eltern vom 3.2.1934, IfZ München ED 335/2.

Er bewahrte sich seine kritische Position. Eine Karriere unter diesen Bedingungen schien ihm schlecht vorstellbar. Die gesellschaftliche Position war ihm "für heute und morgen sowieso eine relative Sache." Wichtig blieb ihm der "Instinkt und die Gesinnung".[48] Er beschäftigte sich erneut mit Nietzsche, vertiefte sich in "Goethes Gespräche mit Eckermann" und das "Gilgamesch-Epos", ließ sich die russische Sprachlehre schicken, empfahl dem Vater die Lektüre von Kantorowicz` Buch über "Friedrich II". Er plante mit Adrien Turel eine gemeinsame dramatische Bearbeitung religiöser und kirchlicher Fragen unter dem Titel "Der unbekannte Kardinal". Diese Arbeit führte er offensichtlich nicht zu Ende. Mit Interesse verfolgte er die Entwicklung der Deutschen Glaubensbewegung, die sich Mitte 1933 aus verschiedenen religiösen und freireligiösen Bunden unter Leitung des Tübinger Professors Wilhelm Hauer und des alten "Kämpfers" der Nazibewegung, Ernst von Reventlow, zu einer Arbeitsgemeinschaft zusammengeschlossen hatte. Protest gegen christliches Spießertum, ein vorsichtiger Antikapitalismus, Naturfrömmigkeit und Nationalismus schienen eine tragfähige Basis zu bilden. Die Deutschgläubigen hegten auch Sympathien für Gandhi und die indische Aufstandsbewegung gegen die Engländer.[49] Harro Schulze-Boysen besuchte eine Veranstaltung der "Deutschgläubigen" im Haus des Rostocker Reeders Cords und war enttäuscht: "Sie wissen natürlich nicht, was sie wollen, aber es sind nette Leute dabei. Hoffentlich wird es nicht zu platt, was sie ausknobeln".[50] Harro Schulze-Boysen, der aus der Kirche ausgetreten war, verwarf die von dem Leipziger Professor Ernst Bergmann verfassten 25 Thesen zur "Deutschreligion"[51]: "Solange die Deutschen nicht etwas schwereres Geschütz auffahren als die Gedanken und das Bewußtsein dieser Herren, dient das alles nur der Wiederbelebung des christlichen Gedankens. Da sind die Dominikaner und Jesuiten ganz andere Leute".[52]

Innen- oder außenpolitische Ereignisse berührte der Flugschüler in seinen Briefen nur selten. So fanden der Reichstagsbrandprozeß und auch der Freispruch von Georgi Dimitroff keine Erwähnung. Die Kämpfe des österreichischen Schutzbundes gegen die profaschistische Heimwehr im Februar 1934 verfolgte Harro Schulze-Boysen mit voller Anteilnahme. Seine Sympathie war auf Seiten der Arbeiter: "Nur wer sieht, wie sehr H. Wessel dem Nationalsozialismus genutzt hat, kann ermessen, wie groß der Sieg der Arbeiter von Wien in diesen Tagen war. Alle diese Opfer, obwohl von vornherein die Aussichtslosigkeit des Unternehmens feststand, - die Geschichte kann sie nicht mehr auslöschen."[53]

---

[48] Brief an die Eltern vom 8.2.1934, IfZ München ED 335/2.

[49] Vgl. auch Cancik, Hubert: "Neuheiden" und totaler Staat - Völkische Religion am Ende der Weimarer Republik. - In: Cancik, Hubert (Hrsg.): Religions- und Geistesgeschichte der Weimarer Republik. - Düsseldorf 1982. - S. 76ff.

[50] Brief an die Eltern vom 3.2.1934, IfZ München ED 335/2.

[51] Vgl. Bergmann, Ernst: Die 25 Thesen zur Deutschreligion. - Leipzig 1934.

[52] Brief an die Eltern vom 22.2.1934, IfZ München ED 335/2.

[53] Brief an die Eltern vom 17.2.1934, IfZ München ED 335/2.

Bei einem Aufenthalt Anfang März in Berlin sah er viele der früheren "Gegner" wieder. Eine Jungengruppe der Hitlerjugend, die "fast ganz aus alten Freunden" bestand, spielte in einem Zehlendorfer Theater das Spektakel "18. Oktober"[54]. Aus dem früheren Pfadfinderbund der "Südlegion" unter Curt Lähn war sie als überregionale Spielschar in die Berliner Hitlerjugend überführt worden.[55] Im Theater traf Harro Schulze-Boysen viele seiner Freunde wieder, die ihn nicht vergessen hatten. Unvermittelt kam etwas von der "Gegner"-Athmosphäre auf. "Es waren hohe Tiere da, und es wurde ein großer Erfolg," schrieb er vergnügt nach Duisburg: "Nächstens sollen sie vor Hitler in einem großen Berliner Theater ihr Stück wiederholen. Das ist alles für mich nicht schlecht, denn alle die Jungens denken nicht daran, den 'gegner' zu verleugnen und ihre Leistung macht uns Ehre, der Geist des ganzen, das Spiel selbst, die Tendenz. Zudem war ich froh zu sehen, dass unter den Hunderten von Prachtjungens kaum einer war, der mich nicht kannte, und so oft wie an diesem Abend habe ich meinen Vornamen lang nicht gehört. Es hat mich einfach gefreut, daß die Wellen, die 'mein Sender' vor einem Jahr ausstrahlte, noch nicht im Raume verebbt sind. Schließlich sind das ja die Menschen, mit denen ich später zu tun und zu schaffen haben werde, und nicht die anderen".[56]

Am liebsten wäre er als Berichterstatter für eine oder mehrere Zeitungen ins Ausland gegangen. Sein Antrag, als Schriftleiter zugelassen zu werden, blieb ohne Resonanz. Trotzdem: "Ich betrachte mich zunächst mal ganz stur als Schriftleiter. Wenn der neue Staat meine Fähigkeiten auf diesem Gebiet nicht verwertet und sinngemäß akzeptiert, so ist das ein größeres Pech für i h n als für m i c h. Denn im letzteren Falle würde ich mich genötigt sehen, mich zunächst mal auf eine längere Auslandsreise zu begeben".[57] Diese Position änderte er bald wieder. Er überlegte, ob er nicht in die "Pressestelle (Überwachung der Auslandspresse, Luftpropaganda usw.)" des Reichsluftfahrtministeriums kommen könnte. Bei seinem Eifer, den journalistischen Erfahrungen und Sprachkenntnissen rechnete er sich dort Chancen aus. Die Eltern bat er am 22. März 1934: "Wenn Ihr Beziehungen zum Luftfahrtministerium habt, seht mal zu, sie auszubauen. Man kann nie wissen, ob man sie nicht mal braucht".[58] Schon einen Tag darauf benötigte Harro Schulze-Boysen diese Unterstützung. Am 23. März teilte der Kommandant mit, daß die Beobachterausbildung mit dem 1. April 1934 beendet sei. Als formale Gründe wurden totaler Maschinenmangel und eine nicht ausreichende Bewegungsfreiheit aus außenpolitischen Rücksichtnahmen für die Endausbildung angegeben. Tatsächlich ging es um die Umwandlung der Deutschen Verkehrsfliegerschulen in "Flugzeugführerschulen", die "den Luftkreisen unterstellt und nach den

---

[54] Verfaßt von Walter Erich Schäfer. Es behandelte die Völkerschlacht bei Leipzig, "Dramaturg" war der Jugendführer Rudi Pallas, der später ins KZ Sachsenhausen kam, Fronteinsatz, in sowjetischer Kriegsgefangenschaft Mitarbeit im "Nationalkomitee Freies Deutschland".
[55] Gespräch Werner Dissel, a.a.O.
[56] Brief an die Eltern vom 12.3.1934, IfZ München ED 335/2.
[57] Brief an die Eltern vom 22.2.1934, IfZ München ED 335/2.
[58] Brief an die Eltern vom 22.3.1934, IfZ München ED 335/2.

Grundsätzen der Heeresverwaltung organisiert"[59] werden sollten. Für die einsetzende Kriegsvorbereitung benötigte man eine auf die modernen Kriegsbedingungen ausgerichtete Fliegerausbildung. Der im Mai 1933 begonnene Lehrgang entsprach diesen Erfordernissen nicht und wurde deshalb abgebrochen.

Sofort richtete der Flugschüler Schulze-Boysen einen Antrag an das Reichsluftfahrtministerium, ab Anfang April 1934 eine Tätigkeit in der Abteilung "Fremde Luftmächte" des Luftkommandoamtes aufzunehmen. Sein Vorgesetzter, der Korvettenkapitän Coeler, unterstützte das Anliegen. Der Vater seines Kameraden von Cappeln setzte sich mit dem Inspekteur der deutschen Fliegerschulen, Christiansen, in Verbindung. E. E. Schulze kannte Christiansen ebenfalls von der kaiserlichen Marine her.[60] Harro Schulze-Boysen vertraute zugleich auf seine eigenen Kräfte: "Aber wenn überhaupt was zu machen ist im RL Min., dann schaffe ich es wohl auch so".[61] Außerdem betrieb er weiter seine Anerkennung als Schriftleiter. Sein früherer Vorgesetzter, Herrmann Becker, mit dem er ganz offen über alles sprach, schrieb ihm eine sehr vorteilhafte Empfehlung für den Schriftleiterverband: "Ein vielseitig talentierter und begabter junger Mann, echt nationalsozialistischer Gesinnung, von dessen Tätigkeit ich mir für Deutschland das Beste verspreche. Ich habe ihn kennen und schätzengelernt".[62]

Die Umstellung auf das Leben in Nazi-Deutschland vollzog sich bei Harro Schulze-Boysen unter den spezifischen Warnemünder Bedingungen. Er befand sich weiterhin im Gegensatz zu dem Naziregime. Mit diesem Widerspruch hatte er nun zu leben, ohne in die innere oder äußere Emigration zu gehen oder um der Karriere willen, seine bisherigen Ziele zu verleugnen. Er konnte sich nur schwer vorstellen, daß dieses System von Dauer sein könnte. Er lernte zu schweigen, seine Gedanken nach innen zu richten, wo er früher Flagge gezeigt hätte. Anfängliche Depressionen an der Deutschen Verkehrsfliegerschule in Warnemünde im Juli 1933 gingen über in erste Schritte der Selbstbehauptung unter den neuen Bedingungen. Hinzu kam die Erfahrung, daß er bei Kameraden und Vorgesetzten Anerkennung sogar dann fand, wenn er sich als Nichtnazi zu erkennen gab.

---

[59] Umorganisation des R.L.M. am 1.4.1934. Am 22.3.1934 befahl der Reichsminister für Luftfahrt die Auflösung der D.V.S., G.m.b.H. Sie bestand nur als Rahmengesellschaft (zu Tarnzwecken) weiter. Siehe auch BA-MA Freiburg RL 2 III/2, Bl. 4.
[60] Brief an die Eltern vom 15.9.1933, IfZ München ED 335/2: "Während ich auf hoher See war, war Christiansen hier ... Ich bedaure, ihm Deine Grüße nicht habe ausrichten zu können."
[61] Brief an die Eltern vom 27.3.1934, IfZ München ED 335/2.
[62] Brief vom 24.3.1934, IfZ München ED 335/2.

4.2 Die Arbeit im Reichsluftfahrtministerium - eine schwierige Karriere

Die verschiedenen Empfehlungen und das persönliche Eingreifen zeitigten Erfolg. Die Abteilung "Fremde Luftmächte" im ab 1. April 1934 geschaffenen Führungsstab[63] des Reichsluftfahrtministeriums war an dem jungen Mann interessiert. In dieser Abteilung wurden Nachrichten aus dem Ausland über fremde Luftmächte in taktischer, organisatorischer, ausbildungsmäßiger und technischer Hinsicht ausgewertet, fremdländische Vorschriften, aber auch die Fachliteratur und Presse gesichtet.[64] Harro Schulze-Boysen entschied sich nach einem durch seinen bisherigen Vorgesetzten vermittelten Gespräch mit "Mejer vom Nachrichtendienst"[65] für die Tätigkeit in der "Abteilung Fremde Luftmächte". Als Adjutant des Chefs der Leitung des Seeflugnachrichtenwesens Bartz war er für das Studium ausländischer Zeitschriften, für Vorträge, Lichtbildersammlungen, die journalistische Verwertung verantwortlich. All das entsprach den Vorstellungen von einer "wirklich interessanten Arbeit". Harro Schulze-Boysen war zufrieden: "Ich hätte finanziell wesentlich bessere Sachen finden können; aber ich hielt das im Augenblick n i c h t für die Hauptsache, sondern meine persönliche Sicherheit, und die Chance, unerhört viel zu lernen, ohne in den Vordergrund oder in die Öffentlichkeit treten zu müssen. Ich mache das also zwei/drei Jahre. Meine Zeit kommt, wenn ich 35 bis 40 bin".[66]

Die Eltern drängten den Sohn, politisch nicht wieder aktiv zu werden. "Eure Mahnung, gesundheitlich vorsichtig zu sein, leuchtet mir ein. Ich halte mich sehr zurück. Etwas gefährlich ist es immer noch".[67]

Am 10. April 1934 begann für Harro Schulze-Boysen zunächst eine "außerordentlich anregende und interessante Tätigkeit" im Reichsluftfahrtministerium. Eine Übernahme als Beamter lehnte der 24jährige erst einmal ab: "Ich will lieber Angestellter bleiben und mich dann, falls mir die Tätigkeit s e h r zusagen sollte, aktivieren lassen und als Offizier die Sache weitermachen. Aber P l ä n e kann man heute gar nicht schmieden ..."[68] Vorerst war der junge Mann ohne Vertrag tätig und erhielt deshalb bis September nur eine begrenzte Vorschußzahlung von 120 Mark und ab September ein Anfangsgehalt von 160 Mark im Monat. Er arbeitete in seiner freien Zeit an Übersetzungen, um etwas hinzuzuverdienen, weil er sonst nicht ausgekommen wäre.[69] Die anfängliche Euphorie

---

[63] Umorganisation des R.L.M. ab 1.4.1934, a.a.O.
[64] Ebenda, Anlage 2.
[65] Brief an die Eltern vom 31.3.1934, IfZ München ED 335/2.
[66] Ebenda.
[67] Brief an die Eltern vom 4.4.1934, IfZ München ED 335/2.
[68] Brief an die Eltern vom 12.4.1934, IfZ München ED 335/2.
[69] Brief an die Eltern vom 3.5.1934, IfZ München ED 335/2.

schlug bald in Unzufriedenheit über die schlechte Bezahlung um. Er zweifelte, ob seine Tätigkeit, die mit viel Arbeit verbunden war, aber ihm wenig Eigenständigkeit ließ, auf die Dauer das Richtige war: "Im Augenblick läßt sich nichts vernünftigeres finden. In meiner jetzigen Tätigkeit brauche ich wenigstens nichts gegen meine Überzeugung zu tun und kann meine sprachlichen und technischen Kenntnisse erweitern".[70]

In dieser Zeit muß Elsa Nuß, die Harro Schulze-Boysen Ende 1932/Anfang 1933 im Republikanischen Rednerverein kennengelernt hatte, ihn wiedergetroffen haben. Er wirkte auf sie im Gegensatz zu früher ungepflegt, "ja liederlich und schmuddlig" angezogen, war unruhig, nervös, zerstreut und sehr zwiespältig in seiner Meinung. Auf der einen Seite glaubte er an eine grosse, bedeutende, erfolgreiche Rolle der Widerstandsbewegung in Deutschland, auf der anderen Seite spürte man deutlich eine tiefe Enttäuschung, Resignation, ja Verzweiflung angesichts der Unmöglichkeit, das deutsche Volk zu einer Tat aufzurütteln. Dann wieder glaubte er nicht an einen Krieg, sondern an ein Ende der Nazidiktatur noch vor der möglichen kriegerischen Auseinandersetzung, um wieder mit mir einer Meinung zu sein, dass Hitler seine Herrschaft unbedingt mit einem napoleonischen Feldzug krönen will und dass ihm auch dorthin das deutsche Volk Gefolgschaft leisten würde".[71]

Trotz aller Unzufriedenheit arbeitete Harro Schulze-Boysen an sich weiter. Im Mai 1934 begann er seine russischen Sprachkenntnisse gemeinsam mit Werner Dissel und Eugen Alexejew bei Frau Engelmann, einer russischen Emigrantin, zu erweitern. Nach einem Jahr konnte er russische Texte ohne Schwierigkeiten und Hilfe lesen. Nach zwei Jahren las er schon Dostojewski im Original. Anfang Juni 1934 hielt er ein außen- und wehrpolitisches Referat vor der Berliner Hitlerjugend, das mit großem Interesse aufgenommen wurde. Er beobachtete Ende Juni 1934 mit großem Interesse die Zuspitzung der politischen Situation in der Reichshauptstadt.: "Der Hauptkampf geht wohl los zwischen dem autoritären Lager Hindenburg, Papen, Reichswehr, Hitler(?) .. und dem radikalen Flügel, der mehr in der Partei und den Massen verankert ist. Die Entscheidung muß m.E. bald fallen".[72] Die Hoffnungen, daß sich die Situation in Deutschland noch ändern könnte, war nicht unbegründet. Enttäuschung und Mißmut über nicht eingelöste Versprechungen der Hitler-Regierung breiteten sich aus. Der wirtschaftliche Aufschwung der ersten Monate war ins Stocken geraten. Die Arbeitslosenzahlen stiegen wieder, die Bauern begehrten gegen die verordnete Zwangsbewirtschaftung auf und die Kleinhändler fühlten sich in ihrem Kampf gegen Großindustrie und Warenhäuser verraten. So fand im Frühjahr 1934 innerhalb der SA die Forderung nach einer zweiten, der wahren deutschen und nationalsozialistischen Revolution mehr und mehr Anhänger.

Die blutige Abrechnung mit tatsächlichen und vermeintlichen Rivalen der Führungsschicht um Hitler, Himmler, Göring und Goebbels im Einvernehmen mit der

---

[70] Brief an die Schwester vom 1.5.1934, Sammlung RK.
[71] Brief Elsa Nuß an Ricarda Huch vom 24.6.1946. a.a.O.
[72] Brief an den Vater von Ende Juni 1934, IfZ München ED 335/2.

Reichswehr am 30. Juni 1934 stärkte die Führungsposition der bisher Herrschenden und disziplinierte die aufbegehrenden Teile der nationalsozialistischen Bewegung. Die Entmachtung der SA und anderer sozialrevolutionärer Kräfte in der NSDAP verschoben die Erwartungshorizonte einer möglichen Änderung in weite Ferne.

Im Juni 1934 interessierte sich das Auswärtige Amt für Harro Schulze-Boysens ausländische Beziehungen. Dr. Hermann Kirchhoff, ein "Mitarbeiter von Ribbentrop`s",[73] wollte mehr über die französische Gruppe "Ordre Nouveau" erfahren. Dr. Kirchhoff war von diesem Gespräch so angetan, daß er den jungen Mann für eine Gruppe von Studenten und Jungakademikern anforderte, die an der vom Weltverband für Völkerbundfragen veranstalteten "Sommerschule" in Genf[74] teilnehmen sollte. Diese Reise organisierte die Deutsche Gesellschaft für Völkerbundfragen, deren Geschäftsführer Dr. Kirchhoff war. Die acht junge Leute umfassende Gruppe, die am 11. August 1934 nach Genf aufbrach, sollte offensichtlich der nach dem Austritt Deutschlands aus dem Völkerbund im Oktober 1933 einsetzenden Isolierung und "den deutschfeindlichen Anwürfen"[75] entgegenwirken. Die jungen Deutschen hatten keinen leichten Stand in den Veranstaltungen mit den Teilnehmern aus anderen Ländern. Bei jeder Diskussion wurde das Thema "Deutschland" angeschnitten, keine Frage blieb ihnen über die Zustände im nationalsozialistischen Deutschland erspart. Mit "großer Sachkenntnis und Geschicklichkeit" hätten aber die jungen Deutschen "dem Kreuzfeuer des 'Verhörs' Stand gehalten und ihren politischen Gegnern antworten können", berichtete sehr angetan der Leiter der Deutschen Sprachabteilung des Weltverbandskurses. Er vermittelte den günstigen Eindruck aus Gesprächen mit französischen und englischen Teilnehmern nach Berlin, daß ein größeres Verständnis für das neue Deutschland geweckt, Mißverständnisse und Irrtümer, aber auch Vorurteile ausgeräumt werden konnten.[76] Auch der Generalsekretär des Weltverbandes der Völkerbundgesellschaften hob die "außerordentlich offenen und fruchtbaren Aussprachen" hervor und betonte den Mut und die Aufrichtigkeit der deutschen Teilnehmer.[77] Das deutsche Konsulat in Genf wertete das Auftreten der jungen Deutschen als "vollen deutschen Erfolg".[78] Nach der Rückkehr lud Harro Schulze-Boysen die Teilnehmer der Fahrt nach Genf zu sich ein. Es hielt es für wichtig, diese

---

[73] Brief an die Eltern vom 13.6.1934, IfZ München ED 335/2.

[74] Vgl. auch Schreiben der Deutschen Gesellschaft für Völkerbundfragen an das Auswärtige Amt vom 9.8.1934. BA, Abteilungen Potsdam, Auswärtiges Amt, Vbd. Akten, betr. 6429 H/E 480070.

[75] Ebenda.

[76] Brief von Herrn Bodmann, Weltverband der Völkerbundgesellschaften an Herrn Dr. Kirchhoff, Deutsche Gesellschaft für Völkerbundfragen vom 22.8.1934. - In: PA Bonn, Europa I, Völkerbund Allg B1b, Band 12.

[77] Bericht über die Tagung des Vorstands, des Generalrats und sämtlicher Arbeitsausschüsse des Weltverbandes der Völkerbundgesellschaften in Genf vom 29.9. bis 1.10.1934 in Genf. Ebenda.

[78] Schreiben des Deutschen Konsulats vom 25.1.1934, PA Bonn, Inland I Partei, Jugendbewegung 3, Band 3.

"Beziehungen zur SS" aufrecht zu erhalten.[79] Über den Aufenthalt in Genf legte er seinem Abteilungsleiter einen Bericht vor, der ihn damit zum Staatssekretär Milch schickte, dem er "Vortrag hielt".[80] Auch die IG Farben hatten aus Genf einen Bericht erhalten, "in dem gemeldet wird, unser Auftreten dort sei ein großer Erfolg gewesen und man sollte öfter solche jungen Leute herausschicken. Wenn die wüßten".[81] In dem Erfolg deutet sich zugleich der Zwiespalt an, in dem sich der Hitlergegner Schulze-Boysen befand. Er wollte heraus aus der Enge des Ministeriums, suchte nach anderen Arbeitsmöglichkeiten und auch nach Anerkennung für seine Tätigkeit. Die Reise in die Schweiz bot die einzigartige Möglichkeit, sich freier zu informieren. Gleichzeitig wurden die deutschen Teilnehmer benutzt, um dem nationalsozialistischen Deutschland zu besserem Ansehen zu verhelfen. Vielleicht hat Harro Schulze-Boysen auch deshalb eine erneute Anforderung abgelehnt, Ende September an einer Völkerbundveranstaltung teilzunehmen.[82]

Im August 1935 genehmigte ihm das Reichsluftfahrtministerium eine als privat deklarierte Reise zum Besuch einer Vortragsreihe über Völkerbundfragen in Genf, die er diesmal mit Libertas Haas-Heye und einem Freund, dem Dramaturgen Klaus Jedzek antrat. Das Auswärtige Amt übernahm die Reisekosten. Anfang Juli 1935 traf er sich erneut mit seinen "SS-Freunden", um mit ihnen seine nächste Reise nach Genf vorzubereiten.[83] Auch diesmal hinterließen die jungen Deutschen in Genf einen "vorzüglichen Eindruck".[84] Mehr als ein Jahr zuvor spürten die deutschen Teilnehmer, daß Deutschland schon außerhalb der übrigen Welt stand. Sie wurden ausgefragt, aber konnten nicht immer ehrlich antworten. Keiner von ihnen wußte, wie weit die Aufsicht der deutschen Polizei ging. Harro Schulze-Boysen, Libertas Haas-Heye und Klaus Jedzek trafen sich mit jüdischen Freunden am Genfer See, redeten mit ihnen offen und freimütig. Die Möglichkeit, in der Schweiz zu bleiben, schlugen sie aus. Sie wollten in Deutschland aushalten und dort auf die Entwicklung Einfluß nehmen. Auf der Rückfahrt hielten sie in Muzot, standen vor dem Turm Rilkes und später vor seinem Grabstein und

---

[79] Brief an die Eltern vom 3.9.1934, IfZ München ED 335/2.
[80] Ebenda. Staatssekretär war Erhard von Milch.
[81] Brief an die Eltern vom 9.9.1934, IfZ München ED 335/2.
[82] Brief an die Eltern vom 1.10.1934, IfZ München ED 335/2: "Ich habe gleich abgewinkt. Das kann ich meinen Leuten im RLM nicht antun. Eine Teilnahme an der Völkerbundversammlung wäre natürlich interessant gewesen."
[83] Brief an die Eltern vom 6.7.1935, IfZ München ED 335/2. Die Teilnahme der SS-Leute war kein Geheimnis. "Unsere deutsche Gruppe bestand vorwiegend aus SS-Leuten, einem jungen Flieger, einem Dramaturgen" schrieb Libertas Haas-Heye in einem Beitrag für die "Deutsche Zukunft" vom 27. Oktober 1935. Sie stellte darin einen Brief eines englischen Teilnehmers an ein "deutsches Arbeitsdienstmädel" vor.
[84] Bericht über den Genfer Sommerkurs des Weltverbandes der Völkerbundgesellschaften 1935, Anlage zum Schreiben der Deutschen Gesellschaft für Völkerbundfragen an das Auswärtige Amt, Abt. VI. vom 22.1.1936. PA Bonn, Inland I Partei, Jugendbewegung 3, Band 3.

lasen die Rätselworte: " .. Rose, reiner Widerspruch! Niemandes Schlaf zu sein unter so viel Lidern ..."[85]

Die Vorgesetzten und auch Mitarbeiter waren von Harro Schulze-Boysen, der mit Engagement und Selbständigkeit die übertragenen Aufgaben löste, sehr angetan. Der Abteilungschef, Freiherr von Bülow, lud ihn an einem Wochenende nach Hause ein. Es gab ein "Prachtbuffet und man unterhielt sich leidlich".[86] Der unmittelbare Chef, Major Bartz, sprach im September 1934 mit seinem Adjutanten über dessen "Fortkommen". Nach einem halben Jahr im aktiven Dienst hielt Bartz es für möglich, Reserveoffizier zu werden und später zum Regierungsrat aufzurücken.[87] Diese freundlichen Gespräche blieben jedoch unverbindlich. An der tatsächlichen Lage des jungen Mannes änderte sich nichts. Er hatte viel Arbeit, aber die von seinen Vorgesetzten anerkannten Leistungen schlugen sich nicht in einer Beförderung oder in merklichen Gehaltsaufbesserungen nieder. Vielleicht lag die mangelnde Durchsetzungskraft seiner Dienstherren an der Geringschätzung der Arbeit dieser Abteilung im RLM.[88] Oder blockierte ein Vermerk über die "Gegner"-Zeit in der Akte ein Fortkommen? Das Fehlen eines akademischen Abschlusses beförderte diese Anträge sicherlich nicht. Ein abgebrochenes Studium zählte nichts. Die Personalabteilung verzögerte die Anträge auf eine deutliche Erhöhung seiner Bezüge. Harro Schulze-Boysen war enttäuscht und verbittert: "Man soll sich eben alles erbetteln, und immer mal wieder von Zeit zu Zeit einen kleinen Bissen kriegen. Die Leistung scheint g r u n d s ä t z l i c h keine Rolle zu spielen. Sozialismus, ... wie ihn manche Leute verstehen".[89] Im Mai 1935 erhielt er ca. 200 Mark ausgezahlt. Das war weniger als sein monatlicher Wechsel im Studium. Die Eltern beteiligten sich mit Zuschüssen an den Lebenshaltungskosten. Der Wäschesack wechselte nach wie vor regelmäßig nach Duisburg.

Harro Schulze-Boysen blieb trotz aller Unzufriedenheit im Reichsluftfahrtministerium und bemühte sich um eine Reserveoffiziersausbildung. Anfang Januar 1936 konnte er eine dreimonatige Ausbildung an der Luftnachrichtenschule in Halle/Saale antreten. Das Leben in der Kaserne bereitete ihm anfangs Freude, war es doch eine willkommene Abwechslung zu dem Dienst in den Bürostuben des Reichsluftfahrtministeriums. Mitte Januar 1936 wurden alle "auf den Führer" vereidigt: "Der Kompaniechef, Oberleutnant Hoppe sagte ganz richtig, man dürfe die Sache nicht mit dem Verstande zu begreifen suchen, sondern müsse den Eid gefühlsmässig in sich aufnehmen".[90] Zu dem Kameradschaftsabend organisierte der Rekrut Schulze-Boysen

---

[85] Vgl. auch Jedzek, Klaus: Einer ist tot. Für Harro Schulze-Boysen, ohne Jahresangabe, Ablichtung in Sammlung RK; ferner J.: "Gespräche im Niemandsland". - In: "Wille zum Reich" 1935 H. 18 vom 20.9.1935.
[86] Brief an die Eltern vom 1.11.1934, IfZ München ED 335/2.
[87] Brief an die Eltern vom 1.10.1934, IfZ München ED 335/2.
[88] Vgl. auch Boog, Horst: Die deutsche Luftwaffenführung 1935-1945. - Stuttgart 1982. - S. 76 ff.
[89] Brief an die Eltern vom 3.5.1935, IfZ München ED 335/2.
[90] Brief an die Eltern vom 19.1.1936, IfZ München ED 335/2.

eine "sehr gelungene Vorführung" zum Vergnügen der Mannschaft. Eine Nierenkolik unterbrach die Ausbildung. Er kam in ein Hallenser Krankenhaus. Zum Abschluß des Lehrgangs hielt er noch einen "luftpolitischen Vortrag", der ihm gut gelang. Er wurde Ende März 1936 zum Gefreiten der Reserve befördert.

Nach seiner Rückkehr erhielt der Angestellte[91] Schulze-Boysen ein Einzelzimmer in dem neuen Gebäude des Reichsluftfahrtministeriums Wilhelmstraße/Ecke Leipziger Straße. Die Architektur und die Vielzahl der Zimmer und Mitarbeiter symbolisierten einen neuen imperialen Machtanspruch des NS-Regimes. Die Abteilung "Fremde Luftmächte" war stark erweitert worden. Das Arbeitsgebiet des Hilfsreferenten Schulze-Boysen umfaßte jetzt: Sammlungen u. Karteien für fremdländische Flugzeuge, Motoren, Waffen und Geräte, die Verbindung zum C-Amt, Übersetzungsaufträge, Lehrmittelsammlungen, Verwaltung und Verleih sowie die Aufsatzsammlung.[92] Ihm kam dies entgegen. Er konnte sich jetzt mit "interessanten taktischen Fragen" beschäftigen und den "Kartotheken-Kram" einem neuen Referenten überlassen.[93]

Harro Schulze-Boysen, seit dem Sommer 1936 verheiratet, empfand die berufliche Situation nach wie vor als unbefriedigend. Seine Frau Libertas nutzte die Gelegenheit, bei einem Besuch ihres Onkels, des Fürsten von Eulenburg zu Hertefeld, auf dem Gut in Liebenberg den zur Jagd anwesenden Reichsmarschall Hermann Göring auf ihren Mann anzusprechen. Der Fürst hatte sich bereits im Jahre 1931 für die NSDAP bei seinen Freunden eingesetzt, war von Hitlers Persönlichkeit angetan, die den "heutigen jämmerlichen Durchschnitt" weit überrage. Er empfahl den Gutsbesitzern in Mecklenburg, "dringend das Buch 'Mein Kampf' zu lesen, das eine Fülle genialer Gedanken enthält".[94] Hin und wieder weilte Göring als Jagdgast in Liebenberg. Die Liebenberger waren auch gelegentlich in Karin Hall, dem nahe gelegenen Jagdsitz von Göring, zu Besuch.

Die junge Frau setzte Göring darüber ins Bild, daß ihr Mann im Luftfahrtministerium sein Bestes gebe, aber trotz seiner von allen Seiten bescheinigten Tüchtigkeit keine Entwicklung im RLM sehen könne.[95] Libertas Charme und die anerkennenden Worte des Fürsten über den jungen Mann sollen ihre Wirkung auf Göring nicht verfehlt haben. Er versprach zu helfen.[96] Unabhängig davon bemühte sich

---

[91] Arbeitsplan der Abt. Fremde Luftmächte vom 9.3.1936. BA-MA Freiburg, RL 2/III/4.

[92] Geheime Kommandosache vom 7.10.1936. Betrifft: Referentenübersicht. Darin wurde Schulze-Boysen als "Hilfsreferent" mit dem Arbeitsgebiet "Verw.Techn.Nachr.u.Ger.-Kartei" geführt. Siehe BA-MA Freiburg, RL 5/601.

[93] Brief an die Eltern vom 29.4.1936, IfZ München ED 335/2.

[94] Abschrift eines Briefes des Fürsten von Eulenburg-Hertefeld vom Februar 1931 mit einer Aufzeichnung des Gesprächs, das er am 24. Januar 1931 mit Hitler in München führte, worin Hitler die Befürchtungen der norddeutschen Grundbesitzer zerstreute, daß nach einer nationalsozialistischen Machtergreifung Grund und Boden enteignet werde. Vgl. BA-MA Freiburg, Nachlaß von Levetzov, N 239.

[95] Vgl. Gespräch mit der bei diesem Besuch Görings anwesenden Frau Ingeborg von Schönebeck, der Tochter des Fürsten Friedrich Wend zu Eulenburg, im Mai 1989.

[96] Erhard Milch schrieb in einem Brief an David Irving, daß sich Schulze-Boysen vor dem Krieg als E-Offizier beworben habe, aber Milch habe ihn auf Vorschlag des Chefs des Personalamtes, Stumpf, wegen

Harro Schulze-Boysen auch auf anderen Wegen um sein "Fortkommen". Er bat den Vater, bei einem sehr einflußreichen Marinekameraden, Generalleutnant Zander, Chef des Luftkreises VI in Kiel und für die Seeflieger zuständig, vorstellig zu werden. Dafür übermittelte er im Oktober 1936 Angaben nach Duisburg über seinen "bisherigen Ausbildungsgang". Nachdem er die einzelnen Stationen seiner Entwicklung seit Mai 1933 aufgeführt hatte, kam er zur Sache: "Wunsch des Ministers persönlich, sowie der vorgesetzten Stellen im RLM, daß ich nunmehr sobald wie möglich meine Übungen absolviere und Reserveoffizier werde. Ich war bereits zum Juli 1936 wieder zu einer 2. Übung bei der Luftnachrichtentruppe einberufen. Diese Einberufung wurde jedoch auf Weisung des RLM abgesagt, da ich wieder zu den Seefliegern soll. Da ich im Dienst des RLM in der Abteilung des Obersten v. Bülow Technik und Taktik des Auslandes bearbeite, benötige ich dringend etwas Einblick in die Praxis. Auch Bartz liegt sehr daran, daß ich mich auf diesem Gebiet der Seefliegerei näher umsehe. Zu erwähnen ist noch, daß mein berufliches Fortkommen mit von meiner weiteren milit. Ausbildg. abhängt. Auf dem bürokrat. Wege dauert das zu lange. Zander soll an Bartz oder Bülow Bescheid geben, ob er mich am besten im Monat Januar, bei Minner, Blessingh oder anderen ihm unterstellt. Staffeln unterbringen kann".[97]

Bereits Anfang November 1936 erfolgte die Kommandierung über alle Instanzen hinweg an die Fliegerschule nach List auf der Insel Sylt. Dort angekommen, ließ er sich einkleiden und meldete sich beim Staffelkapitän, den er noch aus Warnemünde kannte. Er wohnte in einem Zwei-Zimmer-Appartement, hatte eine Ordonnanz und aß bestens im Offizierskasino, so daß er sofort das angekündigte Paket aus Duisburg abbestellte. Fliegen konnte er wegen des Nebels nicht. Er hielt vor etwa 120 Unteroffizieren der drei Kompanien einen Vortrag über die britische Seestrategie, der ein Erfolg war. Anschließend sollte er vor den Offizieren sprechen.[98]

Im April 1937 folgte eine weitere vierwöchentliche Übung auf Sylt. Hier führte er eingehende Gespräche mit Hans Zehrer, der zurückgezogen mit seiner jüdischen Frau in Kampen lebte. Libertas verbrachte im Juli 1937 einige Wochen bei Zehrers, als ihr Mann in Schleswig bei einem Infanterieregiment eine weitere Übung ableisten mußte. Zum Abschluß bestand Harro Schulze-Boysen erfolgreich eine Prüfung im Gefechtsexercieren und Zugführerunterricht und avancierte dann im August 1937 zum Feldwebel.[99]

---

angeblicher kommunistischer Neigungen abgelehnt. Nach dem Jagdbesuch beim Fürsten Eulenburg habe Göring Stumpff angerufen und ihm Vorwürfe wegen seiner bürokratischen Einstellung gemacht. Stumpff wies auf Milchs Entscheidung und die politischen Gründe hin, aber Göring überging Stumpf und Milch und entschied, Schulze-Boysen einzustellen. Vgl. Irving, David: Die Tragödie der Deutschen Luftwaffe. Aus den Akten und Erinnerungen von Feldmarschall Milch. - Berlin; Wien 1970. - S. 246; Ders.: Göring. - München; Hamburg 1987. - S. 545. Die Personalakte Schulze-Boysens, in der Stumpf einen entsprechenden Vermerk hinterlassen haben soll, konnte nicht gefunden werden.

[97] Brief an die Eltern vom 26.10.1936, IfZ München ED 335/2.
[98] Brief an die Eltern vom 27.11.1936, IfZ München ED 335/2.
[99] Brief an die Eltern vom 18.8.1937, IfZ München ED 335/2.

Major Bartz schrieb nach seiner Rückkehr eine drei Seiten lange Beurteilung "zu Zwecken der Reserveoffizierswahl, die wirklich für mich sehr ehrend ist. Es kann ja nie was schaden, wenn`s schwarz auf weiß in den Akten steht, daß man nicht nur ordentlich und ehrlich, sondern auch sonst noch einiges ist. Bülow hat die Sache auch noch unterschrieben".[100] Aus diesem Anlaß wurde wohl wieder einmal über das "Fortkommen" des jetzt 28jährigen tüchtigen Mitarbeiters gesprochen. Als ein Nachteil im Beamtenapparat des RLM zeichnete sich immer mehr ab, daß Harro Schulze-Boysen keinen akademischen Abschluß nachweisen konnte. So entstand die Idee, daß unter Anrechnung seiner bisherigen Semester versucht werden sollte, an der Berliner Universität bei Professor von Niedermayer, einem Juristen, zu promovieren. Der Leiter der Abteilung, Freiherr von Bülow, schrieb dem Professor einen "großartigen" Empfehlungsbrief. Die Eltern waren auch bereit, finanziell dieses Vorhaben mitzutragen.

Mitte Dezember 1937 wurden für die Abteilung Fremde Luftmächte große Veränderungen angekündigt. Die Leitung sollte Joseph Schmid, ein junger Major aus dem Generalstab, übernehmen, ein "süddeutscher Blutorden-Träger", dem kein sehr guter Ruf vorausging. H. Schulze-Boysens bisherige Vorgesetzte erklärten, daß sie jetzt gar keinen Einfluß mehr auf seine Zukunft und sein Fortkommen hätten. Zu beider Verblüffung blieb der junge Mann sehr ruhig und ungerührt. "Ich hatte keine Erwartungen und bin schlechterdings auch nicht zu enttäuschen ... Ihr wißt ja sehr gut, daß mir jeder bürgerlicher Ehrgeiz abgeht und daß es mir nur auf die Sache, auf eine Sache ankommt, der ich dienen werde, solange ich lebe.",[101] schrieb er den Eltern Ende Dezember 1937 nach Duisburg.

Er weigerte sich, dem Drängen der Mutter nachzugeben, sich mit dem Regime auszusöhnen und der NSDAP beizutreten. Deshalb legte er weder auf eine Beförderung zum Offizier noch auf eine Beamtenstellung als Regierungsrat gesonderten Wert. Ohne Parteibuch sah er auch keine Möglichkeit eines Aufstiegs. Er erwartete jedoch eine bessere Bezahlung. Hier brach sich der vorhandene Ehrgeiz, eine gute Arbeit zu leisten, in das politische Leben einzugreifen, mit den realen Verhältnissen, die der vorhandenen Eigendynamik Grenzen setzten. Er konnte sich nicht ausleben. Das führte zu erheblichen inneren Spannungen. Ein Arzt führte die Ursachen für die auftretenden Nierensteine auf eine von außen hervorgerufene "Verhärtung" des ganzen Körpers zurück.[102]

Mit dem Eintritt in die Abteilung "Fremde Luftmächte" des Reichsluftfahrtministeriums im April 1934 setzte sich der spannungsreiche Prozeß zwischen Anpassung, Resistenz und Selbstbehauptung fort. In einer Zentrale nationalsozialistischer Machtausübung bemühte er sich, die ihm übertragenen Aufgaben zur Zufriedenheit

---

[100] Ebenda.
[101] Brief an die Eltern vom 27.12.1937, IfZ München ED 335/2.
[102] Siehe auch Brief an die Eltern vom 24.2.1937, IfZ München ED 335/2: "Der ganze Körper ist 'verhärtet' (dieser Begriff stellt etwa die Basis für Arterienverkalkung usw. dar), er müsste durch eine Geburt (keine Angst eine männliche, also eine Leistung, ein Werk) aufgelockert werden und das Blut wieder neu in Fluß kommen ... (Und das sind gerade die Dinge, die ich mir hier ständig verbieten muss)."

seiner Vorgesetzten zu lösen. Eine Karriere in der Ministerialbürokratie blieb ihm versagt, obwohl er sich entschloß, Reserveoffizier zu werden. Er fühlte sich in seiner Arbeit unterfordert, unterbewertet und unterbezahlt. Seine Angebote zur Mitarbeit, die kein Überlaufen oder Fahnenwechsel bedeuteten, wurden beargwöhnt und nicht honoriert. All das bekräftigte seine grundsätzlichen Vorbehalte gegen diesen Staat. Vielfältige Kontakte und Einsichten in Interna bestärkten ihn darin, daß die Naziherrschaft auf Grund der inneren Widersprüche und der dadurch latent vorhandenen Unzufriedenheit verschiedenster Kreise nicht von Dauer sein könne. Er arbeitete und lebte bereits für die Zeit danach und blieb auf Distanz zur Macht, aber in Kontakt mit den Herrschenden.

4.3 Die Ehe: Libertas

Erstmals erwähnte Harro Schulze-Boysen den Namen Libertas Haas-Heye Mitte Juli 1934 gegenüber den Eltern. Den Informationen, daß sie sehr gut aussehe, bei der Filmgesellschaft Metro-Goldwyn-Mayer selbständig arbeite und sehr nett sei, fügte er noch hinzu, daß sie nichts dafür könne, daß sie die Enkelin vom alten Eulenburg ist: "Die ihm nachgesagten Eigenschaften hat sie jedenfalls nicht".[103] Der Fürst Philipp zu Eulenburg-Hertefeld (1847-1921)[104] war ein Jugendfreund des letzten Hohenzollernkaisers. Er verkehrte am Hofe, spielte Wilhelm II. zur Gitarre die von ihm selbst verfaßten Rosenlieder vor. Der Fürst genoß das Vertrauen des deutschen Kaisers und galt am Hofe als einflußreich. Er war Gesandter in Stuttgart und München, Botschafter in Wien von 1894 bis 1902. Geheiratet hatte er die schwedische Gräfin Auguste von Sandeln (1850-1941). Er bewohnte mit seiner Frau und den sechs Kindern das Schloß Liebenberg in der Mark, circa 80 Kilometer nördlich von Berlin gelegen.[105] Dort traf sich auch um die Jahrhundertwende die "Liebenberger Tafelrunde", eine Männergesellschaft.

Die "nachgesagten Eigenschaften" bezogen sich auf Enthüllungen wegen angeblicher, über drei Jahrzehnte zurückliegender homosexueller Handlungen von Philipp zu Eulenburg. Maximilian Harden, Herausgeber der Zeitschrift "Zukunft", wollte mit diesen Vorwürfen eigentlich den Kaiser treffen, ihn vor der Öffentlichkeit wegen seiner Freundschaft zu Philipp zu Eulenburg-Hertefeld bloßstellen. Eulenburg verklagte Harden wegen Beleidigung und wissentlich falscher Nachrede. Dieser Fall geriet wegen der Nähe zu Wilhelm II. in die Schlagzeilen der Presse. Der Kaiser distanzierte sich dann

---

[103] Brief an die Eltern vom 19.7.1934, IfZ München ED 335/2.

[104] Vgl. auch Haller, Johannes: Aus dem Leben des Fürsten Philipp Eulenburg zu Hertefeld. - Berlin 1924; Muschler, Reinhold C.: Philipp zu Eulenburg Hertefeld, Leipzig 1930; Philipp zu Eulenburgs Politische Korrespondenz. - Boppard a. Rh. - 3 Bände - - 1979 bis 1983.

[105] Theodor Fontane hat dem Schloß Liebenberg, das inmitten einer reizvollen Endmoränenlandschaft liegt, in den "Wanderungen durch die Mark Brandenburg" ein literarisches Denkmal gesetzt. Siehe auch Fontane, Theodor: Wanderungen durch die Mark Brandenburg, fünf Schlösser. - Berlin 1987. - S. 255 bis 334.

öffentlich von seinem Jugendfreund. Die Gerichtsverhandlungen begannen im Jahre 1908. Der Fürst wurde wegen Meineids angeklagt. Auf Grund seines Gesundheitszustandes war das Verfahren abgebrochen worden. Die Unmöglichkeit, es wieder aufzunehmen mußte jedes Jahr - letztmalig im Jahre 1918 - von einer Kommission in Liebenberg bestätigt werden.

Die jüngste Tochter Victoria heiratete 1909 den Modegestalter Otto Haas-Heye (1879-1957). Sie lebten in Garmisch-Patenkirchen, London und Paris. 1910 wurde die erste Tochter Ottora geboren, dann im Jahre 1912 der Sohn Johannes und am 21. November 1913 Libertas, die beide in Paris zur Welt kamen. Ihren Namen verdankte das letztgeborene Mädchen ihrem dichtenden Großvater Philipp, der in dieser Zeit "Das Märchen von der Freiheit" schrieb. Der Heldin gab er den Namen "Libertas".

Bei Kriegsausbruch hielt sich die Familie Haas-Heye in Dresden auf. Der Vater wurde eingezogen und wieder freigestellt. Er erhielt dann einen Auftrag vom Werkbund, eine Ausstellung in Bern vorzubereiten. Dort blieb er zum Ärger der sehr patriotischen Eulenburgs bis zum Kriegsende. Die Mutter lebte mit den Kindern in Liebenberg. Otto Haas-Heye, der 1922 den Titel eines Professors erhielt gründete 1920 und leitete bis 1926 die Modeabteilung der Unterrichtsanstalt des Staatlichen Kunstgewerbemuseums in der Prinz-Albrecht-Straße 8.[106] 1926 ging Otto Haas-Heye nach Paris. Dort war er als Modeberater großer deutscher Firmen, darunter der I.G.Farben, der Heyl`schen Lederwerke Liebenau und Worms tätig. 1930 folgte er dem Ruf nach Zürich und gründete die "Zürcher Kunst-und Modeschule".

1921 war die Ehe geschieden worden. Die Schwestern blieben mit der Mutter in Liebenberg und der Bruder beim Vater. In dieser Zeit verband die Mutter und Libertas eine starke innere Religiosität. Libertas erhielt in den ersten beiden Schuljahren Privatunterricht in Liebenberg, besuchte dann ein Pensionat in der Großbeerenstraße in Berlin. Später ging sie nach Zürich, wohnte dort bei einer guten Freundin des Vaters, Frau Panchau, und legte am Städtischen Mädchen-Lyzeum Zürich im März 1932 ihr Abitur ab. Anschließend lebte sie ein halbes Jahr in England.

Begeistert beteiligte sie sich bei den "Pfadis", den Pfadfinderinnen in der Schweiz, 1932 nach Deutschland zurückgekehrt, war sie mit Leuten befreundet, die die Naziregierung für einen Plan gewinnen wollten, ein großes Passagierschiff "Argo" zu taufen, es schneeweiß anzustreichen und damit auf einer Weltreise für den Nationalsozialismus zu werben. Daraus wurde aber nichts.[107] Ende 1932 kehrte sie nach Deutschland zurück und erhielt im Frühjahr 1933 eine Anstellung als Pressereferentin bei der amerikanischen Filmgesellschaft Metro-Goldwyn-Mayer in Berlin. Ihr Chef war

---

[106] Auf den breiten Fluren des Prinz-Albrecht-Palais spielten Libertas und Johannes Haas-Heye als Kinder. Es wurde im April 1933 von der Gestapo requiriert und die "Zentrale des Terrors" errichtet. Vgl. auch Tuchel, Johannes, Schattenfroh, Reinhold: a.a.O. - S. 21ff.
[107] Johannes Haas-Heye, Brief vom 15.1.1988 an den Verfasser.

der später in New York als Galerist bekannt gewordenen Levebre. Am 1. März 1933 trat sie in die NSDAP ein.[108]

Libertas war 20 Jahre alt, als sie Harro Schulze-Boysen kennenlernte. Sie war von ihm begeistert, verliebte sich in ihn. So entwickelte sich im Sommer 1934 aus einer Freundschaft eine Liebe, aus einer Beziehung entstand eine innerliche Bindung.

Libertas erinnerte daran in einem Gedicht im September 1937:

> Weißt Du noch damals - bei Kerzenflimmern
> Roter Rosen duftigen Schimmern
> Bei Singen und Klingen ohne Ende
> - legt'ich mein Herz in Deine Hände
>
> Dir klang es weh - Du dachtest lange
> küßtest dann zärtlich mir Augen und Wange
> und nahmst sie an, die schwere Bürde,
> Daß sie in Deinen Händen würde, -
> Opferst viel, damit sie würde.[109]

Harro Schulze-Boysen "opferte" seine Ungebundenheit, die ihm bislang so wichtig war. Entsprach es doch seiner bisherigen Haltung, daß er sich eine Frau, die er liebte, nicht "leisten" könne. Er fühlte sich als ein Revolutionär und "würde als solcher sterben, und er wollte mit keinerlei innerer Verantwortung belastet sein".[110] Diese noch im männerdominierten "Gegner"-Kreis vertretene Ansicht, konnte im Nazireich der Jahre 1934/1935 kaum noch aufrecht erhalten werden. Mit einem "Orden" junger Männer konnte die Welt nicht mehr aus den Angeln gehoben werden. Zudem standen Männerbünde außerhalb der Naziorganisationen unter dem Menetekel des Paragraphen 175. Es mußten neue - auch für Frauen offene Kreise - gefunden werden. Wahrscheinlich war Harro Schulze-Boysen aber mehr als von diesen Überlegungen vom Charme dieser jungen Frau beeindruckt, so daß er sich von seinen bisherigen Prinzipien zu verabschieden begann, persönlich ungebunden den kommenden politischen Entscheidungen entgegenzugehen.

Der 20jährigen Frau gelang es, ihrem Freund seine Bedenken zu nehmen. Sie wollte ihn. "Libs war eine tolle Frau. Sie wollte von allen begehrt werden," erinnerte sich später Margrit Weisenborn.[111] Das "ewig Weibliche" allein war es aber nicht, das Harro Schulze-Boysen an seine Freundin band. Charme und Verführung beeindruckten ihn nur

---

[108] Vgl. Mitgliedskarte Nr. 1.551.344, Documentcenter Berlin. Hinweis durch Gedenkstätte Deutscher Widerstand Berlin.

[109] Schulze-Boysen, Libertas: Gedichte und Briefe. - hrsg. vom Thora Eulenburg im Selbstverlag. - o. O., 1952. - S.11.

[110] Brief von Regine Schütt an den Verfasser vom 17.9.1987, a.a.O.

[111] Interview Thomas Grimm mit Margrit Weisenborn im Juli 1988.

Hochzeit 26. Juli 1936, Liebenberg

kurzzeitig. Libertas Haas-Heye entsprach in ihrem Wesen nicht dem Frauenideal, das die Nazis so emsig aufbauten. Von einer deutschen Frau, die liebend und gebärfreudig dem Manne im Heim und am Herd ein treue Gefährtin sein sollte, hielt sie wenig. Früh hatte sie selbständig handeln und entscheiden gelernt. Das wollte sie auch in einer Bindung mit einem Mann nicht aufgeben. Sie hatte ein "sehr warmes Gefühlsleben",[112] war ein sehr lebenslustiger Kamerad, auf den Verlaß in vielen Lebenslagen war. Sie teilte Interessen ihres Freundes Harro und seine Art zu leben, mochte seine Freunde und brachte neue in den Kreis mit ein, liebte die Natur in den Wäldern von Liebenberg und die märkischen Seen. Am Lagerfeuer und nicht nur dort konnte sie mit ihrer Ziehharmonika ganze Gesellschaften aus einem nahezu unerschöpflichen Vorrat an Volks-, Wander- und Pfadfinderliedern unterhalten. In ihrer Lebenshaltung und in der Anschauung von vielen Dingen, die für sie das Leben ausmachten, fanden die beiden ein hohes Maß an Übereinstimmung. So stellte sie für Harro Schulze-Boysen "eine Potenzierung seines Wesens" dar und bedeutete "ganz und gar ein Stück seiner Welt (mit allem Drum +

---

[112] Rittmeister, Werra und Wolfgang: Gespräch am 19.1.1990.

Dran!)"[113] Darüber hinaus war sie für Neues aufnahmebereit, entwickelte Verständnis und zunehmende Sympathie für die Gegnerschaft zum Nationalsozialismus ihres Freundes.

Aus Begeisterung und Idealismus meldete sich die junge Frau vom 15. Januar bis 15. Juli 1935 zum freiwilligen Arbeitsdienst nach Glindow bei Potsdam. Sie schrieb über ihre Erlebnisse beim Arbeitsdienst ein "sehr positives und zugleich sehr freimütiges" Buch, das sie dem Ernst Rowohlt-Verlag zur Veröffentlichung anbot. Rowohlt beauftragte den Lektor und Schriftsteller Ernst von Salomon, die junge Dame zu empfangen. Es bestanden Zweifel, ob der Reichsarbeitsdienst dieses Buch goutieren werde. Das junge Mädchen wünschte nicht, entgegen den Absichten einer Institution zu handeln, die sie im ganzen doch für nützlich und voller guter Ansätze hielt. Libertas Haas-Heye erklärte, sie werde die Meinung der Führung des Reichsarbeitsdienstes einholen und die Herausgabe des Buches davon abhängig machen. Das Buch erschien nie.[114] Vielleicht hing diese Entscheidung mit dem Versuch einer "positiven Mitarbeit" von Harro Schulze-Boysen bei der Zeitschrift "Wille zum Reich" zusammen.[115] Offene Gegensätze zu offiziellen politischen Institutionen wurden vermieden.

Libertas zog nach ihrer Rückkehr aus dem Arbeitsdienst zu Harro Schulze-Boysen in dessen Wohnung am Hohenzollerndamm 194 nach Wilmersdorf. Sie half ihm bei Übersetzungen und bei der redaktionellen Arbeit an der Zeitschrift "Wille zum Reich". Die Eltern in Duisburg waren über einige Entscheidungen der Lebensgefährtin ihres Sohnes verwundert. Libertas Haas-Heye ließ sich für den Kauf eines gebrauchten Opels, der bald den Namen "Spengler" erhielt, im Sommer 1935 von ihrem "Aussteuereinrichtungsgeld" 1000 Reichsmark auszahlen. Daraufhin wurde in der Familie Schulze in Duisburg bald der Spruch geprägt "Spengler ist besser denn Linnen".[116] Die Eltern waren verwundert, kannten sie die ständigen finanziellen Engpässe ihres Ältesten und unterstützten ihn nach wie vor mit einem monatlichen Zuschuß. Die Mutter fragte besorgt an, ob der Sohn sich das Auto auch mit seinem begrenzten Einkommen leisten könne. Für ihn stellte der Wagen keinen Luxus dar, sondern einen "kräfte- und zeitsparender Gebrauchsgegenstand": "Ich stehe durchaus nicht so, dass ich grosse Sprünge machen könnte und schufte tatsächlich redlich für mein täglich Brot. Also nicht denken, ich sei ein Krösus und merkte n i c h t jede Mark. Einfacher kann ich kaum leben".[117] Die Finanzen waren dem Sohn auch "völlig gleichgültig". Er setzte nach wie vor auf die beste Kapitalanlage, auf die "Aussteuer der Natur!"[118]

---

[113] Brief an die Eltern vom 12.1.1936, IfZ München ED 335/2.
[114] Vgl. auch von Salomon, Ernst: a.a.O. - S. 397 /398. Das Manuskript konnte bisher nicht gefunden werden.
[115] Siehe auch Kapitel 4.4.
[116] Gespräch mit Hartmut Schulze-Boysen vom 25.8.1987.
[117] Brief an die Eltern vom 19.10.1935, IfZ München ED 335/2.
[118] Brief an die Eltern vom 16.9.1935, IfZ München ED 335/2.

Libertas spielte im Briefwechsel insbesondere mit der Mutter im Jahre 1935 immer öfter eine Rolle. Sehr befremdet war der Sohn von Redereien unter den Duisburger Damen über die Zweifel an der "arischen Beschaffenheit" der Urgroßmutter von Libertas Haas-Heye. Wiederholt beklagte Harro Schulze-Boysen, daß die Mutter bestimmte Aspekte der herrschenden Nazi-Ideologie bereits übernommen hatte. Mit diesen "Unklarheiten" war er jedoch nicht bereit zu leben.[119] Die Mutter gab indessen zu bedenken, ob die romantische und für sie so wenig praktische Libertas überhaupt die richtige Frau für ihren Sohn sei. Dieser erwiderte sehr eindeutig: "Auf alle Fälle kann ich Libs gut brauchen; die Tugend der Mütterlichkeit kann ja noch kommen. Vorläufig und hoffentlich recht lange habe ich noch Dich, und damit ist mein Bedarf gedeckt auf diesem Gebiet. In L. aber habe ich eine Frau, die mir nicht wie ein 'Klotz' am Bein läuft, sondern durch dick und dünn mitmacht.. Das ist mir die Hauptsache".[120] Eine reine Liebeserklärung für Libertas war das zwar nicht, aber die Mutter wußte jetzt Bescheid, worauf es ihrem ältesten Sohn in seiner Beziehung zu "Libs" ankam. Es war wohl auch schwer, die ihn bewegenden Gefühle der Mutter zu verdeutlichen.

Diese Art von "wilder Ehe" wurde von den Eltern nicht gut geheißen. Sie drängten auf eine Legalisierung der Beziehungen. Darüber wurde Weihnachten 1935 gesprochen, als der Sohn zum ersten Mal eine Freundin, diesmal schon eine Frau für sein Leben, in das Haus der Eltern mitbrachte. In ihrem Gepäck befand sich eine Ziehharmonika. Weihnachten spielte sie auf, nicht nur die weihnachtlichen Weisen, auch Volkslieder, Küchenlieder und Lieder von den Pfadfindern. Sehr oft sang sie "Drei Zigeuner fand ich einmal ..." von Lenau. Der jüngere Bruder Hartmut war begeistert: "Es war sehr harmonisch, da war Friede und Freude".[121]

Alle Beteiligten waren wohl auch im Nachhinein sehr angetan von dem ersten Zusammentreffen. Libertas schrieb aus England, wohin sie gleich im Januar 1936 für drei Monate aufbrach, von "den schönen Tagen im neuen Elternhaus". Sie bedankte sich überschwenglich bei Marie-Luise und Erich Edgar Schulze, daß "ihr mir diesen Jungen, mein ganzes Lebensglück, zur Welt gebracht, geduldig und heroisch erzogen habt und dass Ihr ihn mir gönnt, anvertraut und unserem Bund den Segen gebt - Darüberhinaus aber habt Ihr mir, die ich allerdings mein ganzes Leben vorgab, so etwas nicht zu brauchen und mir mein Leben ganz allein u. ohne Rückhalt bauen und formen zu können, eine Heimat, ein Elternhaus gegeben, Ihr Lieben! - Wie nötig ich es brauchte und brauche weiss ich jetzt, da es mir geschenkt worden ist.

Mama, sei unbesorgt u. habe Dank für Deinen Brief. Dein, mein Junge erhält von mir nicht nur täglich tausend und abertausend stärkende Gedanken, sondern auch viele Zeilen voll Liebe u. Unwichtigkeiten, die ihm vielleicht Spass machen ... ich bin fast schlechter dran als er, denn er hat keine Zeit für die Sehnsucht und zum Schreiben ...

---

[119] Vgl. auch Briefe an die Mutter vom 27.7. und 16.9.1935, IfZ München ED 335/2.
[120] Ebenda.
[121] Gespräch mit Hartmut Schulze-Boysen vom 25.8.1987.

Das Leben fängt ja überhaupt erst wieder an, wenn die 'Bremen' (den Gutschein 1. Klasse hüte ich wie einen Augapfel!) mich ihm wieder mit jedem Schraubenstoss näher bringt, ihn und Deutschland, dieses wrotten country!, in das ich - wie sehr merke ich hier erst! - so unglücklich verliebt bin".[122]

Der Sohn hielt es aber für notwendig, Illusionen bei der Mutter nach diesen harmonischen Tagen in Duisburg ausräumen zu müssen. Aus dem Zusammenleben mit Libertas Haas-Heye werde bei ihm nie eine Verbürgerlichung eintreten. Er bat die Mutter - auch aufgrund unterschiedlicher Vorstellungen und Interessen - ihren "liebevollen Eifer" und ihren "Aktionsradius" nicht auf ihr Zusammenleben in Berlin auszudehnen, "dann können wir sehr gut auskommen".[123] Seine Vorstellungen von einer Ehe und der Rolle der Frau unterschieden sich grundsätzlich von denen seiner Mutter. Ihr Angebot, der zukünftigen Schwiegertochter das Kochen beizubringen, wies der Sohn zurück. Er wollte die "allgemeine mitteleuropäische 'Strafversetzung' der Frau in die Küche" nicht fortsetzen. Viel wichtiger war ihm, daß "Libs den Tag benutzt, um mir bei meiner Arbeit zu helfen, so ist das bis auf weiteres noch lange weit sinnvoller und einträglicher, als wenn sie sich in die Küche setzt, auf den Markt geht oder Staub wischt. Und zwar nicht, weil ich auf diesem Gebiet irgendwelche revolutionären Ideale oder Rosinen im Kopf hätte, sondern ausschließlich deshalb weil eine Ehe zwischen Libs + mir, die nicht auf der gemeinsamen Lebensart aufgebaut wäre, auf Sand gebaut wäre: nämlich auf der Verfallssituation der Frau in der bürgerlichen Gesellschaft überhaupt, auf mystischen Liebenberger Reminiszenzen, auf dem abenteuerlichen Künstlervater, auf der heute nur noch sachlich vorhandenen Spannung zwischen Euch und mir ... In all solche Bestandteile lösen sich auch Gestalten der Liebe auf, wenn man nicht energisch in die Zukunft hineingeht, und sich den eigenen, einheitlichen bestimmten Lebensraum im Sinne einer schützend umgebenden Totalität schafft".[124] Der Sohn wollte keine Frau am Herd. Noch lange nach der Hochzeit wechselte der Wäschesack von Berlin nach Duisburg und zurück.

Ostern 1936 baten die nunmehr Verlobten um Zustimmung, Mitte Juli in Liebenberg zu heiraten. Der junge Mann wurde von der Mutter Tora zu Eulenburg und den Verwandten "rührend nett" aufgenommen, er duzte sich bald mit allen und fühlte sich nicht mehr fremd. Auch der in Zürich lebende Otto Haas-Heye zählte den Verlobten seiner Tochter bald zu den "Seinigen".[125] Bald darauf stellte H. Schulze-Boysen auch den Antrag auf Legalisierung des Doppelnamens Schulze-Boysen, "damit Libs gleich von Anfang an den gleichen legalen Namen trägt".[126] Dafür benötigte der Antragsteller aber

---

[122] IfZ München ED 335/2, Brief vom Januar 1936.
[123] IfZ München ED 335/2, Brief vom 12.1.1936.
[124] IfZ München ED 335/2, Brief vom 26.1.1936.
[125] Brief von Otto Haas-Heye an Harro Schulze-Boysen, Ostern 1936, Ablichtung Sammlung RK.
[126] Brief an die Eltern vom 2.4.1936, IfZ München ED 335/2.

die amtlich beglaubigten Erklärungen der Eltern und Geschwister, daß sie gegen eine Namensänderung keine Einwendungen erheben wollten.[127]

Nachdem Libertas die Wohnung am Hohenzollerndamm neu hergerichtet hatte, entdeckte sie auf Hinweis von Freunden eine 4 1/2 - Zimmer-Atelier-Wohnung unweit des Kurfürstendamms und des S-Bahnhofes Charlottenburg in der Waitzstraße 2 im 4. Stock. Die Wohnung hatte neben den herrlichen Räumen den Vorteil, daß sie 50 Mark statt bisher 100 Mark Miete kostete. Der Nachteil bestand in der Ofenheizung. Zwei Zimmer wollten sie ständig vermieten. Libertas kümmerte sich um die Einrichtung und bat Harros Mutter in Duisburg um Möbel, die sie vielleicht in ihrem neuen Haus, in Mühlheim, nicht mehr benötigten. Finanzielle Fragen bereiteten Libertas erst einmal keine Sorgen. Am Tage ihrer Hochzeit konnte sie 10.000 Reichsmark ausgezahlt bekommen, die sie augenblicklich in Goldpfandbriefen anlegen wollte, damit sie jedes Vierteljahr ca. 150 RM Zinsen tragen. "Diese Zinsen wären die Zulage",[128] schrieb sie ihrer künftigen Schwiegermutter nach Duisburg.

Sie versuchte, die Besorgnisse von Marie Luise Schulze über den pekuniären Bestand der Ehe zu zerstreuen: "Da Harro und ich über unsere Vermögensverhältnisse u. das Geld, das wir zum Leben etc. brauchen sehr genau Bescheid wissen und alles erprobt, geklärt und besprochen haben, kann es auch nach der Hochzeit, besonders bei der billigen Wohnung, keine unangenehmen Überraschungen geben --- das ist eben der grosse Vorteil unserer 'unbürgerlichen' Einstellung ... die übrigens voraussetzt, dass man n i c h t genial in den Wolken schwebt. Darum kann ich Dir mal später, wenn Du hier bist, einen genauen Ausgaben- und Einnahme-Etat vorführen, falls Du es wünschst".[129] Sehr dankbar waren die Verlobten über die aus Duisburg angekündigten "Linnen" und Möbel. Soviel "rührende Mühe" hatten sie gar nicht erwartet.[130] So traf Anfang Juli das 73-teilige Rosenthal-Service "Chippendale" ein, dem aber die Tassen fehlten. Diese bestellte dann Libertas Großmutter in Sonder-Nachfertigung. Zu den "Hohenzollern-Möbeln" aus Duisburg und Liebenberg wurde auf Auktionen gutes, altes Mobiliar billig erworben. Schließlich kamen fast alle Möbel, die das junge Paar noch zur Ausstattung ihrer Wohnung benötigte, aus Liebenberg: zwölf Mahagonystühle, zwei alte, hohe Stühle, ein Tisch, eine Kommode und anderes mehr.

Libertas Haas-Heye genoß das Zusammenleben mit ihrem Bräutigam sehr. Gemeinsam arbeiteten sie an Artikeln und Übersetzungen. Sie war sehr glücklich über das schöne, harmonische Dasein: "Abends lesen wir oft zusammen und sprechen dies und jenes durch ... Abends essen wir immer 'zu Hause'. Ich koche eine Kleinigkeit. Das ist billiger, ausgiebiger und gesünder als Restaurant-Frass. So werden wir es auch in der Ehe halten. Wenn Harro nochmals eingezogen wird, werde ich mich einige Wochen

---

[127] Brief an die Eltern vom 14.4.1936, IfZ München ED 335/2.
[128] Brief an die Eltern vom 23.4.1936, IfZ München ED 335/2.
[129] Ebenda.
[130] Brief an die Eltern vom 10.7.1936, IfZ München ED 335/2.

intensiv auf die Kochkunst stürzen. Doch für den Augenblick genügen mir meine Kenntnisse".[131] Über Pfingsten 1936 fuhren sie mit Elisabeth und Kurt Schumacher mit dem Auto und dem Zelt in die Umgebung von Berlin. Die Vorbereitungen der Hochzeit in Liebenberg nahm das Brautpaar selbst in die Hand. Sie waren bemüht, das Hochzeitsfest in Grenzen zu halten und nur die nächsten Angehörigen einzuladen. Am 26. Juli 1936, einem sonnigen Sonntag, gaben sich Libertas und Harro in der kleinen Hauskapelle des Schlosses ihr Ja-Wort. Libertas war sehr glücklich, "einander ein Leben lang gehören zu dürfen".[132] Der Bräutigam hatte "Jesu geh voran!" vom Programm streichen lassen und dafür "Ein' feste Burg ist unser Gott" aufgenommen. Der Pfarrer wußte sich kurz zu fassen. Er war im Bilde, daß der Mann an der Seite von Libertas Haas-Heye bereits aus der Kirche ausgetreten war. Die Fotos zeigen ein glückliches Brautpaar und eine fröhliche, ausgelassene Hochzeitsgesellschaft. Dabei waren: Großmutter Auguste zu Eulenburg, die Eltern von Harro und Libertas, Elsa Boysen, Libertas Schwester Ottora mit ihrem schwedischen Mann Carl Douglas, der Bruder Johannes Haas-Heye, Harros Geschwister Helga und Hartmut, der derzeit residierende Fürst Friedrich Wend, genannt "Büdi", seine Frau Marie und deren Sohn Wend Eulenburg. Hermann Göring, der gelegentliche Jagdgast des Fürsten, war bei der Hochzeit nicht anwesend. Görings vermeintliche Anwesenheit wurde in vielen Veröffentlichungen nach 1945 immer als ein Zeichen besonderen Vertrauens kolportiert, das Harro Schulze-Boysen bei seinem Minister genossen haben soll.[133]

Die Eheleute Schulze-Boysen verabschiedeten sich von der Hochzeitsgesellschaft nach dem Mittagessen, fuhren nach Berlin, packten ihre Koffer und setzten sich abends in den Zug, der sie nach Stockholm brachte. Harro Schulze-Boysen hatte die Reise vom 26. Juli bis 9. August im RLM als Sprachstudienreise beantragt. Er legte seinen Vorgesetzten nach Rückkehr einen vertraulichen Bericht mit militärischen und politischen Informationen und Einschätzungen vor.[134] Auf den Schlössern in Schweden wurde er von den neuen Verwandten der großmütterlichen Linie seiner Frau freundschaftlich aufgenommen. Ob der junge Ehemann während der Reise mit der sowjetischen Botschafterin Alexandra Kollontai zusammengetroffen war, konnte bisher nicht geklärt werden, auch wenn Margarethe von Trotha[135] und andere[136] zu wissen meinen, daß er Kontakte zu dieser außerordentlichen Frau in Stockholm unterhalten haben soll.

Die Beziehungen der jungen Ehefrau Schulze-Boysen zur Schwiegermutter gestalteten sich wechselhaft, aber des öfteren schwierig. Marie Luise Schulze verletzte

---

[131] Brief an die Eltern vom 29.4.1936, IfZ München ED 335/2.

[132] Brief an die Eltern vom 25.7.1937, IfZ München ED 335/2.

[133] Für den Redakteur des "Spiegel", Heinz Höhne, öffnete der "Trauzeuge Göring" dem jungen Ehemann sogar noch das Tor zum Reichsluftfahrtministerium. Vgl. auch Höhne, Heinz: a.a.O.. - S. 139.

[134] Bericht über Sprachstudienreise nach Schweden vom 13. August 1936. IfZ München ED 335/2.

[135] Scheel, Heinrich, Der Kreisauer Kreis und die "Rote Kapelle". Auf den Spuren von Carl Dietrich von Trotha. - In: Junge Welt vom 20.7.1987.

[136] Hildebrandt, Rainer: Wir sind die Letzten, a.a.O. - S. 140.

Libertas sehr, als sie in einem Brief nicht sehr vorteilhafte Werturteile und Vergleiche über den Vater Otto Haas-Heye ausbreitete, den sie bei der Liebenberger Hochzeitsfeier erstmalig kennengelernt hatte. Der Sohn bat den Vater um Hilfe: "Wir sind Euch von ganzem Herzen dankbar für all die Hilfe, die Ihr uns gebt. Dank auch für die Geldanweisungen zum 2. IX. die wir gut gebrauchen konnten. Auch Libertas ist Euch zugetan und dankbar, ich bedaure nur, daß durch Mamas kritische und aggressive Briefe Libertas allmählich dazu gebracht wird, ebenso wie ich im Augenblick des Erscheinens von Mamas Stimme oder Schrift sofort instinktiv dem Selbsterhaltungstrieb folgend zur Gegenoffensive überzugehen. Friedlich wäre es doch für alle Teile bekömmlicher! Ich weiss natürlich, daß das meiste, was Mama sagt oder schreibt, von der Sorge um uns diktiert ist; trotzdem wäre - erfahrungsgemäß - die strikte Innehaltung des Nichteinmischungsprinzips besser, meine ich. Auch über Libertas Vater (Ich meine seine Charaktereigenschaften) mag Mama ja objektiv recht haben, aber wer in Gottes Namen hat Mama denn aufgefordert an Libertas zu schreiben? Stelle sich Mama doch mal vor, jemand aus Libertas Verwandtschaft würde plötzlich mit der Lupe in der Hand über Mama herfallen! .. Nun, die Episode ist hoffentlich nun abgeschlossen".[137]

Weihnachten verbrachten Schulze-Boysens in Duisburg. Libertas kehrte mit vielen guten Eindrücken nach Berlin zurück: "Und nochmals meinen innigsten, allerwärmsten Dank für die wunderschönen Tage bei Euch! Ihr habt uns so schrecklich verwöhnt und ich habe leider stark das Gefühl, als hätten wir so viel Liebe, Fürsorge und Wohlsein gar nicht verdient. Aber nun ists nicht mehr zu ändern und meine tiefe Dankbarkeit muss ein kleines Entgelt fingieren .. Bitte verzeiht uns auch nachträglich, wenn wir manchmal 'frech' waren. S'ist n i e bös gemeint!!"[138]

Im Januar 1937 erklärte Libertas in einem Brief ihren Austritt aus der NSDAP, da sie sich gesundheitlich nicht in der Lage fühlte, "den Anforderungen der Parteiarbeit zu entsprechen." Sie begründete ihren Schritt weiter: "Es widerstrebt mir, nur zahlendes und nicht zugleich arbeitendes Mitglied zu sein. Ich bin selbstverständlich, wie jeder andere deutsche Volksgenosse immer dazu bereit, Opfer zu bringen und werde mich nach wie vor voll und ganz für die Bewegung einsetzen,- nur muss sich - so habe ich den Führer verstanden - dieser Einsatz im Rahmen dessen halten, was mir der Hausstand und meine sonstigen Pflichten dem Mann und der Familie gegenüber gestatten".[139]

Für eigene Kinder fanden die Eheleute die Zeit im Gegensatz zu Marie Luise Schulze nicht geeignet. Der Sohn bat die Mutter, Ansichten von den sinnlichen Reizen einer schwangeren Frau doch lieber einem Manne zu überlassen. Überhaupt forderte er

---

[137] Brief an die Eltern vom 6.9.1936, IfZ München ED 335/2.
[138] Brief an die Eltern vom 30.12.1936, IfZ München ED 335/2.
[139] Libertas Schulze-Boysen, Brief vom 12.1.1937 an die Reichsleitung der N.S.D.A.P. München. Vgl. Documentcenter, a.a.O.

eindringlich "Nichteinmischung" in seine Angelegenheiten und das Einstellen der mütterlichen Kritik an einem häuslichen Zustand, den er für "ausgezeichnet" hielt.[140]

Schulze-Boysens wollten auf ihre Bewegungsfreiheit nicht verzichten. So entschieden sie auch, das Angebot eines Hamburger Reeders anzunehmen, daß Libertas eine Schiffsfahrt in das Schwarze Meer unternehmen konnte. Der Sohn verteidigte diese Entscheidung vor der besorgten Mutter. Er wollte, daß Libertas diese Reise antrat: "Gerade weil ich wünsche, daß meine Frau sich daran gewöhnt, auch im Getrenntsein von mir als eigene Persönlichkeit zu bestehen. Wenn sie früher einmal gesagt hatte, 'sie könne nicht einen Tag ohne mich leben', so war das eben ein Maß von Unselbständigkeit, das auf die Dauer nicht tragbar war, jedenfalls nicht im Rahmen d e s Lebens und der Lebensziele, die uns angemessen sind. Libertas ist mein stärkster Lebenskamerad und Bundesgenosse; gerade wenn es das Schicksal einmal wollen sollte, daß es mit Gewalt trennt (und dagegen gibt es für unsereinen keine Versicherung!), gerade dann muss sie nicht nur 'einen Tag ohne mich leben können', sondern auch - davon hängt alles ab - unter Umständen hundertprozentig arbeiten und funktionieren können".[141]

Am 30. September 1937 trat Libertas ihre Reise auf dem Kohlenfrachter "Ilona" der Siemers-Reederei an, die sie von Hamburg durch die Biskaya, das Mittelmeer nach Konstanza und zurück führte. Sie notierte ihre Eindrücke in ein Tagebuch, das sie später veröffentlichen wollte. Darin beschrieb sie das nicht einfache, oft sehr spannungsvolle Miteinander mit den 22 Seemännern, die sich sehr wunderten, als in Hamburg noch eine attraktive junge Frau hinzustieg.[142] Die Fahrt war für sie "lehrreich wie ein 2. Arbeitsdienst"[143]. Auf dieser langen Reise hatte sie auch genügend Zeit, über sich selber und auch ihre Ehe nachzudenken: "Was das Treubleiben betrifft, Jungchen, hast Du nichts mehr zu fürchten. Die Sehnsucht ist groß, wird immer größer, aber ich mach mir nichts vor. Ich darf nicht weich werden. Du wirst es ja auch nicht - wo kämen wir da auch hin ... Ach Du, ich könnte Dir stundenlang weiter aufzählen, was ich hier menschlich und seelisch durchzubeissen habe. Aber wozu? Hauptsache Du weisst, ich schaffe es, mögen Stürme kommen, Unwetter, was will. Ich glaube, es steht uns noch allerhand bevor. Aber wir können nur stärker werden daran".[144] So war diese lange Fahrt schließlich eine Reise zu ihrem Mann: "Herzjunge, Katerlein, meine Liebe zu Dir wird immer klarer u. stärker u. ist schon bald so wie sie sein soll: Allumfassend u. zuversichtlich, vertrauend".[145]

Der Brief vermittelte auch einen Eindruck von Problemen im Verhältnis zwischen Harro und Libertas Schulze-Boysen. Außereheliche Beziehungen belasteten das

---

[140] Brief an die Mutter vom 7.6.1937, IfZ München ED 335/2.
[141] Brief an die Eltern vom 17.10.1937, IfZ München ED 335/2.
[142] Vgl. auch Schulze-Boysen, Libertas: Schiffstagebuch Herbst 1937. Sammlung RK.
[143] Schulze-Boysen, Libertas: Brief an Harro Schulze-Boysen vom 21.10.1937. Sammlung RK.
[144] Ebenda.
[145] Schulze-Boysen, Libertas: Brief an Harro Schulze-Boysen vom 11.11.1937. Sammlung RK.

Zusammenleben, stellten es aber nicht in Frage. Zugleich verteidigte der Sohn seine Ehe vor seiner Mutter: "Was weißt Du eigentlich von den feinen, unendlich feinen Gesetzen, nach denen sich eine glückliche Ehe aufbauen kann? Ich bin auch heute noch nach dreijähriger Ehe, M a n n genug, immer wieder das Bedürfnis zu haben, die F r a u mir zu erkämpfen und die L i e b e gegen Widerstände durchzusetzen. Und da ich kein sexueller Freibeuter bin und meine eigene Frau nun mal unendlich lieb habe, werde ich das Abenteuer und die Hindernisse nicht aus meiner Ehe heraus verlegen, sondern in meine Ehe hinein. An der Sehnsucht zueinander, an der Entfernung, an der Trennung wird unsere Ehe nicht zerbrechen oder splittern, sondern das kann dem Strom nur neues Wasser zuführen, das kann nur beitragen, die Gefahr der Alltäglichkeit, die jede Ehe bedroht, zu besiegen".[146]

Vor dem Hintergrund des immer wieder aufbrechenden Konfliktes mit der Mutter wurden die auseinandergehenden Auffassungen über die Rolle der Frau in den ehelichen Beziehungen deutlich. Harro und Libertas Schulze-Boysen verwirklichten ihre Vorstellungen von einem mehr ungebundenen Zusammenleben, das fern von den herrschenden Auffassungen über Ehe und Familie lag. Diese Ehe war offen für vielfältige Beziehungen zu anderen Menschen. Die Ehepartner bewahrten sich in ihrem Miteinander ein Stück Bewegungsfreiheit, die sie in ihrem sonstigen Leben so vermißten. Sie wollten sich keinen von außen - auch nicht denen der eigenen Mutter - aufgezwungenen Normen unterwerfen.

4.4 Mitarbeit an der Zeitschrift "Wille zum Reich"

Die von Erich Röth im Urquell-Verlag in Flarchheim bei Mühlhausen herausgegebene jugendbewegte Zeitschrift "Die Kommenden", eines der "größten überbündischen Organe, mit wechselhafter, stark mit der nationalrevolutionären Bewegung verzahnter Entwicklung",[147] war im Juni 1933 endgültig verboten worden. 1934 begann Röth[148] - inzwischen nach Eisenach verzogen - im Erich-Röth-Verlag mit "Schriften zur

---

[146] Brief an die Eltern vom 17.10.1937, IfZ München ED 335/2.

[147] Vgl. auch Mohler, Armin; a.a.O. S. 301: Die Kommenden.

[148] Erich Röth (1895-1971) gründete im Jahre 1920 in Mühlhausen/Thüringen die Urquell-Buchhandlung und 1921 in seinem Heimatort Flarchheim bei Mühlhausen den Urquell-Verlag. Der Laden war ein Treffpunkt der Wandervogelbewegung, provölkisch stand Röth als Mitglied des deutschen völkischen Schutz- und Trutzbundes der nationalsozialistischen Bewegung nahe, versteckte für sie noch vor dem Hitler-Putsch Waffen in seinem Buchladen, weigerte sich aber, Mitglied der NSDAP zu werden. Erich Röths Verlag war auf vielfältige Weise mit anderen völkischen Verlagen, der Jugendbewegung und völkischen Organisationen verflochten. Seit 1926 verlegte Röth die Zeitschrift "Die Kommenden. Großdeutsche Wochenschrift aus dem Geist selbstbewußter Jugend". Herausgeber waren kurzzeitig Karl O. Paetel, Werner Laß und auch Ernst Jünger. Im Februar/März 1933 sollte der Verlag wegen der früheren Mitwirkung von Paetel liquidiert und konfisziert werden. Röth benötigte Hilfe und wandte sich an Wilhelm Hauer um Hilfe. Vgl. Ulbricht, Justus H.: Die Quellen rauschen in leicht zugänglicher Fassung ... : Zur

religiösen Auseinandersetzung der Zeit" erneut seine Verlagstätigkeit. Am 1. März 1934 erschien erstmalig "Wille zum Reich" als "Zeitschrift aus dem Geist der Deutschen Jugend".

Die Zeitschrift wurde in der Deckzeile als 9. Jahrgang der "Kommenden" ausgewiesen. Ein offensichtlicher Hinweis an die bisherigen Leser, die man wieder erreichen wollte. Die Verbindung zwischen dem Nietzsche-Wort "Wille" und dem "Reich" eines Möller van den Bruck und anderer Nationalisten, die dem Naziregime in manchen Fragen skeptisch gegenüberstanden, könnte ein semantisches Signal für Eingeweihte gewesen sein. Zum anderen entsprach die Wortverbindung, weil oft und in verschiedenen Zusammenhängen von den Nazis gebraucht, durchaus dem herrschenden Zeitgeist. Hinter dieser Zeitschrift mit getarnt bündischer Tendenz[149] stand der "antifaschistische Kreis von K. O. Paetel".[150] Frühere Autoren aus der Zeitschrift "Die Kommenden", wie z.B. Roderich von Bistram, Karl Burkheiser, Artur Grosse, Karl O. Paetel und andere kamen zu Wort.

Eine Untersuchung dieser Zeitschrift in ihrem Spannungsfeld zwischen Anpassung und eigenen, wenn auch verborgenen Meinungsäußerungen, steht noch aus. Sie wurde bisher nur beiläufig erwähnt und sehr unterschiedlich bewertet. Während Karl Otto Paetel "Wille zum Reich" als "illegal geleitet von Mitgliedern der GSRN (Gruppe Sozialrevolutionärer Nationalisten) und des Gegnerkreises" bezeichnete,[151] stuft sie Matthias von Hellfeld als "pronationalsozialistische Zeitschrift"[152] ein. In den Monographien über Paetel[153] bleibt seine Mitarbeit an "Wille zum Reich" unerwähnt.

Gegenüber den offiziellen Stellen hatte die Zeitschrift durch ihre herausgestellte Nähe zu der "Deutschen Glaubensbewegung" unter Führung des Tübinger Professors Wilhelm

---

Literaturpolitik völkischer Verlage in der Weimarer Republik. - In: Von Göschen bis Rowohlt. Beiträge zur Geschichte des deutschen Verlagswesens. - Wiesbaden 1990. - S. 177ff.

[149] Bekannte Führer aus der bündischen Jugend, wie Eberhard Menzel von den Pfadfindern, Wolfgang Wieckberg vom Kronacher Bund, Hans Raupach, bis 1932 Leiter des Grenzschulheims Boberhaus, Willi Brundert von den Artamanen veröffentlichten Artikel. Es wurde über noch nicht gleichgeschaltete Jugendgruppen informiert.

[150] Mann, Günther: Meine Arbeit in der Gruppe K. O. Paetel und Harro Schulze-Boysen. Berlin 12.11.1947. Vgl. IML/ZPA, V 241/3/14. Paetel hatte eine große Wohnung im Westen Berlins, in der sich 1933/34 Nazigegner der "verschiedensten Coleur" trafen. Dort wurde völlig offen und frei diskutiert. Vgl. auch Crüger, Herbert: Verschwiegene Zeiten, Berlin 1990. - S. 59. Ferner: Erklärung von Vilhelm Scharp vom 3.9.1957. - In: The German Intellectual Emigrè Collection. State University of New York at Albany, Paetel-papers. Auch: Hammer, Franz: Zeit der Bewährung Ein Lebensbericht. Berlin 1984. - S. 54.

[151] Paetel, Karl O.: Versuchung oder Chance? a.a.O. - S. 330.

[152] Hellfeld, Matthias von: Bündische Jugend und Hitlerjugend. - Köln 1987. - S. 45.

[153] Wehage, Franz-Joseph: Karl Otto Paetel - Leben und Werk eines Literaturkritikers. Mit einer umfassenden Bibliographie seiner Publikationen. - Bern 1985. Ferner Maibach-Nagel, Egbert: Der "Nationalrevolutionär" Karl Otto Paetel - Das publizistische Werk der Jahre 1928-1933, Universität Münster 1985.

Hauer[154] eine gewisse Absicherung. W. Hauer leitete seit 1920 den Bund der "Köngener", einen religiös ausgerichteten Jugendbund, der aus einem pietistischen Bibelarbeitskreis hervorgegangen war. Er übernahm Elemente aus der Jugendbewegung und der Neupfadfinderbewegung. Im Bund stand bewußt die Suche nach neuen religiösen Formen jenseits der etablierten Kirchlichkeit im Vordergrund. Ab Mitte der zwanziger Jahre betätigte sich auch Karl O. Paetel, der als Führer des Charlottenburger Schülerbibelkreises 1923 von Hauer und den "Köngenern" gehört hatte, in diesem Bund. Hauer hatte Paetel in "Zustimmung und Widerspruch" tief beeinflußt.[155]

Die Deutsche Glaubensbewegung war anfangs der Versuch eines Zusammenschlusses "völkisch-religiöser", freireligiöser und jugendbewegter Bünde und Verbände, die eine Frömmigkeit anstrebten, die nicht an die christliche Theologie und deren Kirche gebunden sein sollte. Als Alternative zu den Kirchen bot sie eine Religion an, deren Wurzeln bis in die germanische Urzeit reichte und die sie in der Geschichte der deutschen Frömmigkeit ständig wirken sahen. Ihr Ziel war, aus dem "religiösen Erbgut" des deutschen Volkes eine "freie germanische Gläubigkeit" zu entwickeln. Im Glauben an die Existenz einer arteignen deutsch-nordischen Religion lehnten sie das "jüdisch vorderasiatisch bestimmte Christentum" ab.[156]

Mit seinem Buch "Deutsche Gottschau" entwarf Hauer 1934 "Grundzüge eines Deutschen Glaubens" - so der Untertitel - , als weltanschauliche Grundlage für eine alternative Religion. Die Führung der Glaubensbewegung identifizierte sich weitgehend mit dem NS-System, während sie von der NSDAP "als weltanschauliche Kampforganisation gegen das Kirchentum" vorgeschoben wurde.[157] Hauer verfügte über lebhafte Kontakte zur SS-Führung und zum Sicherheitsdienst (SD).[158] Erich Röth fungierte bis zu seiner Absetzung durch Hauer im Oktober 1935 als Ortsgemeindeleiter der "Deutschen Glaubensgemeinschaft" in Eisenach.[159]

Verschiedene Gruppen suchten bei der Deutschen Glaubensbewegung unter "völkischer" Tarnung eine Legalitätsbasis für eine Weiterexistenz. Dazu zählte auch der

---

[154] Jakob Wilhelm Hauer, 1881 geboren, bis 1933 unumstrittener Führer des 1920 gegründeten Bundes der Köngener, seit 1925 Professor für indische Philologie in Marburg, 1933 Mitbegründer einer "deutschen Glaubenslehre", die sich weitgehend mit dem NS-System identifizierte.

[155] Vgl. auch Paetel, Karl O.: "Der Charlottenburger Kreis im Bunde der Köngener". - In: Brandenburg, Hans Christian / Daur, Rudolf: Die Brücke zu Köngen, Stuttgart o. Jg. - S. 105.

[156] Vgl. auch Scholder, Klaus: Die Kirchen und das Dritte Reich, Frankfurt (Main), Berlin, Wien 1985, Band 2, S. 132.

[157] Vgl. auch Meier, Kurt: Die Deutschen Christen, Halle 1964.- S. 74; Vgl. Cancik, H.: Neuheiden und totaler Staat ..., a.a.O.

[158] Briefe von W. Hauer an W. Best aus dem Jahre 1934. BA Koblenz, Nachlaß Wilhelm Hauer, NL 131, Bd. 60, Bl. 72: "Fragebogen für die SS gehen morgen an Sie ab", Bl. 88: "Verpflichtungsschein zur Aufnahme in den SD".

[159] Ebenda, Bd. 89, Bl. 135.

schon im Juni 1933 verfolgte und sogar eine zeitlang verbotene große Bund freireligiöser Gemeinden, der aus einer "freidenkerisch-marxistischen Tradition kam".[160]

Außer Gegnerschaft und Überläufertum zeichnete sich hier eine dritte Möglichkeit der politischen Existenz in der Anfangsphase des Dritten Reichs ab: Innerhalb oder am Rande einer von den Machthabern anerkannten und teilweise geförderten Organisation eine gewisse Unabhängigkeit zu wahren. "Wille zum Reich" wurde für eine gewisse Zeit Ausdruck für diese Bestrebungen. Der Leserkreis setzte sich aus früheren Anhängern der "Front der Kommenden", der Gruppe Sozialrevolutionärer Nationalisten, den Kreisen der früheren "Vorkämpfer" um Werner Kreitz[161] und Jupp Hoven[162] als auch dem Kieler antifaschistischen Kreis unter Karl Burkheiser zusammen.[163] Die in einer Auflage von 1300 Stück[164] erscheinende Halbmonatsschrift versuchte offenbar, Leser zu erreichen, die unter den Bedingungen des NS-Systems ihre antikapitalistische Haltung und sozialistischen Vorstellungen bewahren wollten. Sie befanden sich zu einem geringeren innerhalb und zu einem größeren Teil außerhalb der Nazibewegung. Teile der SA-Führung hatten im ersten Halbjahr 1934 zumindestens verbal versucht, ihren Anspruch anzumelden, das Regime "sozialistisch" zu verändern.[165]

Als oppositionell wollte und durfte "Wille zum Reich" auf keinen Fall auffallen. So bemühte man sich, als ein Organ offiziell bestehender Gruppen zu erscheinen. Was früher "Aus den Bünden" hieß, wurde jetzt unter der Rubrik "Vom neuen Deutschland" geführt. Mitte Mai 1934 bezeichnete sich das Blatt als "Führungsorgan des deutschen Wandervogels". Der von Rudolf Heß, dem Stellvertreter Hitlers, wohlwollend unterstütze Reichsbund Volkstum und Heimat berichtete hier bis zu seiner Auflösung Anfang 1935 über seine Arbeit. Von September 1934 bis Mitte 1935 erschien in "Wille zum Reich" eine monatliche Beilage des "Jugendwerkes der Deutschen Glaubensbewegung". Auch die "Artamanen", in denen Himmler anfang der zwanziger Jahre wirkte, kamen zu Wort. Immerhin existierten noch Ende 1933 97 Jugendorganisationen außerhalb der Hitlerjugend, der konfessionellen Jugendverbände und der Sportjugend.[166]

Der eigentliche, wenn auch ungenannte Hauptschriftleiter bis zu seiner Emigration im Januar 1935 war Karl O. Paetel.[167] Als Schriftleiter fungierte Günther Mann, den Karl

---

[160] Vgl. Scholder, Klaus: Die Kirchen und das Dritte Reich. - Frankfurt (Main); Berlin; Wien, 1977 (dass.: 1985) - S. 574.

[161] Werner Kreitz zählte zum Kreis um Professor Friedrich Lenz und Hans Ebeling, der sich um die Zeitschrift "Der Vorkämpfer gegen politische und wirtschaftliche Unterdrückung" gebildet hatte. Er gab von Mai 1932 bis Januar 1933 "Briefe an deutsche Nationalisten" heraus.

[162] Jupp Hoven gehörte ebenfalls zum Umkreis des "Vorkämpfer".

[163] Ablichtung einer eidesstattlichen Versicherung von Günther Mann vom 7.9.1959, Sammlung RK.

[164] Sperlings Zeitschriften- und Zeitungsadressbuch, Berlin 1935.

[165] Vgl. auch Höhne, Heinz: a.a.O. - S. 212; Crüger, Herbert: a.a.O. - S. 60/61.

[166] Nach Hinweis von M. Budrus aus: Verordnungsblatt der Reichsjugendführung vom 17.11.1933. - In: Vorschriftenhandbuch der Hitlerjugend Band II, Berlin 1942. - S. 1068 ff.

[167] Brief Günther Mann an Karl Otto Paetel vom 15.8.1947, Archiv der deutschen Jugendbewegung, Nachlaß Paetel, Bd. 84.

Burkheiser im Frühjahr 1934 mit Röth zusammenbrachte. G. Mann arbeitete zu dieser Zeit an der "Deutschen Allgemeinen Zeitung" (DAZ).

So begann ein vorsichtig tastender Versuch, die vorhandenen Möglichkeiten auszuschreiten. Die siegreiche nationalsozialistische Partei war im Frühjahr 1934 noch nicht völlig festgefügt. Manches schien möglich auch durch Nutzung alter oder neuer Verbindungen. Die Halbmonatsschrift "aus dem Geiste der deutscher Jugend" wollte im "völkisch sozialistischen Sinne"[168] wirken. Die Artikel stimmten in Inhalt und Stil durchaus mit der herrschenden Meinung überein, hatten vieles von der Sprache des Dritten Reiches, der "Lingua Tertii Imperii".[169] Paetel deutet auch an, daß es gelang, in der "Sklavensprache" zu Wort zu kommen und den "NS-Stil inhaltlich unterwandernd" in der Zeitschrift "Wille zum Reich" und einigen damit verbundenen Publikationen legal zu publizieren.[170] In der Zeitschrift wird Anpassung, publizistische Kollaboration und zugleich das Bemühen deutlich, ein gewisses eigenes Profil zu finden, aber nicht durch konträre oder oppositionelle Meinungen aufzufallen. Es war der Balanceakt zwischen dem Bekunden von grundsätzlicher Übereinstimmung und dem Suchen nach einer Nische, die einen Zusammenhalt für alte und neue Anhänger ermöglichen sollte. Dabei mußten die sich verändernden Meinungen und Machtprofilierungen ständig beachtet und berücksichtigt werden. Die Medienlandschaft war gleichgeschaltet, aber zugleich existierten neben der nationalsozialistischen Presse weiterhin bürgerliche Zeitungen und Zeitschriften. Die Auseinandersetzungen um die Reglementierung der deutschen Presse Anfang 1934 bewegten sich um das im nationalsozialistischen Staat unlösbare Problem der möglichst unsichtbaren Uniformität der Presse.[171]

In "Wille zum Reich" wurden zugleich Gedankengänge der "Sozialistischen Nation", dem "Vorkämpfer", den "Kommenden" und dem "Gegner" vorsichtig aufgenommen. Autoren aus diesen Zeitschriften kamen zu Wort. Eine weitgehende Tarnung konnte durch "Benutzung nationalsozialistischen Wortguts und durch Decknamen der Mitarbeiter" vorgenommen werden.[172]

Anfangs dominierten Artikel mit deutschgläubiger Ausrichtung von Karl O. Paetel,[173] Karl Burkheiser, Artur Grosse,[174] Wilhelm Hauer, Kurt Hüttenrauch, Jorg Lampe,[175] Leonore Kühn,[176] Friedrich Schöll[177] und anderen. Der "alte Kämpfer" der

---

[168] Jochen, Jens: "Reich und Glaube" in: Wille zum Reich, 1. Folge, Eisenach am 1. Lenzing 1934.

[169] Vgl. auch Klemperer, Victor: LTI Notizbuch eines Philologen.- Berlin 1947.

[170] Vgl. auch Paetel, Karl O.: Versuchung .., a.a.O., S. 169.

[171] Hagemann, Jürgen: Die Presselenkung im Dritten Reich. - Bonn 1970. - S. 297.

[172] Ablichtung einer eidesstattlichen Versicherung von Günther Mann vom 7.9.1959. a.a.O.

[173] auch unter Pseudonymen Wolf Lerson. Vgl. Paetel, K. O.: Reise ... a.a.O. - S. 197. Ein weiteres Pseudonym ist möglicherweise Jens Jochen.

[174] Artur Grosse gehört zu den engen politische Freunden Karl O. Paetels in den Jahren 1928-1935. Zahlreiche Veröffentlichungen in "Das junge Volk" und "Die sozialistische Nation". Vgl. auch Paetel-Nachlass im Archiv der deutschen Jugendbewegung und an der State University of Albany.

[175] Jorg Lampe war Autor im "Gegner".

Nazi-Bewegung Erich Koch,[178] inzwischen Mitglied des preußischen Staatsrates und Oberpräsident der Provinz Ostpreußen, gehörte zu den Autoren wie auch Hans Raupach, der im März 1933 mit anderen ehemaligen Mitgliedern der Bundesführung der Deutschen Freischar der NSDAP beigetreten war. Erkennbar ist eine völkische Linie, die dem "germanischen Mythos"[179] huldigte, sich für die "Deutsche Glaubensbewegung" einsetzte und die katholische und evangelische Kirche angriff. Zugleich wurden "sozialistische" Positionen vertreten. Dies stellte - solange man sich vom Marxismus abgrenzte - keine Gefahr dar, beanspruchte doch auch die Nazibewegung einen "wahren" Sozialismus für sich.

In "Wille zum Reich" beriefen sich verschiedene Autoren auf den früheren Außenminister und deutschen Botschafter in Moskau, Ulrich von Brockdorff-Rantzau[180] und dessen Kampfansage "gegen den Kapitalismus und Imperialismus", die in dem "Diktat" von Versailles ihren Ausdruck gefunden hätten. Ebenfalls wurde auf den "Roten Grafen" zurückgegriffen, wenn es um den "Kampf für den deutschen Sozialismus"[181] ging oder wenn der "Wille zum Sozialismus" und die "Absage an das Bürgertum" gestützt werden sollten.[182] Der Konservative Friedrich Schinkel[183] plädierte Mitte Juni 1934 für den "preußischen Sozialismus". Nach der blutigen Abrechnung Hitlers mit seinen Rivalen aus den eigenen Reihen am 30. Juni 1934 - dieses Ereignis wurde in "Wille zum Reich" nicht erwähnt[184] - war der Sozialismus erst einmal kein Thema mehr. Die "Notwendigkeit des deutschen Sozialismus"[185] wurde dann aber Ende 1934 wieder aufgenommen. Der Balte Adalbert Bolck setzte sich ab Mitte September in verschiedenen

---

[176] Dr. Eleonore Frobenius, geb. Kühn (1878-1955), freie Schriftstellerin, "Deutschland und Glaube" 1934 im Röth-Verlag.

[177] Friedrich Schöll (1874-1967) führte von 1926-1938 ein Landerziehungsheim, Verfasser zahlreicher deutschgläubiger Schriften, von denen einige im Röth-Verlag erschienen.

[178] Erich Koch (1896-), trat 1922 der NSDAP bei, ab 1928 Gauleiter der NSDAP in Ostpreußen, 1930 Abgeordneter des Reichstages und seit Juli 1933 Mitglied des preußischen Staatsrates.

[179] Neitzke, Hans Joachim: Der germanische Mythos. - In: Wille zum Reich (1934) F. 19 vom 1.12.1934.

[180] Ulrich von Brockdorff-Rantzau (1869-1928) nach der Novemberrevolution kurze Zeit Außenminister, später erster deutscher Botschafter in Moskau. Er galt als Verfechter einer entschiedenen Ostorientierung.

[181] Konrad, Karl: Versailles und der Kapitalismus. - In: Wille zum Reich (1934) H. 5 vom 1. Mai 1934.

[182] Lerson, Wolf: Der 28. Juni - Versailles. - In: Wille zum Reich (1934) F. 9 vom 1.7.1934.

[183] Friedrich Schinkel (1903-) veröffentlichte 1934 sein Buch "Preußischer Sozialismus", Breslau 1934.

[184] Jedoch veröffentlichte Paetel am 15. Juli 1934 einen Artikel "Rasse; Glauben und Kultur" ein einziges Mal unter seinem vollen Namen. Darin zitiert er zum Schluß Stefan Georges bekannte Verse: "wer je die flamme umschritt, bleibe der flamme trabant, wie er auch wandert und kreist, wo noch ihr schein ihn sein erreicht, irrt er zu weit nie vom ziel." als verschlüsselte Botschaft für die Freunde, nach der blutigen Abrechnung Hitlers mit seinen innerparteilichen Gegnern, auch weiterhin auszuharren.

[185] Walter, Karl: Die Notwendigkeit des Sozialismus; Grosse, Artur: Sozialistische Entscheidung; K.P.: Scheinsozialistischer Antikapitalismus - eine Auseinandersetzung mit Sombarts "Deutscher Sozialismus". - In: Wille zum Reich (1934) F. 17 vom 1.11.1934.

Beiträgen für ein verbessertes Verhältnis zu Polen und zur Sowjetunion, für eine Einheitsfront "Deutschlands und Rußlands gegen Versailles"[186] ein.

Beginnend mit einem grundlegenden Aufsatz "Faschismus oder Preußentum" leitete Karl O. Paetel unter dem Pseudonym Wolf Lerson einen Zyklus über faschistische und nationalrevolutionäre Bewegungen ein.[187]

Bei einem Vergleich zum "Widerstand", der von Ernst Niekisch herausgegebenen Zeitschrift für "nationalrevolutionäre Politik", wird deutlich, daß in "Wille zum Reich" nationalrevolutionäre Themen Ende 1934 zum Teil deutlicher vertreten wurden als von Niekisch. In beiden Zeitschriften sind keine Hinweise auf die jeweilig andere zu finden. Jedoch kam nach dem am 20. Dezember 1934 durch die Gestapo verfügten Verbot des "Widerstand" Karl O. Paetel in "Wille zum Reich" auf die von Niekisch vertretene "preußische Position" zurück: "Wer heute Ja sagt zu Preußen, sagt Nein zu dem Kampf der Geister, wie ihn die täglich in Erscheinung tretende Oberflächenpolitik führt und distanziert sich davon. P r e u ß e i s t h e u t e n u r, w e r i l l u s i o n s l o s i s t, wer sich nicht mehr mit dem billigen Trost der Ideologie zufrieden gibt. P r e u ß e s e i n h e i ß t h e u t e a r b e i t e n d w a r t e n. Preußische Entscheidung ist die Entscheidung f ü r D e u t s c h l a n d g e g e n d i e D e u t s c h e n, g e g e n d i e D u m p f h e i t d e r M a s s e n ... Und deshalb sagt heute, wer Preußen meint: O r d e n. Deshalb steht Deutschland da, wo die w e n i g e n, mit den Augen der scheinbar Hoffnungslosen, mit leeren Händen vor dem Ruf der Masse stehen. Deshalb meint der Hinweis auf das Kommende, hinter dem die preußische Position heute steht, ein hartes, alles Versöhnlichem beraubendes Wort: S o z i a l i s m u s".[188]

Bei Paetel verbindet sich die preußische mit einer nationalrevolutionären Haltung im Rückzug auf einen festen und harten Kern, von dem aus neu vorgestoßen werden sollte. Der Massengesellschaft nationalsozialistischen Zuschnitts wurden vorsichtig Positionen aus Spenglers "Preußentum und Sozialismus"[189] entgegengehalten. Dieses "Preußen"-Heft knüpfte wohl auch an den letzten "Gegner" vom 20. April 1933 an. Adrien Turels

---

[186] Bolck, Adalbert: Zwischen Rom und Moskau. - In: Wille zum Reich (1934) F. 16 vom 15.10.1934; ders.: Der ferne Nahe Osten (1934) F. 14; ders.: und trotzdem Ostpolitik (1934) F. 15; ders.: Wie ich zur Ostpolitik kam (1934) F. 20, darin heißt es: "Ich kam zu der Überzeugung, daß Deutschland im Osten Anschluß suchen muß. Wie Graf Brockdorff-Rantzau es ausdrückte: Wir glauben, daß von Moskau aus das Unheil von Versailles korrigiert werden kann."

[187] Vgl. Lerson, Wolf: Faschismus oder Preußentum. - In: Wille zum Reich (1934) F. 13; ders.: Der englische Faschismus. - In: Wille zum Reich. - In: Wille zum Reich (1934) F. 14; ders.: Holländischer Faschismus. - In: Wille zum Reich (1934) F. 15; ders.: Nationalsozialismus in den nordischen und baltischen Staaten, Die kroatische Freiheitsbewegung. - In: Wille zum Reich (1934) F. 16; ders.: Russischer Nationalsozialismus, Der revolutionäre Nationalsozialismus in Mazedonien. - In: Wille zum Reich (1934) F. 17; ders.: Die Nationalrevolutionäre Bewegung der farbigen Völker. Indien, Arabien, Ägypten, Niederländisch Indien. - In: Wille zum Reich (1934) F. 20; ders.: Japanischer Imperialfaschismus, Ukrainischer Nationalismus. - In: Wille zum Reich (1935) F. 2; ders.: Deutscher Nationalsozialismus in der Tschechoslowakei, Faschistischer Balkan. - In: Wille zum Reich (1935) F. 3. Der Aufsatz des Heftes 3/1935 war nicht mehr gezeichnet. K. O. Paetel floh Mitte Januar 1935 in die Tschechoslowakei.

[188] W. L.: Die preußische Position, Wille zum Reich (1935) F. 1 vom 1.1.1935.

[189] Vgl. Spengler, Oswald: Preußentum ..., a.a.O.

Aufsatz "Das Dritte Preußen" aus dem letzten "Gegner" war ebenso vertreten, wie auch Gedanken zu dem "Erbe des Preußen Brockdorff", das als "Front gegen Westen, Aktive Ostpolitik, Planwirtschaft als Waffe deutscher Außenpolitik, Sozialismus um der Nation willen"[190] definiert wurde. Eine entschiedene Minderheit scharte sich also nach wie vor um das "Banner des Sozialismus in den Farben Preußens". Der "Preuße" wurde von Walter Küchenmeister unter offensichtlicher Berufung auf Ernst Jüngers "Arbeiter" als Typus bestimmt: "Preuße sein heißt Arbeiter sein ... ein politischer Mensch sein ... soziale Tatbereitschaft wollen und heißt Sozialist sein mit allen sich daraus ergebenden Konsequenzen, d. h. zu wollen, daß die totale Sprengung der bürgerlichen Gesellschaft Wirklichkeit werde ... Revolutionen sind Notwendigkeiten der Geschichte".[191] Hier wurde ein Standpunkt vertreten, der über den herrschenden Zeitgeist hinausging. Bei Marx heißt es "Revolutionen sind Lokomotiven der Geschichte".[192]

Diese nonkonforme Berufung auf das Preußentum rief die völkischen Eiferer aus den Reihen der Deutschen Glaubensbewegung auf den Plan. Das von Ernst von Reventlow herausgegebene Wochenblatt "Reichswart" verwarf das "preußisch-sozialistische" in "Wille zum Reich" als Tarnungsphrase der deutschnationalen Reaktion. Man argwöhnte, daß diese Leute nach dem Muster Möller van den Brucks ihre "unklare und oft hinterhältige Schwärmerei für den Osten mit dem Reichsgedanken in vorgetäuschte Verbindung" bringen könnten".[193] Dagegen trat ein "Preußist" in "Wille zum Reich" auf und bezog gegen die "Wahnideen, ihre Unsachlichkeit und ihre wirklichkeits- und persönlichkeitsverzerrenden Projektionen" eines Wilhelm Seddin Stellung.[194] Dem folgte im "Reichswart" der Angriff gegen die "völkischen Sektierer":[195] "Es ist interessant in früheren Jahrgängen der 'Kommenden' zu blättern und sich noch einmal den Kampf gegen die NSDAP vor Augen zu führen. 5.2.1933: Die Ernennung Adolf Hitlers wird von vielen Leuten als Geschichtswende gefeiert. So ist es nicht." Das glich natürlich schon einer Denunziation. In diesem Sinne fuhr der Autor fort: "Erstaunlich ist, woher diese Leute heute den Mut nehmen, den Mund vollzunehmen." Dann rückte er Röth in die Nähe Ernst Niekischs. Beide fühlten sich in ihrer Hinneigung zum Osten mit dem Bolschewismus verwandt. Die Herausbildung des "Preußentums" sei gleichzusetzen mit Separatismus. Das war schon ein in dieser Zeit im Ausmaß der Beschuldigungen vernichtender Angriff. "Wille zum Reich" verwahrte sich gegen die Unterstellung und stellte sich als eine andere, neue Zeitschrift dar, "repräsentiert durch einen

---

[190] G. H.: Preußische Front gegen den Westen! Graf Brockdorffs-Rantzaus Erbe. - In: Wille zum Reich (1935) F. 1 vom 1.1.1935.

[191] Vgl. W. K.: Die Politik als Kunstwerk. - In: Wille zum Reich (1935) F. 1 vom 1.1.1935; aber auch Gibarno, Eberhard: Das Politische als ästhetische Mächtigkeit. - In: Mann, Günther (Hrsg.): Die Preußische Dimension. Intellektuelle Waffengänge, Eisenach 1935.

[192] Vgl. Marx, Karl: Die Klassenkämpfe in Frankreich 1848 bis 1850, a.a.O. - S. 85.

[193] Seddin, Wilhelm: Preußentum gegen Sozialismus. - In: Reichswart 1934 H. 11 vom 10.3.1934.

[194] Vgl. Ein "Preußist": Kleine Don Quichoterie oder "Preußentum" erledigt?. - In: Wille zum Reich (1935) F. 6 vom 15.3.1935.

[195] Seddin, Wilhelm: Kommende im Gehen. - In: Reichswart (1935) H. 14 vom 7.4.1935.

Mitarbeiterkreis, der zum Teil der 'Deutschen Glaubensbewegung' angehört und dessen Schriftenreihe Graf Reventlow selbst in seinem Reichswart-Verlag vertreibt".[196]

Aus dem "Preußen"-Heft entstand ein noch ein im Januar 1935 von Paetel angeregtes 100 Seiten starkes Buches "Die preußische Dimension, Intellektuelle Waffengänge", eine Sammlung zumeist kulturpolitischer Aufsätze und Essays.[197] Getarnte Mitautoren des Buches waren Wolfgang Cornet, Pseudonym des bereits emigrierten K. O. Paetel, und Eberhard Gibarno. Hinter diesem Pseudonym verbarg sich der 1934 aus dem Konzentrationslager Sonnenburg entlassene Walter Küchenmeister. Er arbeitete seit Ende 1934 in der Berliner Redaktion von "Wille zum Reich" mit. Eine zweite Auflage der "Preußischen Dimension" aus dem Erich-Röth-Verlag wurde untersagt.

Günther Mann zeichnete ab 1. Oktober 1934 bis zur Emigration Karl O. Paetels im Januar 1935 als Schriftleiter und anschließend als Hauptschriftleiter und Herausgeber. Die Schriftleitung saß in Berlin. Harro Schulze-Boysen lernte wahrscheinlich Ende 1934 Günther Mann über K. O. Paetel kennen. Schulze-Boysen und Röth kannten sich bereits, die "Kommenden" hatten noch am 5. März 1933 einen ganzseitigen Beitrag über die "Gegner" veröffentlicht.[198] In den ersten Monaten des Jahres 1935 wurden Mitarbeiter und Leserschaft des "Gegner" mit "Wille zum Reich" zusammengeführt.[199] Wahrscheinlich setzte die Mitarbeit von Harro Schulze-Boysen - vielleicht auch ohne Wissen von Erich Röth - schon früher ein. Der Aufsatz "Nationalsozialismus und europäische Neuordnung"[200] von Mitte Juni 1934 trägt die Handschrift von Harro Schulze-Boysen. Es ist nicht nur der Stil, sondern auch die "große neue Idee", wofür sich der Autor einsetzte, daß sie der junge deutsche Staat in das alte Europa einbringen sollte: "E i n h e i t i n d e r M a n n i g f a l t i g k e i t u n d M a n n i g f a l t i g k e i t i n d e r E i n h e i t" erinnert an die "Gegner"-Schrift aus dem Jahre 1932.[201] Auch die mit E. R. (Erich Röth) gezeichneten Leitartikel[202] lassen auf den gleichen Verfasser schließen. Die gestaltende Mitarbeit Harro Schulze-Boysens begann im Frühjahr 1935. Aus der "Zeitschrift aus dem Geist der deutschen Jugend" wurde die "Halbmonatsschrift für Kultur und Politik", nun mit dem Herausgeber Günther Mann[203].

---

[196] "Kommende" im Reichswart-Verlag. - In: Wille zum Reich (1935) H. 7/8 vom 15.4.1935.

[197] Mann, Günther: a.a.O.

[198] Schulze-Boysen, Harro: Gegner ..., a.a.O.; ders.: Gegner. - In: Die Kommenden (1933) a.a.O.

[199] Ablichtung eines Briefes von Erich Röth an Frau Kraft vom 11.1.1965, Sammlung RK.

[200] Titze, Werner: Nationalsozialismus und europäische Neuordnung. - In: Wille zum Reich (1934) F. 8 vom 15.6.1934.

[201] Vgl. auch Schulze-Boysen, Harro: Gegner ... a.a.O. - S. 29: "Das lebendige Einheitliche offenbart sich in der Mannigfaltigkeit."

[202] E. R.: Frankreich 1914 und 1934. Das Land zwischen Niedergang und Aufbruch. - In: Wille zum Reich (1934) F. 12 vom 15.8.1934; ders.: Faschismus über Europa. - In: Wille zum Reich (1934) F. 13 vom 1.9.1934; ders.: Das neue Gesicht Europas. - In: Wille zum Reich (1934) F. 14 vom 15.9.1934.

[203] Günther Mann trat im Frühjahr 1934 in die SA ein, um mit dem Ausweis der SA-Anwärtschaft in die Hauptschriftleiterliste der Reichsschrifttumskammer aufgenommen zu werden.

Der ehemalige "Gegner"-Chef schickte seinen Freunden in Paris einige Nummern von "Wille zum Reich" mit dem Hinweis: "Diese Zeitschrift muß natürlich sehr 'brav' und gleichgeschaltet sein, aber sie ist besser als nichts, um einen Kontakt zwischen unseren Freunden aufrechtzuerhalten. Die Namen der Autoren der Artikel sind nicht die Richtigen".[204] Er dachte sogar daran, die Freunde in Frankreich einzubeziehen, sie als mögliche Autoren zu gewinnen, einen Freundeskreis der Gruppe "Ordre Nouveau" um die Zeitschrift "Wille zum Reich" aufzubauen. Das Außenministerium, aber auch bestimmte Kreise der Deutschen Studentenschaft, hatten ihr Interesse an dieser französischen Gruppe bekundet.[205] Harro Schulze-Boysen wollte damit beginnen, einen Artikel über den Zivildienst in Frankreich zu veröffentlichen. Alexandre Marc reagierte zurückhaltend. Er wollte durch eine öffentliche Zusammenarbeit mit den Deutschen nicht kompromittiert werden. Es verbreitete sich in Frankreich eine zunehmend antideutsche Stimmung, weil nach der Einführung der Wehrpflicht in Deutschland im März 1935 ein neuer Krieg befürchtet wurde. Marc hielt es aber für notwendig, die Verbindungen zu Harro Schulze-Boysen aufrechtzuerhalten.[206]

Der Name Schulze-Boysen findet sich in den Ausgaben nicht wieder. Der ehemalige Herausgeber des "Gegner" hatte wohl keine offizielle Genehmigung der Schrifttumkammer zur Arbeit als Schriftleiter erhalten. Ein erster Beitrag in der vom RLM unterstützten "Luftwehr" über die sowjetische militärische Luftfahrt erschien ohne namentliche Nennung des Autors.[207]

Der beim Kammergericht in Berlin tätige Jurist und Bruder des Vaters, Werner Schulze, äußerte Bedenken gegen die Mitarbeit. Neffe Harro war aber der Meinung, daß gerade durch sein "Hinzutreten" die Zeitschrift eine durchaus positive Wendung erfahren habe. Seine Artikel erscheinen unter Pseudonymen; einen Artikel über Polen zeichnete Günther Mann.[208] Unter den Pseudonymen Werner Türke[209] und H. Eg.[210] erschienen

---

[204] Harro Schulze-Boysen, Brief an Chevalley vom 24.8.1935 aus Genf, Sammlung RK.

[205] Schon im Juni 1934 erkundigte sich das Auswärtige Amt nach Schulze-Boysens Verbindungen zu "Ordre Nouveau". Siehe Brief an die Eltern vom 13.6.1934, IfZ München ED 335/2; Ferner Harro Schulze-Boysen, Brief an Chevalley a.a.O.

[206] Brief von A. Marc an Chevalley vom 19.3.1935, Ablichtung in Sammlung RK.

[207] "Sowjetrußland" in dem Beitrag "Luftrüstungen des Auslands 1934" in: Luftwehr (1935) H. 3. Siehe auch Brief an die Eltern vom 16.5.1935, IfZ München ED 335/2: "Mein Russlandaufsatz in der Luftwehr ist noch in unzähligen Zeitungen abgedruckt worden, mehr oder weniger gekürzt. Z.B. in der BZ und im VB."

[208] Mann, Günther: Rätsel um Polen. - In: Wille zum Reich, (1934) F. 7/8 vom 15.4.1935.

[209] Vgl. auch Brief an die Eltern vom 16.7.1935, IfZ München ED 335/2: "In einem Japanaufsatz der nächsten WzR lege ich dar..."; unter Pseudonym Türke, Werner: Krisenprobleme in USA. - In: Wille zum Reich, (1935) F. 11 vom 1.6.1935; ders.: Streit um 2250 Inseln. - In: Wille zum Reich in ebenda. - In: Wille zum Reich (1935) F. 12 vom 20.6.1935; ders.: Treibstoff der Völker. - In: Wille zum Reich (1935) H. 13 vom 5.7.1935; ders.: Japanische Generale rücken vor. - In: Wille zum Reich (1935) F. 15 vom 20.7.1935; ders.: Überstaatliche Ölmächte in Abessinien. - In: Wille zum Reich (1935) F. 18 vom 20.9.1935; W. T.: Italiens Bombengeschwader gegen Englands Kriegsschiffe. - In: Wille zum Reich (1935) F. 19/20 vom 10.10.1935; ders.: Antiprofithetze oder Rüstungsstärke. In: Wille zum Reich (1935) F. 22 vom 20.11.1935; ders.: Rote Gefahr in Fernost. - In: Wille zum Reich (1935) F. 23 vom 5.12.1935; ders.: Licht und Schatten 1936. - In: Wille zum Reich (1935) F. 24 vom 20.12.1935.

zahlreiche außen- und wehrpolitische Betrachtungen. Andere Artikel - mit Peter Galburg[211] gezeichnet - weisen auf eine der militärischen Luftfahrt nahestehende Autorenschaft hin.

Harro Schulze-Boysen schickte den Eltern Anfang Mai nicht ohne Stolz ein Heft der Zeitschrift, das unter seiner Mitarbeit entstanden war. Des Vaters Anregung nahm der Sohn sofort auf: "Die rein positive Linie wird in Zukunft noch eindeutiger betont werden. (Obwohl bisher niemand gesagt hatte, die Zeitschrift sei nicht gut linientreu.) Die Ostdeutsche Presse-Korrespodenz, parteiamtlich NSDAP, hatte sogar ungekürzt die 2 Polenaufsätze abgedruckt. Der Verfasser erwartet noch das Honorar".[212] Die Redaktion stellte ihre "positive Einstellung" in einer ganzseitigen Anzeige (Anlage 9) heraus: "Der Führer befahl: auch der letzte Volksgenosse muß für die Volkseinheit gewonnen werden. In der Erkenntnis, daß jede lebendige Einheit sich nicht aus geistiger Ruhe, sondern immer nur aus dem Kampf der Geister bildet, sucht "Wille zum Reich" wertvolle Stimmen der Gegenwart zusammenführen und sprechen zu lassen." Die Zeitschrift wollte unter "voller Würdigung von Arbeit und Leistung der organisationsgebundenen Presse" ein Beweis dafür sein, daß "der einzelne Deutsche bei der Volkwerdung im Staate Adolf Hitlers mitwächst. Die Gemeinschaft formt den Einzelnen, der Einzelne formt die Gemeinschaft".[213]

Gegenüber seinen französischen Freunden bekannte der ungenannte Herausgeber in einem aus Genf geschriebenen Brief, daß diese Zeitschrift natürlich sehr "brav" und gleichgeschaltet sein mußte, "aber sie ist besser als nichts, um einen Kontakt zwischen unseren Freunden aufrechtzuerhalten".[214] Diese Verbindung hielt er auch deshalb für notwendig, weil nach seiner Auffassung die Jugend begann, sich für neue Ideen zu interessieren: "Der Zweifel an den vorhandenen Verhältnissen und der Wille für Klarheit entwickelt sich. Die Leute beginnen zu verstehen, was wirklich vor sich geht. Man glaubt

---

[210] Vgl. auch Brief vom 16.7.1935, IfZ München ED 335/2: "Mama wird an meinem Kolonialaufsatz ...Freude gehabt haben." Unter H. Eg.: Gegen Imperialismus - Für Rohstoffbasis. - In: Wille zum Reich, (1935) F. 13 vom 5.7.1935; weiter erschienen unter H. Eg.: Vernünftig leben - anständig sterben. - In: Wille zum Reich (1935) F. 11 vom 1.6.1935; ders.: Frontsoldaten - auf wessen Kommando?. - In: Wille zum Reich (1935) F. 14 vom 20.7.1935; ders.: Ihre Sorgen unsere Freiheit. - In: Wille zum Reich (1935) F. 17 vom 5.9.1935; ders.: Jeden einzelnen geht es an. - In: Wille zum Reich (1935) F. 18 vom 20.9.1935; ders.: Memel wie man ein Land nicht verwalten soll! - In: Wille zum Reich (1935) F. 19/20 vom 10.10.1935; eg.: Unter der Lupe, in ebenda. - In: Wille zum Reich (1935) F. 21 vom 5.11.1935.

[211] Galburg, Peter: Bomben bedrohen Städte. - In: Wille zum Reich, (1935) F. 7/8 vom 15.4.1935; ders.: Liberale Wirtschaft ist Wehrverrat. - In: Wille zum Reich (1935) F. 11 vom 1.6.1935; ders.: Rußland hamstert Schiffe. - In: Wille zum Reich (1935) F. 15 vom 5.8.1935; ders.: Auf dem Wege nach Sowjetfrankreich. - In: Wille zum Reich (1935) F. 16 vom 20.8.1935; ders.: Fortsetzung des Krieges mit anderen Mitteln. - In: Wille zum Reich (1935) F. 23 vom 5.12.1935; ders.: Techniker und Soldaten. - In: Wille zum Reich (1936) F. 2 vom 20.1.1936.

[212] Brief an die Eltern vom 25.5.1935, IfZ München: ED 335/2.

[213] Vgl. auch Wille zum Reich heißt Wille zum Volk (Anlage 9). - In: Wille zum Reich (1935) F. 13; 14; 15.

[214] Harro Schulze-Boysen, Brief an Chevalley vom 24.8.1935 aus Genf, Sammlung RK. Der Brief ist in französisch geschrieben und mit "Gustave" unterzeichnet.

nicht mehr an hohle Phrasen. Man denkt noch nicht daran, sich zu organisieren; aber man macht schon kleine intime Zusammenkünfte und beginnt aktivere Leute kennenzulernen. Die Aufgabe der Gestapo wird von Tag zu Tag schwieriger, weil die Öffentlichkeit der freien Kritik immer größer wird. Die Gegner des Regime befinden sich in den Ministerien, in der Partei, in der Geheimpolizei, überall. Das ist eine Entwicklung innerhalb der Jugend, wobei dabei noch kein Ziel zu erkennen ist. Viel pubertärer Revolutionarismus ist verschwunden. Die politische Atmosphäre ist heute viel ernsthafter als jemals zuvor. Jedermann, der sich mit Politik beschäftigt, befindet sich in Gefahr und sichert damit ein bestimmtes Niveau. Der Geist der "Jugendbewegung", der einen so wichtigen Teil der Bewegung in der Zeit vor Hitler ausgemacht hat, ist tot. Man will klare Programme, reine Gedanken und die große Chance für die Zukunft erkennen. Natürlich ist die große Politik noch nicht beeinflußt von diesem Geisteszustand der Jugend. Unsere Regierung wird stark unterstützt vom angelsächsischen Kapital (Royal Dutch, englischen Rüstungshändlern usw.) - das sind die wahren Mächtigen in unserem Land, gegen die der Kampf nicht innerhalb eines Jahres gewonnen werden kann".[215]

Harro Schulze-Boysen wußte um die widersprüchliche Labilität des Regimes. Er entwickelte mit der Herausgabe dieser Zeitschrift offensichtlich eine Doppelstrategie. Einerseits begann er auszuloten, welche Möglichkeiten einer "positiven" Mitarbeit unter den gegebenen Verhältnissen bestanden. Zum anderen gedachte er, langfristig ein Forum für eine mögliche Opposition zu schaffen. Die Naziherrschaft hatte für ihn nichts Endgültiges.

Er mühte sich jedoch mit dem Anspruch, eine "freie unabhängige Zeitschrift" im Rahmen einer gleichgeschalteten Medienlandschaft herauszugeben, an der Quadratur des Kreises. Immerhin bewies zu dieser Zeit die "Frankfurter Zeitung", daß sie ihre besondere Stellung auszulegen und auszunutzen verstand, auch wenn sie als ein Instrument der Propagandaführung gegenüber dem Ausland benutzt wurde. Zeitschriften wie Rudolf Pechels "Deutsche Rundschau" oder "Das innere Reich" im Langen-Müller-Verlag waren Beispiele, wie sich intellektuelle Formen von innerer Emigration ausdrücken konnten. Bis in die Kriegszeit konnten darin Aufsätze, Gedichte, Novellen ohne jeden nationalsozialistischen Einschlag erscheinen.

Die Eltern schienen das neue Zeitschriftenunternehmen ihres Sohnes mit Verständnis zu begleiten: "Die Zeitschrift, die das letzte Mal Eure Billigung fand, wird nun mit Gottes Hilfe in dieser Linie und auf diesem Niveau bleiben. Die nächste Nummer wird nicht schlechter sein als die letzte, denke ich".[216]

Harro Schulze-Boysen konnte im Juli 1935 Erich Röth die erfreuliche Mitteilung machen, daß vom Luftfahrtministerium "keine Bedenken gegen Ihre Zeitschrift vorliegen".[217] Das Redaktionssekretariat bestand jetzt aus Ilse Secker und Walter

---

[215] Ebenda.
[216] Brief an die Eltern vom 16.7.1935, IfZ München ED 335/2.
[217] Brief an Erich Röth vom 17.7.1935, Ablichtung in Sammlung RK.

Küchenmeister in Berlin, wobei die letzte Entscheidung über den Druck bei Erich Röth lag. Sein "Vetorecht" wurde akzeptiert. Ilse Secker stellte 2000 Mark zur geschäftlichen Sanierung des Verlages von Erich Röth zur Verfügung. Sie versicherte ihm, daß "unser Berliner Kreis tüchtig und unverdrossen auf lange Sicht arbeitet. Auch der ganze Vertrieb, z.B. Verkauf durch die Buchhandlungen, wird ab September eine grundlegende Neuregelung erfahren. Wir freuen uns, dass jetzt immer mehr zuverlässig und gut arbeitende Leute wie Jedzek und S. B. (Schulze-Boysen, H. C.), die zur Politik der Reichsregierung eine ausgesprochen positive und klare Haltung haben, zu uns stoßen".[218] Diese Bemerkungen waren nicht nur wegen der Briefkontrolle[219] gemacht, sondern beinhalteten offensichtlich die Konzeption der Schriftleitung in Berlin. Das Unterstreichen einer "positiven Linie" war die einzige Möglichkeit, unter den Bedingungen eines gefestigten Naziregimes eine legale und anspruchsvolle Zeitschrift herauszugeben. Eine "getarnte bündische Linie" hatte keine Zukunft. Die Führung der Hitlerjugend ging verstärkt dazu über, das HJ-Jungvolk bis Ende 1935 personell und ideologisch von allen bündischen "Umtrieben" zu säubern. Zahlreiche Verhaftungen verliehen dem Nachdruck.[220]

Die Möglichkeit einer unmittelbaren journalistischen Tätigkeit kam den persönlichen Intentionen von Harro Schulze-Boysen entgegen. Die Arbeit und insbesondere die Vergütung im RLM entsprachen immer weniger seinen Vorstellungen. Das Schreiben, die unmittelbare journalistische Tätigkeit, lag ihm viel mehr als die Arbeit im Ministerium. So stellte die Mitarbeit an der Zeitschrift auch den Versuch dar, weitere Erfahrungen in der journalistischen Arbeit zu sammeln und zu einem günstigen Zeitpunkt vielleicht als Auslandsberichterstatter arbeiten zu können.[221]

Aufmachung und inhaltliches Profil der Halbmonatsschrift veränderten sich. Aus einer Zeitschrift mit einem "völkisch sozialistischen" Anspruch entwickelte sich unter Einfluß von Harro Schulze-Boysen ein mehr aktuelles Magazin, in dem vorrangig außenpolitische und kulturpolitische Fragen behandelt wurden. Klaus Jedzek, Freund aus der "Gegner"-Zeit und Dramaturg am Berliner Schauspielhaus, übernahm den kulturpolitischen Teil. Das "fromme kirchliche Winkelblatt", erinnerte sich nach 1945 Klaus Jedzek, wandelte sich "zum allmählichen Entsetzen seines Verlegers ... Mit einem Male waren wir frömmere und deutschere Christen als die "Deutschen Christen", zauberten jedesmal vornweg einen Leitartikel voller Markigkeit und Tücke und ritten die

---

[218] Brief von Ilse Secker an Erich Röth vom 4.8.1935, Sammlung RK.
[219] Eidesstattliche Versicherung von Günther Mann vom 7.9.1959, Sammlung RK.
[220] Vgl. auch Klönne, Arno: a.a.O. - S. 198ff.
[221] Bei seinem Besuch des Genfer Sommerkurses hatte Harro Schulze-Boysen den Korrespondenten beim Völkerbund, Haak, kennengelernt, der im Frühjahr 1935 als Presseattaché an die deutsche Botschaft wechselte. Haak wollte Harro Schulze-Boysen zu einem günstigen Zeitpunkt behilflich sein, eine Tätigkeit als Auslandsberichterstatter aufzunehmen. Vgl. IfZ München ED 335/2, Brief vom 3.2.1935.

hohe Schule der Dialektik legal bis zum Steinerweichen ... Es war ja so einfach, wenn man nur selber wußte, wohin man gehörte".[222]

Die Freunde Werner Dissel, Lilly Ackermann, Ilse und Hans Friedrich Secker, Werner Deubel, Roderich von Bistram, Libertas Haas-Heye und sogar der Vater[223] von Harro Schulze-Boysen kamen in der Zeitschrift zu Wort. Kulturpolitisch lassen sich in den Artikeln über A. P. Weber, mit Hinweisen auf Kubin, Gide, Gauguin, Barlach, Schmidt-Rottluff, Nolde durchaus vorsichtige Gegenpositionen zu Rosenberg und Goebbels erkennen. Neuerscheinungen von Ernst Niekisch, dem ihm nahestehenden Hans Bäcker und der Zeichner Paul A. Weber, die bis Ende 1934 im "Widerstand" veröffentlichten, wurden vorgestellt. Nachrichten ausländischer Zeitungen der militärischen Luftfahrt fanden Eingang in die Zeitschrift. Deutschgläubigen Themen wurden nur noch selten behandelt, Positionen zum "preußischen Sozialismus" nicht mehr vertreten.

Im Herbst 1935 schied Günther Mann wegen Differenzen mit Walter Küchenmeister[224] als Herausgeber aus. Die inoffizielle Schriftleitung übernahm nun Küchenmeister. Von Beruf war er Eisendreher und hatte sich als Matrose der kaiserlichen Kriegsmarine aktiv an der Novemberrevolution 1918 beteiligt. Am Aufstand auf der "Prinz Regent Leopold" nahm er aktiv als Mitglied des Matrosenrats teil. 1920 trat er der KPD bei, war Sekretär der Parteiorganisation in Ahlen/Westfalen, dann Redakteur der "Westfälischen Arbeiterzeitung", der "Roten Fahne Westfalens" und des "Ruhrecho". Im Jahre 1926 wurde er aus der KPD ausgeschlossen. Danach lebte er als Inseratenwerber und freier Schriftsteller. Seit 1929 litt er unter einer Lungentuberkulose, die nie ganz ausgeheilt werden konnte. Walter Küchenmeister erarbeitete sich als Autodidakt Kenntnisse des historischen und dialektischen Materialismus vor allem aus den Werken von Marx, Engels und Lenin.[225] In Paetels "Sozialistischer Nation" erschien Anfang 1931 ein Beitrag von ihm über "Proletariat und Bourgeoisie in ihrer Stellung zur Nation". Bald nach der faschistischen Machtergreifung nahmen ihn die Nazis in "Schutzhaft" und verbrachten ihn bis 1934 in das Konzentrationslager nach Sonnenburg bei Frankfurt/Oder. Nach seiner Entlassung nahm Walter Küchenmeister wieder Verbindungen zu Karl O. Paetel auf, der ihm auch Teile seiner Bibliothek anvertraute, als er emigrieren mußte. Er hatte auch Kontakte zur KPD.[226]

---

[222] Jedzek, Klaus: Einer ist tot, a.a.O.

[223] Eine Buchbesprechung über die flämische Bewegung. - In: Wille zum Reich (1936) F. 2 vom 20.1.1936.

[224] Brief Günther Manns an K. O. Paetel vom 15.8.1947, Archiv der deutschen Jugendbewegung, Nachlaß Paetel, Bd. 84.

[225] Vgl. auch Paul, Elfriede: Ein Sprechzimmer der Rote Kapelle, Berlin 1981. - S. 87ff. Außerdem Nachlaß Elfriede Paul, IGFA, ZPA, NL 229/21.

[226] Vgl. auch Crüger, Herbert: a.a.O. - S. 59; Erklärung von Günther Mann vom 12.11.1947, IfGA, ZPA V 241/3/14: "Eberhard Gibarno, d.i. .. Walter Küchenmeister, der Verbindungsmann unserer Gruppe zur K.P.D.

Die redaktionelle Mitarbeit W. Küchenmeisters bei "Wille zum Reich" setzte wahrscheinlich Anfang 1935 ein. Zuerst war er für die Abteilung Schrifttum zuständig. Im Januar und März 1935 zeichnete er seine Beiträge noch mit W. K. und Eberhard Gibarno. Dann erschienen Gedichte[227] und im zweiten Halbjahr verschiedene Artikel mit seinem vollen Namenszug. Ende 1935 stellte er den Bildhauer Kurt Schumacher mit dessen Arbeit "MG-Nest" vor: "Schumacher sieht die größte Entfaltung des Menschlichen im Helden, der sein Dasein im Volke aufgibt. Er vergißt aber nicht, daß das Heldische nur im Menschen aufzufinden ist. Darum vermeidet er jede Phrase ... Die herbe Strenge, die auf das Wesentliche im Leben gerichtet ist ... berechtigt uns zu großer Erwartung ... Sie berechtigt uns aber schon heute, wo so oft von der künstlerischen Ausgestaltung der öffentlichen Bauten gesprochen wird, einen deutlichen Hinweis auf diesen jungen Künstler zu tun".[228]

Sowohl der Herausgeber Schulze-Boysen als auch der Schriftleiter Küchenmeister konnten in ihrer Funktion namentlich nicht genannt werden, weil sie keine Genehmigung besaßen, als Schriftleiter zu arbeiten. Deshalb zeichnete Erich Röth, nachdem sich Günther Mann im Herbst zurückgezogen hatte, als Herausgeber und Hauptschriftleiter. Alle 14 Tage fanden die Schriftleitungsbesprechungen bei Ilse Secker in Berlin statt. Sie war Mitglied der NSDAP und Funktionärin des NS-Frauenbundes.[229]

Eine Schriftenreihe ergänzte die Zeitschrift. In der Edition "Schriften der Jungen Nation" veröffentlichten Willi Brundert,[230] Werner Kreitz,[231] Jorg Lampe,[232] Eberhard Menzel[233] und in den "Stimmen der Jungen" Klaus Jedzek[234] Dazu gehörte auch der Gedichtband "Im Schatten der Kommenden", die "Schriften Junger Kunst" mit einer Arbeit von Hans Joachim Neitzke über Barlach und die "Schriften Deutschen Glaubens". Ein Buch "Führertum in zehn Jahrtausenden" von Dr.Werner Heider, erschien Anfang 1936. Hierzu soll Harro Schulze-Boysen das Vor- und Nachwort

---

[227] Vgl. auch Mann, Günther (Hrsg.): Im Schatten der Kommenden. Gedichte, Eisenach, 1935; Hierin sind Gedichte von Walter Küchenmeister (S. 23 bis 40) und Adrien Turel enthalten. Diese Verse sollten ein Ruf an die Jungen in Deutschland, an die Sozialisten, an die kompromißlosen Nationalisten sein und ein Bekenntnis zu dem großen, freien, glücklichen Deutschland von morgen, stellte G. Mann in einem Vorwort heraus.

[228] W. K., Kurt Schumacher. MG-Nest. - In: Wille zum Reich, (1935) F. 23 vom 5.12.1935

[229] Brief von Erich Röth vom 11.1.1965, Ablichtung in Sammlung RK.

[230] Brundert, Willi: Junge Nation und Kampfbund.- Eisenach 1935.

[231] Kreitz, Werner: Kapitalismus, Sozialismus, Planwirtschaft.- Eisenach, 1935. Im Organ der Hitlerjugend "Wille und Macht" (1936) H. 7 wurde in einer Rezension die "bolschewistische Einstellung" herausgestellt, die in der Schrift von Werner Kreitz zum Ausdruck gekommen sein sollte und die Vermutung ausgesprochen, daß die ganze Reihe der "Schriften der jungen Nation" bestimmt sei, diese "bolschewistischen Auffassungen" in die Öffentlichkeit zu tragen.

[232] Lampe, Jorg: Sozialistische Lebensschau.- Eisenach 1935.

[233] Menzel, Eberhard: Volk und Staat - Nation und Reich. Grundlagen eines neuen Staatsdenkens. - Eisenach 1935.

[234] Jedzek, Klaus: Der heimliche Bund. Theater als politische Kraft. - Eisenach 1935.

geschrieben haben.[235] Die "Parteiamtliche Prüfungskommission zum Schutz des N.S.-Schrifttums" vermerkte kritisch, daß der Begriff "Führer" sich "nicht mit der nationalsozialistischen Führeridee deckt" und so nur geeignet sei, "Verwirrung und falsche Vorstellungen zu erwecken".[236]

Genutzt wurden die Beziehungen zu der amerikanischen Presseagentur United Press. Gösta von Uexküll, Vetter zweiten Grades von Libertas, leitete das Berliner Büro.[237] Außerdem arbeiteten in dem Büro Unter den Linden Gisela von Pöllnitz und kurze Zeit der Bruder von Libertas, Johannes Haas-Heye. Gösta von Uexküll steuerte verschiedene außenpolitische Beiträge ab November/Dezember 1935 und verstärkt noch im Januar und Februar 1936 bei. Die Zeitschrift hatte somit einen neuen außenpolitischen Mitarbeiter gewonnen. Das war auch notwendig, weil Schulze-Boysen als inoffizieller Herausgeber ab 2. Januar 1936 eine dreimonatige Übung bei der Luftnachrichtenschule Halle absolvierte. Im Januar und Februar erschienen noch einzelne Beiträge.[238] Aber ansonsten sollten "die Leute in Berlin mal ruhig sehen, wie es ohne mich ist".[239]

Harro Schulze-Boysen verfolgte interessiert in Halle die laufenden Ausgaben, aber zunehmend distanziert: "Dank für den Zeitungsausschnitt, die Überwachung der Zeitschriften betreffend. Die Sache ist für mich nicht mehr so akut, weil ich - nachdem meine Berliner Mitarbeiter die von mir gewünschte Verbindung nicht aufgenommen haben, - nunmehr andere Presse-Beziehungen angeknüpft habe, die mir sowohl erfolgs- und wirkungsmässig, wie auch finanziell günstiger zu sein scheinen. Die bisherige Zeitschrift wird damit uninteressant, wenn nicht noch grundlegend Neues dazwischen kommt".[240] Er wollte sich das Blatt nur noch für gelegentliche Veröffentlichungen reservieren.[241] Das Ende seines Engagements für diese Zeitschrift fällt mit dem Mitte März 1936 vom Reichsinnenministerium ausgesprochenen Verbot der Herstellung und die Beschlagnahme sämtlicher bündischer Literatur zusammen.[242]

Erich Röth wurde wahrscheinlich Ende März 1936 von Harro Schulze-Boysen telegrafisch nach Halle gerufen. Dieser teilte ihm die vorläufige Einstellung der Arbeit mit, da sie "der Gestapo verraten"[243] worden sei. Röth riet er dringend, der NSDAP beizutreten. Dieser übertrug Hans Joachim Neitzke in Berlin die Hauptschriftleitung. Die

---

[235] Brief Erich Röth an Karl O. Paetel vom 10.10.1960, Archiv der deutschen Jugendbewegung, Nachlass Paetel.

[236] Parteiamtliche Prüfungskommission zum Schutz des N.S.-Schrifttums im Stab des Stellvertreters des Führers. Brief vom 3. September 1936 an Erich Röth vom 3.9.1936, Ablichtung in Sammlung RK.

[237] Der Vater von Gösta von Uexküll war der bekannte Verhaltensforscher Jakob von Uexküll.

[238] W. K.: Man spricht von Krieg ...; ohne Titel, Unter der Lupe. - In: Wille zum Reich (1936) H. 1. Peter Galburg: Techniker und Soldaten (1936) H. 2 vom 20.1.1936.

[239] Brief an die Eltern vom 19.1.1936, IfZ München ED 335/2.

[240] Brief an die Eltern vom 3.3.1936, IfZ München ED 335/2.

[241] Brief an die Eltern vom 9.3.1936, IfZ München ED 335/2.

[242] von Hellfeld, Matthias, a.a.O. - S. 197

[243] Brief von Erich Röth vom 11.1.1965, Ablichtung in Sammlung RK.

bisherigen Mitarbeiter schieden aus. Die Zeitschrift widmete sich wieder verstärkt deutschgläubigen Themen.[244]

Damit ging ein Versuch Harro Schulze-Boysens zu Ende, in "positivem" Sinne an der "Volkwerdung im Staate Adolf Hitlers"[245] teilzunehmen. Dieses Vorhaben war unrealistisch. An einer "freien und unabhängigen Zeitschrift"[246] bestand im Nazireich kein Bedarf. Für Harro Schulze-Boysen bedeutete dies eine wichtige Erfahrung. Eine relativ eigenständige journalistische Arbeit im NS-Staat erschien nicht möglich. Diese Enttäuschung bestätigte zugleich seine grundsätzliche Gegnerschaft gegenüber diesem Staat, die jedoch noch nicht in einen organisierter Widerstand mündete.

Gleichzeitig wurde ihm klar, daß es zur Arbeit im Reichsluftfahrtministerium - bei aller Unzufriedenheit - offensichtlich keine sinnvolle Alternative gab. Seine journalistische Arbeit beschränkte sich von nun an auf gelegentliche "Aufsatzbesprechungen" in der "Luftwehr". Hierin kommentierte und stellte er ausländische Veröffentlichungen zur militärischen Luftfahrt vor.[247] In dem renommierten, mit einem Vorwort von Göring versehenen "Jahrbuch der Luftwaffe" erschienen 1938 und 1939 zwei Aufsätze von Harro Schulze-Boysen.[248] Er widmete sich nun verstärkt den laufenden Übungen für die Reserveoffizierslaufbahn.

4.5 Vom Freundes- zum Widerstandskreis

Gemeinschaften bestimmten auch nach 1933 das Leben von Harro Schulze-Boysen. Der Kontakt zu Freunden aus dem "Gegner"-Kreis war für ihn in den Monaten in Warnemünde nie abgerissen. Werner Dissel, Eugen Alexejew, Herbert Dahl, Klaus Jedzek, Roderich von Bistram und andere traf er nach seiner Rückkehr im April 1934

---

[244] Erich Röth versuchte, die Zeitschrift und den Verlag zu retten. 1937 wurde die Zeitschrift durch den Kulturkreis der NSDAP beschlagnahmt und als Herausgeber ein Kurt Maßmann eingesetzt. Stramm nazistisch ging es jetzt in der Monatsschrift zu, auf die Röth keinen Einfluß mehr hatte, aber als Hauptschriftleiter zeichnen mußte. Erich Röth weigerte sich, das im Jahre 1936 gewährte Darlehen von 1000 Mark an Ilse Secker zurückzuzahlen. Er drohte gegenüber Elfriede Paul mit der Offenlegung der Redaktionsinterna gegenüber den Behörden. Nach Rücksprache mit Harro Schulze-Boysen und Kurt Schumacher empfahl Walter Küchenmeister, daß Ilse Secker von einer Klage Abstand nehmen sollte, da sonst für alle Beteiligten "denkbar peinlichste Situationen" entstehen könnten. Siehe auch Brief Walter Küchenmeister an Ilse Secker vom 23.5.1937, Nachlaß Elfriede Paul, IGFA, NL 229/21. Im Frühjahr 1940 wurde der Verlag wegen "Zersetzung des nationalsozialistischen Ideengutes" geschlossen und fast sämtliche Verlagswerke, Briefwechsel und Geschäftsbücher beschlagnahmt oder eingestampft.

[245] Vgl. auch Anlage 9: "Wille zum Reich heißt Wille zum Volk", Beilage zu Wille zum Reich (1935) F. 17 vom 15.7.1935.

[246] Ebenda.

[247] Vgl. auch Luftwehr (1935) H. 12; (1936) H. 6; (1937) H. 4; (1939) H. 6.

[248] Schulze-Boysen, Harro: Die Luftrüstungen des Auslands 1936/37. - In: Jahrbuch der Luftwaffe (1938) S. 96-106; ders., Wehrchronik (Luftwaffe) 1938. - In: Jahrbuch der Luftwaffe (1939) S. 34-43.

hin und wieder, ohne daß daraus ein neuer "Gegner"-Kreis entstand. Auch Fred Schmid und André Germain begegnete er, ohne die Kontakte weiter zu aktivieren. Germain war inzwischen der "Renommierfranzose des Auswärtigen Amtes"[249] geworden, schrieb im "Völkischen Beobachter" und im "Schwarzen Korps" der SS.

Im Sommer 1934 scharte Harro Schulze-Boysen neue Freunde um sich. Mit ihnen verbrachte er "herrliche Abende und Nächte und Sonnenaufgänge auf Havel und Wannsee"[250] auf dem Segelboot des Hamburger Richard von Raffay, der ihm auch ein Zimmer seiner Wohnung am Hohenzollerndamm zur Verfügung gestellt hatte. Auch zwei junge Leute mit einem Mercedes tauchten in dem neuen Freundeskreis auf: "Der eine ist ein Sohn von Krupp von Bohlen und der andere von Waldhausen. Beide sind sehr repräsentativ, gehören aber nicht zum 'engeren' Kreis; dazu haben sie zuviel Geld".[251] Ein "echter Russe", namens Wanja, sang "unerhört schön" russische Lieder. Eine Medizinstudentin mit einer "ganz seltenen Mischung von Klugheit, Feinheit und Schönheit" war bei allen Festen dabei, unter Wahrung der gebührenden Distanz, weil verlobt. Ein Schriftsteller Henser mit einer Engländerin namens Marion ergänzten die Runde. Außerdem gehörten zu diesem neuen Freundeskreis weitere junge Leute, die aber nur gelegentlich kamen. Mit dieser ausführlichen Schilderung im Juli 1934 wollte Harro Schulze-Boysen sicherlich die Eltern nach den blutigen Ereignissen vom 30.Juni 1934 beruhigen, daß er sich ja mit "völlig harmlosen, guten Leuten" umgab: "Diese sind als Umgang sehr geeignet. Man muß ja alle Sorten von Menschen mal kennen lernen".[252] Gelegentlich meldeten sich auch ehemalige Warnemünder Kameraden bei ihm.

Auch der Kunstwissenschaftler Hans Friedrich Secker[253] und seine Frau Ilse, die Leiterin einer privat geführten Schauspielschule in Berlin, Lilly Ackermann und andere, die der Sohn in seinen Briefen nicht erwähnte, können zu dem sich ausweitenden Freundeskreis gerechnet werden. Im Juni 1935 mußte Karl O. Paetel Prag verlassen und begab sich mit falschen Papieren nach Deutschland, um nach Dänemark zu gelangen. Er hielt sich fast drei Wochen illegal in Berlin auf und suchte Harro Schulze-Boysen auf, der ihm weiter half. Die Schilderungen von Paetel[254] vermitteln den Eindruck, daß der "treue Harro" im Jahre 1935 über Verbindungen zu illegalen Widerstandsgruppen verfügte, ohne daß er sich ihnen anschloß.

Ernst Scholz (1913-1986) arbeitete, als er 1934 aus Paris nach Berlin zurückkehrte, illegal in einer kleinen kommunistischen Gruppe. Er lernte Harro Schulze-Boysen über

---

[249] Brief an die Eltern vom 19.10.1935, IfZ München ED 335/2.
[250] Brief an die Eltern vom 19.7.1934, IfZ München ED 335/2.
[251] Ebenda.
[252] Ebenda.
[253] Dr. Hans Friedrich Secker (1888 -1960), war von 1923 bis 1929 Direktor des Kölner Wallraff-Richartz-Museums, wurde auf Betreiben des damaligen Oberbürgermeisters Konrad Adenauer entlassen. Von der Abfindungssumme baute er sich ein Haus, die Weiße Hütte in Bad Honnef. Seit 1931 war er mit Harro Schulze-Boysen befreundet.
[254] Paetel, Karl O.: Reise a.a.O. - S. 192-194.

seinen Vater Paul Scholz, einen Grundstücksmakler, kennen, der ein Grundstück in Teupitz für die Eltern vermittelt hatte. Die beiden tauschten im Laufe des Jahres 1935 gelegentlich ihre Meinungen aus.

An der grundsätzlichen Haltung gegenüber der nationalsozialistischen Diktatur hatte sich bei Harro Schulze-Boysen nichts geändert. Das geht auch aus dem einzig erhalten gebliebenen Brief hervor, den er ohne innere und äußere Zensur an einen französischen Freund aus der Gruppe Ordre Nouveau während seines Aufenthaltes am Genfer See im Sommer 1935 geschrieben hat: "Die Situation in Deutschland ist sehr schwierig zu beurteilen. Die ökonomische und moralische Krise hat sich zweifelsohne noch verschlimmert. Die ganze Welt kann das sehen. Die Spannung zwischen den einzelnen Flügeln innerhalb der Regierung ist enorm und kann jeden Tag explodieren. Erstens gibt es einen ewigen Krieg (Guerilla) zwischen Darre, Himmler und Rosenberg auf der einen Seite und Schacht (Dieser versucht, so glaube ich, die "Verantwortlichen" für das Scheitern seiner politischen Ökonomie zu suchen, ein zweiter 30. Juni?) und der Reichswehr auf der anderen Seite. Jeder hat Angst vor dem anderen ... Keinerlei Form von Faschismus kann einen Fortschritt von humanistischer Entwicklung bringen, es sei denn im Sinne einer Kritik. Die Macht der kapitalistischen Gesellschaft muß unbedingt gebrochen werden. Das ist die wichtigste Bedingung für jedes geistiges Leben".[255]

Diese klaren antifaschistischen Positionen hatten ihre Grundlage in einer eindeutigen antikapitalistischen Haltung, die durch die Entwicklung in Deutschland unter den braunen Machthabern ihre Bestätigung zu finden schien. Sie stellten zwar keine Annäherung an Positionen der Kommunisten dar, aber gingen einher mit einem stärkeren Interesse an den in ihren Reihen vor sich gehenden Entwicklungen. So fragte er seinen französischen Freund: "Sehen Sie Anhaltspunkte dafür, daß Sie einer rechten oder linken Diktatur entgehen können? Bei uns gibt die faschistische Diktatur täglich den Marxisten neue Argumente. Sie sind die Märtyrer. Das ist ein großer und beeindruckender Vorteil für sie. Ihre Reihen haben zweifellos an Qualität gewonnen. Das ist ein neuer Fakt und die Konsequenzen, die sich daraus ergeben, sind noch nicht sichtbar".[256] Als dieser Brief geschrieben wurde, war gerade der VII. Weltkongreß der Kommunistischen Internationale in Moskau zu Ende gegangen. Dieses höchste Organ der Komintern orientierte mit dem Referat von Georgi Dimitroff auf die Schaffung einer breiten antifaschistischen Einheits- und Volksfront zur Verteidigung bürgerlich-demokratischer Freiheiten und zur Verhinderung eines neuen Krieges. Damit nahmen die Kommunisten eine strategische Neuorientierung vor. Abgegangen wurde von der auf dem VI.

---

[255] Harro Schulze-Boysen, Brief an Chevalley vom 24.8.1935 aus Genf, Sammlung RK. Der Brief ist in französisch geschrieben und mit "Gustave" unterzeichnet.
[256] Ebenda.

Weltkongreß im Jahre 1928 propagierten und vor allem gegen die Sozialdemokratie gerichteten Kampf.[257]

Ungebrochen blieb weiterhin Harro Schulze-Boysens oppositionelle Haltung gegenüber dem Naziregime. Für ihn befand sich die politische Entwicklung weiterhin im Fluß. Die Unzufriedenheit über bestimmte Maßnahmen der Regierung fand in unterschiedlichen oppositionellen Äußerungen verschiedener Bevölkerungsgruppen ihren Ausdruck.[258]

1935 kam es zu einer ersten Begegnung mit Arvid Harnack. Professor Dr. Rudolph Heberle, Schwiegersohn des Großonkels Ferdinand Tönnies, lud Harro Schulze-Boysen anläßlich eines Aufenthalts in Berlin zu einem Besuch seines Freundes Arvid Harnack ein. Arvid Harnack, der am 1. April 1935 in das Wirtschaftsministerium eingetreten war, fand das Gespräch recht interessant, aber weitergehende Kontakte hielt er für zu gefährlich.[259] Im Wirtschaftsministerium arbeitete seit 1936 zunächst als Assessor, später als Regierungsrat und Oberregierungsrat Carl Dietrich von Trotha, den Harro Schulze-Boysen bereits vor 1933 kennengelernt hatte. Trotha hatte in Frankfurt am Main der "Roten Studentengruppe" angehört. Seit etwa Mitte der 30er Jahre tauchte der Angestellte aus dem Reichsluftfahrtministerium regelmäßig, fast wöchentlich in der Wohnung von Margarete und Carl Dietrich von Trotha (1907-1952) auf, um aktuelle ökonomische Probleme zu erörtern. Schon in dieser Zeit teilten sie die antifaschistische Gesinnung. Trothas waren später an den Planungen der Arbeitsgruppen für Wirtschaftsfragen im Kreisauer Kreis aktiv beteiligt.[260]

Zu Ernst Niekisch bestanden bis zu seiner Verhaftung im März 1937 ebenfalls Kontakte. Einmal hatte Harro Schulze-Boysen ihn in Begleitung seiner Frau Libertas in seiner Wohnung aufgesucht. Sie hatten erörtert, was man zum Sturze Hitlers unternehmen könne. Niekisch behielt Schulze-Boysen als "glänzend begabten Mann, rührig, tapfer, menschlich durchaus sauber" in Erinnerung.[261] Die Adressenkartei des Widerstandsverlages wies Harro Schulze-Boysen als regelmäßigen Bezieher der dort verlegten Bücher aus.

Robert Jungk hielt sich 1936 illegal in Berlin auf. Er traf sich eines Tages mit seinem Freund Harro in der Nähe des Hausvogteiplatzes. Später erzählte er in Prag Peter Weiss

---

[257] Vgl. auch Pieck, Wilhelm; Dimitroff, Georgi, Togliatti: Die Offensive des Faschismus und die Aufgaben der Kommunisten im Kampf für die Volksfront gegen Krieg und Faschismus. Referate auf dem VII. Kongreß der Kommunistischen Internationale 1935. - Berlin 1957.

[258] Die Bekennende Kirche wandte sich in einer Kanzelankündigung gegen die "völkisch-rassische" Weltanschauung. Über 7000 Pfarrer wurden wegen dieser Erklärung verhaftet. Mitte Mai 1935 streikten 6000 Arbeiter der Wandererwerke in Chemnitz für die Herstellung des Tarifvertrages und Lohnerhöhung. Weitere Streiks fanden in anderen Teilen des Landes statt.

[259] Brief von Rudolph Heberle an Ricarda Huch vom 12.10.1946, IfZ München ED 106, Band 98.

[260] Vgl. auch Bericht von Prof.Dr. Heinrich Scheel. - In: Junge Welt vom 20.7.1987; ferner Winterhagen, Ernst Wilhelm: Der Kreisauer Kreis - Porträt einer Widerstandsgruppe, Begleitband zu einer Ausstellung. - Berlin 1985.

[261] Niekisch, Ernst: Gewagtes Leben. Begegnungen und Begebnisse. - Köln; Berlin 1958. - S. 354.

von dem mutigen Mann im Reichsluftfahrtministerium als Beweis dafür, daß ja nicht alle Nazis geworden seien.[262]

Elisabeth und Kurt Schumacher, die im Jahre 1934 geheiratet hatten, gehörten zum näheren Freundeskreis von Harro Schulze-Boysen. Kurt Schumacher arbeitete als Bildhauer und errichtete 1935 ein eigenes Atelier in Berlin-Tempelhof. Er verfügte in dieser Zeit bereits über Kontakte zum kommunistischen Untergrund. Schumachers waren wohl schon im Jahre 1934 dabei, als sich bei Harro Freunde und Bekannte gelegentlich zu einem engeren Diskussionskreis trafen, zu dem auch bald Walter Küchenmeister hinzugezogen wurde. Libertas Haas-Heye und ihre entfernte Verwandte Gisela von Pöllnitz, Tochter eines Diplomaten, Jungkommunistin vor 1933 und Mitarbeiterin von United Press, hörten zu und sagten ihre Meinung. Im Mittelpunkt der politischen Gespräche im Kreise der Freunde stand seit dem Sommer 1936 der von Franco entfesselte Bürgerkrieg in Spanien. Dort standen sich Faschismus und Volksfront erstmalig auf dem Schlachtfeld gegenüber. Harro Schulze-Boysen verfügte über detaillierte Kenntnisse der deutschen Unterstützung für Franco. Im RLM hatte sich der Sonderstab W beim General der Flieger, Helmuth Wilberg, etabliert, der die Unterstützungsaktion leitete. Das RLM war dafür verantwortlich, Mannschaften, Waffen und Munition nach Spanien zu befördern.[263] In der Abteilung "Technik und Taktik des Auslandes" mußten sicherlich die luftwaffentechnischen Aktivitäten anderer Länder mit möglichen Auswirkungen für den Krieg in Spanien sehr sorgfältig verfolgt und analysiert werden. In seinem Bericht über die "Sprachstudienreise" nach Schweden zitierte Harro Schulze-Boysen Mitte August 1936 eine "zuverlässige Quelle", wonach der französische Luftfahrtminister Pierre Cot zwar von der Lieferung der in der Presse erwähnten 25 Potezbomber Abstand genommen habe, gleichzeitig aber 6-8 größere Potezflugzeuge nach Spanien geschickt habe.[264]

Harro Schulze-Boysen erhielt über den Verlauf der Ereignisse in Spanien aus der ausländischen Presse, den internen Lageberichten und Unterhaltungen im Reichsluftfahrtministerium und anderen Stellen, zu denen seine Beziehungen liefen, täglich genaueste Berichte.[265] So konnte er seinen Freunden immer fundierte Einschätzungen vermitteln. Ihnen gegenüber bezeichnete er diesen Krieg als "willkommene Generalprobe für den Ernstfall". Er bat seine engsten Freunde, aufmerksam die Wehrmacht zu beobachten, Fakten für die immer noch offiziell geleugnete Unterstützung der spanischen Putschisten zu sammeln, um "eventuell propagandistische Gegenarbeit zu leisten und diese im Ausland zu verbreiten".[266]

---

[262] Peter Weiss hat im Band 3 seines Schlüsselromans "Ästhetik des Widerstands", Berlin 1983, Harro Schulze-Boysen und seinen Mitkämpfern aus der "Roten Kapelle" ein eindrucksvolles literarisches Denkmal gesetzt.
[263] Siehe auch Merkes, Manfred: Die deutsche Politik gegenüber Spanien 1936-1939. - S. 28.
[264] Brief an die Eltern vom 13.8.1936, IfZ München ED 335/2.
[265] Brief an die Eltern vom 12.9.1936, IfZ München ED 335/2.
[266] Dissel, Werner: a.a.O.

Harro Schulze-Boysen gab einem englischen Freund von Libertas, Evan James, während der Olympiade die Namen von deutschen Fliegern, die in Spanien gefallen waren. Er bat James, sich dafür einzusetzen, daß diese Namen in der britischen Presse oder sogar im Rundfunk veröffentlicht würden, "in der Hoffnung, daß sie nach Deutschland zurückfinden würden, damit seine Landsleute erkennen könnten, was in ihrem Namen geschah".[267]

Einige seiner Überlegungen über die weitere Entwicklung vertraute Harro dem Vater Anfang September 1936 in einer bemerkenswerten Weitsicht an: "Berlin ist voller Unruhe und Arbeit. Die einen sprechen vom Präventiv-, die anderen vom Verteidigungskrieg; aber vom Krieg spricht jeder .. Und vielleicht dauert es doch nicht mehr bis 1940, wie ich eigentlich immer annehme. Was heute in Spanien geschieht, kann morgen schon auf Frankreich übergreifen, und auch dort wird es so sein, daß die besitzenden Schichten, die Kirche und die Generäle mit Hilfe der Eingeborenentruppen versuchen; die in revolutionäre Bewegung geratenen Arbeitermassen wieder zur alten Ordnung zu rufen.

Wie diese Versuche auch immer ausgehen werden, schon ihr Vorhandensein deutet doch nur allzusehr die tiefe Krise an, durch die Europa hindurchgeht: Das Zeitalter der Klassenkriege hat unwiderruflich begonnen. Die spanischen Grausamkeiten und Schrecken auf beiden Seiten geben ja einen kleinen Vorgeschmack von dem Kommenden ... ,wenn man das alles im Atem der Zeit miterlebt, so hat man bereits die Vision eines bevorstehenden 30-jährigen Krieges vor Augen. Mittelalterliche Kulturschätze, ganze Städte usw. gehen in Flammen auf und die modernsten technischen Mittel dienen nur dazu, in immer raffinierterer Weise zu töten und zu vernichten".[268]

Die in dieser Zeit sich verschärfende Verfolgung von Anhängern trotzkistischer und anarchistischer Richtungen bis zu deren "Liquidierung" in der Sowjetunion und auch in Spanien fand bei dem Angestellten im Reichsluftfahrtministerium eher Verständnis: "Sowohl in Moskau, wie in Madrid werden vielmehr die trotzkistisch-anarchistischen Elemente an die Wand gedrückt bzw. -gestellt. Die Entsendung des sehr gewieften Sowjetbotschafters nach Madrid ist nicht zu unterschätzen".[269] Nach wie vor verfolgten Harro und seine Freunde mit großem Interesse und auch anhaltender Sympathie die Entwicklung in der Sowjetunion: "Wenn die Beziehungen zu den Sowjets nicht so gespannt wären, würde ich auch mal rüberfahren, um mir den Laden anzusehen".[270]

Wenn sich die Freunde in dieser Zeit im Atelier in der Waitzstraße trafen, wurde bald auch das große Radio eingeschaltet; London, Paris, aber wohl vor allem der deutsche Freiheitssender 28,9, der von Barcelona aus seit Februar 1937 sendete, und Radio Moskau waren zu hören.

---

[267] Johannes Haas-Heye zitiert diese Aussage in einem Brief vom 4.1.1989 an den Verfasser.
[268] Brief an die Eltern vom 6.9.1936, IfZ München ED 335/2.
[269] Brief an die Eltern vom 12.9.1936, IfZ München ED 335/2.
[270] Ebenda.

Ende 1936 suchten Libertas Schulze-Boysen und Walter Küchenmeister auf Anraten von Elisabeth Schumacher die Ärztin Dr. Elfriede Paul (1900-1981) auf. Elfriede Paul wurde in den Freundeskreis einbezogen. Sie beteiligte sich bereits im Dezember 1936 an der von Walter Küchenmeister angeregten Sammlung von Geld, Lebensmitteln und anderen Sachen für Angehörige von politisch Inhaftierten. Im März 1937 zog Walter Küchenmeister zu Elfriede Paul. Er war in dieser Zeit in einer schlechten gesundheitlichen Verfassung und hatte ständig finanzielle Probleme.

Im Oktober 1936 zogen Harro und Libertas Schulze-Boysen in eine eigene größere Wohnung in die Charlottenburger Waitzstraße 2, unweit vom Kurfürstendamm. Sie vermieteten ständig zwei Zimmer an Verwandte und durch Freunde vermittelte Gäste. Sie lebten bescheiden, führten jedoch ein offenes Haus. Der Schriftsteller Ernst von Salomon erlebte in der Gastfreundschaft Schulze-Boysens eine verspätete und temporierte "Boheme echt Berliner Art".[271] Alle 14 Tage trafen sich ab Februar 1937 donnerstags etwa 25 bis 30 Frauen und Männer im geräumigen Atelier der Charlottenburger Wohnung. Harro beschrieb den Eltern diese Zusammenkünfte als "nette Picknick-Abende": "Eine famose Art, alle Freunde von Zeit zu Zeit zu sehen und alle Verpflichtungen auf vernünftige Weise zu erledigen ... Zuerst wird 1 - 1 1/2 Stunden etwas Gutes gelesen, danach ist Musik und Tanz bis 12. Punkt 12 schmeißen wir alle raus. Am ersten Abend lasen Dissel und Jedzek aus Ernst Jünger; am zweiten ich aus Ernst Fuhrmann; am dritten hatten wir Platon, und so weiter: Klages, Sorel, Macciavelli usw. Für einen der nächsten Abende will Albrecht Haushofer (Geopolitik) bei uns ein neues Drama (Sulla, Tragödie des Zynikers) lesen".[272]

Es wurde Tee gereicht. Die Gäste brachten Kekse und Wein mit. Libertas Schulze-Boysen und Werner Dissel "balgten" die Ziehharmonika und sangen auch russische Lieder. Von Kauffmann, der Sohn eines höheren Arbeitsdienstführers, erzählte baltische Witze. Werner Dissel weiß zu berichten, daß einer immer dafür zu sorgen hatte, daß ein bis zwei junge Herren der Gestapo dabei waren, die "sich von der Harmlosigkeit dieses Ladens überzeugen sollten".[273] Bei den Abenden handelte es sich nicht um bereits durchdachte konspirative Veranstaltungen. Es war mehr ein Suchen, wie man in diesen Zeiten einen persönlichen Zusammenhalt wahren könnte, eine freundliche, gesellige Kontaktsuche. Man lud Freunde ein, empfohlene Leute, um in Tuchfühlung zu kommen und sich kennenzulernen.

Gisela von Pöllnitz, eine junge Frau, ein Diana-Typ, schlank und drahtig, sehr gescheit und heiter, war an diesen Abenden der Haushaltsgeist, ging Libertas Schulze-Boysen zur Hand. Sie hatte ein Gespür für Leute, die zusammengehörten. Der neue Kreis unterschied sich vom "Gegner"-Kreis auch dadurch, daß jetzt Frauen als aktive Mitstreiterinnen diese Abende mitgestalteten. Elisabeth Schumacher war für Werner

---

[271] von Salomon, Ernst: a.a.O. - S. 398.
[272] Brief an die Eltern vom 24.2.1937, IfZ München ED 335/2.
[273] Dissel, Werner: a.a.O.

Dissel "von so glasklarer Freundlichkeit, von einer Mütterlichkeit und man spürte auch ihre künstlerische Seele. Sie hatte so wenig Damenhaftes, ohne daß sie plump oder deplaciert gewirkt hätte. Sie strahlte so etwas Selbstverständliches, Freundliches, Gesundes aus. Daneben Kurt Schumacher, dieser drahtige, zähe Bildhauer, der sehr viel Humor und auch Kauzigkeit hatte. Es war einfach schön, denen zu begegnen. Es war natürlich auch immer viel Witz und Fröhlichkeit in der Runde. Wir machten unsere Gags und Faxen. Für uns war das immer irgendwie Fasching. Dort wurden herrliche Witze erzählt. Wenn man unter sich war, wurde natürlich ständig gealbert".[274]

Die Tänzerin und Bildhauerin Oda Schottmüller konnte man gelegentlich antreffen. 1930 war sie Kurt Schumacher auf der Staatlichen Kunstakademie in Berlin begegnet. Harro Schulze-Boysen lernte sie noch 1933 kennen. Von 1931 zu 1932 wirkte sie als Gruppentänzerin der "Gruppe junger Tänzerinnen" an der Berliner Volksbühne. Danach beschäftigte sie sich mehr mit der Plastik in der Tanzkunst, fertigte Schmuck und Kleinplastiken, mit denen sie sich an kleinen Ausstellungen beteiligte. Gleichzeitig begann sie, sich eigene Tanzprogramme zu erarbeiten, schuf eindrucksvolle Choreographien und Masken für ihre Tänze. 1934 gestaltete sie erste eigene Matineen. 1936 bezeichneten Kritiker sie "als Tanztalent von hohen Graden"[275]. Eine enge Freundschaft verband sie in diesen Jahren mit Kurt Schumacher.

Auch Ernst Scholz, der in diesen Jahren als Architekt tätig war und einer kleinen illegalen Gruppe der KPD angehörte, diskutierte in dieser Runde. Er weiß von Uniformierten zu berichten. Bald verließ er Deutschland und schloß sich den Interbrigadisten in Spanien an. Er behielt diese Zusammenkünfte insofern in Erinnerung, daß diese Form von Zusammenkünften Möglichkeiten boten, einige Stimmungen und Meinungen von Menschen verschiedenster Herkunft zu erfahren oder herauszuspüren. Aus Gesprächen und Debatten war klar zu ersehen, daß Harro Schulze-Boysen ein überzeugter, entschiedener Gegner des Faschismus war.

Nicht alle fanden diese abendlichen Veranstaltungen so gelungen. Herbert Dahl hielt einen Vortrag in Form einer Betrachtung der Klagesschen Philosophie. Er hat diese Begegnungen mehr als Salonabende in Erinnerung, auch von einem Faschingsfest weiß er zu berichten, auf dem sein Freund Harro die Büttenrede hielt und die NS-Führung lächerlich machte. H. Dahl äußerte seinem Freund gegenüber die Besorgnis, daß der Kreis bereits zu groß, unübersichtlich und deshalb diese Begegnungen zu gefährlich seien. Schulze-Boysen war jedoch der Meinung, daß diese Zusammenkünfte einen normalen gesellschaftlichen Umgang darstellten und sie deshalb keiner beanstanden könne. H. Dahl zog sich dann zurück.[276]

---

[274] Ebenda.
[275] In: Kreuzzeitung. Berlin vom 6.11.1936. Zitiert nach Hörhold, Klaus/ Molkenbuhr, Norbert: Oda Schottmüller. Tänzerin Bildhauerin Antifaschistin. - Berlin 1983.
[276] Dahl, Herbert: a.a.O.

Im Sommer 1937 hörten diese Art von Zusammenkünften, die Möglichkeiten boten, Meinungen von Menschen aus unterschiedlichen Erfahrungen zu erfahren oder herauszuspüren, mit einem Abend über den Philosophen Lagarde auf. Man traf sich im Herbst nur noch gelegentlich. Vorsicht war geboten. Dr. Karl Graf von Meran beobachtete Schulze-Boysen seit Monaten und bezeichnete ihn gegenüber SS-Obersturmbannführer von Hadeln aus dem persönlichen Stab des Reichsführer SS als "geschickt getarnter Kommunist mit einer Reihe ebenso verdächtiger Mitarbeiter im RLM".[277]

Im Herbst 1937 wurde Harro Schulze-Boysen zur Gestapo bestellt. Es kam zu einer Gegenüberstellung mit Werner Dissel, der wegen "bündischer Umtriebe und kommunistischer Zersetzung" verhaftet worden war. Es gelang Harro Schulze-Boysen, eine Zigarettenschachtel an Werner Dissel zu übergeben. Unter dem Silberpapier befand sich in fast gedruckten Buchstaben der Hinweis "Fontana Terra Incognita". Damit war für ihn klar, die Gestapo wußte nichts von seinen Verbindungen nach Neuruppin, der Stadt Fontanes. Er hatte Harro Schulze-Boysen, ohne von ihm darum gebeten oder beauftragt worden zu sein, verschiedentlich über in den Panzerregimentern 5 und 6 vor sich gehende Veränderungen und deren Verbindungen nach Spanien informiert.[278]

Schulze-Boysens verbrachten die Wochenenden im Sommer 1937 mit ihrem Paddelboot auf der Havel oder waren mit Freunden zusammen, so wenn sie mit Ernst von Salomon in das Berliner Umland fuhren oder sie von Arnims auf ihrem Gut in Mecklenburg besuchten.

Der engere Freundeskreis um Harro Schulze-Boysen begann im Jahre 1937 mit einer zunehmend zielgerichteten Widerstandstätigkeit. Walter Küchenmeister drängte "zu praktischer Arbeit und regte die Herstellung von Flugschriften an".[279] Walter Küchenmeister und Kurt Schumacher hatten schon in den Jahren 1936 und 1937 Verbindungen zu anderen im Untergrund gegen die Nazis wirkenden Berliner Antifaschisten. Kurt Schumacher hatte Hans Coppi bereits 1937 kennengelernt.[280]

Neue Mitstreiter für den "inneren Kreis" wurden gewonnen. Günther Weisenborn kam im Herbst 1937 von einem sechsmonatigen Aufenthalt aus den USA zurück. Zufällig traf er Harro Schulze-Boysen an einer Bushaltestelle auf dem Kurfürstendamm. 1931/32 hatten sie sich bei einer Veranstaltung des Republikanischen Studentenbundes

---

[277] Vgl. Mitteilung des SS-Obersturmbannführers von Hadeln an das SD-Hauptamt vom 3.6.1937. BA Potsdam 17.01 FC RFSS Pers. Stab Nr. 5547.

[278] Dissel, Werner, a.a.O. Der Gestapobeamte bemerkte zu Werner Dissel, als Schulze-Boysen das Zimmer wieder verlassen hatte: "Warum haben Sie sich denn mit Ihren Zweifeln, mit ihren blödsinnigen Quasseleien nicht einmal an diesen vorbildlichen Angestellten des RLM gewandt?" Werner Dissel entgegnete: "Ja, das hätte ich tun sollen, ich habe es unterlassen, ich wollte meinen Freund nicht belasten." W.Dissel wurde im Jahre 1939 wieder freigelassen, ohne daß es zu einer Anklageerhebung kam.

[279] Feldurteil des Reichskriegsgericht, 2. Senat, vom 6.2.1943, BA Dokumentationszentrale Berlin, Freienwalder Str. AST/RK 2/12.

[280] Siehe Feldurteil des Reichkriegsgerichtes, 2. Senat, vom 19.12.1942, BA Dokumentations-zentrale Berlin, Freienwalder Straße, AST/RK 1/2.

kennengelernt, auf der Ernst Busch Auszüge aus Weisenborns Studenten-Buch "Barbaren" vortrug. In dieser Zeit stand Günther Weisenborn den Kommunisten sehr nahe. Bei der Bücherverbrennung kam Weisenborns "Barbaren" mit auf den Scheiterhaufen. Nach tiefster Depression, äußerer und innerer Not, Flucht ins Private in den Jahren 1933/34 gestaltete er sein "Nichteinverstandensein" in dem 1934 fertiggestellten Roman "Das Mädchen von Fanö". Damit überwand er Depressionen und Fluchtversuchungen. Ein großer Erfolg wurde dann das unter dem Pseudonym Christian Munk für Agnes Straub geschriebene Schauspiel "Die Neuberin". Im Herbst 1937 brachte der Rowohlt-Verlag "Die Furie" unter Günther Weisenborn heraus und der Heyne-Verlag in Dresden unter dem Pseudonym Christian Munk 1937 "Die einsame Herde" und "Traum und Tarantel", zusammengefügte Abenteuergeschichten. Auch die späteren Stoffe Weisenborns, ob sie in Prosa oder als Filmbücher vorliegen, lassen keine klaren antifaschistischen Aussagen erkennen. Es gab ein "gleichsam unbewußt bleibendes Moment einer inneren Anpassung, einer Hinnahme von Gegebenheiten des faschistischen Kulturbetriebes".[281]

Unabhängig von den Aussagen in seinen Texten, mit denen Weisenborn seine Lebensexistenz sichern mußte, blieb er in seinem Inneren ein Gegner des Naziregimes. Manchmal hatte er das Gefühl, es in Deutschland nicht mehr auszuhalten. So nutzte er im Frühjahr 1937 die Möglichkeit einer Reise in die Vereinigten Staaten und arbeitete dort einige Wochen als Reporter in New York. In vielen Gesprächen mit Freunden gewann er die Überzeugung, daß er nach Deutschland zurückkehren sollte, um dort für die Freiheit zu kämpfen.[282]

Harro Schulze-Boysen und Günther Weisenborn erkannten schnell, daß sie in ihren grundlegenden Ansichten übereinstimmten: "Nachdem H. mich wochenlang genau geprüft hatte und ich meine Zustimmung gegeben hatte, 'mir das mal anzusehen', lud er mich eines Abends in seine Wohnung ein. Hier saß ein kleiner dunkelhaariger Mann mit Brille, eines jener intelligenten Arbeitergesichter aus dem Ruhrgebiet, der Walter genannt wurde, und Kurt, ein junges, helles Künstlergesicht mit kurzen blonden Haaren und einem gewissen reinen Fanatismus in den Augen.

Es war der erste Treff, das erste illegale Zusammensein. Wir sprachen über allgemeine Dinge, dann kamen wir auf das Regime zu sprechen. Es war 1937. 'Wenn Sie dagegen sind, müßten Sie eigentlich nicht etwas dagegen tun?' fragte der, der Kurt hieß. H. blickte mich gespannt an, als sei ich sein Sohn in der Schulprüfung. Ich nickte zaghaft. Nun sprachen wir darüber, ob es Sinn habe, etwas dagegen zu tun. Es sei doch fast aussichtslos. Das Risiko sei unmenschlich. Aber wenn viele, wenn Hunderttausende etwas tun, sieht es dann nicht anders aus? Hier saßen vier junge Männer an einem Tisch, auf

---

[281] Siehe auch Hahn, Manfred: Ein Linker im Widerstand. Günther Weisenborn: "Die Furie". - In: Bock, Sigrid; Hand Manfed (Hrsg.): Erfahrungen in Nazideutschland. Romane in Deutschland. - Berlin; Weimar 1987. - S. 260.
[282] Böhm, Eric: We have survived. - New Haven 1948. - S. 192.

dem Teetassen standen, und am Ende gaben sie sich alle die Hand. Als ich ging duzten wir uns. Sie waren Männer, die Mut hatten und mir Mut gemacht hatten".[283]

Elfriede Paul wußte zu berichten, daß Harro Schulze-Boysen aus dem RLM wichtige Materialien mitbrachte. Elisabeth Schumacher, die Grafikerin und Fotografin war, fotokopierte Bilder aus dem Spanienkrieg, verkleinerte Texte, manchmal bis zur Größe einer Briefmarke. Sie vervielfältigte streng vertrauliche Materialien über Anzahl von Waffen, Panzern und Flugzeugen, sowohl der Volksfront als auch des Gegners.[284] Harro Schulze-Boysen hatte Anfang des Jahres 1938 im RLM Kenntnis davon erhalten, daß unter Mitwirkung der deutschen Abwehr ein konterrevolutionärer Putsch in Spanien geplant war, um Barcelona auf diese Weise in die Hände der Franco-Faschisten zu bringen. Die Gestapo hatte Gisela von Pöllnitz dabei beobachtet, als sie den Brief mit diesen für die spanische Republik so wichtigen Nachrichten in den Hausbriefkasten der sowjetischen Botschaft Unter den Linden einwarf. Sie wurde daraufhin im Büro von United Press verhaftet.[285]

Günther Weisenborn erinnerte sich, daß er gerade vier Wochen in der Gruppe war, als diese Verhaftung bekannt wurde: "Es gab fieberhafte Arbeit. Es mußten Pakete mit Flugblättern nachts zu anderen Adressen gebracht werden. Ich fuhr mit meinem Wagen hinter H.s Wagen her, der erfahrener war als ich und Ausschau hielt. Wenn er dreimal hintereinander das Bremslicht aufleuchten ließ, sollte ich stoppen. Bei öfterem Aufleuchten sollte ich sofort wenden oder abbiegen. Es ging alles gut. Am Tage packten wir. Wir planten eine Flucht nach Holland, wo wir einen Freund hatten. Aber dann bekam H. Winke, die ihm bewiesen, daß die Gefahr an uns vorüberging. Er wurde von der Gestapo verwarnt, die nichts von unserer eigentlichen Tätigkeit erfahren hatte".[286] Eine Haussuchung der Gestapo bei Schulze-Boysens ergab keine Anhaltspunkte. Seine Vorgesetzten im Reichsluftfahrtministerium setzten sich für ihn ein.

Harro Schulze-Boysens Weg in den Widerstand gegen den Nationalsozialismus war begleitet von sehr unterschiedlichen Erfahrungen in der beruflichen Entwicklung und im persönlichen Lebensbereich. Die Anpassung an die Verhältnisse im Dritten Reich gestaltete sich durchaus schwierig. Die grundsätzliche Ablehnung der Nationalsozialisten bereits vor 1933 und die persönlichen Konfrontation mit faschistischem Terror führten ihn nicht sofort in den organisierten Widerstand.

---

[283] Weisenborn, Günther: Memorial. Der gespaltene Horizont. Niederschriften eines Außenseiters. - Berlin 1983. - S. 15/16.

[284] siehe auch Paul, Elfriede: Im Sprechzimmer der Roten Kapelle. - Berlin 1981. - S. 97.

[285] Vgl. Begleitscheine vom 17.2., 21.2., 22.2., 22.3., 17.5. 1938 über Zuführung von Gisella von Pöllnitz vom Gestapo-Gefängnis zum Polizeipräsidium. BA, Dokumentationszentrale Berlin, Freienwalder Straße, ZR 926 A.1.

[286] Weisenborn, Günther, a.a.O. - S. 17. Gisella von Pöllnitz wurde im Laufe des Jahres 1938 wieder freigelassen. Sie war bereits an Lungentuberkulose erkrankt. Elfriede Paul brachte sie 1939 in ein Sanatorium in die Schweiz, wo sie 1940 verstarb.

Die Jahre bis 1938 waren auch eine Zeit des Findens und des Ausprobierens von Möglichkeiten eines eigenständigen Engagements, um das Naziregime zu unterlaufen. Schulze-Boysen testete, inwieweit eine weitgehend legale und in vorsichtigem Maße auch unabhängige Mitarbeit möglich war. Er mußte bald erkennen, daß seine Fähigkeiten, sein Eifer und Können keine Anerkennung erfuhren. Einer Selbstverwirklichung waren unter den Verhältnissen im Dritten Reich Grenzen gesetzt. Das führte zu inneren Spannungen und Konflikten, die er nicht ausleben konnte.

Ungebrochen blieb sein Optimismus, nicht im Sinne eines Traumes vom Glück oder daß die Dinge noch eine positive Wendung nehmen könnten, sondern in der Bejahung eines kämpferischen Lebens. Diese Grundeinstellung hatte er nie aufgegeben. Er war sich bei allen Wandlungen darin treu geblieben. Immer wieder analysierte er die aufbrechenden Widersprüche in der Gesellschaft. Dabei hoffte er darauf, daß das NS-Regime an seinen eigenen Gegensätzen zerbrechen und sich eine breit gefächerte Opposition entwickeln könnte. Er schloß sich keinen oppositionellen Gruppen an, sondern umgab sich mit einem breiten Kreis von Freunden. Aus der Vielzahl von Begegnungen und Kontakten kristallisierte sich Mitte der dreißiger Jahre ein engerer Freundes- und Diskussionskreis heraus. Hieraus entwickelte sich die Keimzelle eines Widerstandsnetzes, das in den nächsten Jahren für neue Kontakte, Verbindungen und Menschen offen war. Harro Schulze-Boysen wurde Ansprechpartner, Integrationsfigur und Kristallisationskern, aufgehoben in einem Geflecht von Kontakten, Beziehungen und Verbindungen zu einer Vielzahl von Männern und Frauen, von Mitläufern und Nazis, zu vermeintlichen und tatsächlichen Hitlergegnern. Freundeskreise wurden Orte persönlicher und politischer Verständigung. Freundschaften sicherten den Bestand von informellen Gemeinschaften über Jahre. Hieraus entwickelten sich notwendige Freizeit- und Kommunikationsvoraussetzungen für Verbindungen im illegalen Widerstand.

Begegnungen von Andersdenkenden wurden zu Erlebnissen, weil unter den Bedingungen einer gleichgeschalteten Öffentlichkeit der ins überschaubare Private zurückgenommene Meinungsaustausch zum entscheidenden Kommunikationsmittel wurde. Die Freunde suchten und schätzten das offene und freimütige Urteil von Harro Schulze-Boysen, war er doch meistens besser als andere informiert. Geselligkeit war verbunden mit freundschaftlichen Annäherungen. Überlebende erinnern sich verschiedener Feste, auf denen fröhliche Ausgelassenheit herrschte und viel gelacht wurde. Sie waren Ausdruck eines ungebrochenen Lebenswillens und dienten als identitätsbewahrende Formen der Selbstbehauptung in einer feindlichen sozialen und politischen Umwelt.

Der recht selbstsichere Umgang mit den nationalsozialistischen Macht- und Repressivorganen hatte auch familiäre Hintergründe. Die Zugehörigkeit zu angestammten deutschen Eliten - Großadmiral von Tirpitz erlebte in der nationalsozialistischen Propaganda eine Renaissance - ermöglichte, eine gewisse gesellschaftliche Unabhängigkeit zu bewahren. Die noch immer funktionierenden Beziehungen des Vaters aus der kaiserlichen Marine verschafften für manche Schritte die notwendige Protektion.

Auch die freundschaftlichen Verbindungen des Fürsten Eulenburg zu Göring stützten Schulze-Boysens Ruf im Reichsluftfahrtministerium. Die Arbeit unter dem zweiten Mann im Dritten Reich, wirkte als Schutzschirm gegenüber Nachstellungen der Gestapo.[287] Immer wieder gelang es ihm oder seinen Vorgesetzten, tatsächliche und vermeintliche Verdächtigungen zu entkräften.

Oppositionelle Haltung erwuchs gleichermaßen aus konformem und nonkonformem Verhalten, schloß das Arrangieren mit den Herrschenden genauso mit ein wie einhergehende Verweigerung in bestimmten Situationen. Daraus entwickelten sich Mischformen des politischen Widerstandes, der ein Mit- und Nebeneinander von zeitwilliger Regimebejahung, das Bemühen, Anerkennung in der Arbeit zu erfahren, Resistenz[288] und Gegnerschaft beinhaltete. All diese Elemente alltäglichen Verhaltens gingen ein zum Teil konträres Miteinander ein, führten zu widersprüchlichen Äußerungen und Handlungen.

Immer größer wurde Ende der dreißiger Jahre für Schulze-Boysen der Gegensatz zwischen dem propagandistischen Anspruch des NS-Regimes, Frieden und Wohlstand für alle zu bringen, dem viele Menschen in Deutschland unbesehen Glauben schenkten, und dem ungehemmten Aufrüstungsprogramm sowie den einhergehenden geheimen Planungen für einen neuen Krieg. Harro Schulze-Boysen sagte den Beginn des Krieges für 1939, spätestens jedoch für 1940/41 voraus.[289] Damit war auch seine Entscheidung gefragt. Ein Zusammenstoß mit dem nationalsozialistischen System wurde unvermeidlich.

Die Erkenntnis, daß die Kriegsvorbereitungen nicht aufzuhalten waren und die künftigen Sieger nicht die braunen Machthaber sein dürften, beförderten den Entschluß, das Stadium der Diskussion zu verlassen. Offen war, welche Kampfformen diese konsequente Gegnerschaft einmal annehmen werde. Eine organisatorische und inhaltliche Verbindung zur illegalen KPD[290] oder zu sowjetischen Stellen[291] bestand bis 1938 nicht.

---

[287] Im Herbst 1938 wurde Harro Schulze-Boysen als ehemaliger Herausgeber der Zeitschrift "Gegner" in der A-Kartei des SD-Hauptamtes, im Sachgebiet "Bündische Jugend", in einer "Liste für Personen, die im Notfall zu beobachten sind", geführt. Siehe BA, Abteilungen Potsdam, Bestand, Akte N, Bl. 31, Film Nr. 09112.

[288] Dieser von Martin Broszat gewählte Begriff versucht, mentalitätsgeschichtlich geprägtes nonkonformes Verhalten in der Zeit des Nationalsozialismus zu benennen, das nicht zu politischem Widerstand führte.

[289] Brief an die Mutter vom 11.10.1938, IfZ München ED 335/2.

[290] Anfang 1939 suchte Harro Schulze-Boysen über Elfriede Paul und Kurt Schumacher eine Verbindung zur Auslandsleitung der KPD in der Schweiz. Vgl. Paul, Elfriede: a.a.O. - S. 114. Die leitenden Funktionäre in der Schweiz reagierten zurückhaltend und fragten erst einmal in Moskau zurück, aber bis zum Kriegsausbruch kam keine Nachricht. Siehe Bericht Fritz Sperling aus dem Jahre 1946. IfGA Berlin/ZPA. V 241/3/13.

[291] Die von R. Hildebrand nachgesagte Verbindung zu der sowjetischen Botschafterin in Schweden, Alexandra Kollontai, kann nicht belegt werden. Vgl. Hildebrand, Rainer: a.a.O. - S. 140. D. Dallin legt den Beginn der "ND-Arbeit für die Sowjets" in das Jahr 1936. Dabei bezieht er sich den Abschlußbericht der Gestapo vom 22.12.1942, der in dieser Aussage im Gegensatz zum Feldurteil des Reichskriegsgericht vom 19.12.1942 steht, das von Anfang 1938 ausgeht. Vgl. Dallin, David: a.a.O. - S. 282. H. Duhnke übernimmt die 1936 festgeschriebene "Kollaboration mit den Sowjets" Vgl. Duhnke, Horst: Die KPD von 1933 bis 1945. - Köln 1972. In der Begründung zur Verleihung mit dem Rotbannerorden durch die sow-

Nach dem Einfall deutscher Truppen in die Sowjetunion verstärkte sich die Fühlungnahme zwischen den vorher mehr unabhängig voneinander agierenden antifaschistischen Freundeskreisen. Zusammenkünfte, Diskussionen, Geselligkeiten bildeten häufig den Ausgangspunkt für ein vorsichtiges Miteinander mit anderen Hitlergegnern. Bei Berücksichtigung einer gewissen Konspirativität entwickelte sich ein eher offenes Miteinander, war diese Gemeinschaft ein mehr loser Zusammenhalt als eine straff geleitete Organisation. Oftmals fühlten sich Frauen und Männer, Junge und Alte, Intellektuelle und Arbeiter, Christen und Marxisten diesen Kreisen verbunden, weil sie sich voneinander oder von den sie prägenden Gestalten, so von Schulze-Boysen, angezogen fühlten. Nicht alle sahen dieses Zusammensein unbedingt als politisch an. Freundschaft und Nazigegnerschaft gingen vielmals ineinander über, verbanden Frauen und Männer sehr unterschiedlicher Herkunft und Berufe, bildeten eine unerläßliche Vertrauensbasis.

Es eröffneten sich neue Kontakte zum kommunistischen Widerstand in Berliner und Hamburger Betrieben, zu einem Kreis von Antifaschisten in Süddeutschland, der Gruppe jüdischer Hitlergegner um Herbert-Baum, zu Männern des späteren "20. Juli", zu französischen Zwangsarbeitern und anderen Kreisen. Viele Fäden dieses sich ständig ausweitenden Netzes liefen bei Harro Schulze-Boysen zusammen.

Arvid Harnack brachte im Frühjahr 1941 Harro Schulze-Boysen mit dem Mitarbeiter der sowjetischen Botschaft, Alexander Erdberg, zusammen. Einzelheiten über die Vorbereitungen des Angriffs auf die Sowjetunion wurden mitgeteilt, aber in Moskau nicht geglaubt. Im Herbst 1941 nahm auf Anweisung des Moskauer Generalstabs ein in Brüssel unter dem Decknamen Kent arbeitender sowjetischer Offizier der Militäraufklärung Kontakt mit der Berliner Gruppe auf. Kriegswichtige Nachrichten wechselten im November 1941 via Brüssel nach Moskau. Gesucht wurde noch im Frühsommer 1942 ein Kontakt in die Schweiz zur Übermittlung von für die Engländer wichtigen Informationen.

Der "Draht" nach Moskau wurde offensichtlich in erster Linie aus politischer Sicht aufgenommen. Harro Schulze-Boysen und seine Freunde wollten den Krieg so schnell wie möglich beenden helfen, ein Besatzungsregime verhindern und als Partner für den Aufbau eines eigenständigen Deutschlands mit einer antifaschistischen und sozialistischen Option zur Verfügung stehen. Deshalb begriffen sie sich auch nicht als "Spione" oder eine sowjetische "Kundschaftergruppe", sondern als ein breit gefächertes Aktionsbündnis zur Vorbereitung eines möglichst schnellen Endes der Nazidiktatur. Erst aus diesem Selbstverständnis heraus wird dann auch der Aufbau und Ausbau eines größer werdenden Widerstandsverbundes, der Fühlungnahme zu immer mehr Hitlergegnern nach dem 22. Juni 1941, das Neben- und teilweise Miteinander von politischer Aufklärung nach innen (Flugschriften, Diskussionen, Gewinnen neuer Mitstreiter, Zettelklebeaktion) sowie die Beschaffung kriegswichtiger Informationen und deren Übermittlung in die Sowjetunion

---

jetische Regierung ist das Jahr 1941 angegeben, als sich Schulze-Boysen bereit erklärt haben soll, die Sowjetunion als "Kundschafter" zu unterstützen. Siehe Neues Deutschland vom 23.12.1969.

verständlich. Die Weitergabe kriegswichtiger Nachrichten[292] war getragen von dem Wunsch, den Krieg so schnell wie möglich zu beenden und stellte gewissermaßen einen Vertrauensvorschuß für ein künftiges gleichberechtigtes deutsch-sowjetisches Miteinander dar. Schulze-Boysen ging davon aus, daß Deutschland nach dem Krieg nur in Zusammenarbeit mit der Sowjetunion seine Integrität und Unabhängigkeit wahren konnte. Diese Erkenntnis und die damit verbundenen Entscheidungen erwuchsen für den Sohn des kaiserlichen Marineoffiziers und Großneffen des Admirals von Tirpitz nicht nur aus der für die Menschheit so bedrohlichen Situation der Jahre 1941/42, sondern sie resultierten auch aus seinem Leben, den Erfahrungen und Prägungen.[293]

---

[292] Die Angaben über die Anzahl der bisher in keinem Archiv aufgefundenen Funksprüche gehen sehr auseinander. Nach Leo Trepper schickten die "Musiker" der "Roten Kapelle" ungefähr 1500 Funksprüche von 1940 bis 1943 nach Moskau. Vgl. L. Trepper: Die Wahrheit. Autobiographie. - München 1975. - S. 301. Der nur in Abschriften vorliegende Abschlußbericht der Gestapo vom 22.12.1942 nennt 500 im Laufe des Jahres 1941 aufgefangene Funksprüche. Vgl. Abschrift, Chef der Sicherheitspolizei und des S.D. vom 22.12.1942. - In: IfGA/ZPA genannt) V 1/1. Heinz Höhne beruft sich auf den Gestapobericht, macht aber daraus 500 nur von der Berliner Gruppe nach Moskau gefunkte Meldungen vorwiegend militärischen Inhalts. Vgl. H. Höhne: a.a.O. - S. 296. Der Funkhorchspezialist Wilhelm Flicke läßt Trepper von über 500 abgesandten Funksprüchen im September 1942 berichten. Vgl. Flicke, Wilhelm: Spionagegruppe Rote Kapelle. - Vaduz 1957. - S. 229. Julius Mader weiß ohne Quellenangabe mitzuteilen, daß aus Berlin hunderte, aus Frankreich, Belgien und den Niederlanden 1500 konspirative Funksprüche nach Moskau gelangt seien. Vgl. Blank, Alexander; Mader, Julius: a.a.O. - S. 178. Nach H. Schroeder wurden, ohne daß er eine Quelle angibt, 2164 Funksprüche von der Abwehr aufgefangen und davon 764 entschlüsselt. Vgl. Schroeder, Heinz: Geheime Reichssache. - Klagenfurt 1970. - S. 217. Diese offensichtlich auf Vermutungen beruhenden Angaben können nicht zur Grundlage einer Einschätzung des wirklichen Umfangs der übermittelten Nachrichten gemacht werden. Das Archiv der sowjetischen Generalstabes in Moskau mit den letztlich klärenden Dokumenten war bisher nicht zugänglich.

[293] In dem letzten Brief schrieb er dem Vater, der 1942 als Chef des Marinestabes in den Niederlanden tätig war, zu den Gründen seines Widerstandes: "Im übrigen habe ich alles, was ich tat, getan aus der Annahme, daß die Situation sich von 1918 wiederholen könnte. Damals mußten wir das Diktat unterzeichnen, weil es unserer Außenpolitik an Rückendeckg. gegenüber den Westmächten fehlte. Es fehlte an den personellen und techn. Voraussetzungen einer Drohung. Diese Voraussetzung wollten wir diesmal schaffen, und diesem Ziel haben wir alles untergeordnet, und auf diesem Wege sind wir mit den Vorschriften u. Gesetzen in Konflikt gekommen." Vgl. Brief an den Vater vom 22.12.1942, Sammlung RK.

Harro mit Marie-Luise und Hartmut Schulze-Boysen in Freiburg, Juni 1942

5. Literatur- und Quellenverzeichniss

5.1 Veröffentlichungen von Harro Schulze-Boysen

Schulze, Harro: Gästeabend der Junggefolgschaft. - In: Der Jungdeutsche vom 26.2.1926;

---: Der deutsche unbekannte Soldat. - In: Der Jungdeutsche vom 25.12.1926

---: Die Knieende. - In: Der Jungdeutsche vom 7.8.1927. - Dass. In: Tatort Duisburg. Widerstand und Verfolgung im Nationalsozialismus. - Bd. 1. - Essen 1989 (s. Anlage 1)

Schulze-Boysen, Harro: Jugend und Führer. Zu Hindenburgs 81. Geburtstag. - In: Der Jungdeutsche vom 2.10.1928

---: Im Kampf für den Volksstaat. - In: Der Jungdeutsche vom 21.3.1928

---: Der Nationalsozialist in der deutschen Studentenschaft. - In: Der Jungdeutsche vom 28.11.1929

---: Sozialismus als Aushängeschild - Kapitalismus als Wirklichkeit. - In: Der Vormarsch. Jungdeutsche Rundschau (1931) H. 8 (s. Anlage 2)

---: Haben wir klaren Kurs?. - In: Der Jungdeutsche vom 1.3.1931

---: Antwort an Hans Grimm. - In: Gegner 2. Jg. (1932) H. 1/2

---: (unter HSB): Gebt Scheringer frei. - in Gegner (1932) 2. Jg. Heft 1/2 vom 15.1.1932

---: Der neue Gegner. - In: Gegner 2. Jg. (1932) H. 4/5

---: Aufnordung der Fremdenlegion. - In: Gegner 2. Jg. (1932) H. 6

---: Die Saboteure der Revolution. - In: Gegner 2. Jg. (1932) H. 7 (s. Anlage 3)

---: Sonderdruck der Halbmonatsschrift "Gegner" vom Mai 1932 (hektographiert)

---: (unter HSB): Der Gegner. - In: Gegner 2. Jg. (1932) H. 11/12

---: Vom kommenden Wir. - In: Gegner 3. Jg. (1932) H. 1/2 (s. Anlage 4)

---: (unter Esbe, Heinz): Straßenkampf und Sprachenverwirrung. - In: Gegner 3. Jg. (1932) H. 1/2

---: Arbeitsdienst und Sozialisten. - In: Gegner 3. Jg. (1932) H. 1/2

---: Die Konsequenz der Minister. - In: Gegner 3. Jg. (1932) H. 3/4

---: (Kommentar ohne Titel). - In: Gegner 3. Jg. (1932) H. 5/6

---: Gegner von heute - Kampfgenossen von morgen. - In die: Die Schriften der Gegner, Berlin 1932 (Nachdruck Koblenz 1983, 1987)

---: Gespräch mit Professor Honeffer. - in Gegner 4. Jg. (1933) H. 1

---: (unter HSB): Antwort an den SA-Mann D. O.. - In: Gegner 4. Jg. (1933) Nr. 1

---: Lettre ouverte d'un jeune allemand a la france. - In: Esprit (1933) H. 5

---: Die Machtergreifung. - In: Gegner 4. Jg. (1933) H. 2 (s. Anlage 5)

---: (unter HSB) Randbemerkungen. - In: Gegner 4. Jg. (1933) H. 2

---: Gegner von heute Kampfgefährten von morgen. - In: Die Kommenden (1933) H. 9/10 (s. Anlage 6)

---: Videant Consules. - In: Gegner 4. Jg. (1933) H. 3
(s. Anlage 7)

---: Signal zum Aufbruch!. - In: Gegner 4. Jg. (1933) H. 4 (s. Anlage 8)

---: (unter HSB) Buchkritik. - In: Gegner 4. Jg. (1933) H. 4

---: (unter HSB) Weihnacht bei den Fliegern. - In: Niederdeutscher Beobachter vom 24.12.1933

--- (unter Türke, Werner): Krisenprobleme in USA. - In: Wille zum Reich (1935) Folge 11 vom 1.6.1935

--- (unter Türke, Werner): Streit um 2250 Inseln. - In: Wille zum Reich (1935) Folge 12 vom 20.6.1935

--- (unter Türke, Werner): Treibstoff der Völker. - In: Wille zum Reich (1935) Folge 13 vom 5.7.1935

--- (unter Türke, Werner): Japanische Generale rücken vor. - In: Wille zum Reich (1935) Folge 15 vom 20.7.1935

--- (unter Türke, Werner): Überstaatliche Ölmächte in Abessinien. - In: Wille zum Reich (1935) Folge 18 vom 20.9.1935

--- (unter W. T.): Italiens Bombengeschwader gegen Englands Kriegsschiffe. - In: Wille zum Reich (1935) Folge 19/20 vom 10.10.1935

--- (unter W. T.): Antiprofithetze oder Rüstungsstärke. - In: Wille zum Reich (1935) Folge 22 vom 20.11.1935

--- (unter W. T.): Rote Gefahr in Fernost. - In: Wille zum Reich (1935) Folge 23 vom 5.12.1935

--- (unter W. T.): Licht und Schatten 1936. - In Wille zum Reich (1935) Folge 24 vom 20.12.1935

--- (unter Mann, Günther): Rätsel um Polen. - In Wille zum Reich (1935) Folge 7/8 vom 15.4.1935

--- (unter H. Eg.): Gegen Imperialismus - Für Rohstoffbasis. - In: Wille zum Reich (1935) Folge 13 vom 5.7.1935

--- (unter H. Eg.): Vernünftig leben - anständig sterben. - In: Wille zum Reich (1935) Folge 11 vom 1.6.1935

--- (unter H. Eg.): Frontsoldaten - auf wessen Kommando?. - In: Wille zum Reich (1935) Folge 14 vom 20.7.1935

--- (unter H. Eg.): Ihre Sorgen unsere Freiheit. - In: Wille zum Reich (1935) Folge 17 vom 5.9.1935

--- (unter H. Eg.): Jeden einzelnen geht es an. - In: Wille zum Reich (1935) Folge 18 vom 20.9.1935

--- (unter H. Eg.): Memel wie man ein Land nicht verwalten soll!. - In: Wille zum Reich (1935) Folge 19/20 vom 10.10.1935

--- (unter eg.): Unter der Lupe. - In: Wille zum Reich (1935) Folge 21 vom 5.11.1935

--- (unter Semper): Europa im Schraubstock. Auseinandersetzung mit Eugen Diesel.- In: Wille zum Reich (1935) Folge 12 vom 20.6.1935

--- (unter Galburg, Peter): Bomben bedrohen Städte. - In: Wille zum Reich (1935) Folge 7/8 vom 15.4.1935

--- (unter Galburg, Peter): Liberale Wirtschaft ist Wehrverrat. - In: Wille zum Reich (1935) Folge 11 vom 1.6.1935

--- (unter Galburg, Peter): Rußland hamstert Schiffe. - In: Wille zum Reich (1935) Folge 15 vom 5.8.1935

--- (unter Galburg, Peter): Auf dem Wege nach Sowjetfrankreich. - In: Wille zum Reich (1935) Folge 16 vom 20.8.1935

--- (unter Galburg, Peter): Fortsetzung des Krieges mit anderen Mitteln. - In: Wille zum Reich (1935) Folge 23 vom 5.12.1935

--- (unter Galburg, Peter): Techniker und Soldaten. - In: Wille zum Reich (1936) Folge 2 vom 20.1.1936

---: Die Luftrüstungen des Auslands 1936/37. - In: Jahrbuch der Luftwaffe 1938. - Berlin 1938. - S. 96-106

---: Wehrchronik (Luftwaffe) 1938. - In: Jahrbuch der Luftwaffe 1939. - Berlin. - S. 34-43

---: Napoleon Bonaparte. Sein politischer Weg kurz dargestellt in Auszügen aus bekannten Werken der Geschichtsschreibung. Flugschrift aus dem Frühjahr 1941. - In: Weisenborn, Günther: Der lautlose Aufstand. - Hamburg 1954

---: Die Sorge um die Zukunft Deutschlands geht durch das Volk, Agis-Flugschrift vom Februar 1942. - Als Faksimile In: Der antifaschistische Widerstandskampf der KPD im Spiegel des Flugblatts 1933-1945. - Berlin 1978. - Ferner In: Scheel, Heinrich, Rote Kapelle und 20. Juli 1944. - In: Zeitschrift für Geschichtswissenschaften (1985) H. 4

---: Rechenschaft. Gedicht vom November 1942 (1945 in den Dielenritzen einer Zelle der zerstörten Gestapozentrale Prinz-Albrecht-Straße gefunden). - In: Das heimliche Deutschland. Blätter der Widerstandsbewegung. - Berlin 1946
Vertont von H. Weiß, auf der Schallplatte von der Gruppe "Sorgenhobel" veröffentlicht.

5.2 Harro Schulze-Boysen in Bücher, Aufsätzen, Artikeln, Filmen, Rundfunk- und Fernsehsendungen

Altmann, Peter; Brüdigam, Heinz; Mausbach-Bromberger, Barbara; Oppenheimer, Max (Hrsg.): Der deutsche antifaschistische Widerstand 1933-1945. In Bildern und Dokumenten. - Frankfurt/Main 1975

Altrichter, Helmut; Glaser, Hermann: Geschichtliches Werden. Oberstufe. Band IV: Vom Zeitalter des Imperialismus bis zur Gegenwart. - Bamberg 1971

Der antifaschistische Widerstandskampf der KPD im Spiegel des Flugblatts 1933-1945. - Berlin 1978

An die Lebenden. Letzte Briefe deutscher Widerstandskämpfer. - Leipzig 1959

Aron, Raymond: Lettre ouverte d'un jeune francais a l'allemagne. - In: Esprit (1933) H. 2

Auerswald, Leopoldine: Mutiger Kämpfer gegen den Faschismus und Völkermord. - In: Neues Deutschland vom 1./2.9.1979

Aufrecht zwischen den Stühlen. Grüße zum 50. Geburtstag am 23.11.1956 für Karl O. Paetel von Freunden in Deutschland und anderswo. - Zusammengestellt von Dr. Werner Wille (New York) und Heinrich Sperl (Nürnberg). - München 1956 (Privatdruck in 200 Exemplaren)

Aufstand des Gewissens. Der militärische Widerstand gegen Hitler und das NS-Regime 1933-1945. Im Auftrag des Bundesministeriums der Verteidigung zur Wanderausstellung. Hrsg. vom Militärgeschichtlichen Forschungsamt. - Herford und Bonn 1985

Balfour, Michael: Withoutstanding Hitler in Germany 1933-45. - London; New York 1988

Balzer, Karl: Verschwörung gegen Deutschland. - Preußisch Oldendorf 1976

Bartel, Walter: Probleme des antifaschistischen Widerstandskampfes in Deutschland. - In: Zeitschrift für Geschichtswissenschaften (1958) H. 6

---: Die deutsche Widerstandsbewegung und die Alliierten. - In: Zeitschrift für Geschichtswissenschaften. (1961) H. 9

Bartmuss, Hans-Joachim (Hrsg.): Deutsche Geschichte in 3 Bänden. - Bd. 3 - . - Berlin 1968

Bärwald, Helmut: Spione als wahre Patrioten. Bundesrepublik als bevorzugtes Tätigkeitsfeld. - In: Bayernkurier vom 12.1.1974

Bauer, Arnold: Potsdamer Platz - Alexanderplatz. In: Oschilewski, Walter G.; Blanvalet, Lothar (Hrsg.): Berliner Almanach 1948. - Berlin 1948

Baum, Barbara: Sie waren die Helden an der inneren Front. Harro Schulze-Boysen, Arvid Harnack und weitere Mitkämpfer wurden am 22. Dezember 1942 ermordet. - In: Berliner Zeitung vom 22.12.1987

---: Deutsche Antifaschisten im Widerstand. Funker machten die Nazis nervös. Rote Kapelle sandte geheime Nachrichten nach Moskau. - In: Berliner Zeitung vom 28.3.1985

Baumann, Anke: Nimm alle Liebe an dein Herz. Zum 75. Geburtstag von Libertas Schulze-Boysen. - In: Neues Deutschland vom 24.11.1988

Beer, Valentin: Im Glauben an die gerechte Zeit. Heute vor 20 Jahren starben Harro Schulze-Boysen und fünf seiner Gefährten. - In: Der Morgen vom 22.12.1962

Benoist, Alain de: La révolution conservatrice allemande. - In: Éléments pour la civilisation européenn (1990) Nr. 70

Berg-Wieland: Der Mann, der Hitlers Schrecken war. Vor 6 Jahren wurde Harro Schulze-Boysen hingerichtet. - In: Main-Echo Aschaffenburg vom 25.12.1948

Bergschicker, Heinz: Deutsche Chronik. 1933-1945. Ein Zeitbild der faschistischen Diktatur. - Berlin 1981

"...besonders jetzt tu Deine Pflicht!" Briefe von Antifaschisten. Geschrieben vor ihrer Hinrichtung. - Berlin; Potsdam 1948

Besymenski, Lew: Zähmung des Taifuns. Schlacht um Moskau 1941. - Berlin; Moskau 1981

Beuys, Barbara: Vergeßt uns nicht. Menschen im Widerstand 1933-1945. - Hamburg 1987

Biernat, Karl-Heinz: Kämpfer für eine neue Ordnung. Vor 25 Jahren wurden Harro Schulze-Boysen und zehn Mitstreiter von den Faschisten ermordet. - In: Neues Deutschland vom 22.12.1967

---: Patriotischer Kampf in Liebe und Treue zur Heimat des Sozialismus. - In: Neues Deutschland vom 28.10.1969

---: Zum antifaschistischen Kampf der Schulze-Boysen/Harnack-Organisation. - In: Einheit (1970) H. 6

---: Bewußte Menschen mit heißem Herzen und mutigem Handeln - Die Schulze-Boysen/Harnack-Organisation und ihr Kampf. Kundschaftertätigkeit half großes Leid abwenden. - In: Berliner Zeitung vom 21.12.1972

---: Der Kampf der antifaschistischen Widerstandskämpfer um Arvid Harnack und Harro Schulze-Boysen. Eine Artikelfolge aus Anlaß des 40. Jahrestages ihrer Ermordung durch die faschistische Justiz. - In: Neuer Tag vom 17.11.1982, 26.11.1982, 7.1.1983, 14.1.1983, 21.1.1983, 28.1.1983

Biernat, Karl-Heinz/Kraushaar, Louise: Die Schulze-Boysen/Harnack-Organisation im antifaschistischen Kampf. Bericht und 52 Lebensbilder. - Berlin 1970

Das Bilderbuch zum Festumzug am 4. Juli 1987. Berlin-Information (Hrsg.). - Berlin 1987

Bindrich, Oswald;Römer, Susanne: Beppo Römer. Ein Leben zwischen Revolution und Nation. - Berlin 1991

Blank, Alexander; Mader, Julius: Rote Kapelle gegen Hitler. - Berlin 1979

Bondy, Francois: Aus sich selber auswandern. Adrien Turels "Bilanz eines erfolgreichen Lebens". - In: Süddeutsche Zeitung vom 7./8.4.1990

Boog, Horst: Die deutsche Luftwaffenführung 1935-1945. Führungsprobleme, Spitzengliederung, Generalstabsherausbildung. - Stuttgart 1982

Bortlik, Wolfgang; Eberhardt, Hugo (Hrsg.): Turel, Adrien. Zum 100. Geburtstag. - Hamburg, 1990

Boveri, Margrit: Der Verrat im 20. Jahrhundert. - Bd. 2. - Hamburg 1956

Boysen, Elsa: Harro Schulze-Boysen. Das Bild eines Freiheitskämpfers. Zusammengestellt nach seinen Briefen, nach Berichten der Eltern und anderen Aufzeichnungen. - Düsseldorf 1947 (dass.: Koblenz 1987, 1992)

Bräutigam. Walter: John Rittmeister. Leben und Sterben. - Ebenhausen 1987

Brück, Carl-Heinz von: Im Namen der Menschlichkeit. Bürger gegen Hitler. - Berlin 1964

Brüdigam, Heinz: Der gemeinsame Feind der Widerstandskämpfer war der Hitler-Krieg. Der Widerstandskampf der Schulze-Boysen/Harnack-Gruppe. - In: Die andere Zeitung (1966) Nr. 45

---: Widerstand aus der Sicht des Kalten Krieges. Ideologische Begründungen für die Diffamierung antifaschistischer Widerstandskämpfer. - In: Die andere Zeitung (1966) Nr. 47

---: Sie wußten vom geplanten Einfall auf die Sowjetunion. Zum Widerstand der Schulze-Boysen/Harnack-Organisation - Vielfache Formen des antifaschistischen Kampfes. - In: Die Tat (1970) Nr. 35

---: Die "Rote Kapelle" noch immer Spekulationsobjekt. - In: Der Widerstandskämpfer (1971) Nr. 15

Buschmann, Hugo: De la résistance au défaitisme. - In: Les Temps Modernes (1949) Nr. 46/47

---: Mein Freund Harro Schulze-Boysen. - In: Frankfurter Rundschau vom 6.7.1968

Cartarius, Ulrich: Deutscher Widerstand 1939-1945. Opposition gegen Hitler. Ein erzählender Bildband. Mit einem Essay von Karl Otmar von Aretin. - Berlin 1984

Cookridge, E. H.: Zentrale Moskau. Die Macht des sowjetischen Geheimdienstes. - Hannover, 1956

Coppi, Hans: Schokoreklame tarnte Flugblätter. Die Gestapo bezeichnete Schulze-Boysen/Harnack-Gruppe als "Rote Kapelle". - In: Junge Welt vom 22.12.1967

---: In der Tradition seines Kampfes. Zum 75. Geburtstag von Harro Schulze-Boysen. In: National-Zeitung vom 2.9.1984

---: Erfahrungen und Probleme bei der Pflege der Traditionen des antifaschistischen Kampfes in der DDR. - In: Beiträge zur Geschichte der FDJ. Zum Stand der Erforschung und Darstellung des Anteils der deutschen Jugend am antifaschistischen Widerstandskampf 1933-1945 in der DDR und der BRD. - Rostock 1985; dass. in: Historiker-Gesellschaft der DDR Wissenschaftliche Mitteilungen 1985/III

---: Gespräche über die Rote Kapelle. - In: Weltbühne (1989) H. 9

---: Entscheidung gegen die Nazibarbarei. Zum 80. Geburtstag des Antifaschisten Harro Schulze-Boysen. - In: Neues Deutschland vom 2./3.9. 1989

---: Aus dem Leben des Erwin Gehrts. - In: antiFA (1990) H. 4

---: In langer Haft heilte Gott. Zum 100. Geburtstag Erwin Gehrts - ein Gespräch mit Tochter Barbara. - In: Die Märkische (1990) Nr. 8

---: Toleranzstraße: Vergangenheit, Gegenwart. - In: Berliner Zeitung vom 8.9.1990

---: Der "Gegner" - Profil und Vorgeschichte einer Zeitschrift. - In: Coppi, Hans; Danyel, Jürgen (Hrsg.): Der "Gegner"-Kreis im Jahre 1932/33 : Ein Kapitel aus der Vorgeschichte des Widerstands. - Berlin: Evangelisches Bildungswerk 1991. - S. 3-9. - (Dokumentation; 79)

---: Harro Schulze-Boysen und der "Gegner" - Kreis. - In: Coppi, Hans; Danyel, Jürgen (Hrsg.): Der "Gegner"-Kreis im Jahre 1932/33 : Ein Kapitel aus der Vorgeschichte des Widerstands. - Berlin: Evangelisches Bildungswerk 1991. - S. 37-66. - (Dokumentation, 79)

---: "Rote Kapelle" in Geschichte und Veränderung. Rezension zu G. Perrault "Auf den Spuren der Roten Kapelle" und U. Sahm "Rudolf von Scheliha 1897-1942". - In: Freitag (1990) Nr. 51

---: Harro Schulze-Boysen - Die Duisburger Jahre. - In: Tatort Duisburg. Widerstand und Verfolgung im Nationalsozialismus, - Bd. 2 -. - Essen 1993

---: Nachwort und Bibliographie zu Veröffentlichungen von und über Harro Schulze-Boysen. - In: Boysen, Elsa: Harro Schulze-Boysen. Das Bild eines Freiheitskämpfers. Zusammengestellt nach seinen Briefen, nach Berichten der Eltern und anderen Aufzeichnungen. - Koblenz 1992

---; Danyel, Jürgen: Abschied von Feindbildern : Zum Umgang mit der Geschichte der "Roten Kapelle". - In: Schilde, Kurt (Hrsg.): Eva Maria Buch und die "Rote Kapelle". - Berlin 1992

---; Schumann, Frank: Mit den Waffen des Geistes. Ein Beitrag mit bislang unveröffent-lichten Fotodokumenten über Harro Schulze-Boysen. - In: Neue Berliner Illustrierte (1989) Nr. 37

Cramer, Ernst: Hitler war der Hauptfeind. In: Die Welt vom 28.10.1966

Crüger, Herbert: Verschwiegene Zeiten. - Berlin 1990

Czerny, Horst: Helden des Widerstandes. - In: Berliner Zeitung vom 22.2.1970

Dallin, David J.: Die Sowjetspionage. Die Rote Kapelle in Deutschland. - In: Aus Politik und Zeitgeschichte. Beilage zur Wochenzeitung "Das Parlament" (1953) H. 53

---: Die Sowjetspionage. Prinzipien und Praktiken. - Köln 1956

Danyel, Jürgen: Soziologie und Widerstandsforschung. - In: Informationen zur soziologischen Forschung in der DDR (1990) H. 1

Deutsche Widerstandskämpfer 1933-1945. Biographien und Briefe. - Bd. 2. - Berlin 1970

Deutschland im 2. Weltkrieg. Autorenkollektiv unter Wolfgang Schumann und Karl Drechsler. - Berlin 1975

Dissel, Werner: Harro Schulze-Boysen. Freier, streitbarer Geist. - In: Junge Welt vom 2./3.9.1989

Drobisch, Klaus: Harro Schulze-Boysen. - In: Biographisches Lexikon zur deutschen Geschichte. Von den Anfängen bis zur 1945. - Berlin 1970

Drobisch, Klaus; Fischer, Gerhard (Hrsg.): Ihr Gewissen gebot es. Christen im Widerstand gegen den Hitlerfaschismus. - Berlin 1980

Droz, Jaques: Les non-conformistes des années 1930 et leurs relations avec L'Allemagne. - In: Vom Staat zum modernen Parteienstaat. - München; Wien 1978

Duhnke, Horst: Die KPD von 1933 bis 1945. - Köln 1972

Dupeux, Louis: "Nationalbolschewismus" in Deutschland 1919-1933. Kommunistische Strategie und konservative Dynamik. - München 1985

Dulles, Allen Welsh: Germany's underground. - New York 1947

---: Verschwörung in Deutschland. - Zürich 1948

---: Im Geheimdienst. - Düsseldorf 1963

Ebeling, Hans: Jugendbewegung - Bündische Jugend. - In: Hespers, Dirk (Hrsg.): Reaktionäre, Rebellen, Revolutionäre. - Mönchengladbach 1988

Eberhardt, Hugo (Hrsg.): Turel, Adrien. Zum 100. Geburtstag. - Hamburg 1990

Die ersten Elf. - In: Vorwärts vom 24.12.1947

Es gab eine Widerstandsbewegung. Zum 14. September 1947, dem Jahrestag der Opfer des Faschismus. - In: Neue Berliner Illustrierte (1947) H. 27

Desch, Willi; Perk, Willy (Redaktion): Ehrenbuch der Opfer von Berlin-Plötzensee. - Berlin 1974

Fallen de Droog, Ernst: Schulze-Boysen und die "Rote Kapelle". - In: Die andere Zeitung (1969) Nr. 51/52

Farago, Ladislas: Burn after reading. The espionage history of world war II. - New York 1961

Finker, Kurt: Stauffenberg und der 20. Juli 1944. - Berlin 1972

Fischer-Defoy, Christine: Künstler haben es schwerer als andere. Spuren der Ästhetik des Widerstands. - In: Deutsche Volkszeitung (1981) Nr. 51/52

Flicke, Wilhelm F.: Die Rote Kapelle. - Kreuzlingen, 1949 (dass: München 1958)

---: Rote Kapelle Widerstand oder Landesverrat?. - In: Das freie Wort (1952) Nr. 11

---: Spionagegruppe Rote Kapelle. In freier Bearbeitung den Tatsachen nacherzählt. - Vaduz 1957

von Flocken, Jan/Heim, Hans Jörg: Die "Rote Kapelle". Eine Legende wird widerlegt. - In: Berliner Morgenpost vom 2.9.1992

Fricke, Dieter (Leitg.): Für Eures Volkes Zukunft nehmt Partei. Nichtproletarische Demokraten an der Seite des Fortschritts. - Köln 1980

Frings, Ute: Nachilfe in Sachen Zivilcourage. Eine gelungene Ausstellung zur Rehabilitation der "Roten Kapelle". - In: Frankfurter Rundschau vom 10.12.1992

Gärber, Ursula: "Rote Kapelle" im Kampf gegen die braune Diktatur. - In: Schweriner Volkszeitung vom 15./16.11.1969

A. D.: Gedenktafel enthüllt. Für Libertas und Harro Schulze-Boysen. In: Märkische Allgemeine vom 9.11.1992

Das Geheimnis der Roten Kapelle. - In: Fortschritt (1950) Nr. 45-51

Gehrts, Barbara: Nie wieder ein Wort davon. - Stuttgart 1975

Gerhardt, Wolf: Biographische Skizzen. Parteijournalist und Widerstandskämpfer. Walter Husemann. - In: Beiträge zur Geschichte der Arbeiterbewegung (1985) Nr. 2

Geschichte der Deutschen Arbeiterbewegung. - Bd. 5: Von Januar 1933 bis Mai 1945. - Berlin 1966

Geschichte der revolutionären Berliner Arbeiterbewegung. - Bd. 2 -. Von 1917 bis 1945. - Berlin 1987

Ginsberg, Lew: Prezrersii smertch. - In: Geroi soprotivlenija. - Moskva 1977

---: Borba nemezkich patriotov protiv faschisma 1939-1945.- Moskva 1987

Gollong, Heinz: Die nationalrevolutionäre Jugend vor der Entscheidung. - In: Die literarische Welt (1932) Nr. 27

Gordiewsky, Oleg; Andrew, Christopher: KGB. Die Geschichte seiner Auslandsoperationen von Lenin bis Gorbatschow. - München 1990

Grabowski, Stefan; Tomin, Valentin: Die Helden der Berliner Illegalität. - Berlin 1967

Griebel, Regina/ Coburger, Marlies/ Scheel, Heinrich: Erfasst? Das Gestapo - Album zur Roten Kapelle. Eine Fotodokumentation. - Halle 1992

Groscurth, Helmuth: Tagebücher eines Abwehroffiziers 1938-1940. Mit weiteren Dokumenten zur Militäropposition gegen Hitler. - Stuttgart 1970

Hagen, Walter: Die geheime Front. - Lenz; Wien 1950

Hahn, Manfred: Ein Linker im Widerstand - Günther Weisenborn: "Die Furie". - In: Bock, Sigrid; Hahn, Manfred (Hrsg.): Erfahrungen Nazideutschland : Romane in Deutschland 1933-1945. - Berlin 1987

Hansen, Gerd: Landesverrat im 2. Weltkrieg. Sowjetagenten in der Maske deutscher Patrioten. - In: Deutsche National-Zeitung und Deutsche Soldatenzeitung (1966) Nr. 45, 46, 47, 50

---: Sowjetspione in Westberlin geehrt. Das saubere Gesicht der "Roten Kapelle". - In: Deutsche National-Zeitung und Deutsche Soldatenzeitung (1967) Nr. 52

Harenberg, Bodo (Hrsg.): Chronik der Deutschen. - Dortmund 1989

Harnack, Clara: An die Lebenden. Lebensbilder und letzte Briefe deutscher Widerstandskämpfer. - Bremen 1960

Harro Schulze-Boysen. - In: Helden des Widerstandskampfes gegen Faschismus und Krieg.- Zentralvorstand der Vereinigung der Verfolgten des Naziregimes (Hrsg.). - Berlin 1951

Harro Schulze-Boysen: "Doch es war die rechte Front". Die Schulze-Boysen/Harnack-Organisation im antifaschistischen Widerstandskampf. Dokumentation der Presseabteilung Ministerium für Staatssicherheit. - Berlin 1986

Hartmann, Hans: Gruppierungen der Jugend. - In: Literarische Welt (1932) Nr. 6

Hartwig, Wolfgang; Raffauf, Aloys (Hrsg.): Das Steinbart-Gymnasium zu Duisburg 1831-1981. - Köln; Duisburg 1981

Hartny, Hans-Joachim: Signale durch den Todeszaun. - Berlin 1975

Hassel, Ulrich von: Vom Anderen Deutschland. Aus den nachgelassenen Tagebüchern 1938-1944. - Zürich 1946 (Erweiterte Neuauflage Berlin 1988)

Hauffe, Manfred: Umfrage unter Ehemaligen. - In: Steinbart-Blätter (1981) H. 10

Helden des deutschen antifaschistischen Kampfes: "Rote Kapelle" gegen braune Diktatur. - In: Horizont (1969) Nr. 44

Heilbrunn, Otto: Der sowjetische Geheimdienst. - Frankfurt (Main) 1956

Hellfeld, Matthias: Bündische Jugend und Hitlerjugend. Zur Geschichte von Anpassung und Widerstand 1930-1939. - Köln 1987

Hellman, John;Roy, Christian: Le personalisme et les contacts de nonconformistes de France et d'Allemagne autor de l'Ordre Nouveau et de Gegner, 1930-1940. - In: Les relationes culturelles franco-allemandes dans les annes trente. - Paris 1990

Hildebrand, Klaus: Das Dritte Reich. München 1984

Hildebrand, Rainer: Wir sind die Letzten. Aus dem Leben des Widerstandskämpfers Albrecht Haushofer und seiner Freunde. - Berlin 1947

Hohe sowjetische Orden für antifaschistische Widerstandskämpfer. Auszeichnungen für Mitglieder der Schulze-Boysen/Harnack-Organisation. - In: Neues Deutschland vom 23.12.1969

Hochmuth, Ursel; Meyer, Gertrud: Streiflichter aus dem Hamburger Widerstand. - Frankfurt (Main) 1969

Höhne, Heinz: "- .. - ptx ruft moskau .--.". Die Geschichte der Roten Kapelle. - In: Der Spiegel (1968) Nr. 23 bis 30

---: podvig patriotov-antifaschistov. - In: Sa rubeshom (1969) Nr. 43, 44, 45

---: Kennwort Direktor. Die Geschichte der Roten Kapelle. - Frankfurt (Main) 1970

---: Die Rote Kapelle. Legende und Wirklichkeit. - In: Allgemeine Schweizer Militärzeitung (1970) H. 3

---: Der Krieg im Dunkeln. Macht und Einfluß des deutschen und russischen Geheimdienstes. - Gütersloh 1985

---: Die meisten waren alte sowjetische Agenten. In: Briefe an den Herausgeber Frankfurter Allgemeine Zeitung vom 1.10.1992

Hoffmann, Peter: Widerstand - Staatsstreich - Attentat. Der Kampf der Opposition gegen Hitler. - München 1969

Holler, Eckard, Ästhetik des Widerstands und politisches Engagement in der bündischen Jugend. - In: Künstliche Paradiese der Jugend. - Münster 1984

Huch, Ricarda: Bilder der Märtyrer. Ein Aufruf von Ricarda Huch. - In: Stuttgarter Zeitung vom 28.5.1946

Ihr Handeln galt der Zukunft. Im Kampf gegen den Faschismus und Imperialismus fielen im Dezember vor 35 Jahren führende Vertreter der Die Schulze-Boysen/Harnack-Organisation. - In: Neues Deutschland vom 17./18.12.1977

Ihr Vermächtnis ist unermeßlich reich. Widerstandsgruppe Schulze-Boysen/Harnack bleibt unvergessen. - In: Der Morgen vom 14.5.1963

In der Gestapo-Zentrale Prinz-Albrecht-Straße 8. Bericht ehemaliger Häftlinge. Eine Dokumentation der Evangelischen Akademie Berlin (West) im Evangelischen Bildungswerk. - 1989

In Memoriam Alfred Schmid : Chronik und Anruf. - In: Lauermann, Dieter (Hrsg. in Zusammenarbeit mit der Prof. Dr. Alfred Schmid-Stiftung): Die Alfred-Schmid-Reihe. - Altdorf (Uri/Schweiz) 1975

Irving, David: Die Tragödie der Deutschen Luftwaffe. Aus den Akten und Erinnerungen von Feldmarschall Milch. - Berlin; Wien 1970

---: Göring. - München; Hamburg 1987

Jahnke, Karl-Heinz: Sie beugten sich nicht. - In: Freunde Drusja. Zum 50. Jahrestag der Großen Sozialistischen Oktoberrevolution. - Berlin 1967

---: Entscheidungen. Jugend im Widerstand 1933-1945. - Frankfurt (Main) 1970

---: Jungkommunisten im Widerstandskampf gegen den Hitlerfaschismus. - Berlin 1977

---: In einer Front. Junge Deutsche an der Seite der Sowjetunion im Großen Vaterländischen Krieg. - Berlin 1989

Jovy, Michael: Jugendbewegung und Nationalsozialismus. Analyse ihrer Zusammenhänge und Gegensätze. Versuch einer Klärung. - Münster 1984

Die Jugend nahm das Wort. Jungdo-Aussprache vom Sonntag. - In: Duisburger Generalanzeiger vom 3.4.1928

Jung, Claire: Paradiesvögel. Erinnerungen. - Hamburg 1987

Jung, Franz: Der Weg nach unten. - Neuwied; Berlin 1967

Jurleit, Manfred: Der unsichtbare Luftkrieg. - In: Aerosport (1967) Nr. 7,8

Kammer, Hilde/ Bartsch, Elisabet: Nationalsozialismus. Begriffe aus der Zeit der Gewaltherrschaft 1933-1945. Hamburg 1992

Kannbley, Lothar: Es war die rechte Front (1). Ganz Europa hörte "Coro". Vom Kampf der antifaschistischen Widerstandsgruppe Schulze-Boysen/Harnack. - In: National-Zeitung vom 11.4.1965

Karau, Günter: Die Helden. - In: Neue Berliner Illustrierte (1967) Nr. 51

---: Vom großen Miteinander. Eine Bilddokumentation anläßlich der Uraufführung des DEFA-Films "KLK an PTX - Die Rote Kapelle". Mit Text von Wera und Klaus Küchenmeister. - In: Neue Berliner Illustrierte (1971) Nr. 13

Kassis, W.; Kolosov, L.: Is tainikov sekretnich slushb. - Moskva 1981

Die Katze im Kreml. - In: Kristall (1950) Nr. 1-4

Kerbs, Diethart: John Graudenz. - In: Kerbs, Diethart; Uka, Walter; Walz-Richter, Brigitte (Hrsg.): Die Gleichschaltung der Bilder. Zur Geschichte der Pressefotografie 1930-36. - Berlin 1983

---: "... sterben möchte ich doch stehend.". Zu den hundertsten Geburtstagen zweier Vergessener. - In: Die Tageszeitung vom 13.11.1984

Kern, Erich: Verrat an Deutschland. Spione und Saboteure gegen das eigene Vaterland. - Göttingen 1963

---: So wurde Deutschland verraten. - Hannover 1971

---: Der leichtsinnige Moskauer Direktor. - In: Deutsche Nachrichten (1971) Nr. 50

---: Sowjetagenten mitten in der Reichshauptstadt. - In: Deutsche Nachrichten (1971) Nr. 51

---: Das Ende der Roten Kapelle in Berlin. - In: Deutsche Nachrichten (1972) Nr. 1/2

Kessler, Alexander: Der Jungdeutsche Orden in den Jahren der Entscheidung (I) 1928-1930. - München 1974

K. K.: Amerikaner warnte vor deutschen Diplomaten. Der Bruder des Dirigenten der "Roten Kapelle" an der deutschen Botschaft in Washington. - In: Reichswart vom 24.7.1964

Klages, Eberhard: Mit Lenins Land bis zum Tode verbunden. Vor 40 Jahren begann der Justizmord-Terror gegen die Schulze-Boysen/Harnack-Organisation. - In: Neue Zeit - Berlin - vom 21.12.1982

Klaws, Walter: Kämpfer und Sieger. Geschichte des Widerstandskampfes in Berlin, Stadtbezirk Pankow, gegen Faschismus und Kriegspolitik, für Demokratie, Frieden und Sozialismus 1933 bis 1945. - Berlin 1981

Klose, Dirk: Integraler Teil des deutschen Widerstandes? Vor 40 Jahren: Das Ende der Roten Kapelle. In: Das Parlament (1992) Nr. 50

Kluke, Paul: Der deutsche Widerstand. Eine kritische Literaturübersicht. - In: Historische Zeitschrift Band 169, Heft 1

Köbel, Eberhard: Fred Schmid, Harro Schulze-Boysen, "Gegner". - In: Pläne (1932) Nr. 5

---: (unter tusk), Die bündischen Jugendzeitschriften. - In "Pläne" (1933) Januar/ Februar 1933,

---: (unter tusk), Bündische Vergangenheit. - In: Junge Welt vom 28.1.1949

Kohlhaas, Michael, Tusk und Harro Schulze-Boysen. Zur bündischen und nationalrevolutionären Mentalität. - In: Aufbruch. Zeitschrift der politischen Offensive (1988) H. 1/2

Kolosov, L.; Petrov, N., Besmertie pavsich. - In: Iswestja vom 7. bis 9.10.1969

Korenjevskij, M.; Kudrjazov, W., Krowno politi duchownij posew. - In: Krasnaja Sweda vom 7.10.1969

Korolkov, Juri: govorit "pe te iks". - In: Junost (1970) Nr. 5

---: Die innere Front. Roman über die Rote Kapelle. - Berlin 1974

---: V godi bolschoi woini. - Moskva 1981

Krause, Tilmann: Ein Mann wie eine Flamme. Eine Tagung über die "Rote Kapelle" in der Gedenkstätte Deutscher Widerstand. - In: Frankfurter Allgemeine Zeitung vom 16.11.1992

---: Ein Mensch mit Zivilcourage. Heinrich Scheel, Mitglied der Widerstandsgruppe "Rote Kapelle". - In: Der Tagesspiegel vom 13.11.1992

Kraushaar, Louise: Berliner Kommunisten im Kampf gegen den Faschismus. Robert Uhrig und Genossen. - Berlin 1981

Krauss, Werner: Literaturtheorie, Philosophie und Politik. - Berlin 1987

Kuckhoff, Greta: Zur Erforschung des deutschen Widerstandes. - In: Einheit (1947) Heft 12

---: "Rote Kapelle". - In: Aufbau (1948) Heft 1

---: Ein Abschnitt des deutschen Widerstandskampfes. - In: Weltbühne (1948) Nr. 3/4

---: Jenseits der Front. Greta Kuckhoff erzählt von einer illegalen antifaschistischen Organisation in Hitlerdeutschland. Aufgezeichnet von Lew Besymenski. - In: Neue Zeit. - Moskau - (1965) Nr. 19

---: Vom Rosenkranz zur Roten Kapelle. Ein Lebensbericht. - Berlin 1979

Küchenmeister, Claus und Wera: Kaderakte eines Helden. - In: Neues Leben (1970) Nr. 7

Kühnrich, Heinz: Als Antifaschisten an der unsichtbaren Front bewährt. - In: Neues Deutschland vom 21.12.1982

---: Die KPD im Kampf gegen die faschistische Diktatur 1933 bis 1945. - Berlin 1983

---: Vospominanije utschastniki antifaschistskovo soprotivlenija. - In: Novaja i noveijschaja istorija (1970) Nr. 3,4

Kunze, Thomas: Das gemeinsame Ideal verband. Ina Ender-Lautenschläger bringt Jugendlichen die Werte des Antifaschismus nahe. - In: National-Zeitung vom 26.1.1988

Labudda, Rosemarie: Von der Gestapo wurden sie die "Rote Kapelle" genannt. - In: Die Tat (1982) Nr. 52/53

Lautenschläger, Hans: In breiter Front gegen Hitler. Aus dem Wirken der Schulze-Boysen/Harnack-Gruppe. - In: Neues Deutschland vom 8.9.1969

---: Sie nannten uns "Rote Kapelle". Aufgezeichnet von Hildegard Hesse und Horst Hoffmann. - In: Wochenpost (1982) Nr. 48/49/50

---: Ina entlockte Termin für geplante Siegesfeier. An geheimer Front für die Sowjetunion. Gespräch mit Hans Lautenschläger. - In: Tribüne vom 12.6.1981

---: Ich glaube fest an den Sieg. Zum 75. Geburtstag von Harro Schulze-Boysen. - In : Neuer Tag - Frankfurt (Oder) vom 2.9.1984

---: Die "Rote Kapelle"-Lehren für unseren Kampf zur Erhaltung des Friedens. - In: Neuer Tag vom 18.9.1987

Lavrov: Oni srazalis s fasismom. - In: Pravda vom 8.10.1969

---: "Rote Kapelle" funkte geheime Nazi-Pläne nach Moskau. - In: Junge Welt (1969) vom 19.10.1969

Lehmann, Klaus: Widerstandsgruppe Schulze-Boysen/Harnack. Männer und Frauen des illegalen antifaschistischen Kampfes. - Berlin 1948

Lehmann, Erwin: Die Helden der inneren Front. Sie alle einte die patriotische Pflicht. Ein Tatsachenbericht über den Kampf der antifaschistischen Widerstandsorganisation Schulze-Boysen/Harnack. - In: Tribüne vom 31.10.1969, 7.11.1969, 14.11.1969, 4.12.1969

Lenzner, Rudolf: Widerstandskämpfer in einem Naziministerium. Vor 75 Jahren wurde Harro Schulze-Boysen geboren. - In: Neues Deutschland vom 1./2.9.1984

Libertas und Harro Schulze-Boysen zum Gedächtnis. Erste Gedenktafel zu Ehren der Angehörigen der Widerstandsgruppe "Rote Kapelle" am Wochenende enthüllt. - In: Gransee Zeitung vom 9.11.1992

Lexikon zur Parteiengeschichte. Die bürgerlichen und kleinbürgerlichen Parteien und Verbände in Deutschland (1789-1945). In vier Bänden (D. Fricke, Leiter des Herausgeberkollektivs). - Leipzig 1986, Bd. 3

Lorenz, Michael: Es war die richtige Front. Libertas Schulze-Boysen zum 75. Geburtstag. - In: Für Dich (1988) Nr. 44

Mader, Julius: Oberleutnant Schulze-Boysen starb für Deutschland. - In: Mitteilungsblatt der Arbeitsgemeinschaft ehemaliger Offiziere (1969) H. 9

---: Jurastudent Harro. Entdeckungen bei einem überraschenden Aktenfund im Universitätsarchiv. - In: Humboldt-Universität (1989/90) Nr. 15

Malek-Kohler, Ingeborg: Im Windschatten des Dritten Reiches. Begenungen mit Filmkünstlern und Widerstandskämpfern. - Freiburg i. Br. 1986

---: "Die letzten Argumente sind Strang und Fallbeil nicht". Aus dem Buch "Im Windschatten des Dritten Reiches". - In: Frankfurter Rundschau vom 19.7.1986

Malvezzi, Pietro; Pirelli, Giovanni (Hrsg.): Letzte Briefe zum Tode Verurteilter aus dem europäischen Widerstand. - München 1962

Mammach, Klaus: Geschichte der deutschen antifaschistischen Widerstandsbewegung im Inland und in der Emigration. - Berlin 1987

Marc, Alexandre: Les adversaires. - In: Revue d'Allemagne (1933) H. 4

Martini, Winfried: Deutsche Spionage für Moskau 1939 bis 1945. Meine Sekretärin, die Geheimagentin. Ein Funkspruch entlarvte Ilse Stöbes Verbindung zur "Roten Kapelle". - In: Die Welt vom 15.10.1966

---: Deutsche Spionage für Moskau 1939 bis 1945. Wer dirigierte die "Rote Kapelle"? Trotz unzulänglicher Voraussetzungen arbeitete der Agentenring lange Zeit unbehelligt. - In: Die Welt vom 17.10.1969

---: Deutsche Spionage für Moskau 1939 bis 1945. Aufrecht ging die Agentin zur Guillotine. Das Ende der "Roten Kapelle" - Die Vierte Abteilung in Westeuropa. - In: Die Welt vom 18.10.1966

---: Deutsche Spionage für Moskau 1939 bis 1945. Durch Verrat fielen 200 000 deutsche Soldaten. Admiral Canaris im Prozeß gegen Schulze-Boysen. - In: Die Welt vom 27. 10. 1966

---: Fernsehserie um die "Rote Kapelle": Verrat oder Widerstand? Moskau spann sein Spionagenetz schon vor 1933. - In: Die Welt vom 8.4.1972

Matthies, Corinna: Ausstellung würdigt Widerstandskampf der "Roten Kapelle". - In: Die Morgenpost vom 1.9.1992

Melnikow, Daniil: 20. Juli 1944. Legende und Wirklichkeit. - Berlin 1964

Michaelis, Herbert; Schraepler, Ernst (Hrsg.): Ursachen und Folgen. Vom deutschen Zusammenbruch 1918 und 1945 bis zur staatlichen Neuordnung Deutschlands in der Gegenwart. Eine Urkunden- und Dokumentensammlung zur Zeitgeschichte. - Bd. 21: Das Dritte Reich. Der Sturm auf die Festung Europa II. - Berlin 1972

Mierau, Fritz: Leben und Schriften des Franz Jung. - In: Hommage à Franz Jung. - Hamburg 1988

Mikszto, Emily: The illegal ones. - In: Observer. Weekly newspaper, office of Military Government for Germany (U.S.) (1946) Nr. 24

Milin, S.; Fetisow, T.: "Coro" visivaet Moskvu, in: Nedelja (1965) H. 1-3

Mittenzwei, Werner: Das Leben des Bertolt Brecht. - Berlin 1987

Mohler, Armin: Die konservative Revolution in Deutschland 1918-1933. - Darmstadt 1989

Molkenbuhr, Norbert; Hörhold, Klaus: Oda Schottmüller. Tänzerin, Bildhauerin, Antifaschistin. Eine Dokumentation. - Berlin 1983

Moll, Jochen; Schielke, Volker: Die Skulpturen des Kurt Schumacher. - In: Neue Berliner Illustrierte (1975) Nr. 22

Moreau, Patrick: Nationalsozialismus von links. - Stuttgart 1984

Müller, Karl Joseph: Mythen des Widerstandes. Über die unterschiedliche Bewertung des 22.Dezember 1942 und des 20. Juli 1944 in den beiden deutschen Staaten. - In: Freitag (1992) Nr. 52/53

Müller, Werner/Vesper, Karlen: Widerstand aus verantwortungsethischer Perspektive. Konferenz über die "Rote Kapelle" in Berlin - Wertvolle Anregungen für die Historiographie. - In: Neues Deutschland vom 14./15.11.1992

Nationalrevolutionärer Widerstand. Drei historische Porträts. - In: Aufbruch. Beiträge zur nationalrevolutionären Politik (1984) Nr. 3

Niekisch, Ernst: Spiel ums Ganze. In: Widerstand * Zeitschrift für nationalrevolutionäre Politik (1932) H. 4

---: Gewagtes Leben. Begegnungen und Begebnisse. - Köln; Berlin 1958

Nikolajew, W.; Pawlov: Subnij prozess po delu nemeckich antifaschistov. - Sovetskoe pravo i gasudarstvo (1969) Nr. 11

Nollau, Günther; Zindel, Ludwig: Gestapo ruft Moskau. Sowjetische Fallschirmagenten im 2. Weltkrieg. - München 1974

Nolte, Ernst: Der europäische Bürgerkrieg 1917-45. Nationalsozialismus und Bolschewismus. - Frankfurt (Main) 1989

Oehme, Wulf-Ekkehard: Wahre Patrioten als Internationalisten. Über das geschichtliche Verdienst der Widerstandsorganisation Schulze-Boysen/Harnack. - In: Der Morgen vom 4.11.1969

---: Im patriotischen Einsatz für ein demokratisches Deutschland. Vom antifaschistischen Kampf der Widerstandsorganisation Schulze-Boysen/Harnack im Sinne der Volksfront. - In: Der Morgen vom 5.11.1969

---: Als Kundschafter für den Frieden. Über die höchste Form des Kampfes der Widerstandsorganisation Schulze-Boysen/Harnack. - In: Der Morgen vom 14.11.1969

Ohnesorge, Henk: Aufstieg und Fall des Laiba Domb, Dirigent der Roten Kapelle. - In: Die Welt der Literatur vom 27.3.1969

Olles, Werner: Harro Schulze-Boysen. Leserbrief. - In: Frankfurter Rundschau vom 29.7.1986

Orden für die "Rote Kapelle". Landesverräter mit hohen Kremlorden dekoriert. - In: Deutsche National- und Soldatenzeitung (1970) Nr. 8

Paetel, Karl O.: Vergebens auf eine Revolution gehofft. Der Widerstandskreis um Harro Schulze-Boysen und seine Frau. - In: Nürnberger Nachrichten vom 19.7.1952

---: Jugend in der Entscheidung 1913 - 1933 - 1945. - Bad Godesberg 1963

---: Versuchung oder Chance? Zur Geschichte des Nationalbolschewismus. - Göttingen 1965

---: Harro Schulze-Boysen. Vergessen wir unsere Toten nicht. - In: Gesprächsfetzen, Winter (1969) Heft 5/6

---: Reise ohne Urzeit. Autobiographie. - London; Worms 1982

Paul, Elfriede: Gewehre oder Ketten? Zum OdF-Tag: Erinnerungen an den Bildhauer Kurt Schumacher. - In: Volksarmee (1962) Nr. 36

---: Ein Sprechzimmer der Roten Kapelle. - Berlin 1981

Pechel, Rudolf: Deutscher Widerstand. - Zürich 1947

Perrault, Gilles: Auf den Spuren der Roten Kapelle. - Hamburg, 1969 (überarbeitete Auflage: Wien; Frankfurt (Main) 1990)

---: "- .. - ptx ruft moskau .--.". Die Geschichte der Roten Kapelle. - In: Der Spiegel (1968) H. 21, 22

Piekalkiewicz, Janusz: Spione Agenten Soldaten. Geheime Kommandosache im Zweiten Weltkrieg. - München 1969

Poelchau, Harald: Die letzten Stunden. Erinnerungen eines Gefängnispfarrers, aufgezeichnet von Graf Alexander Stenbock-Fermor. - Berlin 1949

---: Die Ordnung der Bedrängten. Autobiographisches und Zeitgeschichtliches seit den zwanziger Jahren. - Berlin 1963

---: Bei den Verurteilten. - In: Frankfurter Allgemeine Zeitung vom 26.7.1962

Politische Arbeitstagung. Gruppe Sozialrevolutionärer Sozialisten, Kreis Berlin. - In: Die Kommenden (1932) F. 27

Der politische Weg der jungen Generation. - In: Der Zwiespruch (1932) F. 20

Prang, Hans; Kleinschmidt, Horst Günther: Durch Berlin zu Fuß. Wanderungen in Geschichte und Gegenwart. - Berlin 1983

Preuss, Felix M.: Die Spione saßen in Berlin. Entschied Verrat II. Weltkrieg? - In: Deutsche National-Zeitung und Deutsche Soldatenzeitung (1967) Nr. 46

Prittie, Terence: Deutsche gegen Hitler, Eine Darstellung des deutschen Widerstands gegen den Nationalsozialismus während der Herrschaft Hitlers. - Tübingen 1965

Pröhuber, Karl-Heinz: Harro Schulze-Boysen, der "Gegner" und der Nationalbolschewismus. - In: Aufbruch (1984) H. 1

Pzg.: "Mit Blut begossene geistige Saat". Hohe sowjetische Kriegsauszeichnungen für deutsche Widerstandskämpfer. - In Frankfurter Allgemeine vom 8.10.1969

Puls, Ursula: Die Bästlein-Jacob-Abshagen-Gruppe. Bericht über den antifaschistischen Widerstandskampf in Hamburg und an der Wasserkante während des zweiten Weltkrieges. - Berlin 1959

Reile, Oskar: Geheime Westfront. Die Abwehr 1933-1945. - München 1962

Rieschel, Hans-Peter: Widerstand gegen NS-Regime und Spionage waren Instrumente der "Roten Kapelle". Gruppe um Schulze-Boysen vor 50 Jahren zerschlagen - 117 Verhaftungen - Hinrichtungen. - In: Wertheimer Zeitungen vom 31.8.1992

Ritter, Gerhard: Carl Goerdeler und die deutsche Widerstandsbewegung. - München 1954

Roeder, Manfred: Die Rote Kapelle. Europäische Spionage. - Hamburg 1952

Rosiejka, Gert: Die Rote Kapelle. "Landesverrat" als antifaschistischer Widerstand. - Hamburg 1986

Rote Agenten mitten unter uns. Ein Bericht über das sowjetische Spionagenetz von der "Roten Kapelle" bis zur Agentenschule Potsdam. - In: Der Stern (1951) Nr. 18-26

Rote Kapelle. Sowjetagenten in der Reichshauptstadt. - In: Das III. Reich (1975) Nr. 30

Die Rote Kapelle trotzte dem Regime des Terrors. - In: Lausitzer Rundschau vom 5.12.1969

Rothfels, Hans: Die deutsche Opposition gegen Hitler. Frankfurt (Main) 1960

---: Zur 25. Wiederkehr des 20. Juli 1944. - In: Vierteljahreshefte für Zeitgeschichte (1969) H. 3

Rürup, Reinhard (Hrsg.): Topographie des Terrors. Gestapo, SS und Reichssicherheitshauptamt auf dem "Prinz-Albrecht-Gelände", eine Dokumentation. - Berlin 1987

---: Der Krieg gegen die Sowjetunion 1941-1945. Begleitender Katalog zur Ausstellung. - Berlin 1991

Sahm, Ulrich: Rudolf von Scheliha 1897-1942. Ein deutscher Diplomat gegen Hitler. - München 1990

Sanders, Wilhelm, "Bündische" Verschwörung und "mystische" Allianz. - In: Die neue Zeitung vom 10.11.1969

Salomon, Ernst von: Der Fragebogen. - Hamburg 1985

Scheel, Heinrich, Die Rolle der Befreiungskriege in der illegalen Widerstandsliteratur, dargestellt am Beispiel der Widerstandsgruppen Schulze-Boysen/Harnack und "Innere Front". - In: Das Jahr 1913. - Berlin 1963

---: Wesen und Wollen der Widerstandsorganisation Schulze-Boysen/Harnack. - In: Neues Deutschland vom 20.6.1968

---: Die Widerstandsorganisation Schulze-Boysen/Harnack und ihre Darstellung in Gilles Perrault's "Roter Kapelle". - In: Beiträge zur Geschichte der Arbeiterbewegung (1970) H. 12

---: Vereint im Widerstand gegen den Faschismus. Aus der Geschichte der Roten Kapelle. - In: Spektrum (1975) Nr. 5

---: Die Widerstandsorganisation Schulze-Boysen/Harnack. Die Wahrheit und bürgerliche Lügen über die "Rote Kapelle". - In: Horizont (1977) Nr. 51

---: Das Wollen und Wirken der "Roten Kapelle". - In: Urania (1980) Nr. 4

---: Der Gelehrte Werner Krauss und der antifaschistische Widerstand. - In: Dialektik. Beiträge zur Philosophie und Wissenschaften (1983) Nr. 7

---: Ein Schulungsmaterial aus dem illegalen antifaschistischen Widerstand der Roten Kapelle. - In: Zeitschrift für Geschichtswissenschaften (1984) H. 1

---: Deutsche Antifaschisten trugen zum Sieg der Antihitlerkoalition bei. - In: Junge Welt vom 2.5.1985

---: Rote Kapelle und 20. Juli 1944. - In: Zeitschrift für Geschichtswissenschaften (1985) H. 4

---: Der Kreisauer Kreis und die "Rote Kapelle". Auf den Spuren von Carl Dietrich von Trotha. - In: Junge Welt vom 20.7.1987

---: Walter Dietze und ein Gedicht von Harro Schulze-Boysen, In: Germanistische Forschungsprobleme. In memoriam Walter Dietze. - Sitzungsberichte der Akademie der Wissenschaften der DDR/Gesellschaftswissenschaften (1989) Nr. 2

---: John Sieg, In: Sieg, John: Einer von Millionen spricht. Berlin 1989

Scheel, Klaus: Krieg über Ätherwellen. - Berlin 1970

Schellenberg, Walter: Memoiren. - Köln 1956

Schielke, Volker: Zuerst geht Harro. Am 22. Dezember 1942 wurden Harro Schulze-Boysen und seine engsten Gefährten der "Roten Kapelle" hingerichtet. - In: Neue Berliner Illustrierte (1982) Nr. 50

Schickel, Alfred: Entschied Verrat den Zweiten Weltkrieg? Vom Einfluß der Spionage auf die politischen und militärischen Ereignisse. - In: Aus Politik und Zeitgeschichte. Beilage zur Wochenzeitung "Das Parlament" (1968) Nr. 25

---: Entschied Verrat den Zweiten Weltkrieg? Informationen wurden nicht geglaubt. - In: Rheinischer Merkur (1971) Nr. 28

Schilde, Kurt: Jugendorganisationen und Jugendopposition in Berlin - Kreuzberg 1933-45. Eine Dokumentation. - Berlin 1983

---: (Hrsg.); Eva-Maria Buch und die "Rote Kapelle". -Berlin 1992

Schirdewahn, Karl: Schulze-Boysen. Die Grundfrage des Widerstandes gegen den Krieg des Hitlerfaschismus.- In: Neues Deutschland vom 23.2.1947

---: In der Reihe der Unsterblichen. - In: Berliner Zeitung vom 23.12.1947

---: Ein gerechter Kampf. - In: Unser Appell. Halbmonatsschrift der Vereinigung der Verfolgten des Naziregimes. - Sonderdruck vom 1.1.1948

Schlabrendorff, Fabian von: Offiziere gegen Hitler. - Bearb. und hrsg. v. Gero von S. Gaevernetz. - Zürich 1951

Schmädecke, Jürgen; Steinbach, Peter (Hrsg.): Der Widerstand gegen den Nationalsozialismus. - München 1985

Schmidt, Walter A.: Damit Deutschland lebe. Ein Quellenwerk über den deutschen antifaschistischen Widerstand. - Berlin 1958

Schramm, Wilhelm Ritter von: Die rot-weiße Kapelle. - In: Frankfurter Allgemeine vom 13.12.1966

---: Der Fall Rudolf Rössler. - In: Aus Politik und Zeitgeschichte. Beilage zur Wochenzeitung "Das Parlament". (1966) Nr. 41

---: Verrat im Zweiten Weltkrieg. - Düsseldorf 1967

Schröter, Heinz: Geheime Reichssache 330. - Klagenfurt 1970

Schüddekopf, Otto Ernst: Linke Leute von rechts. Die nationalrevolutionären Minderheiten und der Kommunismus in der Weimarer Republik. - Stuttgart 1960

---: Nationalbolschewismus in Deutschland 1918-1933.- Frankfurt (Main); Berlin; Wien 1972

---: Der deutsche Widerstand gegen den Nationalsozialismus. Seine Darstellung in Lehrplänen und Schulbüchern der Fächer Geschichte und Politik in der Bundesrepublik Deutschland. - Frankfurt (Main); Berlin; München 1978

Schulenburg, Lutz (Hrsg.): Hommage à Franz Jung. Der Torpedokäfer. - Hamburg 1988

Schulze-Boysen, Libertas: Gedichte und Briefe. - hrsg. v. Thora Eulenburg im Selbstverlag. - o. O., 1952

Schumann, Heinz; Werner, Gerda (Hrsg.): Erkämpft das Menschenrecht. Lebensbilder und letzte Briefe antifaschistischer Widerstandskämpfer. - Berlin 1958

Schumann, Frank: Die Geheime Front. Ein Tatsachenbericht. - In: Junge Welt, Berlin vom 5.11.1982, 12.11.1982, 19.11.1982, 26.11.1982, 3.12.1982, 10.12.1982, 17.12.1982, 24.12.1982

---: Musikantin in der Roten Kapelle. - In: Freie Welt (1989) Nr. 15

Seeger, Fred: Musik mit Haken. Kurt Schwaen zum achtzigsten Geburtstag. - In: Wochenpost (1989) Nr. 23

Seewald, Berthold: Zwischen Verhaftung und Tod. NS-Widerstandskämpfer oder Verräter? Der Spionagering "Rote Kapelle". - In: Die Welt vom 31.8.1992

Schwarz, J. C., Aufstand. - In: Armee-Rundschau (1969) H. 6

Schwiedrzik, Wolfgang Matthias: Träume der ersten Stunde. Die Gesellschaft Imshausen. - Berlin 1991

Secker, Ilse: Lumb fordert heraus. - Berlin 1933

Selbstlose Kämpfer für des Volkes Zukunft. Dokumente zum Wirken der Schulze-Boysen/Harnack-Organisation. - In: Neues Deutschland vom 1.11.1969

Selbstlose Streiter für des Volkes Glück. Ein erregender Bericht aus deutscher Geschichte. Die Schulze-Boysen/Harnack-Organisation kämpfte gegen Hitler. - In: Märkische Volksstimme vom 8.11.1969

Seewald, Berthold: Zwischen Verhaftung und Tod. NS-Widerstandskämpfer oder Verräter? Der Spionagering "Rote Kapelle". - In: Die Wlet vom 31.8.1992

Sie sind die Sieger der Geschichte. Vor der Uraufführung des DEFA-Films "KLK an PTX - Die Rote Kapelle". - In: Neues Deutschland vom 24.3.1971

Sie kämpften unter den Augen der Faschisten. Wer war die Schulze-Boysen/Harnack Organisation? - In: Berliner Zeitung vom 4.11.1969

Spionage-Gruppe "Rote Kapelle". - In: Alarm. Im Dienste der Wahrheit und Aufklärung. - München. (1954) H. 4 und 5/6

Sponholt, Adolf: Zentrale Moskau. - Hannover 1956

Stark noch in der Todeszelle. - In: Nationalzeitung vom 22.12.1962

Stein, Horst: Notizen von einem Leben im Windschatten des Dritten Reiches. - In: Die Welt vom 23.6.1986

Steinbach, Peter, Widerstand gegen den Nationalsozialismus. - In: Materialien zur politischen Bildung (1984) H. 1

---: Gruppen, Zentren und Ziele des deutschen Widerstands. - In: Ull, Rudolf; Oberreuter, Heinrich (Hrsg.): 20. Juli. Portraits des Widerstandes. - Düsseldorf; Wein 1984

---: Ein Kämpfer, bereit die Folgen auf sich zu nehmen. - In: Deutsches Allgemeines Sonntagsblatt (1989) Nr. 35

---: Wem gehört der Widerstand gegen Hitler? - In: Dachauer Hefte. Studien und Dokumente zur Geschichte der nationalsozialistischen Konzentrationslager (1990) H. 6

---: Widerstandsorganisation Harnack/Schulze-Boysen. Die "Rote Kapelle" - ein Vergleichsfall für die Widerstandsgeschichte. - In: Geschichte, Wissenschaft und Unterricht (1991) H. 3

---: Der Widerstand gegen die Diktatur Hauptgruppen und Grundzüge der Systemopposition. In: Bracher, Karl Dietrich/ Funke, Manfred/ Jakobsen, Hans Adolf (Hrsg.): Deutschland 1933-1945. Neue Studien zur nationalsozialistischen Herrschaft. - Bonn 1992

---: Die Rote Kapelle - 50 Jahre danach. In: Freiheit und Recht. Die Stimme der Widerstandskämpfer für ein freies Europa (1992) Nr. 3/4

Steiner, Elke: Karl Barth und die "Rote Kapelle". - In: Standpunkt, (1983) H. 8

Stübs, Albin: Romantisches Vorspiel. - Berlin 1946

Sudholt, Gert (Hrsg.): Das Geheimnis der Roten Kapelle. Das US-Dokument 0/7708. Verrat und Verräter gegen Deutschland. - Leoni 1978

Tappe, Rudolf; Tietz, Manfred Hrsg.): Tatort Duisburg 1933-1945. Widerstand und Verfolgung im Nationalsozialismus. - Essen 1989

Teubner, Hans: Exilland Schweiz. Dokumentarischer Bericht über den Kampf emigrierter deutscher Kommunisten 1933-1945. - Berlin 1975

The Rote Kapelle. The CIA's History of Soviet Intelligence and Espionage Networks in Western Europe, 1936-1945. - Washington D.C. 1979

Thesen: 750 Jahre Berlin. - Berlin 1986

Tiemann, Dieter: Deutsch-französische Jugendbeziehungen der Zwischenkriegszeit. - Bonn 1989

Trebbe, Krista, Jähner, Harald (Hrsg.): Alfred Döblin zum Beispiel. - Berlin, Kunstamt Kreuzberg 1987

Trepper, Leopold: Die Wahrheit. Autobiographie. - München 1975

Tschernjawski, Vitali: Nato gegen "Rote Kapelle". - In: Neue Zeit - Moskau - (1981) Nr. 5

---: Geheimdienste: Macht und Ohnmacht der sowjetischen Aufklärung. - Neue Zeit - Moskau - (1991) Nr. 33

Tuchel, Johannes: Weltanschauliche Motivationen in der Harnack/Schulze-Boysen-Organisation. - In: Kirchliche Zeitgeschichte (1989) H. 2.

---: "Rote Kapelle" vor allem im Widerstandskampf. - In: Briefe an den Herausgeber Frankfurter Allgemeine Zeitung vom 3.11.1992

Tuchel, Johannes; Schattenfroh, Reinhold: Zentrale des Terrors. Prinz-Albrecht-Straße 8: Hauptquartier der Gestapo. - Berlin 1987

Turel, Adrien: Ecce Superhomo. 1. (hektographiert). - Zürich. Selbstverlag 1960

---: Bilanz eines erfolglosen Lebens. - Zürich 1976

Ulbricht, Walter: Zur Geschichte der neuesten Zeit. - Bd. 1 - Berlin 1955

Van Roon, Ger: Widerstand im Dritten Reich. Ein Überblick. - München 1985

Verona, Sergiu: Sekretni archivi. - Bukarest 1969

Vesper, Karlen: Wer waren die Frauen und Männer der Roten Kapelle? - In: Neues Deutschland vom 19./20.9.1992

Weber, Herrmann: Die KPD in der Illegalität. - In: W. Müller, Kommunistische Bewegung und realsozialistischer Staat. Beiträge zum deutschen und internationaler Kommunismus. - Köln 1988

Wehrden, Thomas: Der letzte Zeuge. Geheimnis und Ende der "Roten Kapelle". - In: Nachtdepesche (1959) Nr. 225-245

Weisenborn, Günther: Rede über die deutsche Widerstandsbewegung. Gehalten im Berliner Hebbel-Theater am 11. Mai 1946 vor den politischen Häftlingen des Konzentrationslagers Sachsenhausen anläßlich der einjährigen Wiederkehr ihres Befreiungstages. - In: Aufbau (1946) Nr. 6

---: Studenten und illegale Arbeit. Über die Rolle der studentischen Jugend in einer Widerstandorganisation. - In: Forum. Zeitschrift für das geistige Leben an den deutschen Hochschulen (1947) H. 1

---: Die Illegalen. Ein Drama aus der deutschen Widerstandsbewegung. - Berlin 1948

---: Über ein Gesicht und eine Gruppe. Schulze-Boysen/Harnack. - In: Weltspiegel. Illustriertes Sonntagsblatt des Tagesspiegels (1948) Nr. 8 vom 22.2.1948

---: Reich Secret, In: Eric Boem: We have survived. 14 histories of the hidden and hunted of Nazi-Germany. - New Haven, 1948; (dass.) Santa Barabara 1966

---: Der lautlose Aufstand: Bericht über die Widerstandsbewegung des deutschen Volkes 1933-1945. - Hamburg 1954

---: Harro und Libertas. - In: Der gespaltene Horizont, München 1964

---: Erinnerungen an die Freunde aus dem Widerstand. - In: Die Tat (1967) Nr. 51/52

---: Memorial. Der gespaltene Horizont. Niederschriften eines Außenseiters. - Berlin 1983

---: Klopfzeichen.- In: Die Clowns von Avignon. Klopfzeichen. Zwei nachgelassene Stücke. - Berlin 1982

---: Über die "Rote Kapelle". - In: Schwenger (Hrsg.): Berlin im Widerstand. - Berlin 1981

---: Weisenborn, Joy: Einmal laß mich traurig sein. Briefe, Lieder, Kassiber 1942. - Zürich 1982

Weiss, Peter: Die Ästhetik des Widerstands, Band III. - Frankfurt (Main) 1981

---: Notizbücher 1971-1980. - Frankfurt (Main) 1982

Werner, Robert: Der Jungdeutsche Orden im Widerstand 1933-1945. - München 1980

W. G.: deutsche Patrioten und Freunde der UdSSR in Görings Stabzug. Widerstandsorganisation Schulze-Boysen/Harnack verkörperte die Bündnispolitik der KPD. - In: Nationalzeitung vom 12.11.1969

Die Widerstandsgruppe Schulze-Boysen/Harnack. - In: Die neue Zeit vom 3.2.1948

Die Widerstandsorganisation Schulze-Boysen/Harnack - die "Rote Kapelle" (Beiträge von H. Coppi, H. Scheel, P. Steinbach, J. Tuchel, E. Zechlin). Tagung vom 9.-11.9.1988 im Adam-von-Trott-Haus. - Berlin: Evangelisches Bildungswerk der Evangelischen Akademie. - Berlin (West) 1990 (Dokumentation 69/90)

Wiebach, Ursula: Sie leuchten wie Fackeln. Leben und Kampf des Antifaschisten Martin Weise. - Berlin 1964

Wiemers, Gerald: Ein Stück Wirklichkeit mehr. Zum 25. Jahrestag der Ermordung von Adam Kuckhoff. - Berlin 1968

Winters, Peter-Joachim: Als Vaterlandsverräter diffamiert. Die Widerstandsgruppe "Rote Kapelle"/ Berliner Ausstellung - In: Frankfurter Allgemeine Zeitung vom 2.9.1992

---: Kein sowjetischer Agentenring. Die Wahrheit über die "Rote Kapelle". - In: Frankfurter Allgemeine Zeitung vom 14.9.1992

Wirsing, Sybille: Das alternative Widerstandsmodell. Die Rehabilitierung in der Forschung und in der Öffentlichkeit. - In: Tagesspiegel vom 11.2.1993

Wismar, Ernst: Moskau dekoriert deutsche Landesverräter. - In: Deutsche Nachrichten (1970) Nr. 6

Witte, Helga: Die Gestapo stand vor einem Rätsel. Ein helles Kapitel aus dunkelster Zeit: Der Kampf der Widerstandsorganisation Schulze-Boysen/Harnack. - In: Neue Zeit - Berlin - vom 12.11.1969

W. K.: Geheimnisse der Kampfspionage. Mitwisser und Mittäter unter uns. Schweigsame Legion "Rote Kapelle" - Musik für Moskau. - In: Die Reichszeitung (1951) Nr. 4

---: "Rote Kapelle" für Stalin. Charakterbild "nationaler Heroen". Kriegsgeheimnisse nach Moskau gefunkt - "Fest der 15 Punkte" - Intime Beziehungen. - Die Reichszeitung (1951) Nr. 7

---: Auch heute noch: Spione mitten unter uns. Das deutsche Volk will Klarheit - Westmächte ungewollt Erben Hitlers. - In: Die Reichszeitung (1951) Nr. 9

Wolf, Heinrich: Der Jungdeutsche Orden in seinen mittleren Jahren (II) 1925-1928 (Bd. 3). - München 1978

Zander, Ulrich: Wegsehen nutzt gar nichts. In: TIP (1992) Nr. 25

Zentner, Kurt: Illustrierte Geschichte des Widerstands in Deutschland und Europa 1933-1945. - München 1966

Zur Geschichte der deutschen antifaschistischen Widerstandsbewegung 1933-1945. Eine Auswahl von Materialien, Berichten und Dokumenten. - Berlin 1957

Dissertationen und Diplomarbeiten:

Bahar, Alexander: Sozialrevolutionärer Nationalismus zwischen Konservativer Revolution und Sozialismus. Harro Schulze-Boysen und der "Gegner"-Kreis. Dissertation an der Philosophischen Fakultät (Fachbereich 3. Gesellschaftswissenschaften) der Johann-Wolfgang-Goethe-Universität Frankfurt. - Koblenz 1992

Donate, Claus: Deutscher Widerstand gegen den Nationalsozialismus aus der Sicht der Bundeswehr. Ein Beitrag zur "Vergangenheitsbewältigung". Inaugural-Dissertation zur Erlangung der Doktorwürde der Philosophischen Fakultät der Albert-Ludwigs-Universität zu Freiburg i.Br.. - Freiburg 1976

Jahnke, Karl-Heinz: Der Anteil der deutschen Jugend am antifaschistischen Widerstandskampf unter besonderer Berücksichtigung der kommunistischen Widerstandsbewegung 1933 bis 1945. Habilitationsschrift. Greifswald 1964

Roggenbuck, Helene: Der Widerstandskampf der illegalen KPD während des zweiten Weltkrieges in den wichtigsten Zügen und an den Schwerpunkten der inneren Front. (Unter besonderer Berücksichtigung des Kampfes der Hamburger Kommunisten). Dissertation am Institut für Gesellschaftswissenschaften beim Zentralkomitee der SED. Berlin 1961

Roy, Christian: Alexandre Marc and the personalism of L'Ordre Nouveau 1920-1940, History Department McGill University. - Montreal 1986

Schmandt, Fredy: Die Bedeutung des Kampfes von Harro Schulze-Boysen für die sozialistische Wehrerziehung in der DDR und seine Verfälschung in der westdeutschen Geschichtsschreibung. - Leipzig: Universität 1971. - Diplomarbeit

Schulz, Tilman: Gegner, Nationalismus, Nationalbolschewismus und Massenpsychologie, phil. Dissertation an der Universität Frankfurt a.M. - 1980

Ungedruckte Quellen

Bauer, Arnold: Erinnerungen an Harro Schulze-Boysen. Maschinegeschriebener Bericht aus dem Jahre 1947. - In IGfA/ZPA Berlin V/241/3/13.

Jedzek, Klaus: Einer ist tot. Für Harro Schulze-Boysen. - ohne Jahresangabe

Jung, Claire: Rede über Harro Schulze-Boysen. - ohne Jahresangabe

Schulze, Erich Edgar: Jugenderinnerungen. - ohne Jahresangabe

Schulze, Erich Edgar: Harro Schulze-Boysen. Das Bild eines Freiheitskämpfers. - ohne Jahresangabe

Schulze, Marie-Louise: Warum ich im Jahre 1933 Parteigenossin geworden bin. - ohne Jahresangabe

Film und Fernsehen

KLK an PTX - die Rote Kapelle. 1971 aufgeführter Spielfilm der DEFA, Szenarium: Claus und Wera Küchenmeister. Regie: Horst E. Brandt

Für die gerechteste Sache der Welt. Fernsehdokumentation des Fernsehens der DDR, 1969, Regie: Horst Grote

Die rote Kapelle, Fernsehfilm in sieben Teilen nach Heinz Höhnes Bericht "Kennwort Direktor", den die Bavaria Atelier Gemeinschaft zusammen mit dem französischen Fernsehen ORTF und dem italienischen Fernsehen RAI im Auftrag des Westdeutschen Rundfunks 1972 gedreht hat. Teil drei und vier mit Harro Schulze-Boysen

Die Tänzerin mit der Maske, Fernsehfilm über Oda Schottmüller von Anne Dessau für das Fernsehen der DDR, Aufführung 26.9.19, Regie: Ursula Bonnhoff

L' orchestre rouge, 1990 aufgeführter Spielfilm, Szenarium: Gilles Perrault, Regie: Jaques Rouffio

"Ihr redt alle.. aber keiner tut etwas!"
Erinnerung an Cato Bontjes van Beek
Ein Film von Regina Griebel 1991

Deckname Rosa. Funkerin der Roten Kapelle
Ein Film von Heidi Spegonia 1993

Rundfunk

Heintze, Heinz Adolf von: Bilder deutschen Widerstandes. Alexander Schmorell, Harro Schulze-Boysen, Hans Oster und Eugen Bolz. - In: Rias vom 19.7.1963

---: Heutige Gedenkfeier für Widerstandskämpfer aus dem Kreis um Harro Schulze-Boysen und Arvid Harnack. - In: Rias vom 22.12.1967

----: Das politische Buch für Südwest Funk Baden Baden. - Frühjahr 1971

Osten, Walter: Die SED und die "Rote Kapelle". - Kommentar im Deutschlandfunk vom 3.11.1969

Schallplatte

Die Rote Kapelle. Dokumente aus dem deutschen Widerstand, Redaktion und künstlerische Gestaltung: Regina Griebel / Alexander Stillmark, wissenschaftliche Beratung; Prof. Dr. Heinrich Scheel, Hans Coppi. - Litera Berlin 1987

DIA-Ton-Vortrag

Kämpfer an der geheimen Front - Rote Kapelle - Hrsg.: Verlag für Agitations- und Anschauungsmittel im Auftrag des Komitees der Antifaschistischen Widerstandskämpfer der DDR. - Berlin 1983

Gedenkveranstaltungen

Politisch-künstlerische Matinee im Deutschen Theater am 17. Dezember 1977

Gedenkveranstaltung zum 40. Jahrestag der Hinrichtung von Harro Schulze-Boysen, Arvid Harnack und Genossen im Maxim-Gorki-Theater am 21. Dezember 1982

"...und hatte ein zu fühlendes Herz" Aus dem deutschen Widerstand - Erinnerungen an die Rote Kapelle am 9. April 1985 im Deutschen Theater

"Fröhlich bestehen". Adam-Kuckhoff-Abend. Zum 100. Geburtstag des Dichters im Schauspielhaus Berlin 1987

Ausstellungen und Gedenktafeln

Schulze-Boysen/Harnack - Gedenkstätte im ehemaligen Haus der Ministerien, dem früheren Reichsluftfahrtministerium, Leipziger Straße 1 bis 7, 1086 Berlin, von 1963 bis 1990. Diese Ausstellung wurde 1990 abgebaut.

Ein Luftnachrichtenregiment der Nationalen Volksarmee in Waldsieversdorf bei Strausberg trug den Namen Harro Schulze-Boysen. Auf dem Gelände befand sich eine ständige Ausstellung über Harro Schulze-Boysen. Dieses Regiment wurde am 3. Oktober 1990 von der Bundeswehr übernommen und am 30. September 1991 aufgelöst.

Ständige Ausstellung in der Berliner Gedenkstätte Deutscher Widerstand mit sechs Tafeln über die Harnack/Schulze-Boysen - Organisation. Stauffenbergstraße 13-14, 1000 Berlin 20.

Aufstand des Gewissens. Der militärische Widerstand gegen Hitler und das NS-Regime 1933-1945. Unter der Tafel 28 Grenzbereiche militärischen Widerstandes: "Wehrkraftzersetzung" und Spionage. Wanderausstellung im Auftrag des Bundesministeriums für Verteidigung 1987.

Topographie des Terrors. Gestapo, SS und Reichssicherheitshauptamt auf dem "Prinz-Albrecht-Gelände". Die Ausstellung ist am 4.7.1987 eröffnet worden und befindet sich in einer provisorischen Halle neben dem Martin-Gropius-Bau, Stresemannstraße 110, 1000 Berlin 61

Der Krieg gegen die Sowjetunion 1941-1945. Ausstellung zum 50. Jahrestag des Überfalls auf die Sowjetunion. 15. Juni bis 31. Dezember 1991. Ausstellungsort wie "Topographie des Terrors".

Mahnmal Wallanlagen in Bremen:
Nachguß einer 1947 entstandenen Skulptur "Freiheitskämpfer" von Fritz Cremer. Auf dem Sockel stehen die Worte: Diese Figur widme ich meinen hingerichteten Freunden der Schulze-Boysen/Harnack Gruppe Walter Husemann Elisabeth und Kurt Schumacher Oda Schottmüller Erika von Brockdorff und Willy Schürmann.

Ein Relief mit dem Abbild von Harro Schulze-Boysen von Hans Kies vor der Schulze-Boysen - Schule in Berlin-Lichtenberg, Schulze-Boysen Straße 12 trägt die Inschrift: "Alles, was ich tat, tat ich aus meinem Kopf, meinem Herzen und meiner Überzeugung heraus. Harro Schulze-Boysen 1909-1942."

Berliner Gedenktafel an dem Wohnhaus Altenburger Allee 19 in Berlin-Westend: "Hier wohnten von 1939 bis 1942 Libertas Schulze-Boysen 20.11.1913 - 22.12.1942 und Harro Schulze-Boysen 2.9.1909 - 22.12.1942 Gemeinsam mit vielen Frauen und Männern leisteten sie in der Gruppe "Rote Kapelle" aktiven Widerstand gegen die nationalsozialistische Gewaltherrschaft. Sie wurden am 22.12.1942 in Berlin-Plötzensee hingerichtet."

Gedenktafel für Libertas und Harro Schulze-Boysen in der früheren Kapelle des Liebenberger Schlosses in Liebenberg/Mark, gestiftet von Ottora Douglas-Reimer und Johannes Haas-Heye, Geschwister von Libertas Schulze-Boysen, angebracht am 8. November 1992

Gedenktafel für Harro Schulze-Boysen gegenüber dem früheren Eingang des Reichssicherheitshauptamt, Prinz-Albert-Straße 8, jetzt Niederkirchner-Straße in Berlin-Mitte, angefertigt und angebracht von Hans-Joachim Marske am 22. Dezember 1992

Rote Kapelle - Ein Portrait einer Widerstandsgruppe in Fotografien und Selbsterzeugnissen. Eine Ausstellung der Gedenkstätte Deutscher Widerstand vom 31.8. 1992 bis 30.4.1993. Konzeption und Redaktion: Dr. Hans Coppi, Dr. Jürgen Danyel, Wolfgang Oleschinski M.A., Michael Schroedter, Dr. Johannes Tuchel

Ausstellung über Erwin Gehrts und Harro Schulze-Boysen in der Haupteingangshalle der Treuhandanstalt Berlin, Otto-Grotewohl-Straße

Briefmarken

Harro Schulze-Boysen 1909-1942, Ersttagsstempel vom 24.3.1964

Ehrendes Gedenken der Schulze-Boysen/Harnack-Widerstandsorganisation den Kämpfern gegen Faschismus und Krieg aus Anlaß des 40. Jahrestages ihrer Ermordung mit Porträts von Arvid Harnack, Harro Schulze-Boysen und John Sieg, Ersttagsstempel vom 22.12.1982

5.3 Weitere benutzte Literatur

Das akademische Deutschland. - Bd. 1. - Berlin 1931

Bernsdorf, Wilhelm; Bülow, Werner: Wörterbuch der Soziologie. - Stuttgart 1955

Bloch, Ernst: Das Prinzip Hoffnung. - Berlin 1954

Borinski, Fritz: Die "Neuen Blätter für den Sozialismus" : Ein Organ der jungen Generation von 1930 bis 1933. - In: Jahrbuch des Archivs der deutschen Jugendbewegung (1981). Nr. 13

Bracher, Karl Dietrich; Sauer, W.; Schulz, G.: Die nationalsozialistische Machtergreifung. - Köln 1960

Broszat, Martin; Fröhlich, Elke: Alltag und Widerstand. Bayern im Nationalsozialismus. - München 1987

---: Der schwierige Umgang mit unserer Geschichte. - München 1988

Cancik, Hubert: "Neuheiden" und totaler Staat - Völkische Religion am Ende der Weimarer Republik. - In: Cancik, Hubert (Hrsg.): Religions- und Geistesgeschichte der Weimarer Republik. - Düsseldorf 1982

Coppi, Hans: Abschied und Neubeginn, Schwierigkeiten mit dem Antifaschismus in der DDR. - In: Studien für Zeitfragen (1990) H. 3

Demant, Ebbo: Von Schleicher zu Springer. Hans Zehrer als politischer Publizist. - Mainz 1971

Deubel, Werner: Deutsche Kulturrevolution. - Berlin 1931

Deutschland im Zweiten Weltkrieg. Hrsg. von einem Autorenkollektiv von Wolfgang Schumann und Gerhard Hass. - Bd. 2: Vom Überfall auf die Sowjetunion bis zur sowjetischen Gegenoffensive bei Stalingrad (Juni 1941 bis November 1942). - Berlin 1975

Dudek, Peter: Erziehung durch Arbeit. Arbeitslagerbewegung und Freiwilliger Arbeitsdienst 1920-1935. - Opladen 1988

Ebermayer, Erich: Kampf um den Odilienberg. - Hamburg 1929

Ehrenrangliste der kaiserlich deutschen Marine 1914-1918. - Berlin 1930

Fischer, Josepha: Entwicklung und Wandlungen in den Jugendverbänden. - In: Das junge Deutschland (1931) H. 2

Foitzik, Jan: Zwischen den Fronten. Zur Politik und Funktion linkspolitischer Kleinorganisationen im Widerstand. - Bonn 1986

Fontane, Theodor: Wanderungen durch die Mark Brandenburg. Fünf Schlösser. - Berlin 1987

Fritzsche, Klaus: Politische Romantik und Gegenrevolution - Fluchtwege in der Krise der bürgerlichen Gesellschaft. Das Beispiel des Tatkreises. - Frankfurt (Main) 1976

"Gegner"-Reprint. - Berlin; Leipzig 1979. - (Fotomechanischer Nachdruck)

Grau, Helmut: d.j.1.11.. - Frankfurt (Main) 1976

Graul, Hans: Die Jungenschaft ohne Fortune. Eberhard Köbel (tusk) erlebt und biographisch bearbeitet von seinem Wiener Gefährten. - Frankfurt (Main) 1985

Groehler, Olav: Zelebrierter Antifaschismus. - In: Journal Geschichte (1990) H. 5

Günther, Hans: Der Herren eigener Geist. Ausgewählte Schriften. - Röhr, Werner; Bark Simone (Hrsg.). - Berlin; Weimar 1981

Haase, Norbert: Aus der Praxis des Reichskriegsgerichts. Neue Dokumente zur Militärgerichtsbarkeit im Zweiten Weltkrieg. - In: Vierteljahreshefte für Zeitgeschichte (1991) H. 3

Hagemann, Jürgen: Die Presselenkung im Dritten Reich.- Bonn 1970

Haller, Johannes: Aus dem Leben des Fürsten Philipp Eulenburg zu Hertefeld. - Berlin 1924

Hammer, Franz: Zeit der Bewährung Ein Lebensbericht. Berlin 1984

Handbuch des studentischen Verbindungswesens. - Leipzig 1925

Heise, Wolfgang: Aufbruch in die Illusion. Zur Kritik der bürgerlichen Philosophie in Deutschland. - Berlin 1964

Hellwig, Werner (Hrsg.): tusk. Gesammelte Schriften und Dichtungen. - Heidenheim a. d. Benz 1962

Henrich, Rolf. - Der vormundschaftliche Staat. - Berlin 1990

Hildebrand, Klaus: Die ostpolitischen Vorstellungen im deutschen Widerstand. - In: GWU 1978 H. 4

Hill, Leonidas E. (Hrsg.): Die Weizsäcker-Papiere 1900-1932. - Berlin; Frankfurt (Main); Wien 1974

Hiller, Kurt: Linke Leute von rechts. - In: Die Weltbühne (1932) Nr. 31

Hornung, Klaus: Der Jungdeutsche Orden. - Düsseldorf 1958

Jäger, Hans: Die Auflockerung im bürgerlichen Lager. - In: Linkskurve (1932) H. 3 u. 4

Jahnke, Karl Heinz; Buddrus, Michael: Deutsche Jugend 1933-1945. Eine Dokumentation. - Hamburg 1989

Jantzen, Hinrich: Namen und Werke. Biographien und Beiträge zur Soziologie der deutschen Jugendbewegung. - Bd. 3. - Frankfurt (Main) 1975

Jarausch, Karl-Heinz: The Failure of East German Antifascism: Some Ironies of History as Politics. - In: German Studies Review, Vol. XIV (1990) Nr. 1.

Jung, Edgar J.: Die Herrschaft der Minderwertigen. Ihr Zerfall und ihre Ablösung. - Berlin, 1927

Jünger, Ernst: Krieg und Krieger. - Berlin 1930

---: Der Arbeiter. Herrschaft und Gestalt. - Berlin 1932

Kästner, Erich: Fabian. - Berlin; Weimar 1984

Kater, Michael: Studentenschaft und Rechtsradikalismus in Deutschland. - Hamburg 1975

Kaulisch, Baldur: Alfred von Tirpitz und die imperialistische deutsche Flottenrüstung. - Berlin 1988

Kessler, Alexander: Der Jungdeutsche Orden in den Jahren der Entscheidung (I) 1928-1930. - München 1974

---: Der Jungdeutsche Orden in den Jahren der Entscheidung (II) 1931-1933. - München 1976

Kindt, Werner (Hrsg.): Grundschriften der deutschen Jugendbewegung. - Düsseldorf 1963

---: Die deutsche Jugendbewegung 1920 bis 1933. Die bündische Zeit. - Köln 1974

Klemperer, Victor: LTI. Notizbuch eines Philologen. - Berlin 1947

Klönne, Arno: Gegen den Strom. Bericht über den Jugendwiderstand im Dritten Reich. - Hannover; Frankfurt (Main) 1957

---: Jugend im Dritten Reich. - Düsseldorf; Köln 1982

---: Süd-Legion. ein bericht über rudi pallas und den jugendbund südlegion. - In: Puls (Sept. 1986). - (Dokumentationsschrift der Jugendbewegung; 13)

Knoll, Joachim H.: Jugendbewegung. Phänomene, Eindrücke, Prägungen. - Opladen 1988

Kühnl, Reinhardt: Die Geschichte der Weimarer Republik. - Hamburg 1985

Lampel, Peter Martin: Packt an, Kameraden! Erkundungsfahrten in die Arbeitslager. - Berlin, 1932

Lange, Annemarie: Berlin in der Weimarer Republik. - Berlin 1987

Laß, Werner: Die neue Front. - In: Die Kommenden (1927) Folge 38

---: Ketzerische Jugend. - In: Die Kommenden (1929) Folge 34

---: König, Rolf: Warum sind wir gegen Hitler?. - In: Der Rote Aufbau, (1932) H. 21

Laqueur, Walter Z.: Die deutsche Jugendbewegung. Eine historische Studie. - Köln 1962

Lexikon zur Parteiengeschichte. Die bürgerlichen und kleinbürgerlichen Parteien und Verbände in Deutschland (1789-1945). - Bd. 1-4. - Leipzig 1986

Löwenstein, Richard; von zur Mühlen, Patrick (Hrsg.): Widerstand und Verweigerung in Deutschland 1933-1945. - Mainz 1984

Lukács, Georg: Die Zerstörung der Vernunft. - Berlin 1953

Mahraun, Arthur: Über die Einführung der allgemeinen gleichen Arbeitsdienstpflicht. - Kassel 1924

---: Der nationale Friede am Rhein. - Berlin 1926

---: Das jungdeutsche Manifest. - Berlin 1928

---: Der Aufbruch. Sinn und Zweck der Volksnationalen Reichsvereinigung. - Berlin 1930

Mann, Günther (Hrsg.): Die Preußische Dimension. Intellektuelle Waffengänge. - Eisenach 1935

Männerbünde Männerbande - Zur Rolle des Mannes im Kulturvergleich. Völger, Gisela; Week, Karin von (Hrsg.) - Köln 1990

Marx, Karl: Die Klassenkämpfe in Frankreich 1848 bis 1850. - In: Marx / Engels Werke. - Bd. 7. - Berlin 1969

Mau, Hermann: Die deutsche Jugendbewegung. Rückblick und Ausblick. - In: Zeitschrift Pädagogik. - Berlin; Leipzig (1947) Nr. 7

---: Die deutsche Jugendbewegung 1901 bis 1933. - In: Jahrbuch für Jugendarbeit. - München 1950

Mehnert, Klaus: Die Jugend in Sowjetrußland. - Berlin 1932

Meier, Erich: Eberhard Köbel (tusk)"... seh ich Schwäne nordwärts fliegen". - Heidenheim an der Benz 1975

Meier, Kurt: Die Deutschen Christen. - Halle 1964

Mit oder gegen Marx zur Deutschen Nation. Diskussion zwischen Adolf Reichwein (Halle/SPD), Wilhelm Rößle (Tatkreis), Otto Straßer (Berlin) und dem Leuchtenburgkreis. - Leipzig 1932

Möller van den Bruck, Arthur: Das Recht der jungen Völker, München 1919

---: Das Dritte Reich. - Berlin 1923

Müller, Erich: Nationalbolschewismus. - Hamburg 1933. - (Nachdruck Koblenz 1990)

Muschler, Reinhold C.: Philipp zu Eulenburg Hertefeld. - Leipzig 1930

Niekisch, Ernst: Die Entscheidung. - Berlin 1930

---: Hitler - ein deutsches Verhängnis. - Berlin 1932

---: Gewagtes Leben. Begegnungen und Begebnisse. - Köln; Berlin 1958

Nietzsche, Friedrich: Gesammelte Werke. - Stuttgart 1943. - (Kröners Taschenbuchausgabe)

Nitzsche, Max: Bund und Staat. Wesen und Formen der bündischen Ideologie. - Würzburg 1942

Olenhusen, Irmgard Götz von: Jugendreich, Gottesreich, Deutsches Reich. - Köln 1985

Ossietzky, Carl von: Deutschland wartet! - In: Die Weltbühne (1933) Nr. 7

Paetel, Karl O.: Deutscher Nationalbolschewismus. - In: Die Kommenden (1932) Folge 38

---: Rasse, Glauben und Kultur. - In: Wille zum Reich (1934) Folge 10 vom 15.7.1934

--- (unter Lerson, Wolf): Der 28. Juni - Versailles. - In: Wille zum Reich (1934) F. 9

--- (unter Lerson, Wolf): Faschismus oder Preußentum. - In: Wille zum Reich (1934) Folge 13

--- (unter Lerson, Wolf): Der englische Faschismus. - In: Wille zum Reich (1934) Folge 14

--- (unter Lerson, Wolf): Holländischer Faschismus. - In: Wille zum Reich (1934) Folge 15

---(unter Lerson, Wolf): Nationalsozialismus in den nordischen und baltischen Staaten. Die kroatische Freiheitsbewegung. - In: Wille zum Reich (1934) Folge 16

--- (unter Lerson, Wolf): Russischer Nationalsozialismus. Der revolutionäre Nationalsozialismus in Mazedonien. - In: Wille zum Reich (1934) Folge 17

--- (unter Lerson, Wolf): Die Nationalrevolutionäre Bewegung der farbigen Völker. Indien, Arabien, Ägypten, Niederländisch Indien. - In: Wille zum Reich (1934) Folge 20

--- (unter Lerson, Wolf): Japanischer Imperialfaschismus, Ukrainischer Nationalismus. - In: Wille zum Reich (1935) Folge 2

--- (unter W. L.): Die preußische Position. In: Wille zum Reich, (1935) F. 1

--- (ohne Verfasserangabe): Deutscher Nationalsozialismus in der Tschechoslowakei, Faschistischer Balkan. - In: Wille zum Reich (1935) Folge 3

---: Der Charlottenburger Kreis im Bunde der Köngener. - In: Brandenburg, Hans Christian; Daur, Rudolf: Die Brücke zu Köngen. - Stuttgart, o.J.

Paul, Wolfgang: Das Feldlager. Jugend zwischen Langemarck und Stalingrad. - Esslingen 1978

Petzold, Joachim: Ideologische Wegbereiter des Faschismus. - In: Falsche Propheten. Elm, Ludwig (Hrsg.) - Berlin 1984

Philipp zu Eulenburgs Politische Korrespondenz. - Bd. 1-3. - Boppard a. Rh., 1979-1983

Piraten, Swings und Junge Garde. Jugendwiderstand im Nationalsozialismus. - Breyvogel, Wilfried (Hrsg.) - Bonn 1991

Pieck, Wilhelm; Dimitroff, Georgi, Togliatti: Die Offensive des Faschismus und die Aufgaben der Kommunisten im Kampf für die Volksfront gegen Krieg und Faschismus. Referate auf dem VII. Kongreß der Kommunistischen Internationale 1935. - Berlin 1957

Richter, Rolf: Antifaschismus vor neuen Anforderungen. - In: Beiträge zur Geschichte der Arbeiterbewegung (1990) H. 6

Ruge, Wolfgang: Weimar - Republik auf Zeit. - Berlin 1969

---: Fragen an das Jahrhundert. - In: Weltbühne 15/1989

Schapke, Richard: Die Schwarze Front. Von den Aufgaben und Zielen der Deutschen Revolution. - Leipzig 1932

Scheringer, Richard: Das große Los. - Hamburg 1959

Schinkel, Friedrich: Preußischer Sozialismus. - Breslau 1934

Schmalenbach, Herman: Die soziologische Kategorie des Bundes. In: Die Dioskuren. - Berlin 1922

Schmid, Alfred: Erfüllte Zeit. Schriften zur Jugendbewegung. - Heidenheim 1978

--- (unter Schmid, Fred): Vom kommenden Wir. - In: Gegner 3 (1932) H. 1/2

---: Aufstand der Jugend. - Berlin 1932

--- (unter Faber, Sebastian): Der Erzkönig. - Berlin 1933

Scholder, Klaus: Die Kirchen und das Dritte Reich. - Frankfurt (Main); Berlin; Wien 1977 (dass.: 1985)

Schmidt, Walter A.: Damit Deutschland lebe. Ein Quellenwerk über den deutschen antifaschistischen Widerstand. - Berlin 1958

Schubarth, Wolfgang; Pschierer, Rainer; Schmidt, Thomas: Verordneter Antifaschismus und die Folgen. Das Dilemma antifaschistischer Erziehung in der DDR. - In: Aus Politik und Zeitgeschehen (1991) H. 9

See, Klaus von: Politische Männerbund-Ideologie von der wilhelminischen Zeit bis zum Nationalsozialismus. - In: Völger, Gisela; Week, Karin von (Hrsg.): Männerbünde, Männerbande. - Bd. 1. - Köln 1990

Sella, Paolo: Giovinezza. - In: "Gegner" 2. Jg. (1932) H. 4/5

Sombart, Nikolaus: Jugend in Berlin. Ein Bericht. - München; Wien 1984

Spengler, Oswald: Preußentum und Sozialismus. - München 1919

---: Der Untergang des Abendlandes. Umrisse einer Morphologie der Weltgeschichte. - München 1922

Sperlings Zeitschriften- und Zeitungsadressbuch. - Berlin 1932; 1935

Spranger, Eduard: Psychologie des Jugendalters. - Leipzig 1924

Stockhorst, Erich: 5000 Köpfe. Wer war wer im 3. Reich. - Kiel 1985

Suhr, Elke: Carl von Ossietzky. Eine Biographie. - Köln 1988

Sywottek, Arnold: Bürgerlicher und antifaschistischer Widerstand (1933-1945). - In: Archiv für Sozialgeschichte (1972) XII. Bd.

Theweleit, Klaus: Männerphantasien. - 2 Bde. - Frankfurt (Main), 1977

Tiegens, Wilhelm: Die Faschisierung der deutschen Hochschulen. - In: Sozialistische Bildung (1931) H. 2

Tiemann, Dieter: Der Jungdeutsche Orden und Frankreich. - In: Francia - Forschungen zur westeuropäischen Geschichte. - Sigmaringen 1985

Tirpitz, Alfred von: Erinnerungen. - Leipzig 1919

Tönnies, Ferdinand: Gemeinschaft und Gesellschaft. Grundbegriffe der reinen Soziologie. - Berlin 1912

Turel, Adrien: Selbsterlösung. - Berlin 1919

---: Wiedergeburt der Macht aus dem Können. - München 1921

---: Christi Weltleidenschaft. - Berlin 1924

---: Die Eroberung des Jenseits. - Berlin 1931

---: Das Recht auf Revolution. - Berlin 1932

---: Das dritte Preußen. - In: Gegner 4. Jg. (1933) H. 4

---: Technokratie, Autarkie, Genetokratie. - Berlin 1934

Ulbricht, Justus H.: Die Quellen rauschen in leicht zugänglicher Fassung. Zur Literaturpolitik völkischer Verlage in der Weimarer Republik. - In: Von Göschen bis Rowohlt. Beiträge zur Geschichte des deutschen Verlagswesens. - Wiesbaden 1990

Urban, Regina; Herpolsheimer, Ralf: Franz Alfred Six. - In: Kutsch, Arnulf (Hrsg.): Zeitungswissenschaftler im Dritten Reich: Sieben biographische Studien. - Köln 1984

Uwe, Wolfgang: Die soziale Diktatur. - Breslau 1933

Velder, Christian: 300 Jahre Französisches Gymnasium Berlin. - Berlin 1989

---: Respekt, Toleranz und Kooperation. Die 300jährige Geschichte des Französisches Gymnasiums. - Berlin 1989

Wald, Wilhelm: Inseln der Unantastbarkeit. Erinnerungen an Alfred Schmid und das Graue Corps. - Heidenheim 1980

Wehage, Franz-Joseph: Karl Otto Paetel - Leben und Werk eines Literaturkritikers. Mit einer umfassenden Bibliographie seiner Publikationen. - Bern 1985

Weißbecker, Manfred: Gedanken zum Antifaschismus-Verlust in der Geschichte der DDR. - In: Beiträge zur Geschichte der Arbeiterbewegung (1991) H. 2

Winterhagen, Ernst Wilhelm: Der Kreisauer Kreis - Porträt einer Widerstandsgruppe. - Berlin 1985 (Begleitband zur Ausstellung)

Wippermann, Wolfgang: Der Deutsche Orden als Vorbild der Bünde und Orden der Weimarer Republik. - In: Der Ordensstaat als Ideologie. - Berlin 1979

---: Ordensstaat, Hohenzollernmonarchie und "Drittes Reich". Zur Entwicklung und Kritik einer Ideologie des Preußentums. In: Preussen. Politik, Kultur, Gesellschaft. Schlenke, Manfred (Hrsg.). - Hamburg 1987

Wolf, Heinrich: Der Jungdeutsche Orden in seinen mittleren Jahren 1922-1925. - München 1972

---: Der Jungdeutsche Orden in seinen mittleren Jahren (II) 1925-1928. - Bd. 3. - München 1978

Zehrer, Hans: Rechts oder Links? - In: Die Tat (1931) H. 7

Ungedruckte Manuskripte

Maibach-Nagel, Egbert: Der "Nationalrevolutionär" Karl Otto Paetel - Das publizistische Werk der Jahre 1928-1933. - Münster: Universität 1985. - Magisterarbeit

Sauermann, Uwe: Die Zeitschrift "Widerstand" und ihr Kreis. - Augsburg: Universität 1984. - Dissertation

Schmidt, Sigurd-Herbert: Der Bürgerrat von Groß-Berlin und die Entstehung der Bürgerrechtsbewegung in der Novemberrevolution. - Berlin: Universität, 1984. - Dissertation

Interviewpartner

Herbert Antoine-Feill, Herbert Dahl, Werner Dissel, Alexander Dolezalek, Regina Schütt, Heinz Gruber, Rudolf Heberle, Johannes Haas-Heye, Robert Jungk, Georg Kahn-Ackermann, Hans Karbe, Helmut Kessner, Hans Laessig, Dietmar Lauermann, Alexandre Marc, Ewald Meyer, Helga Mulachiè, Werra und Wolfgang Rittmeister, Ingeborg von Schönebeck, Hartmut Schulze-Boysen, Gerda Secker, Werner von Simson, Margarethe von Trotha, Gösta von Uexküll, Wilhelm Weber, Margrit Weisenborn

5.4 Zeitgenössische Periodika

Aufbruch. Kampfblatt im Sinne des Leutnant a.D. Scheringer

Deutsche Führerbriefe. Politisch-wirtschaftliche Privatkorrespondenz

Deutscher Glaube. Monatsschrift der deutschen Glaubensbewegung

Die Entscheidung. Wochenschrift für nationalrevolutionäre Politik

Gegner. Zeitschrift für neue Einheit

Der Jungdeutsche. Tageszeitung für Volkskraft und Ständefrieden

Das junge Volk. Zeitschrift des jungen Deutschland/Grenzblatt deutscher Jugend

Die Kommenden. Zeitung des Jungen Deutschland

Linkskurve

Die Literarische Welt.

Der Meister. Jungdeutsche Monatsschrift für Führer und denkende Brüder

Neue Blätter für den Sozialismus. Zeitschrift für geistige und politische Gestaltung

Plans. Revue Mensuelle

Pläne

Reichswart. Wochenschrift für nationale Unabhängigkeit und deutschen Sozialismus. Organ der deutschen Glaubensbewegung

Der Ring. Politische Wochenschrift.

Der Rote Aufbau. Monatsschrift für Politik/Wirtschaft/Sozialpolitik und Arbeiterbewegung

Die sozialistische Nation. Blätter der deutschen Revolution

Sozialistische Monatshefte

Die Tat. Monatsschrift zur Gestaltung neuer Wirklichkeit

Der Umsturz. Kampfblatt für die deutsche sozialistische Revolution

Utopia

Der Vorkämpfer. Gegen politische und wirtschaftliche Unterdrückung

Der Vormarsch. Jungdeutsche Rundschau

Die Weltbühne. Wochenschrift für Politik Kunst Wirtschaft

Widerstand. Zeitschrift für nationalrevolutionäre Politik

Wille und Werk. Pressedienst der deutschen Jugendbewegung (1934)

Organ des Reichsbundes Volkstum und Heimat

Wille zum Reich. Eine Zeitschrift aus dem Geiste deutscher Jugend (ab 10/1935: Halbmonatsschrift für Politik und Kultur)

Politische Zeitschriftenschau. Kritischer Monatsbericht über das gesamte Schrifttum

Der Zwiespruch. Zeitung der jungen Generation. Mitteilungen der Jugendbünde, Studentenverbände und der volksdeutschen Bewegung. Amtliches Nachrichtenblatt der Mittelstelle deutscher Jugend in Europa

5.5 Archivalische Quellen

1. Bundesarchiv Koblenz
   Nachlass Wilhelm Hauer, NL 131
   Nachlass Rudi Pechel, NL 160
   Nachlass Rheindorf, NL 263
   Zeitgeschichtliche Sammlung
   Bestand R 129 Deutsche Studentenschaft

2. Bundesarchiv, Abteilung Potsdam
   Reichsministerium des Innern (RMdI)
   Bestände Nr. 25984 Widerstandskreis
             25996 Eidgenossen
             25997 Die Kommenden
             26000 Geusen
             26001 Freischar Schill
             26071 Hitler-Strasser-Streit
             26074 Revolutionäre Nationalsozialisten
             26076 Sozialrevolutionäre Nationalisten
   Rep. 2A I Pol. 2135, 2137, 2138, 2139, 2141, 2143, 2144, 2145, 2146
   NJ 2, 1323

3. Politisches Archiv des Auswärtigen Amtes, Bonn (PA)
   R 70538, Band 13
   R 70542, Band 18
   Europa I
   Inland Partei I; Jugendbewegung 3, Deutschland 6
   Inland II, A/B
   Politische Abteilung II, Frankreich
   Völkerbund, Allgemeines
   Presseabteilung;

5. Institut für Geschichte der deutschen und internationalen Arbeiterbewegung, Zentrales Parteiarchiv
   V/1/1 bis 1/20
   Sammlung Die Schulze-Boysen/Harnack-Organisation
   V/241/3

6. Bundesarchiv Koblenz, Militärwissenschaftliches Archiv Freiburg
   Nachlass Tirpitz, N 253

Nachlass von Levetzov, N 239
RL 2, 5
RL 2 III/2
RL 5/601

7. Institut für Zeitgeschichte München
    ED 106, 335
    mikroverfilmte Bestände aus amerikanischen Archiven

8. Landesarchiv des Senats der Stadt Berlin
    VDN-Akten

9. Archiv der Humboldt-Universität zu Berlin
    Rektor und Senat, Politische Vereine

10. Geheimes Staatsarchiv Preußischer Kulturbesitz. Berlin-Dahlem
    Rep. 303 Hochschule für Politik

11. Institut für deutsche Geschichte Berlin
    Sammlung "Rote Kapelle"

12. Archiv der Deutschen Jugendbewegung Ludwigstein
    Materialsammlung Schüddekopf
    Nachlass Paetel
    Nachlass Köbel

13. Documentcenter Berlin

14. The German Intellectual Emigry Collection. State University of New York at Albany
    Paetel-papers

15. Zentralbibliothek Zürich
    Nachlaß Adrien Turel

16. Sammlung Heinz Gollong München

Anlagen

Anlage 1: Die Knieende. - In: Der Jungdeutsche vom 7.8.1927
Anlage 2: Sozialismus als Aushängeschild - Kapitalismus als Wirklichkeit. - In: Der Vormarsch. Jungdeutsche Rundschau (1931) H. 8
Anlage 3: Die Saboteure der Revolution. - In: Gegner 2. Jg. (1932) H. 7
Anlage 4: Vom kommenden Wir. - In: Gegner 3. Jg. (1932) H. 1/2
Anlage 5: Die Machtergreifung. - In: Gegner 4. Jg. (1933) H. 2
Anlage 6: Gegner von heute Kampfgefährten von morgen. - In: Die Kommenden (1933) H. 9/10
Anlage 7: Videant Consules. - In: Gegner 4. Jg. (1933) H. 3
Anlage 8: Signal zum Aufbruch!. - In: Gegner 4. Jg. (1933) H. 4
Anlage 9: Wille zum Reich heißt Wille zum Volk. - In: Wille zum Reich (1935) F. 13 und 14

ANLAGE 1

Der Jungdeutsche vom 7. August 1927

In Duisburg...
da steht die "Knieende"?? - sie ist nicht mehr, augenblicklich wenigstens nicht...

Sie hatte ein schweres Leben: wohl noch nie ist über eine alleinstehende Dame so viel geredet worden. Um es kurz und bündig zu sagen: die Knieende ist eine Duisburgerin, eine Bronzestatue aus der Hand des Bildhauers Lehmbruck, seinerzeit eben daselbst.

Man muß es zugeben, die Knieende sieht etwas sonderbar aus, etwas zu schlank die Hüften, etwas zu lang die Beine, etwas zu gereckt der Hals, etwas zu flach der Hinterkopf. Eine eigentliche Schönheit war sie also nicht, jedoch der Künstler hatte bei seinem Werk bewußt alles rein Körperliche zurückgestellt und jedenfalls eine moderne Frau geschaffen, die in "Künstlerkreisen" hochgeschätzt war. Und sintemalen jede Stadt ja ihre "Großen" ehrt, so stellte man in Duisburg an einem schönen Frühlingsmorgen, an der Hauptverkehrsstraße, inmitten eines kleinen Rasenflecks, auf niedrigem Sockel das Kunstwerk auf, das man zu diesem Zwecke aus der Lehmbruck-Abteilung des Museumshauses herbeischaffte.

Ein Entrüstungsschrei der gepeinigten Bevölkerung war die Antwort auf diesen gräßlichen Willkürakt. Aber was sollte man tun? Das Stadtparlament hatte man bei der Aufstellung der Sicherheit wegen gar nicht erst um Rat gefragt, sondern ein Kreis von "Kunstfreunden" hatte entschieden, - und da stand sie nun, einsam, - hilflos, unbekleidet, inmitten des Lärms der Großstadt...

Die Presse eröffnete den Kampf. In jenen Tagen ist fast jeder zweite Duisburger zum Verseschmied geworden. Die Papierkörbe in den Räumen der mannigfaltigen Schriftleitungen waren überfüllt. Für die Knieende hielten die Schildwache die Mitglieder des Museumsvereins und die "Freunde moderner Kunst", - gegen die Knieende erhoben sich die Jungfrauenvereinigungen, die Hausfrauenvereine, -- diese aus sittlicher Entrüstung - und der harmlose Passant, der wohl gegen der befremdlichen Glieder-

verhältnisse der Dame den Kopf schütteln mochte. -
Dann erfolgte der große Sturmangriff: Hie für die Knieende! -
Hie gegen die Knieende! In Viererreihen marschierten etliche
Schülerinnen auf und verhängten die arme Gestalt schamhaft mit
einem großen Bettlaken, so daß nur noch der Kopf hervorschaute;
- am nächsten Tage kam die Reaktion (oder war es Opposition?)
in Gestalt von 20 Primanern, die vor der vom Bettuch wieder
befreiten Jungfrau einen Kranz niederlegten. In diesem weihevollen Augenblick erschien zwar ein Schutzmann - wahrscheinlich Anhänger der Gegenpartei! - und notierte sich die Namen
der "jugendlichen Kunstfreunde" wegen Beschreitens der Rasenfläche, - die Ehre jedoch schien gerettet...

Am nächsten Tage aber war der Kranz wieder entfernt, und die
Teilnahme für die Knieende flaute allmählich etwas ab. Zwar
forderten mehrere Stadtblätter immer wieder von neuem die Entfernung der Bronzenen, im allgemeinen aber schwieg man, denn
der Fall hatte sich mehr und mehr im ganzen Lande herumgesprochen, und schon schrieben die ersten Berliner Blätter von dem
"mangelnden Kunstsinn der Duisburger Spießer".

Da geschah das Furchtbare. - Am 28. Juli anno 1927 morgens um
etwa 1.oo Uhr wurde die Knieende von etwa 7 dunklen Männergestalten umgeworfen. "Die Täter entkamen unerkannt..."

Der Sockel ist leer, nur ein überlanges Bein liegt einsam und
gebrochen auf dem breiten Grundstein. Die Knieende ist fortgeschafft worden, - "nur das Knie-Ende liegt noch da", sagte ein
Mann, der auf der Straße neben mir stand und sich das Wunder
ansah.

Wer weiß, ob wir uns wiedersehen? Vielleicht kittet man sie
und stellt sie wieder auf... Ich schlage vor, mindestens
5 neue Parteien zu gründen, etwa: Anti-Lehmbruckbund, Partei
der Knieenden (PdK), Ästhetengruppe, Antivandalenliga und
Duisburger Volkspartei zur Bekämpfung der Straßenverunzierung (D.B.B.S.).

Harro

zusammenzuarbeiten, wird es gut gehen, sowie aber Schwierigkeiten auftauchen, die nur aus einer gemeinsamen moralisch-sittlichen Bindung zu überwinden sind, wird die NSDAP. ähnlich fallengelassen und angeprangert wie Wilhelm II. Es sind ja keine Garantien da, die dieses Hemmen, es sei denn, Deutschland ist inzwischen englische „Kolonie" geworden. Man „scheidet" sich vom wilhelminischen Geist den Worten nach, aber praktisch setzt man die alte Linie fort, die unser Volk seit einem Jahrhundert einseitig in den Zug der englischen einseitig industriellen kapitalistisch-imperialistischen Entwicklung bannt. Eine starke artechte deutsche Bauern-, Siedler- und Landnehmer-Bewegung und eine gesunde Reichspolitik muß das Gegenteil wollen. Der Weltwirtschaftsimperialismus ist vorüber, der versucht die ganze Welt von einigen kleinen industriellen Zentren aus kolonial abhängig zu machen, nicht die Weltwirtschaft, der Tausch zwischen den in sich geschlossenen, gegen heute erweiterten (Südostpolitik!) Regionalwirtschaften. Es kommt weder auf „echten" noch „falschen Internationalismus" an, sondern auf Besinnung auf die wahren und wesentlichen Aufgaben der Nation."

Sozialismus als Aushängeschild —
Kapitalismus als Wirklichkeit!

„Es handelt sich nicht darum, den Kapitalismus zu stürzen, der nach Mussolinis Worten noch einige Jahrhunderte vor sich hat, sondern ihn zu veredeln."

„Es sei deshalb vorausgeschickt, daß die legitimen Ansprüche des Kapitals — genauer gesagt der einzelnen Kapitaleigner — nicht angegriffen werden dürfen, sondern im Gegenteil zu schützen sind."

„Auch die Forderung der Gewinnbeteiligung an Großbetrieben hat eine charakteristische Umbildung erfahren. In erster Linie war wohl daran gedacht, daß die Arbeiterschaft am Unternehmen teilhaben sollte. Hierzu wird nun vom Nationalsozialismus ein sehr richtiger Gedanke entwickelt. Er sagt, daß es nicht im Interesse der Allgemeinheit liegen könne, wenn der Wertmeister und der Dreher und die Waschfrau (!) Tantiemen aus einem sich gut rentierenden Unternehmen beziehen. An einer prosperierenden Wirtschaft müsse die Allgemeinheit teilnehmen, und dies geschehe am besten durch Preissenkung."

„Art. 14 des NSDAP.-Programms forderte die Verstaatlichung . . . Hierin liegt ein schwerer grundsätzlicher Fehler. Die Verstaatlichung, wenn wir es so nennen können, wird nicht körperlich massiv bewerkstelligt, sondern auf geistiges (!) Gebiet geschoben. Der Nationalsozialismus, der in dieser Frage ähnliche Gedanken wie der Faschismus vertritt, ging bisher in diesen Dingen viel zu einseitig vor .. und schoß aus mangelnder Kenntnis der Verhältnisse über das Ziel hinaus."

Als ich einem SA.-Mann diese Sätze vorlas, fragte er mich: „Welcher Schuft hat das geschrieben?" Antwort: Dr. Hans Reupke in seinem Buch „Der Nationalsozialismus und die Wirtschaft". Dieser Herr ist laut Meldung des Völkischen Beobachters vom 10. 3. 31 eingeschriebenes Mitglied der NSDAP. In einer ausführlichen Besprechung empfiehlt der V. B. vom 10. 3. 31 das Buch allen, die sich über die wirtschaftlichen Ziele des Nationalsozialismus unterrichten wollen.

Parteistempel oder nicht, — zurück ins bürgerliche Zeitalter!

Im nat.-soz. „Freiheitskampf", Jahrg. 1931, Nr. 109, berichtete Fürst Eulenburg über eine Unterhaltung, die er mit Hitler gehabt habe:

„Meine Niederschrift, die ich hier wiedergebe, hat Adolf Hitler vorgelegen und ist von ihm richtig befunden worden."

„Eine enge Verbindung der DNVP. mit der NSDAP. würde zweifellos schon von großem Werte sein. Das genügt aber nicht. Männer mit Führereigenschaften müssen sich dazu entschließen, einzutreten, damit sie nach der Machtergreifung für leitende Stellen zur Verfügung sind. Wer sich erst nachher zur Verfügung zu stellen gedenkt, wird entsprechend dem italienischen Vorbild im besten Falle ein Staatsbürger 2. Klasse sein, dem Führeraufgaben nicht zufallen werden.

Und Hitler selbst: „Ich denke nicht daran, den Grundbesitz zu stören. Die Enteignung wird sich auf ergaunerten Grundbesitz erstrecken und auf Flächen, die zu spekulativen Zwecken erworben wurden. — — Ich habe auch nicht die Absicht, in breitem Umfange auf deutschem Boden zu siedeln, — — da große Güter mehr produzieren als parzellierte (!)."

Und nun noch ein Hamburger Flugblatt und Plakat: „Oeffentliche Kundgebung für Privateigentum und Privatwirtschaft am 3. März 1931 bei Sagebiel. Wir fordern . . . Beseitigung der öffentl. Hand in der Wirtschaft! Zurück zur freien Wirtschaft! gez. Grundeigentümerverein, Bürgerbund, DVP., DNVP., Wirtschaftspartei, Hypothekenmaklerverein, Nationalsozialistische (?) Deutsche Arbeiterpartei, etc."

Dem SA.-Mann wurde die Sache unheimlich. Der „Nationalsozialist" aus Weimar (Nr. 20, 4. 3. 31) aber klopfte ihm freundlich auf die Schulter und meinte:

„Der SA.-Mann selbst macht keine Politik. Er ist das Instrument der Partei und kann zum großen Teil auf den Luxus des kühlen Verstandes verzichten. Er ist das Herz der Bewegung. Die Aufgabe der SA.-Führung ist es aber, den vitalsten Teil der Bewegung zu kontrollieren."

Wer wird die Kontrolle übernehmen? Dieselbe Nummer der Zeitung weist uns auf die rechte Fährte: „Riesenkundgebung in G. — Arbeiter und Kaisersohn Hand in Hand!" — „Seit etwa 14 Tagen gab es in G. nur noch ein Gespräch: Prinz August-Wilhelm, der Kaisersohn! . . . Im Tivoli brach bei seinem Erscheinen großer Jubel aus. Der Prinz, gertenschlank (!), immer liebenswürdig, immer lachend, (!), dankt freundlich mit der Hand nach allen Seiten."

Mit uns zieht die neue Zeit!
Harro Schulze-Boysen.

„Lebensraum"*)

Gegenthesen der Volksnationalen Reichsvereinigung, Ortsgruppe Ulm.

Nachdem die Massenwerbung durch haltlose Versprechungen nicht für uns in Frage kommt, müssen Wege zu aufbauwilligen und volksgemeinschaftlich gesinnten Menschen gesucht werden. Da die Verhältnisse im Norden grundsätzlich verschieden von denen im Süden sind, müssen wir allerdings suchen, selbst voran zu kommen, um dann die Ordensleitung in Berlin zur Hilfe für uns durch ein entsprechendes Schrifttum, durch Redner mit geeigneten Vorträgen u. s. f. zu verpflichten.

Mit den Punkten 3, 5, 6 und 7 sind wir im Prinzip einig. Zu den Punkten 1, 2 und 4 sind wir anderer — zum Teil grundsätzlich entgegengesetzter — Auffassung.

Zu 3: haben wir nachzutragen: Jede — immer nur vorläufige — Unterstützung der Landwirtschaft durch den Staat muß mit dem einen Ziel verbunden sein, die Landwirtschaft zur Selbsthilfe zu drängen.

---

*) Unter diesem Titel brachten wir im letzten Heft „Grundsätzliche Richtlinien für den Aufbau eines auf der Volksgemeinschaft fußenden Staates." Wir teilen hiermit die stichhaltigsten Gegenansichten aus der Bewegung mit.

Harro Schulze-Boysen
Die Saboteure der Revolution

Innerhalb der in Deutschland für den Sozialismus kämpfenden Parteien und der ihnen verwandten Gruppen gibt es in der politischen Auseinandersetzung über den Sturz des Kapitalismus im wesentlichen zwei Meinungen:

Die SPD. vertritt den Standpunkt, daß die sozialistische Gesellschaftsordnung erst auf dem Wege über ein langes, organisches Wachstum zu erreichen sei. Die sozialistische Institution sei nichts ohne den sozialistischen Menschen. Solange der sozialistische Mensch auf sich warten läßt, ist die Zeit noch nicht reif.

Der andere Flügel, insbesondere die KPD., zeigt einen stärkeren Machtwillen. Dem langsamen Reifeprozeß des Proletariats steht er mißtrauisch gegenüber. Umfragen in der Tagespresse propagieren die Erkentnis, das kapitalistische Unternehmertum sei unnütz. Einmal ins Wasser geworfen, werde das kräftige proletarische Kind schon schwimmen. Es müsse nur vom Reformismus der SPD. und der Gewerkschaften freistrampeln.

Beiden Anschauungen gemeinsam ist der Glaube an die Notwendigkeit einer Mehrheit, einer starken proletarischen Klasseneinheit.

Der Glaube an die proletarische Mehrheit, dieses Warten auf die innere und äußere Erhebung des proletarischen Menschen erweist sich heute als ein Irrglaube.

Wenn es wirklich möglich wäre, im Rahmen der kapitalistischen oder halbkapitalistischen Institutionen eine Mehrheit gesunder, kampfentschlossener Gemeinschaftsmenschen heranwachsen zu sehen, — wenn diese Möglichkeit wirklich bestünde, so könnte man den an seinen Früchten ja vorzüglich erkennbaren Kapitalismus in der Tat nur preisen und beibehalten und auf den sozialistischen Aktionswillen getrost verzichten.

Die Dinge liegen aber anders. Die Arbeiterbewegung war von ihrer ersten Stunde an Protest gegen eine Gesellschaft und ein Wirtschaftssystem, das aus dem arbeitenden Menschen eine Ware machte, das den arbeitenden Menschen zum Proletarier erniedrigte, das jenseits der Grenzen der bürgerlichen Gesellschaft das Wachstum lebendiger Menschen verhinderte.

Die Kritik an der Verelendungstheorie muß heute überholt werden. Die alten Meinungen zu diesem Thema basierten fast ausschließlich auf dem Gesichtspunkt der jeweils ruhenden oder wirkenden zyklischen Krise des Kapitalismus. Wir sind heute in der Lage, über die Auswirkungen der sich stündlich verschärfenden Endkrise auf die Schlagkraft und Geschlossenheit des Proletariats Erfahrungen zu sammeln.

Die Kampfkraft des städtischen Proletariats vermindert sich.

Hunger macht die besten Mannschaften aktionsunfähig.

Der Boden wird günstiger für hysterische Hungerrevolten, ungünstiger für entscheidende Gesamthandlungen.

Die seelische Krise in den untersten Volksschichten wird immer größer. Die Solidarität kommt ins Wanken. Die besten Waffen werden zweifelhaft in ihrem Wert.

Die Möglichkeit, gegen jeden Generalstreik die notwendige Menge von Streikbrechern zu finden, wächst. Die Zersplitterung im Lager der Werktätigen wächst. SPD. und Gewerkschaften stehen in schärfster Krise.

Das stete, wenn auch von Zeit zu Zeit unterbrochene Anwachsen der Erzeugung vermehrte das kampffähige Proletariat. Stillgelegte Betriebe, geschlossene Fabriktore, wachsende Erwerbslosenziffern vermindern die Aussichten einer baldigen Durchsetzung sozialistischer Ziele. Nur ein undialektisch begründeter Idealismus kann diese schlechten Zukunftsperspektiven für die Massen übersehen wollen.

Ein weiterer Umstand macht die Beurteilung der gegenwärtigen Lage noch schwieriger. Die theoretischen Begründer des modernen Sozialismus, insbesondere Karl Marx, hatten vorausgesehen, daß sich ein zahlenmäßig geringer Teil Intellektueller bürgerlicher Abstammung zum Proletariat schlagen würde. Es ergibt sich indessen, daß die Folgen des Krieges und die damit verbundene Krise Deutschlands im besonderen den Sozialismus für noch viel weitere Volksschichten zur tragenden Notwendigkeit machte, als dies je vom Standort etwa des Jahres 1850 geahnt werden konnte.

Die Verschiebung der alten sozialen Grundlagen macht sich auch auf theoretischem Gebiet bemerkbar. Der „ideologische Oberbau" kommt beim Wettrennen mit dem Zeitgeschehen nicht mehr so schnell mit, wie er sollte; auch der politische nicht.

Immer schwieriger gestaltet sich die Definition der Begriffe „Proletariat", „Klasse" usw. Unentwegte suchen einen schnellen Ausweg in einer Art Dogmendisputation, die an die christliche Zeit um die Arianische Konzil erinnert. Aus allen leidenschaftlichen Auseinandersetzungen schält sich indessen immer klarer heraus, daß sich neben das Industrieproletariat heute das Angestellten- und Beamtenproletariat, das ländliche, das akademische, das künstlerische Proletariat stellt. Auf ihnen allen lastet heute das „System", ihrer aller Standort gestattet heute — bei genügender Organisation und Schulung — eine klare Erkenntnis der geschichtlichen Aufgabe. Ihnen allen droht Vernebelung durch faschistische Parolen, Verelendung und Verwirrung. Was das Industrieproletariat, den Ur-Proletariat, den andern voraushat?: Erfahrung!

Was die anderen dem Industrieproletariat voraushaben?: Physische Kraft und Unverbrauchtheit (Bauern), intellektuelle Schulung (Akademiker), mangelnde Skepsis (Kleinbürger).

Die Stärke und die Schwäche jeder einzelnen Schicht ist leicht ersichtlich. Die besondere Bedeutung des Ur-Proletariats für die sozialistische Bewegung liegt auf der Hand. Es besteht aber keinerlei Grund, ihr ein Monopol zuzusprechen. Die alten Unterscheidungen sind meist nicht falsch geworden; sie sind aber gefährlich. Sie einigen nicht, sondern sie trennen. Sie werden von den meisten, denen sie in Volksversammlungen vorgesetzt werden, nicht tiefer sondern nur vulgär erfaßt.

Der Bauer, der sich eine Rede anhört, fragt nicht nach historischem oder dialektischem Materialismus, sondern er sieht nur einen „Mann aus der Stadt, der nichts von Idealismus wissen will". Und er, der Bauer, habe seine Ideale, und lasse sie sich nicht nehmen.

Gegner

Die von Natur Behornbrillten rücken zusammen und machen böse Gesichter. Sie sind gute Philosophen und haben die Kausalität mit Löffeln gefressen, aber sie sind, in ihrer Unbeweglichkeit und ihrer starren Theorie die Saboteure der sozialistischen Revolution. Sie sitzen so bis über die Ohren in ihren Spitzfindigkeiten, daß sie nicht mehr den notwendigen Schwung haben, um vom Blickpunkt der Gegenwart her zu sichten. Eine Theorie, die die Massen ergreift, wird zur Realität. Eine Theorie, die nur denjenigen ergreift, der gewohnt ist, in abstrakten Begriffen zu denken, wird zum Hindernis, zum Ballast.

Zwei Dinge sind zu tun:

Die *Einheit* in den für den Kampf geeigneten Massen ist weitmöglichst herzustellen durch die Darstellung klarer sozialistischer Aufgaben und Ziele.

Der Glaube an die Mehrheit ist nach Können zu ersetzen durch die Erkenntnis, daß nur eine bis zum äußersten disziplinierte in sich geschlossene *Minderheit* die Entscheidung herbeiführen kann. Innerhalb dieser Minderheit kann nicht die Zugehörigkeit zum Industrieproletariat das Entscheidende sein, sondern ausschließlich die Vielfalt geistiger und physischer Kraft.

Ist dieser „Orden der sozialistischen Revolution" einmal vorhanden, so wird dieser Kader, vorausgesetzt, daß er klar und eindeutig handelt, das Vertrauen der immer wieder enttäuschten Massen gewinnen. Die Erkenntnis, daß die Minderheit, wenn auch nicht direkt, so doch indirekt, auf kollektiv-organisatorischer Basis steht, wird undialektische Handlungsmethoden (Terrorismus, Putsche) verhindern.

Es ist nicht damit getan, die Elite-Idee als faschistisch abzutun. Permanente Methoden der Politik werden dadurch nicht abgenutzt, daß alle darauf angewiesen sind, sie anzuwenden.

Im selben Augenblick, in dem die Hoffnung auf die Klassenmehrheit sich als unbegründet und vulgäridealistisch erweist, wird es sinnlos, immer wieder von der Führung und kommenden Diktatur des Proletariats zu reden. Ebenso unsinnig werden dann Parolen wie „Klasse gegen Klasse!" — Die Klasse ist ebenso wie die Volksgemeinschaft heute eine Fiktion. Sie zu einer Realität umzulügen, ist nicht nur moralisch minderwertig, sondern auch dumm.

„Unterdrückte gegen Ausbeuter!" hätte Sinn. „Klasse gegen Klasse!" — das ist ein verschwommenes Preisrätsel unter dem Kennwort „Who is who?" Nur die ganz eingeweihten haben den Finger in der Standardausgabe, auf Seite 586, Abs. 2, Satz IV. Und da steht es . . .

„Die Idee aber wird erst zur realen Macht, Wenn sie die Massen ergreift . . ."

Henri Johansen
Um die Einheit der deutschen Arbeiterbewegung

I

In den gewerkschaftlichen Organisationen Deutschlands ist seit Monaten die Debatte um die Vergrößerung ihrer Kräfte, d. h. um die Frage der ideellen und organisatorischen Einheit im Gange. Elementar hat sich im Zustand der ökonomischen und politischen Krise eine relative Gleichheit aktueller Zielsetzungen herausgebildet. Ohne uns über das Tempo dieser verschiedenartigen Prozesse die geringste Illusion zu machen, muß man deutlich sehen, daß in der Praxis der verschiedenen gewerkschaftlichen Richtungen sich eine Reihe von Uebereinstimmungen kristallisiert haben.

a) in der Frage der Reichspräsidentenwahlen treten alle gewerkschaftlichen Richtungen (mit Ausnahme der kommunistischen RGO.-Organisationen und kleiner syndikalistischer Splitter) für die Kandidatur des gegenwärtigen Reichspräsidenten ein. Darüber hinaus haben die gewerkschaftlichen Organisationen in der „Eisernen Front" (Allgemeiner deutscher Gewerkschaftsbund) und „Volksfront" (Christliche Gewerkschaften) sich aktive Abwehrformationen gegen faschistische Uebergriffe geschaffen, bzw. stellen in diesen Organisationen die Hauptkader;

b) gegen die ökonomische Krise erheben freie, christliche und Hirsch-Dunkersche Gewerkschaften immer energischer den Ruf nach staatlichen Eingriffen. Das Auftreten des christlichen Gewerkschaftsführers Imbusch und sein Ruf nach der Verstaatlichung des Kohlenbergbaues ist dafür ebenso symptomatisch, wie die verschiedenen Entwürfe von Arbeitsbeschaffungsprogrammen in den Kreisen der freien Gewerkschaften, die ohne die allerernstesten Eingriffe des Staates in die Wirtschaft nicht realisierbar sind;

c) alle gewerkschaftlichen Richtungen kämpfen gegen die unerhörte Belastung der Arbeiter durch die Krise, gegen die Verschlechterung der Sozial- und Arbeitsschutzpolitik, gegen den Lohnabbau usw. usw.

Unter Berücksichtigung dieser Situation erheben sich einige prinzipielle Fragen der Gewerkschaftsbewegung.

II

Die Bewegungsgesetze der ökonomischen Organisation des modernen Proletariats sind andere als die der politischen. In den Perioden des gesellschaftlichen Zerfalls, der Aufrüttelung aller Klassen und Verschärfung aller Gegensätze zwischen den Klassen der bürgerlichen Gesellschaft erlebt die politische Organisation einen Zustand der Aufrüttelung und Mobilisierung aller Bestandteile; eine Neugeburt auf höherer, „idealer" Stufe. Indem sie den Zustand des politischen Gegensatzes zur herrschenden Ordnung in reinster Klarheit erlebt, verwandelt sie sich in eine akute Bedrohung dieser Ordnung. W. sollte es wenigstens tun: das ist die Frage der Praxis und Historie.

Ganz anders die gewerkschaftliche Organisation. Ihr unmittelbares Tätigkeitsfeld findet sie in den täglichen, unmittelbaren, konkreten Zusammenstößen und Differenzen zwischen den Proletariern und Unternehmern innerhalb der Sphäre der Produktion und des Warenumsatzes. In ihren heutigen Grundsätzen und den taktischen Bedingungen ihrer Gegenwartsarbeit ist kein Element vorhanden, welches sie über die Grenzen der bürgerlichen Gesellschaft hinausführt. Die moderne gesellschaftliche Entwicklung hat neben der gewerkschaftlichen Organisation die politische Partei der Arbeiter herausgebildet, die ihrem ganzen Wesen nach der revolutionäre Hebel zur Abschaffung des Lohnsystems sein soll, während die gewerkschaftliche Bewegung, sich auf einen ununterbrochenen Guerilakrieg beschränkt und

ANLAGE 4

Du kannst heute keine Wahrheit aus-
sprechen, ohne von Millionen miß-
verstanden zu werden.
Jede Sprachverwirrung ist Anzeichen
innerer Verirrung.
Die Erbauer des Turms zu Babel
sind unprometisch.
Der Turmbau zu Babel hat verwirrt,
die Tat des Prometheus hat erweckt.
Jeglicher Irrtum ist eine Feigheit.
Revolution ist nicht Abbruch, sondern
Durchbruch und Aufbruch.

                       Timur Canus.

Vom kommenden Wir

*„Die deutsche Jugend steht zwischen den
Klassen, außerhalb der Gesellschaft, und in
wachsender Opposition."*
                       Frank Thiess.
                       „Die Zeit ist reif."

I.

Die heutige Gesellschaft steht zerspalten in Klassen. Während die Faschisten – oft ohne es zu wollen – die Geschäfte einer morschen Kaste besorgen, erheben sich laut, bewußt und eindeutig in den Kampflosungen, die unterdrückten Massen des Proletariats. Es sind da aber junge Menschen, die dem Bürgertum einer vergangnen Zeit entstammen, die heute ebenso in der Not der Zeit stehen wie der Arbeiter, der Angestellte, der Erwerbslose, und die nicht den Willen haben, eine ungerechte Unordnung aufrecht zu erhalten. Sie sind keine Bürger mehr. Sie sind aber auch keine Proletarier geworden. Von ihnen spricht Frank Thiess.

Ist eine Position junger Menschen außerhalb der Klassenfronten denkbar und wünschenswert? Wenn wir an die Beantwortung dieser Frage herangehen, so muß eins vorweggesagt sein, um innerhalb des tagespolitischen Kampffeldes Klarheit zu schaffen und Irrtümer zu vermeiden: Wie auch immer es um das Proletariat bestellt sein mag —, die Arbeiterbewegung verkörpert den Protest gegen die gottverbrämte kapitalistische Gottlosigkeit. Die Fronten liegen klar. Wir sind auf Seiten des Protestes.

Diese Feststellung enthebt uns keineswegs der Entscheidung darüber, welches das Losungswort der neuen Regimenter sein solle, die heute und morgen geschlagen werden. Zwischen 1847 und heute liegt eine lange Zeit. Das Volk wird heute neue Stellungen beziehen müssen, ohne die Front zu wechseln. Darum geht es.

Die bestehende „Gesellschaft" kann wirksam nur bekämpft werden durch eine Schicht von Menschen, die sich selbst von ihren Werten unabhängig weiß. Die Proletarier in ihrer Gesamtheit sind es nicht. Sie können es nicht sein. Das „System" ist ja gerade deswegen angreifbar, weil es ihnen nicht die Möglichkeit gibt. Ein Druck auf die Masse erzeugt durchaus nicht immer Gegendruck. Eine Masse kann man aushungern, mürbe machen. Es ist bisher das Schicksal der Masse gewesen, „Ton in des Töpfers Hand", — Materie des Kapitals und seiner Statthalter zu sein. Die dialektische Umschwung, die Negation der Negation, ist kein Massengesetz. Der Widerstand entzündet sich an der menschlichen Substanz. In jeder neuen Geburt offenbart sich das eigentliche, das entscheidende und wesentliche „Produkt gesellschaftlicher Verhältnisse", und wenn wir geschichtlich, nicht individuell gesehen, so durch Generationen hindurch. Wir sind nicht geneigt, die zermürbende Wirkung einer ungerechten Gesellschaftsordnung eben auf diese menschliche Substanz zu übersehen, und gerade auch dieses Nicht-

übersehen treibt uns in Kampfstellung. Am augenblicklichen Verhältnis aber ändert das nichts.

Das Kapital hat nur einen Feind, der es niederringt: Den „Gott im Menschen", — wenn man will. Und wenn das hier gesagt ist, dann ist es gesagt ebenso gegen die Vertreter der reaktionären Kirche, wie gegen die Pharisäer im Marxismus, „die an das Göttliche nicht glauben können, weil sie es nicht selber sind." (Hölderlin.)

Der wirkliche Revolutionär steht nicht mehr auf der Ebene der zerfallenden Gesellschaft. Revolutionär sein heißt dem Morgen gehören; heißt: Heute schon Mensch von morgen sein können.

Der Kapitalismus ist wie ein morscher Baum. In seinen Ästen sitzen die Leute und zittern vor dem Zusammenbruch. Man kann die Situation nicht meistern, wenn man in einem alten Gerüst sitzen bleibt. Helfen kann nur, wer selbst einen sicheren Standort hat. Und dieser Standort muß erkämpft werden. Er setzt voraus die Revolution im Menschen.

    Die Parole von gestern hieß: Mehrheit!
    Morgen wird es heißen: Minderheit!
    Die Losung von gestern hieß: Masse!
    Die Losung von morgen ist: Der Orden!

Demokratie inmitten einer feindlichen Welt, die nicht allen die gleichen Startmöglichkeiten bietet? Wahnsinn und Unmöglichkeit. Heute geht es um die Avantgarde. Wo gestern noch Bonzen saßen, — da werden morgen Bettelmönche sein. Und die Geusen und Puritaner, die Jakobiner und Bolschewiken sind ihre Ahnen. Das Wort Möller van den Brucks, daß Proletarier nur das zu sein wolle, ist ein falsches Wort. Proletarier-Dasein ist Schicksal. Und nur wer an die Wurzeln dieses Schicksals herangeht und die Axt daranlegt, schafft die Voraussetzungen neuer Volkseinheit und Klassenüberwindung. Aber weil das so ist, kann der „Boden der proletarischen Klasse" niemals unser Boden sein. Der Bürgerssohn, der sich auf den Boden des Proletariats stellt, ist ein Deserteur vor der geschichtlichen Aufgabe. Er verzichtet auf einen eigenen Standort. Er hat drei Möglichkeiten: In ihm vollzieht sich mit dem Prozeß der ökonomischen Verelendung auch die geistige Verproletarisierung. Dann ist er Objekt der Zeit.

Er kann sich tun, als sei nichts vorgefallen, die alten Posten zu besetzen und alles beim alten zu lassen. Dann wird die Geschichte ihn überrennen.

Keine Illusionen: Der größte Teil der deutschen bürgerlichen Jugend geht diese beiden ersten Wege. Es ist leichter, Amboß denn Hammer zu sein.

Es ist aber ein dritter Weg. Will man ihn gehen, so setzt das voraus, daß man zunächst einmal seine eigene Lage erkennt. Man steht den alten Werten viel näher als der Prolet. Man

3

Gegner

durchschaut sie. Man kann sich von ihnen befreien, viel eher als der Prolet. Es ist ein weltenweiter Unterschied zwischen Verelendung und Armut.

Die Bundesgenossenschaft des Ordensmannes mit dem proletarischen Klassenkämpfer ist eine Notwendigkeit. Sie kann aber nicht errungen werden durch nichtsverpflichtendes Intellektuellengerede oder schiefe Anbiederung. Sie wird nur erkämpft durch Opfer; Vertrauen will erworben sein! Die notwendige und sinnvolle Auslese junger Menschen vollzieht sich erst mit der Überwindung der Spannungen zwischen dem Gestern und dem Morgen; sie vollzieht sich im vorbildhaften Leben. Hier sind Riesenaufgaben, denen keiner einsam entgegengehen kann. Angesichts dieser Dinge sind alle Parteien machtlos. Ihre Aufgaben liegen auf der anderen Ebene. Wir, die die Forderung der Geschichte ahnen, müssen zusammenstehen gegen die alten Dogmen. Für neues Leben. Gegner in allen Lagern, vereinigt euch!   Harro S. Boysen.

II.

Ich kann nicht leugnen, daß ich das Wort „Nationalsozialismus", als ich ihm zum erstenmal begegnete, als die Losung schlechthin empfand. Die ursprüngliche Idee des Nationalsozialismus war die Auferstehung des V o l k e s zu einem neuen staatlichen Wollen und zu einer neuen Gemeinschaft.

Die Grundvision, die ich bei dieser Losung hatte, war eine staatliche Wiedergeburt. Der Sozialismus war eine natürliche Konsequenz der inneren Neuordnung.

Wäre diese Idee sich treu geblieben, hätte die Partei dieser Idee treu bleiben können, so hätte sie gesiegt. Vom Augenblick an aber, da sie sich parteilich und parlamentarisch einordnete und mit Dingen paktierte, die auf einer anderen Ebene liegen, verlor sie ihre Unbedingtheit und damit die Verbindung mit den tieferen Kräften. Sie wurde zum d e u t s c h e n F a s c h i s m u s.

Der Nationalsozialismus war eine Idee.

Der deutsche Faschismus ist ein Programm.

Der Nationalsozialismus war die innere Vollmacht.

Der deutsche Faschismus ist eine Machtgruppe.

Der Nationalsozialismus war eine unfaßbare und unkäufliche Größe und nirgends einzusetzen.

Der Faschismus ist ein politischer Faktor und als solcher mit andern politischen Faktoren kombinationsfähig.

*

Die kommunistische Partei ist ihrer Idee nach die Exekutive der marxistischen Geschichtsbetrachtung. Sie ist die Verwirklichung der dort wissenschaftlich vorausgesehenen Reaktion auf die Klassenschichtung, die wieder eine Folge der kapitalistischen und ihr vorhergehenden Wirtschaftssysteme ist. Sie ist als solche der Ausdruck einer Kampfgemeinschaft berechtigter Interessen. Als solche ist sie von Haus aus international oder besser: universal.

*

Weder die kommunistische noch die nationalsozialistische Partei ist heute „national". Die Kommunisten, da für sie die Nation heute noch etwas nicht Existentes ist; die Nationalsozialisten, da sie die Absolutheit der nationalen Haltung gegen einen parlamentarischen Programmpunkt eingetauscht haben.

Aber auch keine der beiden Gruppen ist heute im tieferen Sinne revolutionär. Die Nationalsozialisten haben vergessen, daß der Sieg gegen das „System" nur mit äußerster innerer Energie und Unbedingtheit, nicht auf dem Wege des Unterhandelns, möglich ist. Die Kommunisten wollen der Ausdruck eines gesellschaftlichen Gruppeninteresses sein (obwohl sie die Klasse schlechthin keineswegs ausschließlich repräsentieren). Sie umfassen nicht die revolutionäre Potenz a l l e r derjenigen, die die Neugestaltung der Gesellschaft auch aus innerem Muß heraus wollen.

Das „System" hätte von beiden Seiten her gestürzt werden können. Beide Angreifer sind bis heute gescheitert.

Wäre die N. S. ihrer Idee bis zur Absurdität gefolgt, so wäre sie statt einer kombinationsfähigen Größe eine Revolution der Gesellschaft geworden. Wäre die K. P. die Verwirklichung und Erfassung aller revolutionären Kräfte, so hätte sie zur neuen Deutschen „Nation" geführt. (Marx.)

Das Versagen beider Gruppen hat seinen Grund in einer letzten Gebrochenheit sowohl im nationalen Wollen wie in der revolutionären Erhebung.

*

Die Revolutionäre sind die Vorboten der kommenden Volkseinheit. Sie überrennen die am Gewesenen und am Besitz Festhaltenden und hacken ihnen die raffenden Hände ab. Sie überwinden aber auch die greifenden Hände im Innern und zerdrücken und ersticken Alles nicht zum Volk wollende. Diese „W i r" sind die V o l l m ä c h t i g e n. Und zur Durchführung von Umwälzung und Enteignung braucht es nicht nur Machthaber, sondern Vollmächtige. Sonst bleiben alle Geschehnisse ungeschichtlich.

Dieses „Wir" trägt über den Anzeichen der Not das Uebergewand des Stolzes. In diesem „Wir" liegt schon im Keim die Ueberwindung der Klasse.

Alles dies bleibt so lange romantisch und unpolitisch, bis es zu handeln beginnt. Zuerst wird es geahnt, dann gefühlt, dann erlebt, dann wird es sich zusammenballen und sich manifestieren, und dann wird es handeln. Nie aber wird es paktieren oder nur rechnen oder irgendwie sein Erstgeburtsrecht um ein Linsengericht verkaufen.

Seine Fahne wird die Konsequenz sein. Gibt es etwas Politischeres als die Konsequenz? Die Struktur dieses „Wir" wird ein Heer von Soldaten und Schaffenden, welches zerstören u n d aufbauen kann.

Sein Wesen wird in einem neuen Zustand in uns bestehen. Alles geht um diesen Zustand, er ist revolutionär und national zugleich. Wen er erfaßt, der kann aufspringen oder strammstehen, es ist dasselbe.

*

Die Revolution ist die ungeborene Schaffenskraft des Volkes. Das Volk stellt sich dar in der Summe a l l e r revolutionären Kräfte.

Die „Gegner" sind die Kämpfer an allen Fronten, die Unkäuflichen und Unhandelbaren, Seienden, Wollenden, Getriebenen. Sie sind das junge WIR gegen eine erstorbene und verratene Welt des ICH.   Fred Schmid.

ANLAGE 5

Die Kommenden, Heft 9/10 1933

Gegner von heute Kampfgefährten von morgen !

Es ist erst einige Monate her, daß sich zunächst in der **Reichshauptstadt**, später im ganzen Reich - junge Menschen aus allen **Lagern** zusammenfanden. Sie redeten verschiedene Sprachen, kämpften für verschiedene Parolen, unter verschiedenen Fahnen. Es gab keine geistige und programmatische Grundlage, keine gemeinsame Ideologie, die diese jungen Menschen hätte zusammenführen können.

Aber es gab eine Ahnung und ein Bewußtsein: Im Grunde gehören wir zusammen. Man hat sich angesehen und dann gewußt: Wir sind keine Feinde. Wir sind alle Menschen derselben Lebenslage. Wir haben denselben Einsatzwillen, dieselben Ziele. Man nannte uns etwas spöttisch: die Gegner.

Gemeinschaften brauchen sich nicht auf gleichartigen Programmen aufzubauen. Auch gemeinsame Arbeit schweißt zusammen.

Die Gegner haben also gearbeitet: Arbeitslager, Arbeitsgemeinschaft, Zellenarbeit, Wohnkollektive. Und nächtelang "diskutiert" und einen Ausweg aus dem geistigen Chaos unserer Zeit gesucht.

Sehr oft redete man aneinander vorbei. Es herrscht eine totale Sprachverwirrung in Deutschland. Einer versteht den anderen nicht mehr. Viele wurden nervös. Sie vermißten Uniformen, Musik, große Reden, Demonstrationen, Zupacken. Aber es fanden sich auch immer mehr ein von denen, die meinten, man müsse noch einmal ganz von vorne anfangen. Sich nicht beirren lassen. Ein Saatkorn in die Erde des Landes legen. Noch einmal von vorn anfangen, mit neuen Menschen, neuen Methoden, neuer Sprache und jungen Gedanken.

Wir scherten uns nicht um die Vorstellungen und Parolen der Alten! Bist Du rechts oder links? Willst Du die Einheit des Volkes oder bejahst Du den Klassenkampf? Nation oder Internationale? Ideen oder Fressen?

"Bleibt uns vom Leibe!", sagten die "Gegner". "Beides!!!" Der Geist ist eine zu große Sache aber die Menschen müssen zu essen haben. Wir lieben unser Volk, aber wir sehen nicht ein, warum wir darauf verzichten sollten, uns mit den unterdrückten Schichten und Klassen der imperialistischen Feindstaaten zu verbünden. Wir wollen die Einheit unseres Volkes, aber der Kapitalismus hat die Volksgemeinschaft zerstört (und nicht der Marxismus), und wenn wir eine neue und einige Nation haben wollen, müssen wir zunächst eine morsche und ungesunde Gesellschaftsordnung beseitigen, Seite an Seite mit denen, denen die Welt nicht gefällt wie sie ist.

Junge Kämpfer aus allen Lagern stießen zu uns. Berlin wurde bald überflügelt von der Landschaft. In der SA, bei Rot Front, unter den Jungdeutschen und Sozialisten - überall fanden sich "Gegner" zusammen. Heute schon besteht eine unsichtbare Front durch Deutschland.

Den Parteikämpfern und Bonzen aller Lager ein Ärger, den lebendig revolutionären Gruppen aller Richtungen ein Rückhalt! Wir lehnen jeden halben und utopischen Sozialismus ab. Wir wollen die totale Mobilmachung des deutschen Arbeitsstaates, einen grundlegenden Umbau der deutschen Staats- und Wirtschaftsstrategie. Wir sind die erklärten Feinde aller reaktionären Kliqen, mit denen sich die NSDAP heute verbündet hat. Wir sehen in der "Partei" den Lebensausdruck der bürgerlichen Gesellschaft. Wir sind daher auch Feinde jeglicher parteiistischer Herrschaftsanmaßung.

Parteien sammeln Menschen völlig verschiedener Wesensart, legen sie auf gemeinsame ökonomische Interessen und gemeinsame Schlagworte fest. Sie weisen die größte Verschiedenheit in der Substanz und die weitgehendste Einförmigkeit im Geistigen auf.

Die "Gegner" wollen ein Orden sein. Sie wollen größte Einheit und Straffheit in Haltung und Substanz, Mannigfaltigkeit im Geistigen.

Man wirft uns Jungen oft vor, die von uns angestrebte politische Aktivität bedinge eine größere fachliche Erfahrung als es die unsere ist. Die "Gegner" sind durchdrungen von dem Bewußtsein, daß Deutschland den Zusammenschluß einiger tausend junger Männer braucht, die unter Einsatz ihres ganzen Seins, unter Abbruch aller Brücken zurück zur Bürgerlichkeit besessen sind von einem ganz elementaren und unpersönlichen Willen zur Macht. Fachleute haben wir genügend.

Alle künftigen Planwirtschafts- und Sozialisierungsbestrebungen oder sonstwie gearteten Aktivitäten zur Rettung unseres Volkskörpers werden restlos scheitern, wenn es nicht gelingt, aus dem Keim heraus einen neuen Lebensstil, den Kern einer neuen Armee anzulegen.

Noch nie ist echte und geschichtsgestaltende Macht einem Volke von oben her aufgezwängt worden. Eine neue preußisch-deutsche Macht im Sinne des revolutionären Sozialismus kann nur aus gestalteter Armut heraus entstehen. Die Diktatoren der Neuzeit neigen weniger zur Tötung ihrer Widersacher als zur zielklaren Vernichtung ihrer bürgerlichen Existenz. Das heute noch unter der politischen Oberfläche verborgene Deutschland von morgen braucht Menschen, die dem Angriff der herrschenden Mächte gewachsen sind, weil sie sich unabhängig fühlen von den "Werten", die man ihnen rauben will.

Es ist klar, daß die Schicht von Menschen, nach denen die "Gegner" suchen, sich keineswegs auf das Industrieproletariat beschränkt. Die entscheidende Front ist nicht die, an welcher Stelle innerhalb der industriellen Gesellschaft eine unter dem Joch einer ungerechten Ordnung steht, sondern ob er die innere Kraft aufbringt, sich gegen sie zu erheben.

Was wir in Zukunft in den "Kommenden" schreiben werden, sei Auftrag, Dokument und Lehrbuch zugleich.

Die Machtergreifung

Die Geschichte des vorrevolutionären Deutschland trägt charakteristische Züge.

1914 zogen die Deutschen in den größten bisherigen Krieg. Die verantwortlichen Politiker gaben die verhängnisvolle Parole aus, man müsse „den Feind nicht unnötig reizen". Am 1. August 1914 lief die deutsche Flotte nicht aus zu einer Seeschlacht vor London. Man zögerte und verblutete. Vier Jahre lang.

1918 fand eine verunglückte Revolution statt. Wenn wir 1918 eine wirkliche Revolution durchgeführt hätten, wäre der Umsturz nationalpolitisch zu verantworten gewesen, wie er in Rußland nationalpolitisch zu verantworten war. Aber die rote Front rieb sich in sich selbst auf. Ebert verriet Spartakus an den bürgerlichen Staat. Auch er wollte den Feind nicht unnötig reizen. Die Revolution wurde abgeblasen.

1923 befahl Poincaré den Ruhreinmarsch. Die französischen Truppen zogen durch Duisburg, Essen und Dortmund. Die Tricolore wurde aufgezogen und der Kriegszustand erklärt. Aber dieser Krieg bestand darin, daß die französischen Regimenter mit ihren Bajonetten in Watte stachen. Am passiven Widerstand der Bevölkerung scheiterte der Versuch des französischen Imperialismus, Ruhr und Rhein vom Reich abzutrennen.

Zur selben Zeit verbündete sich Adolf Hitler im Münchener Hofbräukeller mit den Herren Kahr, Seißer und v. Lossow. Kahr und die andern verrieten Hitler an den bürgerlichen Staat. Die Hofbräurevolte wurde abgeblasen. (Aber gelernt hat man aus dieser verfehlten Bundesgenossenschaft offenbar nichts.) **Drei politische Faktoren, mit denen wir auch 1933 zu rechnen haben: Unentschiedenheit, Selbstzerfleischung, eine gewisse Fähigkeit zum passiven Widerstand.** —

Der Tag, an dem die Kämpfer aller Lager aufstehen, ist noch nicht gekommen. Dieser Tag wird dann nähergekommen sein, wenn Hitler—Hugenberg—Papen die SA ebenso **abgedrängt** haben werden, wie Ebert—Scheidemann—Noske 1918 den revolutionär-entschlossenen Teil der roten Front abgewürgt haben.

Die „gegner" warten auf diesen Tag.

Die Stunde ist zu ernst, um in diesen Tagen angesichts einer nat.-soz. Regierung mit Hugenberg als Wirtschaftsminister in zynische Bemerkungen zu verfallen. Es ist uns heute völlig gleichgültig geworden, daß wir nun „recht" behalten haben, wenn wir schon immer den SA-Männern sagten, ihre „sozialistische Sehnsucht" werde mißbraucht, wenn wir gegenüber den Angehörigen der Kommunistischen Partei darauf hinwiesen, daß ihre alten Kampfmethoden und ihre Einheitsfrontparolen unzulänglich seien. Es hat heute keinen Zweck mehr, darüber zu reden, sondern es gilt, entschlossen die **Bilanz** zu ziehen.

Diese Bilanz ist die notwendige Grundlage für alle weiteren revolutionären Maßnahmen.

Alle äußeren Machtmittel sind in den Händen der Reichsregierung. Durch geschickte Maßnahmen (gemeinsame Beisetzung von SA-Führer und Polizist im Berliner Dom) versucht man, die Sympathien der unnötig verhaßten Kräfte auf die Seite der Regierenden zu ziehen. Ein aktives Vorgehen der Arbeiterklasse würde eine Kampfbereitschaft und Haltung voraussetzen, zu der sich die Massen der Sozialdemokratie bis heute nicht durchgerungen haben. Auch haben wir nicht den Eindruck, daß die für solche Taten in Frage kommenden verantwortlichen Führer der Arbeiterschaft heute die notwendige Entschiedenheit und Geistesgegenwart besitzen. Da ein Generalstreik eine unzweideutige Zuspitzung der Gesamtlage im Gefolge haben würde, ist für die nächsten Wochen auf die Anwendung dieses Kampfmittels nicht zu rechnen. Man wird sich trotz aller Gefühlsaufwallungen zu der Ansicht bekennen müssen, daß nun eine gewisse Zurückhaltung nach außen im Augenblick die klügste Taktik der Opposition darstellt. Jede bewaffnete Truppe ist froh, wenn sich die Gelegenheit bietet, den verhaßten Gegner auf ein Terrain zu locken, auf dem dieser der Unterlegene ist. Die revolutionären Kräfte haben heute nicht die Aufgabe, begeistert in eine heroische Niederlage hineinzulaufen. Den Blutverlust, den das Rußland von 1905 nach einem gescheiterten Aufstand leicht überwinden konnte, würde das Deutschland von 1933 nur in langen Jahren wieder wettmachen können, und diese langen Jahre würden den Vorteil eventueller Lehren und Erfahrungen nicht aufwiegen. Wer lernen will, lerne aus den letzten Jahren! —

Es wird unsere Aufgabe sein, ein Kampffeld und eine Frontenstellung vorzubereiten, die sinnvoller als die heutige zu sein hat und die notwendige Verschärfung der Opposition gegen das Kapital mit sich bringt.

Fast scheint es so, als ob sich die Weltrevolution zunächst derart ankündet, daß der Westen an den Osten seine Waffen liefert, und der Osten uns seine Kampfmethoden zu erkennen lehrt. Durch diesen Austausch, diese Addition der Möglichkeiten, kommen die herrschenden Mächte immer mehr ins Hintertreffen: Sie sind ausgereift und können ihre Kampftechnik nicht mehr ändern.

Es ist nicht die Aufgabe dieser Blätter, direkte Anweisungen für den politischen Kampf zu geben. Wir können nur prophezeien, daß die Hitler—Hugenberg—Papen ebenso über den **passiven Widerstand** der Sozialisten in Deutschland straucheln werden, wie vor 10 Jahren Poincaré am passiven Widerstand der einigen Ruhrbevölkerung gescheitert ist. Sie werden um so eher fallen, je weniger es ihnen möglich sein wird, ihren enttäuschten Anhängern außerhalb des Parteiapparates statt Brot einen Feldzug gegen das „Untermenschentum" zu bieten. Wenn die einigenden „circenses" fortfallen, wird die innere Brüchigkeit des Regierungskonsor-

gegner

tiums sich nicht mehr verheimlichen lassen. Eines Tages muß Klarheit kommen, so oder so.
Die „gegner" warten auf diesen Tag.

Es tauchte die Frage auf, ob Hitler nicht durch ein künftiges Verbot der kommunistischen Partei oder auf Grund eines neuen Wahlergebnisses in den Besitz der „absoluten Mehrheit" und alleinigen Macht kommen könne. Wir glauben vorerst nicht an diese Möglichkeit. Das Regierungsgespann ist fest vor denselben Wagen gekoppelt. Die beiden Pferde können wild werden, verzweifelt losrasen und den Wagen umwerfen, aber der „sture Bock" wird den braunen Hengst nicht alleine davonstürmen lassen. Hugenberg paßt auf. Der „Stahlhelm" und die Deutschnationale Partei sind auf dem Posten.
Für uns liegt nichts Erstaunliches in der Tatsache, daß sich der Kapitalismus hier wie überall an seinen eigenen inneren Widersprüchen selbst zerreißt. Den Interessen des Kapitals ist an einer Harzburger Sammelfront an sich wenig gelegen. Ein einheitlicher Machtfaktor würde sicherer und rationeller wirken können. Aber die Interessen des Kapitals sind nicht mehr zu lösen von den Parolen und Ideen seiner Blütezeit, insbesondere von der bürgerlichen Parteienwirtschaft. Innerhalb dieser Parteienwirtschaft gibt es weder Großzügigkeit noch Uneigennützigkeit. Hier tobt der Kampf um die Vorteile des Parteibuchs heute mehr denn je. Papen-Mephisto läßt den nationalsozialistischen Faust nicht mehr los. Es wird einen langen Weg der Leiden und Erkenntnisse geben, bis Faust zu seinem freien Volke heimfindet.
Zeitungsnotiz: „Am 30. Januar 1933 versuchten nationalsozialistische Studenten vor der Börse zu demonstrieren." Dieser Versuch wurde im Keime erstickt. Die Börse bleibt ungeschoren. Wann wird es ernst?
Die „gegner" warten auf diesen Tag.

Die Tendenz zur Selbstzerfleischung und der innere Widerspruch, von dem die Rede war, zeigt sich auch auf dem Gebiet der Außenpolitik.
Typisch für diesen Widerspruch waren schon immer die Handelsverträge mit der Sowjetunion. Verzichtete man auf das Geschäft, so machte es ein anderer und man mußte die eigenen Fabriktore schließen, neue Erwerbslosenmassen auf die Straßen treiben und die Krise verschärfen.
Machte man das Geschäft, so half man den Russen und unterstützte auf diese Weise den Bolschewismus und glitt auf diesem Weg ins „Chaos". Man entschied sich meist für den zweiten Weg: „Vielleicht gibt die Komintern in Moskau ihre internationale Politik auf. Vielleicht kommt ein Krieg. Zeit gewinnen!" —
So ist es auch heute wieder. Die innere Gesetzlichkeit eines gesunden Kapitalismus würde gebieterisch die Versöhnung Deutschlands und Frankreichs und die „Vereinigten Staaten von Europa" verlangen. Aber der Kapitalismus verfängt sich heute in denselben Netzen, die er früher einmal auslegte, um die

Völker zu fangen. Ein wörterreicher Nationalismus macht vorerst alle Hoffnungen Rechbergs zunichte. In dem Wettrennen zwischen traditioneller Demagogie und „vernünftiger Verständigungspolitik" werden die Praktiker der Wirtschaft wahrscheinlich im Hintertreffen bleiben. Die vor Jahresfrist in Berlin angebahnten Gespräche zwischen deutschnationalen Stahlhelmpolitikern und Freunden des heute regierenden Daladier haben eben zu spät begonnen.
Eine ihr sinngemäß-profranzösische Friedens- und Sicherheitspolitik wird der Regierung daher zurzeit mehr als schwer werden. Sie muß in die einzige fremde Hand, die sich ihr bietet, einschlagen: In die Hand Italiens.
Italien aber heißt, faschistisch in die Zukunft gedacht: Anti-Frankreichfront Italien, Sowjetunion, China, Vereinigte Staaten gegen Japan, Frankreich, England, Polen, Tschechei, Jugoslawien.
Das Geschrei einiger linksradikaler Intellektueller, Hitler bedeute Krieg gegen die Russen, zeugt von einer rein mechanischen Betrachtungsweise der Dinge. Es besteht zurzeit keine Gefahr.
Aber Hitlers außenpolitische Situation erscheint nur auf den ersten Blick günstig oder erträglich. Selbst wenn — der Auffassung Trotzkis gemäß — im Kreml die zähe Arbeit für den „Sozialismus in einem Lande" den Kampfgedanken der Internationale abgedrängt haben sollte und daher evtl. grundsätzlich die Möglichkeit bestünde, auch mit faschistischen Mächten über den Kopf der Opposition hinweg zu paktieren, so würde doch auch im Bereiche einer nationalen Außenpolitik Stalins Hitler sich als zu unsicherer Bundesgenosse erweisen. Und Stalin wird dementsprechend handeln. Solange eine deutsche Regierung — und mag sie nach außen hin noch so glänzen — die Hälfte der Bevölkerung und insbesondere gerade den aktivsten Teil gegen sich hat und damit auch die gesamte militärische Macht auf Jahre hinaus nach innen hin fesselt, so ist sie nicht imstande, konsequente und starke Außenpolitik zu treiben.
Hitler wird außenpolitisch keinen Kredit erhalten. Das ist eine weitere Schwäche seiner Lage. Diese Schwäche ist das Ergebnis seines Unvermögens, die gesamte Schicht aktiver Kräfte, über die jedes Land verfügt und die jede mächtige Regierung braucht, mit der rein negativen Parole des Antimarxismus zu befriedigen. Erst wenn das deutsche Volk geistig und materiell zu einer neuen Einheit geworden ist — und diese Einheit bedarf der geistig vorbereitenden Tat — erst dann wird es wieder in das „Konzert der Mächte" eintreten können.
Die „gegner" warten auf diesen Tag.

Ueber das „Dritte Reich", in dem wir uns nun befinden, können wir — das muß billigerweise gesagt werden — nur vorläufig urteilen. Wenn alle unsere bisherigen Gedankengänge und Betrachtungen falsch waren, dann steht es heute und morgen noch in Adolf Hitlers Möglichkeit, uns zu beweisen, daß

gegner

er der große Revolutionär des deutschen Sozialismus ist. Aber die ersten zwei Regierungswochen haben uns in keiner Weise zu überzeugen vermocht.

Die „Machtübernahme" war das Ergebnis einer großangelegten Intrigue gegen Schleicher, der unvorsichtigerweise einige öffentliche Scheinwerferstrahlen zuviel auf das Osthilfepaket hatte fallen lassen. Die neuen Bundesgenossen Hitlers haben n i c h t unser Vertrauen. Die Ausschreibung neuer Wahlen halten wir für eine rein agitatorische Maßnahme, die vom Uebel ist. Und die rasche Neubesetzung aller öffentlichen Posten vermittelt den starken Eindruck, als ob alles, was sich bisher im Reich an Parteibuchherrschaft getan hat, nur ein Kinderspiel gewesen sei gegenüber dem Kommenden. —
Wir glauben n i c h t an die Ernsthaftigkeit eines Ostsiedlungsplanes. Hitler hat sich früher wiederholt gegen die Siedlung ausgesprochen. Wenn man schon die spärlichen Maßnahmen Brünings als Bolschewismus bezeichnete und Hugenberg gewiß nie der Aufteilung des bankrotten Großgrundbesitzes das Wort geredet hat, so wird man es heute gewiß nicht tun.

Wir können nur annehmen, daß die neue Regierung die Landbeschaffung im Rahmen und als Ergebnis außenpolitischer Aktionen für möglich hält. Ein neuer Krieg wäre der folgerichtige Ausweg aus einer kapitalistischen Krise. Wenn es das herrschende Regime für richtig halten sollte, das Volk für seine Zwecke zu mobilisieren und zu bewaffnen, dann werden wir hierzu schweigen. Gegen wen der Kampf gerichtet sein wird, hängt ab von Gesetzen, die tief in einem Volk verwurzelt liegen. Diese Gesetze aber werden mit ihnen ein egoistisches Vabanque spielen. — Die Arbeitsdienstpflicht würden wir im revolutionären Sinne begrüßen wie die Disziplinierung der Massen, selbst wenn sie von oben her erfolgt. Wenn man sie aber wirklich einführen will, warum ist der Gestellungsbefehl noch nicht heraus? Man war doch darauf gefaßt, an die Macht zu kommen.

Noch geschieht nichts. Aber wann kommt der erste wirklich große Plan über Deutschland? Wann? — Die „gegner" warten auf diesen Tag.

Harro Schulze Boysen.

Der Mensch hinkt nach

Der Mensch hinkt nach wie eine alte Kirchturmuhr.
Ihr glaubt es nicht, weil er den Fortschritt einst erfand?
Er vergewaltigt, glaubt mir, manchmal die Natur
Und hängt sie, wenn es glückt, dekorativ an eine Wand.
   Es erfand der Mensch den Fortschritt.
   Aber ach der arme Mensch, der kommt nicht mit.
   Denn er hält mit dem Fortschritt
   Nicht Schritt.

Der Mensch baut Wolkenkratzer, um von ihrem Dach zu fallen.
Er treibt Maschinen, um sein Leben zu zerstören.
Er lügt in Kirchen, Kinos und Versammlungshallen
Vom Fortschritt, um sich immer wieder zu betören.
   Es erfand der Mensch den Fortschritt.
   Aber ach der arme Mensch, der kommt nicht mit.
   Denn er hält mit dem Fortschritt
   Nicht Schritt.

Der Mensch erfindet gegen Krankheit Medizinen.
Und zwingt das Schicksal in ein Relationsgesetz.
Doch der Fortschritt zwingt ihn nieder auf die Schienen.
Und er tötet ihn und zeigt: es war Geschwätz.
   Es erfand der Mensch den Fortschritt.
   Aber ach der arme Mensch, der kommt nicht mit.
   Denn er hält mit dem Fortschritt
   Nicht Schritt.

Der Mensch ist groß. Solang er von sich selber spricht.
Denn er denkt: ich habe den Fortschritt auf Lager.
Und schlägt ihn der Fortschritt Schlag für Schlag ins Gesicht —
Er hält es für den neusten Fortschrittschlager:
   Der Fortschritt den Menschen erfand.
   Und der Mensch, der läuft atemlos mit.
   Doch der Fortschritt hat den Menschen in der Hand.
   Und der fällt rasch zurück. Schritt für Schritt.

Wilmont Haacke.

Videant Consules!

Die Wahlen sind vorübergegangen. Das Ergebnis brachte ein starkes Anwachsen der nationalsozialistischen Partei. Es schaffte freie Bahn und klare Verantwortlichkeit für Adolf Hitler.

Von den Kommunisten dürften eine große Anzahl sozialdemokratisch gewählt haben, in der berechtigten Annahme, daß die kommunistischen Stimmen nicht zur Geltung kommen würden. Auf diese Weise erklärt sich das zahlenmäßige Standhalten der Sozialdemokratie, von deren früheren Wählern ein großer Teil den Weg in die braune Regierungsfront gefunden haben dürfte. Man stellt sich in gewissen Beamtenkreisen — wie ehedem — auf den „Boden der Tatsachen" und tritt schnell zur regierenden Partei über. Es wird die Aufgabe nationalsozialistischer Aktivisten sein, ihre Reihen von jenem konjunkturhingegebenen Typ wieder zu säubern, der die Sozialdemokratie in einen so schlechten Ruf brachte. Auf diese Aufgabe hinzuweisen, erscheint uns umso notwendiger, als auch die regierungsoffiziöse Deutsche Allgemeine Zeitung am Tage nach der Wahl sorgenvoll darauf hinweist, daß „einem angst und bange werden könne, wenn man heute die unabsehbare Reihe der Anwärter auf ein Staatsamt betrachte".

Das wichtigste Ereignis der Wahl dürfte sein, daß die braune Armee die Mainlinie siegreich überschritten hat. Die Position der Länder ist seit dem 5. März entscheidend geschwächt. Eine Reihe von Regierungsmaßnahmen sind ein beredtes Zeugnis hierfür.

Hugenberg wird mit dem Wahlausgang nicht zufrieden sein. Er hat sich trotz aller Propagandamöglichkeiten keine neuen Lorbeeren erringen können. Es ist möglich, daß diese deutschnationale Niederlage die unnatürliche Alliance zwischen Reaktion und Nationalsozialismus wesentlich verkürzt. Die nationalsozialistische Partei trägt zwar in sich selbst immer noch genug wesensverschiedene Elemente, aber die Loslösung von der Harzburger Reaktion wäre ein Schritt vorwärts in eine sozialistische Weiterentwicklung der deutschen Dinge. Die nationalsozialistischen Revolutionäre innerhalb der Partei tragen heute eine ungeheure Verantwortung. Für sie gilt nach wie vor Möller van den Brucks Wort: „Die Revolution ist noch nicht zu Ende!"

Viele hatten während des letzten Monats n i c h t das Bewußtsein, eine Revolution mitzuerleben. Aber wie dem auch sei: Das Dritte Reich, für das ein großer Teil unseres Volkes gekämpft hat, ist da. Es ist zum geschichtlichen Tatbestand geworden. Man kann es ablehnen und bekämpfen oder lieben und verteidigen, — aber man kann es nicht mehr übersehen oder umgehen.

Die Frage: „Wie hältst Du es mit dem Nationalsozialismus?" ist nicht erst von heute. Aber auch ihre Beantwortung gibt keine Lösung der gestellten Rätsel. Wir alle sind Sozialisten und wir alle wollen das beste unseres Volkes. Millionen junger deutscher Menschen lehnen ja nicht den Nationalsozialismus als Idee ab, sondern sie sind **in der Skepsis** befangen, weil das Gesicht dieser Bewegung bisher keineswegs erkenntlich oder einheitlich war. Die nationalsozialistische Partei beherbergt auch heute noch die widerstrebendsten Elemente, Menschen völlig verschiedener Art und Meinung, und es ist heute noch nicht entschieden, wer die Oberhand behalten wird.

Die „gegner" haben es immer abgelehnt, über diejenigen jungen Menschen zu spotten, die innerhalb der nationalsozialistischen Partei auf ihrem Posten standen, — w e n n sie nur dort fest standen. Wir kennen hunderte von Studenten, Hitlerjungens und S.A.-Männern, an deren nationalsozialistischer Grundhaltung nicht zu zweifeln ist.

Aber gerade aus dieser Grundhaltung heraus lehnen es die „gegner" ab, wenn man heute allen denen, die andernorts auf ihrem sozialistischen Posten standen und dort ebenso heldenhaft kämpften wie all diese unbekannten Soldaten Deutschlands in den vielen Bünden und Gefolgschaften, — wenn man vielen von ihnen das nationale Bewußtsein abspricht und sie als Staatsbürger zweiter Klasse behandelt. Die letzten Wochen haben eine Reihe harter Maßnahmen gegen die Opposition der Regierung gebracht. Der Reichsminister Göring sprach davon, daß es ihm nicht um die Ausübung der Gerechtigkeit gehe, sondern einzig und allein darum, seine Feinde zu vernichten und auszurotten.

Wir sind weit davon entfernt, über dieses Wort in ein großes Wehgeschrei zu verfallen, obwohl es vielleicht besser nicht gefallen wäre. Sondern wir finden, daß jede Unterdrückung und Verfolgung einen tiefen geschichtlichen Sinn hat: Den der Destillation wertvoller Kräfte.

Diejenigen, die ausgerottet werden müßten und sollten, sind ja längst verschwunden oder außerhalb der Reichsgrenzen. Ihre Rolle ist für immer ausgespielt. Sie werden nie wieder kommen, und niemand wird ihnen eine Träne nachweinen.

Aber diejenigen, die nun b l e i b e n , die n i c h t überlaufen, sondern weiterkämpfen, — wie ist es mit ihnen?

Verfolgt sie weiter, stoßt sie in Not und Elend, rottet sie aus, — Ihr werdet Eure besten Jahre damit verbringen, — Ihr werdet sie nicht ausrotten oder bekehren, sondern Ihr werdet Haß ernten. Und ein Volk, das durch Haß entzweit ist, k a n n nicht wieder hochkommen.

Wollt Ihr das?

Steht Ihr wirklich all den subalternen Geistern, den Leuten, die schnell und mühelos zur neuen Fahne überlaufen, weil sie nie für eine Fahne geblutet haben, näher als dem Arbeiter der roten Front, der seinen Stolz hat und seine Ueberzeugung und seinen Trotz!?

gegner

Das ist die Schicksalsfrage dieser Tage.
Der ewige Deutsche hat z w e i Seelen in seiner Brust. Er kann nicht die eine töten, ohne Schaden an seinem innersten Wesen zu nehmen. Er muß sich in seiner Eigenart und Mannigfaltigkeit erkennen.
Wir sind Potsdam u n d Weimar, Köln u n d Marienburg.
Ohne die Anerkennung dieses inneren Reichtums und dieser inneren Spannung bleibt das Reich arm und ohnmächtig. Wollt Ihr das?
Denkt über den Marxismus, wie Ihr wollt. Aber er i s t ein Stück deutscher Geschichte. Kein Volk kann über den Schatten seiner eigenen Geschichte hinwegspringen. I r g e n d w o w a r i m m e r D e u t s c h l a n d. Ihr hättet es nur sehen sollen. Der Marxismus ist nicht am jüdischen Geist gestorben — Hegel und Engels und viele andere waren keine Juden! —, sondern an jener elenden und satten Kleinbürgerlichkeit, die der Kapitalismus zum Leben und Handeln brauchte und die zum Fundament des Parteibuchstaates wurde. Die deutsche Arbeiterbewegung ist nicht an der Lehre des Karl Marx gescheitert oder geschichtlich ohnmächtig geblieben, sondern am deutschen S p i e ß e r, — und Brolat war nicht der letzte.
D a steht der Feind, und überall nistet er sich ein, und nirgends füllt er die Gefängnisse, und e r wird nicht ausgerottet und verfolgt. Gegen ihn, den innerlich unwandelbaren und unrevolutionären Menschen,
— gegen ihn und seine Herrschaft wurde in allen Lagern und auf der ganzen Linie gekämpft und gelitten.
Um seinetwillen fand das deutsche Proletariat zu Marx, um seinetwillen verzweifelten Nietzsche und Möller an Deutschland. I h n rottet aus, in Gottes Namen!
Der Nationalsozialismus steht heute am Scheidewege. Er kann eine faschistische Diktatur errichten. Dann wird er eine große Zahl von Menschen zu Amt und Würden bringen, wird imstande sein, die widerstrebenden Massen des Volkes zu disziplinieren und eine Ueberstürzung der Entwicklung zu verhindern. Er wird sich dann zu beschäftigen haben mit der Bändigung der zweiten, „anderen" Volkshälfte und wird gezwungen sein, unentwegt nach außen hin nachzugeben. Das würde bedeuten, daß Deutschland aus der Lehre von 1918 nichts gelernt hätte. Der 9. November 1918 war die Quittung für unsere Schein-Einigkeit und innere Zerklüftung.
Und der Nationalsozialismus kann den Volksstaat erkämpfen. Er kann den Stafettenstab aufnehmen, den Marx und Nietzsche verloren: Den Klassenkampf der innerlich Hungrigen gegen die Satten, — den Kampf um einen neuen Menschentyp: Wenn er das will, so muß er den Extrakt Deutschlands suchen, und nicht die Konjunkturforscher und Parteibuchbeflissenen.

Videant Consules!

Harro Schulze-Boysen.

Die Revolution von Rom überschreitet die Grenze!

Wir veröffentlichen heute — ohne uns mit den nachfolgenden Ausführungen in irgend einer Weise zu identifizieren — die Ausführungen des jungen italienischen Politikers Dr. Paolo S e l l a. Seine Ansichten zur Weltlage scheinen uns sehr typisch zu sein für den Standpunkt der faschistischen jungen Generation. Es ist unseren Lesern bekannt, daß wir seit Beginn unserer Arbeit der Vulgarisierung aller politischen Begriffe (Bolschewismus, Faschismus usw.) ablehnend gegenüberstehen. Gegenüber den landläufigen „Analysen" des Faschismus erscheint es uns notwendig, auch einmal zu zeigen, wie der Faschismus von innen her ausnimmt, wie er lebt und wie er sich weiterentwickelt.

Ich stehe am Ende einer Reise durch Europa. Ich bin durch alle europäischen Hauptstaaten gekommen. Ueberall, in Deutschland, Oesterreich, Frankreich, Holland, Portugal, Spanien, Italien, hörte ich immer wieder dasselbe Wort: N e u a u f b a u ! Die Menschen scheinen wie erschlagen von der Vision eines ungeheuren Schutthaufens: Das Ende einer Kulturepoche! —

Es muß gesagt sein: Darum handelt es sich. Es ist Aufgabe der jungen Generation, die Dinge klar zu erkennen. Der Neuaufbau wird uns zur Lebensaufgabe. Im Grunde ist es nicht schlechter, in den Katastrophenzeiten der Menschheit zu leben als in den Epochen der Blüte und des Wohlstandes. Immer wieder setzt sich die mannhafte Tat durch. Immer kann man noch einmal von vorn anfangen! Eine alte Ordnung stürzt. Nicht nur im nationalen Bereich, auch auf der internationalen Ebene. Die Unordnung herrscht nicht nur innerhalb der Nationen. Auch die Beziehungen zwischen den Völkern sind chaotisch und ungeregelt. Innerpolitisch tobt der Parteienkampf. Darüber hinaus herrscht der Wirtschaftskampf über alle nationalen Grenzen hinweg. Die Regierungen rüsten, drohen, haben Angst. Eine Verständigung wird immer undenkbarer. Zusammenarbeit wird unmöglich. Unsere Generation steht vor dem Zusammenbruch der liberalen Ordnung, die das Erbe der französischen Revolution war. Ihre politische Form war die Demokratie. Ihre wirtschaftliche Lebensform war der Freihandel. Sie war individualistisch im Kulturellen. Diese Form wesentlicher Zivilisation bedeutete die tatsächliche Darstellung der Solidarität der europäischen Völker in der Periode der industrialistischen

Signal zum Aufbruch!

1. Akt: Gegenrevolution!

Die Tage der Feste sind vergangen, und der Alltag beginnt.

In diesen Tagen hat sich das Gewissen des Volkes von der Schande der politischen Hilflosigkeit des November 1918 gereinigt. Die Glocken der Potsdamer Garnisonkirche verkündeten den Sieg der Gegenrevolution und das Ende des Weimarer Zwischenspiels.

Diese Wiedergutmachung mußte von denen am meisten begrüßt werden, die den neunten November miterlebt hatten und unter seiner Last trugen: Von der Frontgeneration. Viele haben ihr quälendes Gedächtnis nun entlastet; nur die Geschichtsdaten bleiben und die Folgen und noch einiges, was das Volk — trotz allem — selbst in den letzten fünfzehn Jahren geleistet hat.

Die Liquidation des 9. November war nur der erste Akt des deutschen Dramas unserer Zeit. Im Grunde war Weimar auch schon gestorben, bevor man es umbrachte. Die Antriebskräfte zur Gegenrevolution waren nur gering. Die Liquidation war kurz. Im 2. Akt schon wird der Nationalsozialismus selbst — aus eigener Kraft und Dynamik — zum Angreifer. Die Armee der Jungen steht und wartet auf das Signal zu Angriff und Aufbruch!

Schluß jetzt?

Einige wollen nicht weiter. In Westdeutschland sagten mir viele: „Nun laßen wir das Volk sich eine Woche austoben lassen. Jetzt ist Schluß!" — Jetzt ist k e i n Schluß.

Faschistische Gegenrevolution und Nationalsozialistische Revolution sind nicht eins. Ihre Verknüpfung und zeitliche Aufeinanderfolge oder Ueberschneidung darf keine Irrtümer entstehen lassen. Die Flut der Ereignisse und der schnelle Gang der Dinge erfordern ein waches und scharfes Bewußtsein. Windstärke und Seegang der Politik wechseln heute von einem Tag auf den andern. Wer heute noch manövriert wie gestern, ist ein schlechter Kapitän, und sein Schicksal ist der Schiffbruch. Die Menschen in Deutschland müssen sich darüber klar werden, daß sie nicht mehr in einem Dreißigparteiensystem, sondern im Einpartei-Staat leben.

Es mag billig sein, wenn Leute, die immer den Parteien als solchen skeptisch gegenüberstanden, solche Ratschläge erteilen. Aber es doch so: Wer heute noch „seiner alten Partei" die Treue hält, ist nicht immer charakterstark, sondern oft nur schwach.

Eine Menschengruppe, die aus einer Niederlage nichts lernt, die alte Hülle auch weiterhin als zureichend empfindet und auf Neuformierung verzichtet, verdient die Niederlage.

Diese Einstellung bedeutet für alle Wissenden keinen Opportunismus, sondern selbstverständlichste Politik.

Je schneller das deutsche Volk den neuen Raum und die neue Luft, in der es steht, begreift, desto eher wird weitermarschiert. Der Kampfplatz der Politik ist heute wie immer dort, wo sich die Integration von Volk und Staat vollzieht. Bei den überwundenen Parteien?: Nein!

Die Ueberwundenen.
Erstens die Demokraten.

Sie haben immer die „Volksherrschaft" gewollt und nur Koalitionen zustandebekommen. Nun herrscht das Volk, und den Demokraten ist es nicht recht. Wenn das Volk vermeintlich seinen Willen hat, ist es gestrenger als ein aufgeklärter Monarch. Das mußte man wissen. Aber den Demokraten ist ihre Demokratie über den Kopf gewachsen.

Zweitens die Marxisten.

Die meisten unserer Marxisten waren keine Marxisten. Sonst hätten sie mehr Verständnis für die nationalsozialistische Bewegung aufgebracht und da, wo sie nur analysiert haben, gehandelt.

Unsere Marxisten waren keine Marxisten, sonst wären sie innerlich fest davon überzeugt gewesen, daß die Notwendigkeit und Tendenz der Völker zum Sozialismus so stark und zwingend sei, daß auch die Konservativen ihn mitmachen müssen.

Es ist letzlich das Wesen einer Revolution, daß selbst die ursprünglich wohlwollenden und ruhigen Volksteile in den revolutionären Strom mithineinm ü s s e n. Das eben ist erst Zeichen, Beweis und Rechtfertigung, denn nun wird es offenbar, daß es anders und auf evolutionärem Wege nicht mehr geht. Die französische Revolution kam erst in Bewegung, als selbst die treusten Anhänger des Königs in Zorn und Empörung gerieten. Da war die Zeit reif. Das war das Signal.

Die deutschen Marxisten haben nicht verstanden, daß Adolf Hitler das Signal geben mußte. Der Liberalismus, der an sich nicht zum Thema gehörte, hat ihnen Scheuklappen gegeben, so daß sie die konservativen Revolutionäre nicht sahen. Die deutschen Arbeiter waren schon lange „erwacht", um so aufmerksamer hätten ihre Führer das Erwachen der andern zur Kenntnis nehmen müssen. Daß die Arbeiter schon erwacht waren vor den Bürgern, war noch kein Verdienst, sondern eine geschichtliche Chance. Diese Chance wurde nicht genutzt, sondern monopolisiert.

Zudem wäre die Niederlage weniger verhängnisvoll gewesen, hätte sich der Generalstab nicht zu weit hinter der Linie befunden. Moskau wurde zum Verhängnis. Aber die jungen Menschen des Proletariats leben. Zur Bewegung dieser Zeit können sie nicht in „Opposition" stehen und sie haben diese Bewegung nicht zu fürchten. Sie sind selbst ein Teil von ihr. Ohne sie gibt es keinen Nationalsozialismus. Ohne sie bleibt das Drama im ersten Akt stecken: In der Konterrevolution.

Ob — **drittens** — **die Reaktion** überwunden werden wird, hängt mit von ihnen ab. Die Reaktion kam sich zeitweilig zu wichtig vor. Sie erkannte nicht bei Zeit, daß sie das Werkzeug eines Stärkeren war

gegner

(Selbstkritik: Auch wir haben das verkannt!) Nach Vereinigungsrausch und Werkgemeinschaft tritt oft Ernüchterung und Entzweiung ein. Auch die politische Verschmelzung zweier Größen ist nur eine fiktive. Wer ihrer Endgültigkeit vertraut, unterliegt einer Täuschung.

Die Volksrevolution!

Das deutsche Volk litt im Jahre 1813 ebenso wie 1933 an starker Ermüdung. Fünfzehn Jahre nach Ende des Weltkrieges war das Proletariat am Ende seiner Kräfte und gab die Führung und Erhebung an den Mittelstand und das Kleinbürgertum ab. Diese gaben der Revolution im 1. Akt ihren S t i l und ihr Gepräge. In ihrem weiteren Verlauf muß die national-sozialistische Revolution auch die anderen Volksschichten körperlich und seelisch nähren und sie damit zu Mitträgern der großen Umwälzung machen. Gelingt ihr das, so wird sie unzweifelhaft an Format und innerer sowie äußerer Bedeutung gewinnen. Die letzten Wochen haben hunderte von Fragen angestoßen. Viel alter Ballast wurde über Bord geworfen. Aber die Lösung ebenso großer und wesentlichster Fragen steht noch aus. In den kommenden Kämpfen um die wirtschaftliche und religiöse Gestaltung des nationalen S o z i a l i s m u s wollen wir der Vortrupp eines dritten P r e u ß e n sein. Harro Schulze-Boysen.

Entscheidung!

Aus der vitalen Konsequenz heraus, die als oberste Gegnerthese häufig herausgestellt wurde, muß jeder heute zu den zwingenden Ereignissen der Gegenwart seine Entscheidung fällen. Dabei ist jede Handlung zusammengesetzt aus der jener durch die innere Konsequenz gegebenen Haltung und die in jedem Einzelfall durch die äußere Lage der Dinge daraus entstehende richtige Handlungsweise.

Als die Entscheidung noch nicht gefallen war, und die Kämpfer in monatelangem Ringen ineinander verhakt waren, schien die politische Lage Deutschlands sich zu einem unfruchtbaren Stellungskrieg zu entwickeln. Damals führte die innere Haltung, die immer die Auferstehung der Nation wollte, zu dem Willen, das Trennende zu überbrücken und die lebendige deutsche Substanz aller Parteien und Gruppen zusammenzuführen.

Heute ist jedoch eine Entscheidung gefallen, die alles politische Denken und Handeln umstellt und eben dieselbe vitale Konsequenz vor neue Aufgaben stellt. Dabei fand diese vitale Konsequenz, deren Grundzug, wie schon betont, der Wille zur Gemeinschaft war, die Bestätigung einer schon vorher in ihr enthaltenen Erkenntnis, nämlich der, daß eine Willenserhebung im deutschen Raum nur Ausdruck dieses Gemeinschaftswillens sein kann, d. h. mit anderen Worten, daß j e d e deutsche Revolution nur national sein kann. Die nationale Revolution wird nie Racheakt, Haß oder Raub, sondern immer Wille zur Einheit sein.

Die nationale Erhebung, deren Durchbruch wir heute erleben, begann 1914. Sie ist der Anfang einer großen Entwicklungsphase. Vor diesem Anfang fallen alle Schranken und Trennungen, denn jeder Lebendige wird sie mit der Leidenschaft dessen bejahen, der die Zukunft will. Nach diesem Durchbruch ist jeder Versuch, diese Erhebung von Menschen zu stören, ein Vergehen gegen die Nation. Die Kritik ist Angelegenheit der Kleinen und Unfähigen. Die Starken und Lebendigen bleiben Ja-Sager, denn für sie gibt es kein Uebertreten, so lange ihr eigenes Wesen in ihnen lebendig bleibt. Diese Kritik ist auch dort unangebracht, wo eine neue Willenserhebung uns zunächst in einer gewissen Beschränkung und Einförmigkeit erscheint. Niemand kann von heute auf morgen eine neue Welt zaubern, niemand kann die Bilder seiner eigenen Zukunft vorwegnehmen, und die Erhebung der Kraft geht allem voran. Dies ist der Frühling, der, wenn die Erhebung wirklich Kraft ist, sich selbständig und selbsttätig in die Glut seines Sommers forttreibt.

So wurde denn der Berg von der richtigen Seite her angebohrt und der neu erschlossene Weg wird, wenn die Kraft nicht erlahmt, und a l l e s aus eigenem Willen mitarbeitet, eine neue lichtere Zukunft erschließen. Da bei gleitet unser Blick über die bewegten Menschenmengen, die an uns vorbeiziehen, und bleibt an jenem Typ des Arbeiter-Soldaten hängen, an welchem der Glaube an die Zukunft sich festhält. Manchmal will es scheinen, als hätten wir dieses Wesen und diesen Gesichtsausdruck schon einmal gesehen. Er erinnert an das Bild des Fliegers, jenes ungegründeten und unsichtbaren Ordens der Kameradschaft, der Ungeschwätzigkeit, der Gefahr, des Kurzlebens und des Auf-sich-selbstgestellt-seins. Wer je die Erfahrung dieses Menschenkreises machen durfte, der entdeckt darin eine von innen her wahr gewordene Gemeinschaft, die etwas Zukünftiges an sich hat.

In den Soldaten der gesamten nationalen Erhebung leben schon die Träger einer neuen Zeit, einer neuen Gemeinschaft, aus der im Weitergehen und Fortschreiten jenes entstehen kann, was wir alle erwarten, erfühlen, ersehnen und bejahen und wofür wir kein Wort haben, weil alle Worte dafür falsch sind: Der Sozialismus, das Gemeinsamhaben. Aber ohne einen neuen Menschentyp oder eine neue Menschenart und eine aus ihm heraus v o n i n n e n her entstehende neue Gemeinschaft ist jede neue Wandlung undenkbar und unfruchtbar. Sie allein hat Sendung und Vollmacht, umzugestalten, zu einer neuen Lebenshaltung der Zweiheit hie Staat, hie ich, sondern der Einheit, hie Staat und ich.

Nachdem dieser Marsch begonnen hat, und diese Truppe sich bewegt, ist e i n e Aufgabe dieser Blätter abgeschlossen, die zur Zeit des Stellungskrieges noch sinnvoll war, und es bleibt uns die Hoffnung, daß die große angebrochene Bewegung nicht nur alle bezwingen, sondern alle mit erfassen und mitreißen möge. Wird die Gesamtsubstanz des deutschen Volkes neu bewegt und von dem neuen Marschrhythmus erfaßt, so ist uns um die Zukunft nicht bange, denn mit jeder Erhebung der Kraft erfolgt eine Neugeburt der Lebensleidenschaft und aus ihr die Schaffung neuer Volkskräfte, Bewegtheiten und Farben, die aus der schöpferischen Kraft und der Fülle ahnen läßt, die ein neues Deutschland hervorbringen wird.

Der Wille ist erwacht. Es ist eine Lust zu leben! Bald werden die Geister, die Passionen und alles Neue erwachen und das Bild des Reiches gestalten zu einer Entscheidung für die ganze Welt. Fred Schmid.

Wille zum Reich heißt **Wille zum Volk**

> Der Führer befahl: auch der letzte Volksgenosse muß für die Volkseinheit gewonnen werden. In der Erkenntnis, daß jede lebendige Einheit sich nicht aus der geistigen Ruhe, sondern immer nur aus dem Kampf der Geister bildet, sucht „Wille zum Reich" wertvolle Stimmen der Gegenwart zusammenzuführen und sprechen zu lassen.

Wille zum Reich ist von jungen Menschen geschrieben, für die die Stellung zum Dritten Reich kein „Problem" ist. Es geht ihnen weder um 50 v. H. noch um 150 v. H. Lippenbekenntnis, sondern um Aufbau und Tat im neuen Deutschland.

Wille zum Reich heißt Lebenswille des jungen Deutschland.
Deutscher Lebenswille findet seinen Ausdruck in der Forderung: Geist und Macht müssen eins sein. Es gilt also, innerhalb und außerhalb der Reichsgrenzen dem Geist des jungen Deutschland den Weg zu ebnen.

Wille zum Reich ist Wille zur Selbstgestaltung.
Selbstgestaltung und Aufbau erfordern Material. Arbeitsmaterial aus den verschiedensten Gebieten und auf allen Ebenen muß eine Zeitschrift zusammentragen. Je mehr Mitarbeiter, desto besser. Der Leser der Zeitschrift soll nicht nur kritisieren, sondern auch mitarbeiten.

Wille zum Reich schließt den Willen zum Schicksal des Raumes in sich.
Deutsches Wesen pulst in der Spannung zwischen tausendjährigem europäischen Kulturbewußtsein und kolonisatorischer Vorpostenstellung im Osten. Zwischen Ost und West erhebt sich der Wille zum Reich.

Wille zum Reich ist eine freie unabhängige Zeitschrift. In voller Würdigung von Arbeit und Leistung der organisationsgebundenen Presse will „Wille zum Reich" ein Beweis dafür sein und bleiben, daß der einzelne Deutsche bei der Volkwerdung im Staate Adolf Hitlers mitwächst. Die Gemeinschaft formt den Einzelnen, der Einzelne formt die Gemeinschaft.

Das Reich lebt und wächst.

„Wille zum Reich" — Deutsche Halbmonatsschrift

Personenregister

Abetz, Otto 62, 66
Ackermann, Lilly 174, 178
Alexejew, Eugen 143, 177
Arnim, von 185
Aron, Raymond 116
Bäcker, Hans 174
Barlach, Ernst 174, 175
Bartz 142, 146, 149
Bauer, Arnold 48, 96, 101, 118
Becker, Hermann 131, 135, 138, 141
Bergmann, Ernst 139
Bergner, Elisabeth 54
Bistram, Roderich von 162, 174, 177
Blank, Herbert 74
Blessingh 148
Bloch, Ernst 96, 101f.
Bloch, Jean 93
Block, Alexander 116
Block, Alf 89
Bogdanow 76
Bolck, Adalbert 166
Borsig, Arnold von 53
Boß, Wilhelm 29
Boysen, Elsa 40, 158
Brecht, Bertolt 60f., 77
Breitscheid, Rudolf 39
Brockdorff-Rantzau, Ullrich von 166
Brundert, Wilhelm 175
Buber, Martin 99
Bülow, Freiherr von 146, 148
Burkheiser, Karl 162, 164f.
Busch, Ernst 186
Cappeln 141
Chevalley, Claude 67
Christiansen 141
Clausewitz 138
Coeler 141
Coppi, Hans 185
Cords 139
Cot, Pierre 181
Crispien 39
Curtius 56
Dahl, Herbert 75, 134, 177, 184
Darre 179
Delbrück 28, 56
Deubel, Werner 174
Dissel, Werner 76, 101, 117, 128, 134, 143, 174, 177, 183, 185
Döblin, Alfred 56, 77
Douglas, Carl 158
Duncker, Hermann 85
Dupeaux, Louis 112
Ebeling, Hans 67, 94
Eckardt 51
Ehrhardt (Kapitän), Hermann 23
Eisenstein 76
Elterlein, Uttmann von 54
Engels, Friedrich 174
Erdberg, Alexander 190
Erlanger, Henry 127f., 134
Eulenburg, Gräfin Tora zu 156
Eulenburg-Hertefeld, Philipp Fürst zu 147, 150f.
Eulenburg-Hertefeld, Wend zu 158
Fadejew 76
Franco 181
Freud 7
Freyer, Hans 104
Fried 53
Friedrich II. 123f., 139
Fuhrmann, Ernst 74, 183
Fülop-Miller 136
Gehrts, Erwin 15
George, Stefan 82, 86
Germain, André 56f., 102, 178
Gibarno, Eberhard 169, 175
Gide 174
Goebbels, Joseph 48, 132, 143, 174
Goldenberg, Boris 64, 74
Goldstein, Arthur 74
Gollong, Heinz 98
Göring, Herrmann 113, 143, 147, 158, 177, 189
Graudenz, John 24
Grimm, Hans 69
Gronau, Harry 113
Grosse, Artur 162, 165
Gruber, Heinz 127
Guddorf, Wilhelm 99
Haas-Heye, Johannes 151, 158, 176
Haas-Heye, Libertas 145, 147f., 150f., 174, 176, 180, 182f.
Haas-Heye, Otto 151, 156, 159
Haas-Heye, Ottora 151, 158
Hadeln, von 185
Haeften, Hans Bernd von 23, 56
Haeften, Werner von 23, 56
Harden, Maximilian 150
Harnack, Arvid 12, 14f., 99, 180, 190

Hassel, Ilse von 24
Hassel, Ulrich von 24
Hasselrot, Bengt 24, 102
Hauer, Wilhelm 139, 163, 165
Haushofer, Albrecht 53f., 138, 183
Heberle, Rudolf 180
Heider, Werner 175
Heimann, Eduard 93
Heise, Wolfgang 111
Hellfeld, Matthias von 162
Henser 178
Hertwig, Hugo 94
Heß, Rudolf 164
Hildebrandt 119
Hiller, Kurt 75, 77, 83
Himmler 143, 179
Hindenburg, Paul von 32, 143
Hitler 13, 46f., 58, 75, 76, 88, 98, 117f., 121, 132, 140, 143, 164, 166, 172, 180
Hölderlin 35, 57
Holler, Eckart 78
Hoppe 146
Hoven, Jupp 164
Huch, Ricarda 9
Hugenberg 117
Jäger, Hans 85
James, Evan 182
Jedzek, Klaus 87, 145, 173f., 177, 183
Jung, Edgar Julius 52
Jung, Franz 60, 68, 74, 78, 96, 122
Jünger, Ernst 54, 67, 105, 112, 168, 183
Jungk, Robert 67, 69, 96, 100, 125, 180
Kafka 7
Kandinsky, Wasily 76
Kantorowicz 139
Kapp, Wolfgang 24
Kauffmann 183
Kaufmann, Erich 29
Kent 190
Kessner, Helmut 29
Kierkegaard 138
Kirchhoff, Hermann 144
Klages 183
Klatt, Fritz 93
Köbel, Eberhard (auch tusk) 75, 78, 84f., 94, 97, 119
Koch, Erich 166
Kollontai, Alexandra 158
Korsch, Karl 74, 77
Kreitz, Werner 164, 175

Krupp von Bohlen 178
Kubin 174
Küchenmeister, Walter 99f., 168f., 173f., 181, 183, 185 Kuckhoff, Adam 53
Kühn, Leonore 165
Kurella, Alfred 83f.
Küstermeier, Rudolf 37
Lähn, Curt 140
Lamour, Philipp 61f., 66
Lampe, Jorg 88, 115, 165, 175
Laß, Werner 86, 92
Lehmbruck, Wilhelm 30
Lenin 76, 110, 174
Levetzow, von Admiral a. D. 127
Loessl 53
Löwenstein, Hubertus Prinz zu 76
Ludendorff 28, 76
Macciavelli 183
Mahraun, Arthur 42, 45f., 55, 57, 110, 112
Makarenko 76
Mann, Günther 165, 169f., 174f.
Marc, Alexandre 61f., 65f., 116, 170
Mariaux, Franz 64
Marx, Karl 84, 110f., 122, 174
Mehnert, Klaus 57, 76, 116
Menzel, Eberhard 175
Meran, Graf Karl von 185
Meyer, Ewald 134
Milch, Erhardt 145
Minner 148
Möller van den Bruck 52f., 65, 77, 168
Mounier, Emmanuel 67
Muckermann, F. 75
Mühsam, Erich 57, 77
Munk, Christian 186
Münzenberg, Willi 70
Naphtali 53
Neitzke, Hans Joachim 175f.
Niedermayer, von 149
Niekisch, Ernst 64f., 67, 94, 112, 167, 168, 174, 180
Nietzsche, Friedrich 21, 35, 53, 103, 110f., 122, 123, 136, 139, 162
Nolde, Emil 174
Nonnebruch, Fritz 138
Nuß, Elsa 143
Ossietzky, Carl von 118
Paetel, Karl O. 66, 67, 75, 83, 86, 93f., 114f., 162, 164f., 167 (unter Wolf Lerson), 169, 174f., 178

Pallas, Rudi 86
Papen 117, 143
Paul, Elfriede 99, 183, 187
Pechel, Rudolf 172
Platon 183
Pöllnitz, Gisela von 99, 176, 181, 183, 187
Pudowkin 76
Raffay, Richard von 178
Rathmann, August 93
Raupach, Hans 166
Rechberg 75
Reinhardt, Max 77
Reupke 53
Reuter Hans und Wolfgang 26
Reventlow, Ernst von 139, 168f.
Rilke 35, 145
Ritter, Gerhard 11
Roeder, Manfred 11
Römer, Beppo 94
Rosenberg 174, 179
Röth, Erich 161, 165, 168, 173, 175f.
Salomon, Ernst von 67, 128, 154, 183, 185
Sandeln, Auguste Gräfin von 150
Schacht, Hilmar 8, 179
Schacht, Sven 8
Schalgeter, Leo 27
Schapke, Richard 64, 74
Scheel, Heinrich 14
Scheler, Max 61
Scheringer, Richard 67
Schinkel, Friedrich 166
Schlageter 27
Schleicher 91
Schmid, Alfred 64, 84f., 87 (unter Sebastian Faber), 90, 95, 102, 104f., 108, 112, 115, 119, 124, 133, 136
Schmid, Joseph 149
Schmidt-Rottluff 174
Schöll, Friedrich 165
Scholz, Ernst 178
Scholz, Paul 179
Schottmüller, Oda 99, 182
Schulz, Tilmann 106, 112
Schulze Erich Edgar 20f., 43, 127, 141, 154
Schulze, Marie Luise, geb. Boysen 19, 21, 24, 127, 155, 157, 158f.
Schulze, Olga 20
Schulze, Werner 40, 170
Schulze-Boysen, Harmut 21, 155, 158
Schulze-Boysen, Helga 21, 26, 43, 158

Schumacher, Elisabeth 98, 158, 179, 183, 187
Schumacher, Kurt 98f., 158, 179, 184f.
Schütt, Regine 96, 101, 123, 127f., 132f., 136
Schwab, Alexander 90
Secker, Hans Friedrich 174, 178
Secker, Ilse 137, 173f., 178
Seddin, Wilhelm 168
Sella, Paolo 91
Severing, Carl 38
Siemens 76
Simon 29
Söhlmann, Fritz 40, 94
Sorel, Georges 183
Spengler, Oswald 28, 35, 52, 82, 108, 112
Starsser, Gregor 96
Stenbock-Fermor, Alexander Graf von 54, 75
Stennes 47
Sternheim, Carl 29
Strasser, Otto 54, 58, 64, 67, 75, 88, 94, 112, 115
Straub, Agnes 186
Strauss, Walter 66
Stresemann 49
Sydow 53
Thälmann, Ernst 80
Thiess, Frank 75
Tillich, Paul 67, 93
Tirpitz, Alfred von 20f., 24f., 31, 39, 42, 56, 131, 188, 191
Tönnies 21, 46, 51, 111f., 180
Trotha, Carl Dietrich und Margarete von 158, 180
Trotha, von (Vizeadmiral) 123
Trotzki, Leo 74f.
Turel, Adrien 8, 68f., 87f., 95, 102f., 110, 112, 115, 118, 123, 125, 127, 135, 136, 139, 167
Uexküll, Gösta von 176
Unger-Winkelried, Emil 43f.
Weber, A(ndreas) Paul 174
Weber, Max 53
Weisenborn, Günther 99f., 186f.
Weisenborn, Margrit 152
Weiss, Peter 8, 180
Wessel, Horst 139
Wilberg, Helmuth 181
Wilhelm II 150
Wittvogel, August 76f.
Zander 148
Zehrer, Hans 53, 94, 148
Zietlow 134

WIDERSTAND / ROTE KAPELLE

Elsa Boysen
Harro Schulze-Boysen
Das Bild eines Freiheitskämpfers
Aktuelles Nachwort von Hans Coppi
57 Seiten - DM 14,80 - ISBN 3-923532-17-2

»Im Herbst 1942 wurden weit über einhundert Mitglieder der Widerstandsorganisation "Rote Kapelle" von Gestapo und Abwehr verhaftet und mehr als fünfzig in den folgenden Monaten verurteilt und hingerichtet. Unter ihnen einer der führenden Köpfe der "Roten Kapelle" und Herausgeber der Zeitschrift "Gegner": Harro Schulze-Boysen. Unter dem Namen seiner Schwägerin zeichnet der Vater des Freiheitskämpers ein gleichsam inniges wie sachliches Bild der Gedanken und des Schicksals einer der führenden Persönlichkeiten des deutschen Widerstandes. Ein wichtiges Dokument der deutschen Zeitgeschichte.«   *Martin Hennes, Koblenz life*

Alexander Bahar
Sozialrevolutionärer Nationalismus zwischen Konservativer Revolution und Sozialismus
Harro Schulze-Boysen und der "Gegner"-Kreis
211 Seiten - DM 36,00 - ISBN 3-923532-18-0

Im Mittelpunkt steht die »... Darstellung des "Gegner"-Kreises um Harro Schulze-Boysen, ...«, die sich auf dezidierte Textanalysen der Zeitschrift "Gegner" und auf die Auswertung der umfangreichen Korrespondenz Schulze-Boysens von 1917–1942 stützt. In diesen Zusammenhang gehört auch die spätere Mitgliedschaft Harro Schulze-Boysens in der "Roten Kapelle", die als eine der bedeutendsten Widerstandsorganisationen im faschistischen Deutschland gilt.
A. Bahar widmet den theoretischen Teil seines Buches, den politischen und sozialen Rahmenbedingungen, unter welchen der Nationalbolschewismus als eine spezifisch deutsche Erscheinung entstehen konnte.

Harro Schulze-Boysen
Gegner von heute – Kampfgenossen von morgen
32 Seiten - 3. Auflage - DM 7,80 - ISBN 3-923532-00-8

Verlag Dietmar Fölbach • 56068 Koblenz

Judaica / Zeitgeschichte

Ernst Heimes
Ich habe immer nur den Zaun gesehen
Suche nach dem KZ Außenlager Cochem
223 Seiten - 2. Auflage - DM 28,00 - ISBN 3-923532-19-9

»Heimes gelang es, das unfaßbar Schreckliche der Vergangenheit zu entreißen und gegenwärtig zu machen, auch wenn es vielleicht dem ein oder anderen unbequem sein mag. Er durchbrach die Mauer des Schweigens und brachte Licht in die dunkelste Zeit des Nazi-Terrors. Ein Buch, das erschüttert, aber das man unbedingt lesen sollte.«
Rheinzeitung vom 10. Juli 1992

»Cochem war kein harmloses Arbeitslager, wie es von Einheimischen gerne bezeichnet wird. Cochem war eines von 70 Außenlagern des KZ Natzweiler. Hier wurden Widerstandskämpfer durch Arbeit vernichtet.«
Erik Kothny, Südwestfunk

Georg Silló-Seidl
Pioniere der modernen Medizin
Jüdische Ärzte deutscher Sprache
184 Seiten - DM 28,00 - ISBN 3-923532-08-3

»Wie Georg Silló-Seidl mit dem Spürsinn eines Krimi-Autors Details in den zwischenmenschlichen Verstrickungen von Intrigen und Machenschaften innerhalb der ärztlichen Zunft nachgeht, so fein vertieft er die Charakterologie der zehn Personen, sowohl der Hauptfiguren als auch ihrer Umwelt.«
"Tribüne" Zeitschrift zum Verständnis des Judentums

Politische Philosophie

Gerhard Wayand
Marx und Engels zu archaischen Gesellschaften
im Lichte der neueren Theorie-Diskussionen
289 Seiten - DM 36,00 - ISBN 3-923532-09-1

»Soweit ein weitgefächertes Feld wie das im Titel angesprochene überhaupt von einem einzelnen übersehen und bearbeitet werden kann, hat W. solches mit Erfolg vermocht und zutreffend nach wie vor theorierelevante Leistungen aus den Arbeiten von Marx und Engels von den durch den damaligen Forschungsstand bedingten Verzeichnungen oder nicht mehr vertretbaren Aussagen abgehoben.«
Joachim Herrmann, Zeitschrift für Geschichtswissenschaft

Verlag Dietmar Fölbach • 56068 Koblenz